MÉMOIRES
DU
MARQUIS DE FRANCLIEU

(1680-1745)

PUBLIÉS POUR LA SOCIÉTÉ HISTORIQUE DE GASCOGNE

PAR

LOUIS DE GERMON

PARIS	AUCH
HONORÉ CHAMPION	LÉONCE COCHARAUX
ÉDITEUR	IMPRIMEUR
9, quai Voltaire, 9	11, rue de Lorraine, 11

M DCCC XCVI

ARCHIVES HISTORIQUES
DE LA GASCOGNE

DEUXIÈME SÉRIE — FASCICULE Iᵉʳ

MÉMOIRES DU MARQUIS DE FRANCLIEU
PAR LOUIS DE GERMON

INTRODUCTION.

Au milieu du siècle dernier, un brave gentilhomme, que les hasards d'une carrière aventureuse avaient amené en Gascogne, retiré du service militaire, âgé déjà et couvert de blessures, entreprit de distraire et d'occuper ses longs jours de désœuvrement à noter les étapes d'une carrière qui avait eu ses heures brillantes. Malgré le titre que lui-même leur avait donné et que nous avons conservé, ce ne sont pas de véritables Mémoires qu'il se proposait d'écrire, mais de simples Souvenirs, destinés à ses enfants et pour lesquels il était bien loin d'espérer, peut-être même de désirer, le grand jour de la publicité[1]. Il ne voulait pas faire œuvre d'auteur, animé d'un superbe dédain pour les littérateurs et les savants, il se vantait d'être « comme le premier homme qui s'est mêlé d'écrire

---

[1] Une note autographe de l'auteur, adressée probablement à son fils aîné et annexée à notre manuscrit, porte en effet ces lignes, dont nous reproduisons fidèlement l'orthographe : « Vous scauez mon cher fils que depuis que je suis desoeu-
« urez a ma campagne, vne fantesie my a pris descrire ma vie, vniquem^t pour
« vous je ne veu pas estre imprimez, jy dis mes vertus et mes vices, imitez les
« p^{rs} euitez les seconds, aujourd'huy que l'âge a interompu toutes mes passions
« je nay plus rien à dire d'elles, retirez du seruice, je nay plus d'exploix heureux
« ou malheureux a conter, jescris donc tout ce qui me vient dans la tete et... »
La phrase s'arrête là, brusquement interrompue par une coupure du papier.

« les faits, sans connoître nulle règle »; et ce vieux soldat s'est trouvé, sans le savoir, presque sans le vouloir, un charmant et gai conteur; sa phrase, parfois lourde et incorrecte, s'allège et prend un tour de piquante élégance, pour décrire les exploits de guerre ou les triomphes de boudoir. Et ces derniers sont nombreux. Peut-être trouvera-t-on certaines anecdotes très... gauloises, nous n'avons pourtant pas osé les supprimer, elles font trop essentiellement partie de cette intéressante et originale figure; nous sommes bien assurés que les sérieux lecteurs des *Archives de la Gascogne* liront, avec un sourire doucement indulgent, ces pages où revit toute une époque déjà bien loin de nous. Nous en avons pour garant le Comité qui a accueilli avec tant de bienveillance notre offre de publication. Comme les paladins du Moyen-âge, M. de Franclieu aurait pu prendre pour devise : « Mon Dieu! mon roi! ma dame! »; avec son ensemble de qualités et de défauts si français, il aurait été bien à sa place dans la bande héroïque de joyeux compagnons qui se pressaient à la bataille autour de notre Henri IV, il est bien aussi l'ancêtre direct des brillants officiers de l'épopée impériale qui, pendant vingt ans, ont parcouru l'Europe, conquérant les royaumes et les cœurs.

Ce que nous savons de lui est peu de chose en dehors de ce qu'il nous a lui-même raconté. Issu d'une vieille famille militaire de l'Isle-de-France[1], il était

---

[1] La famille Pasquier de Franclieu, remontant à Robert Pasquier, écuyer, qui vivait au milieu du xiv⁰ siècle, n'avait aucune communauté d'origine avec la famille parlementaire des Pasquier, dont la filiation masculine s'est éteinte en la personne du duc Pasquier, ancien chancelier de France, mort en 1862. C'est vers le commencement du xvi⁰ siècle que les Pasquier commencèrent à substituer à

né à Brie-Comte-Robert, le 26 avril 1680, et il reçut au baptême les prénoms de Jacques-Laurent-Pierre-Charles. Sa première enfance fut confiée aux soins d'une mère qui ne fait que passer dans la vie de son fils comme une douce et pâle apparition. La pauvre femme semble prédestinée aux abandons : après un an de mariage, son époux disparaît, prétextant une mission mystérieuse; quinze années s'écoulent sans qu'aucune nouvelle de lui parvienne à cette jeune femme, puis un jour, sans daigner donner aucune explication, il écrit qu'il est de retour, qu'il vient reprendre sa place de seigneur et maître dans la famille et diriger l'éducation de son fils. Plus tard, devenue veuve, c'est ce fils qu'elle a tant chéri et qui, malgré ses appels désespérés, reste éloigné d'elle; au point que, toujours de plus en plus seule, quand approche la cinquantaine, il ne lui reste d'autre ressource que de recommencer sa vie; elle épouse alors un gentilhomme du Dauphiné, M. de La Balme de Riché, qui avait servi dans les gardes du corps. Il ne paraît pas que M. de Franclieu ait jamais cherché à revoir sa mère, depuis qu'en 1710 il l'avait quittée pour aller chercher fortune en Espagne et c'est, pour ainsi dire, incidemment qu'il enregistre sa mort, survenue le

---

leur nom patronymique celui de Franclieu. Un inventaire des Titres qui se trouve dans les Archives du château de Lascazères, et que nous aurons plus d'une fois l'occasion de citer, à défaut des pièces originales, dont la plupart ont disparu, nous donne l'origine de ce nom de Franclieu. Il signale en effet : « Deux décla-« rations passées au terrier de Massy, en 1561, par Nicolas Pasquier, écuyer, et « en 1622, au même terrier de la baronie de Massy, par Pierre Paquié, écuyer, « gentilhomme ord^re de Mgr le prince de Condé et gouverneur des pages de « l'écurie du Roy, pour la maison de Franclieu, au hameau de Villaines, au « bourg et baronie de Massy, comme seul héritier de Pierre son père ». Massy est actuellement une commune du canton de Longjumeau, arr. de Corbeil, Seine-et-Oise, et Vilaines ou Villaine, un hameau dépendant de cette commune.

29 janvier 1733. Prévoyait-elle cet abandon si complet lorsque, désireuse de le garder à tout prix auprès d'elle, elle rêvait de lui faire embrasser l'état ecclésiastique ? Mais l'enfant sentait couler dans ses veines le sang de toute une race guerrière, il tenait peu de sa mère et avait plutôt hérité de l'humeur batailleuse de son père, aussi de ce caractère peu commode qui plus d'une fois entrava et finalement arrêta complètement une carrière militaire brillamment commencée.

A peine avait-il dix-sept ans (1697), quand la protection du comte de Solre lui permettait d'entrer comme enseigne dans le régiment dont ce grand seigneur était colonel-propriétaire. Il n'avait pas encore sa nomination officielle, que déjà il courait rejoindre son régiment au siège de Barcelone; c'est là qu'il recevait intrépidement le baptême du feu; c'est là aussi, qu'après la prise de la ville, le jeune officier avait sa première bonne fortune. Se souvenant tout d'un coup qu'il écrit pour ses enfants, il a cru devoir faire suivre de sages préceptes le récit de cette galante aventure, il ne l'a racontée dans ses mémoires « qu'a-« fin que cet exemple puisse servir à mes enfans pour « éviter un tel piège ». Dans la suite, il lui arrivera fréquemment d'oublier quels sont les lecteurs auxquels il destine son manuscrit, et il négligera de faire suivre ses peu édifiantes histoires, racontées avec une évidente complaisance, des bons conseils qui leur servaient de contre-partie. Après trois années de paix qui lui permettent de prendre pied à la Cour et à la ville (où désormais on le verra fréquenter chez « les plus « huppées »), la guerre éclate et Franclieu part pour l'Italie (1701); promu lieutenant à l'entrée de la campagne, capitaine en 1703, il doit à un heureux coup de main les compliments du duc de Vendôme et l'autorisation d'acheter un régiment. Le voilà colonel [1], il n'a pas encore vingt-six ans. Un tel début lui permettait de concevoir les plus ambitieuses espérances; mais après avoir prodigué ses faveurs, la fortune va bientôt commencer à se montrer infidèle. Après une courte campagne sur les bords du Rhin, où il a plus à combattre la maladie que l'ennemi, Franclieu se voit réduit à ronger son frein pendant que ses anciens camarades se battent; il est enfermé avec son régiment dans la place de Condé, c'est un poste de confiance, il est là pour suppléer, en cas d'attaque, le lieutenant de Roi [2], son oncle, vieillard de quatre-vingt et quelques années. Malheureusement l'ennemi reste éloigné de la place. Là bas, sur la frontière, le canon tonne, et le régiment de Franclieu demeure l'arme au pied, derrière ses fossés inexpu-

---

[1] C'est à partir de ce moment qu'il commença à porter le nom de « marquis de « Franclieu »; ce ne fut jamais pour lui qu'un titre de courtoisie, mais qu'il était d'usage, sous Louis XIV, de donner aux colonels. « La facilité qu'on a de se dé- « corer en France des titres de *marquis* et de *comte* en impose à Trajan lui-même. « Tous les colonels à qui leur naissance n'a pas donné cette qualification la pren- « nent de droit, et le *marquisat* dont le fils d'un financier, devenu colonel, s'em- « pare, n'est point une usurpation, si on réfléchit que le bureau de la guerre « n'écrit jamais que sous ce nom, tandis que le gazetier de Paris, plus circons- « pect ou moins facile, ne les traite que de *sieur*. » (CHEVRIER, *Les ridicules du siècle*, Paris, 1767 ; cité par A. Chassant, *Les nobles et les vilains du temps passé*, Paris, Aubry, 1857.) Ce n'est qu'en 1767 que les terres de Lascazères, Hagedet, Soublecause, Héchac, Caussade, Estirac et Barbazan furent érigées en *marquisat de Franclieu* pour le fils aîné de l'auteur et sa descendance, de mâle en mâle, par ordre de primogéniture.

[2] Le lieutenant de Roi était le second officier des places de guerre, qui commandait en l'absence du gouverneur. On nommait aussi lieutenant de Roi, ou plus exactement lieutenant pour le Roi, l'officier préposé au commandement d'un district d'un gouvernement général. Cette dernière charge était vénale et plus honorifique que réelle.

gnables; dans l'armée de France, les fautes succèdent aux fautes et les revers aux revers : Lille capitule après une noble défense, Gand et Bruges succombent à leur tour, l'ennemi met à contribution la Flandre française, l'Artois, une partie de la Picardie; les Mémoires glissent sur ces événements, auxquels l'auteur ne prit aucune part. Un moment, la reprise de Saint-Ghislain, à laquelle il contribue à la tête de la garnison de Condé, rompt cette existence monotone. Mais la malechance s'accentue, Franclieu envoie un plan au maréchal de Boufflers, un autre est chargé de le mettre à exécution et cet autre y gagne le grade de brigadier; puis Chamillart disparaît, Chamillart, le parent et le protecteur de Franclieu, écrasé par un double fardeau trop lourd pour ses épaules, abandonné par ce maître qui naguère ne voulait lui accorder aucun repos. Fier de cette haute protection, le jeune colonel n'avait pas craint d'exciter contre lui le ressentiment des bureaux de la guerre; maintenant les bureaux peuvent se venger, et l'occasion ne tarde pas à s'en présenter. Le père du marquis de Franclieu meurt le 8 novembre 1709; la pension qu'il recevait du Roi, et qui constituait le plus clair de sa mince fortune, s'en va avec lui. C'est vainement que son fils sollicite le nouveau secrétaire de la guerre de lui continuer cette pension, vainement fait-il valoir que depuis longtemps il jouit de cet argent, que, sans un secours, il ne peut plus, avec ses minimes ressources, entretenir un régiment; Voysin reste inexorable, il invoque la trop réelle nécessité des économies, et, le désespoir au cœur, Franclieu est obligé de vendre son beau régiment dont il avait, quatre ans auparavant, pris le commandement avec tant de joyeuse fierté.

Sa carrière militaire à jamais brisée en France, qu'allait-il devenir, ce colonel de trente ans à peine, ce soldat si foncièrement épris de son métier? L'époque, heureusement, était bonne pour les chercheurs d'aventure et les endroits ne manquaient pas où donner et recevoir des coups d'épée. Les exploits de Charles XII en faisaient le point de mire de l'Europe, Franclieu hésitait à entrer à son service, quand survint Pultawa; il était inutile d'aller chercher si loin des causes désespérées, il y avait aussi la guerre en Espagne, et là, se battre pour le petit-fils de Louis XIV, c'était encore se battre pour la France. Le parti de M. de Franclieu fut bientôt pris et, muni de nombreuses lettres de recommandation, il franchissait la frontière au moment où le Roi rappelait les troupes qu'il avait de l'autre côté des Pyrénées.

Peu de temps après l'arrivée du marquis en Espagne, la princesse des Ursins, prévenue de sa galante réputation, l'avertissait d'être désormais circonspect dans sa conduite, les Espagnols étant fort jaloux et Philippe V très dévot. A quoi Franclieu répondait : « Je veux faire un second tome de ma vie, « bien différent du premier. » En dépit d'intentions excellentes, on trouvera sans doute que cette deuxième partie n'est pas sans offrir de nombreuses analogies avec la première. Au début, tout sourit à notre auteur : après une courte attente, trop longue, il est vrai, pour son impatience, il reçoit de la reine Marie-Louise de Savoie un brevet d'aide de camp du Roi; le voilà, marchant de pair avec les plus grands seigneurs. Il obtient ensuite le commandement d'un régiment wallon, il se distingue à sa tête à Brihuega; le lendemain, à Villaviciosa, ce beau régiment est écrasé et le colonel, grièvement blessé, est sauvé comme par miracle. Il est vrai qu'obligé de se remettre de ses blessures, qui le laisseront à demi estropié du bras droit, il se soigne à Barèges[1] et à Bagnères-de-Bigorre, alors qu'enfermés dans Girone les débris de son régiment luttent victorieusement contre les armées de l'archiduc. Il manque ainsi, pour la seconde fois, ses chances d'avancement; mais il peut s'en consoler avec une commanderie de l'ordre de Saint-Jacques, d'un revenu de trois cents pistoles. Assidu à la Cour, il gagne la confiance de la Reine et de la princesse des Ursins et devient, à ce qu'il raconte, une manière de favori. Il se remet à faire de beaux rêves d'avenir : la mort de Marie-Louise, le renvoi brutal de l'ambitieuse *camarera-major* les anéantissent; il doit se considérer comme heureux de ne pas être enveloppé dans cette disgrâce, et désormais il n'aura plus personne pour le tirer des mauvais pas où le fait si souvent tomber son caractère intraitable. Puis survient la guerre de 1719 avec la France : un moment Franclieu se réjouit, il le tient enfin, ce brevet de brigadier[2] si longtemps attendu et, comme

---

[1] Barèges, section de la commune de Betpouey, canton de Luz, Hautes-Pyrénées. Le nom ancien est *Baregia*, d'où l'orthographe *Barège* que nous avons adoptée pour le texte des Mémoires et qui a été usitée jusqu'aux dernières années du XVIIIe siècle, celle qui a prévalu de nos jours n'ayant aucune raison d'être. La même observation doit être faite pour Tarbes, anciennement *Tarba* ou *Talva* d'où *Tarbe*.

[2] Le grade de brigadier était de création relativement récente, et le premier degré dans la hiérarchie des officiers généraux. Avant 1667, les chefs de brigade n'étaient pourvus que de commissions temporaires ; à cette époque, Louis XIV, sur la proposition de Louvois, nomma des brigadiers de cavalerie en titre d'office;

tel, il est désigné par Alberoni pour accompagner Jacques Stuart par-delà les mers; mal combinée, cette expédition, qui devait remettre le prince sur les trônes d'Angleterre et d'Écosse, avorte piteusement. Une fois de plus, l'Océan sauve la Grande-Bretagne d'un danger qui, à vrai dire, ne s'annonçait pas cette fois comme bien redoutable.

Nous arrivons maintenant à une période critique; l'expédition jacobite manquée, le marquis de Franclieu se trouvait en présence d'une pénible alternative : ou bien renoncer à ce grade de brigadier tardivement obtenu, abandonner le commandement de son régiment, ou bien le conduire, lui, gentilhomme français, contre une armée française. Ce ne fut pas, s'il faut l'en croire, sans un vrai déchirement qu'il se résigna à servir contre son pays et son Roi, et l'on sent que toutes les raisons qu'il donne pour excuser sa détermination ne le satisfont lui-même qu'à moitié ; à diverses reprises, nous le verrons revenir sur ces explications, comme s'il cherchait ainsi à se convaincre de la légitimité d'une semblable conduite. L'idée de patrie, encore mal dégagée, il est vrai, de la personnalité royale, commençait à faire dès lors son apparition; ces scrupules, qui tourmentaient si fort M. de Franclieu, qui lui faisaient avouer « qu'un

au mois de mars 1668, des brigadiers d'infanterie; quelques années plus tard, des brigadiers de dragons. Le colonel promu brigadier gardait son régiment; toutefois, il n'était pas nécessaire d'avoir un régiment pour devenir brigadier. Philippe V. établit en Espagne la hiérarchie militaire française, et l'armée espagnole eut aussi ses brigadiers; mais, dans les deux pays, ils ne pouvaient se prévaloir de leur grade pour exercer un commandement que s'ils avaient des lettres de service, ce qui explique que M. de Franclieu, simple colonel, aurait pu revendiquer sur M. de Cano, brigadier, la direction de l'affaire d'Arbusias (*Vid. inf.* p. 104).

« François n'est à son aise que lorsqu'il revient dans
« sa patrie, que tout le tems qu'il en est dehors
« est un martyre », un soldat des siècles précédents
les auraient difficilement conçus. La désertion même
devant l'ennemi était considérée comme une faute
pardonnable, elle n'avait pas encore pris ce caractère
infamant qui, de nos jours, en a fait le crime suprême.
Un Bonneval pouvait, au milieu d'une campagne,
prendre du service chez l'ennemi implacable de son
maître; cela ne l'empêchait point, au bout de quelques années, de revenir en France, de s'y marier, et il
n'aurait tenu qu'à lui d'y finir tranquillement ses
jours. C'est donc un sentiment nouveau qui fait que
notre auteur se trouve gêné, vis-à-vis même de ses
enfants, en racontant la campagne de 1719. « J'avoue,
« leur disait-il un jour, que les deux couronnes de
« France et d'Espagne se firent la guerre, et que je
« restai attaché à celle d'Espagne, mais le Roi nous
« dit qu'il ne la faisoit que pour assurer la couronne
« du roi de France, son neveu ». Il est vrai que dans
ses appels répétés à « l'armée et à la nation française,
« dans ses lettres aux Parlements, Philippe V assurait
« bien haut qu'il n'avait jamais distingué ses intérêts
« de ceux du roi Louis XV et, invitant les soldats
« français à s'unir aux siens, il leur promettait la recon-
« naissance du Roi très chrétien parvenu à sa majo-
« rité; ceux qui, au contraire, exerceraient des hosti-
« lités en Espagne, devaient s'attendre à être consi-
« dérés comme rebelles au Roi de France et traîtres
« à leur patrie [1]. » Ces déclarations eurent en général
peu d'effet, M. de Franclieu y a-t-il réellement ajouté

---

[1] BAUDRILLART, *Philippe V et la Cour de France*, II, 351 et suiv.

foi? Ses Mémoires nous le montrent habituellement peu préoccupé et surtout peu au courant des intrigues politiques, et son temps se partage agréablement entre son régiment et ses plaisirs. Il n'y a rien d'impossible à ce que, avec sa foi monarchique sans bornes, il ait eu confiance dans les paroles du souverain auquel il s'était attaché. Il a dû le faire d'autant plus aisément que, dès son arrivée en Espagne, il s'était trouvé jeté par les circonstances dans un milieu peu favorable à la France; en dehors de la coterie de Mme des Ursins, ses principales relations appartiennent à ce que l'on appelle à Madrid le parti flamand : les Croy d'Havré, le marquis de Richebourg, dans un autre cercle, le prince Pio, Crèvecœur, Popoli, nous sont signalés comme hostiles à l'influence française : ils sont les amis ou les protecteurs de Franclieu. Ceux de ses compatriotes qui fréquentent chez lui, Marcillac, de Sayve, Rohan-Poulduc, ont quitté la France à la suite de difficultés avec la Cour, ce dernier a même été condamné à mort à la suite de la conjuration de Bretagne [1]. Par contre, le nom d'aucun ambassadeur de France ne se trouve sous la plume du marquis de Franclieu; et cependant, pendant vingt-deux ans, on n'en compte pas moins d'une quinzaine, représentant, sous des titres divers, le roi de France

---

[1] Dans le questionnaire écrit par Saint-Simon au sujet de son ambassade de 1721 à la Cour d'Espagne, et les réponses du cardinal Dubois, nous trouvons ceci : « *Question :* N'est-il pas a propos de fermer ma maison a MM^{rs} de Marsillac, « Magny, Bretons réfugiés, etc. » — *Réponse :* « Oui, sans aucune difficulté. Ils « ne doivent être admis a aucune relation directe ni indirecte avec la personne « qui représente le Roy. L'on peut cependant agir avec moins de rigueur a « l'égard de M. de Marsillac en le rencontrant, mais sans lui donner aucun accès « direct. » (E. DRUMONT, *Papiers inédits du duc de Saint-Simon*, Paris, Quantin, p. 397.)

à la Cour de Philippe V[1]. L'un d'eux, le marquis de Bonnac, était même une ancienne connaissance de l'auteur, ils s'étaient jadis rencontrés pendant les guerres d'Italie. Cette omission est-elle voulue ou bien l'effet du hasard? Nous nous contentons de poser la question, les documents que nous avons pu consulter ne nous permettant pas une réponse certaine.

Cependant, la campagne de Navarre était finie, et la paix signée à Londres le 17 février 1720 mettait un terme aux opérations de guerre qui avaient continué mollement sur la frontière aragonaise; rien n'empêchait plus M. de Franclieu de se rendre, comme les années précédentes, aux eaux de Bagnères-de-Bigorre. Là, pas plus qu'en Espagne, il n'avait l'habitude de trouver des cruelles et, bien certainement, il partait, cette fois encore, avec l'espoir d'ajouter de nouveaux noms à la longue liste de ses conquêtes féminines. En arrivant, il ne démentit pas sa réputation galante, partageant « ses soins entre « une de ses anciennes connoissances dont il avoit be- « soin et une très aimable dame mariée, parce qu'une « dame se livre plus facilement qu'une demoiselle ». Bagnères était depuis longtemps le rendez-vous, pendant la belle saison, de la meilleure société de

---

[1] En 1711, le marquis de Bonnac, envoyé extraordinaire. — 1713, le marquis de Brancas, ambassadeur. — 1714, Pachau, chargé d'affaires; le duc de Saint-Aignan, ambassadeur. — 1718, le marquis de Dreux-Nancré, en mission. — 1720, le marquis de Maulevrier, ambassadeur. — 1721, le duc de Saint-Simon, ambassadeur extraordinaire; le marquis de La Fare, envoyé. — 1722, le marquis de Coulanges-Montdragon, chargé d'affaires. — 1725, l'abbé de Livry, ambassadeur. — 1728, le marquis de Brancas, ambassadeur extraordinaire. — 1730, Hullin, chargé d'affaires; le comte de Rottembourg, ambassadeur extraordinaire. Il y avait eu également les missions, sans caractère nettement défini, du maréchal de Tessé en 1724, et de Rottembourg en 1727.

Béarn et de Bigorre; on venait même de fort loin, malgré la difficulté des communications, dans cette charmante petite ville si peu différente encore de ce qu'elle était lorsque la chantait Du Bartas. Parmi les baigneurs réunis là avec le marquis de Franclieu, celui-ci ne tarda pas à remarquer une famille de Busca[1], composée d'un frère et de ses deux jeunes sœurs. L'aînée de ces jeunes filles avait vingt ans; il existe au château de Lascazères un portrait d'elle, œuvre d'un barbouilleur obscur, qui la représente à l'âge d'environ quarante ans comme une belle femme brune, grande, bien faite, aux yeux très noirs et très doux. On conçoit aisément qu'à vingt ans elle ait dû attirer l'attention de notre auteur, toujours disposé à remarquer une jeune et jolie personne; mais, cette fois, le séducteur devait éprouver un sentiment bien nouveau. Lui-même nous a raconté, d'une manière fine et charmante, les premiers temps de ces innocentes amours; il était cependant fort éloigné de penser au mariage. Pour le décider il fallut un accident grave qui lui survint à Pau, comme un avertissement de la Providence. La maladresse d'un chirurgien manqua de lui faire perdre le seul bras valide qui lui restait; pendant sa convalescence, il put faire, pour la première fois peut-être de sa vie, des réflexions sérieuses. Il venait d'atteindre cet âge critique de quarante ans, qui, pour les hommes du XVIIe siècle, paraissait la limite extrême de la jeunesse; le don Juan qui jusqu'alors passait gaillardement de garnison en garnison, insoucieux des lendemains de

---

[1] Voyez *Appendice VI*, généalogie de la maison de Busca.

combats ou de fêtes, allait faire place au barbon dont les femmes n'accepteraient bientôt plus que les hommages payants; quand arriverait la vieillesse, qu'allait-il devenir, seul, sans famille, sa mère remariée, les protecteurs ou amis de sa jeunesse morts ou disparus? Et voilà que sur son chemin se rencontrait une jeune fille de condition que n'épouvantaient ni sa réputation de libertinage, ni ses blessures nécessitant des soins multipliés. Son parti fut pris, les démarches préliminaires faites avec rapidité, le 2 novembre 1720 le contrat de mariage était signé[1], et le lendemain il conduisait à l'autel, dans l'église paroissiale de Lascazères, celle qui devait être la compagne dévouée de son existence.

Ce mariage ne s'était pas conclu sans une vive opposition de la part de plusieurs membres de la famille de Busca; ces prophètes de malheur purent s'imaginer avoir prédit juste quand, après quelques mois de mariage, on vit M. de Franclieu repartir pour l'Espagne, laissant en France sa jeune femme et ne se montrant nullement pressé de la faire venir auprès de lui, alors que toute chance de guerre paraissait indéfiniment ajournée. On juge aisément des bruits que les bonnes langues de Bigorre, d'Armagnac et de

[1] « Contrat de mariage de messire Charles-Pierre-Laurent-Jacques Pasquier, « chevalier, marquis de Franclieu, colonel du régiment vallon, brigadier des « armées de Sa Majesté Catholique, né à Brie-Comte-Robert, diocèse de Paris, « avec demoiselle Louise de Busca, fille aînée de deffunt messire Jean de « Busca, et de dame Philippe Duplaa, du consentement et en la présence de « messire Jean de Busca, son frère, seigneur de Lascazères, Hagedet, Héchac, « Soublacause, Caussade, Estirac, et de dame Louise de Busca, sa tante, et de « messire François d'Hugues, habitant de Pugo (Pujo) ses parents. Passé au « château de Lascazères, le 2 novembre 1720; reçu et expédié par Mieussens, « notaire royal du lieu de Lascazères. » (Archives du château de Lascazères, Inventaire des titres.)

Béarn ne manquèrent pas de faire courir sur son compte; lui-même nous en a transmis un curieux écho. N'allait-on pas jusqu'à raconter, et cela publiquement, à la jeune marquise, que son mari avait sept femmes, pas moins d'une dans chaque pays où il allait? On conçoit avec quelle impatience elle devait supporter une absence qui commençait à ressembler à un abandon; ses vœux furent enfin réalisés et l'intérêt des Mémoires diminue un moment dans le récit de ces années tranquilles et heureuses. Un seul point noir restait à l'horizon : malgré les qualités à la fois solides et fines de sa femme, malgré le concours plein d'abnégation qu'elle lui apportait en toutes choses, le marquis de Franclieu se voyait impuissant à regagner le terrain qu'un caractère altier et irascible lui avait fait perdre peu à peu. Suivant l'usage de l'époque, son régiment parcourait l'Espagne entière, allant de garnison en garnison; maintenant qu'il était marié, que sa famille était en voie d'accroissement, cette vie nomade ne convenait plus comme jadis à M. de Franclieu, aussi fut-il bien aise de pouvoir échanger son régiment contre le gouvernement d'une place forte. Son contentement fut de courte durée, il ne lui fut pas difficile de s'apercevoir que le ministre l'avait joué : ce poste de Fraga était en réalité un poste de disgrâce, les remparts de la ville étaient écroulés dans les fossés, le vieux château, qui avait autrefois repoussé les attaques des Maures, tombait également en ruines, Fraga n'avait plus que le nom de place de guerre. Franclieu y demeurait pourtant, résigné à son sort, attendant que les bonnes paroles, dont l'amusaient ministres et généraux, devinssent une réalité, lorsque la mort de son beau-frère, lui créant des intérêts nouveaux, vint apporter dans sa vie un changement considérable.

Jean de Busca mourant sans alliance, ses biens revenaient à l'aînée de ses deux sœurs ; M. de Franclieu devenait ainsi, du chef de sa femme, un seigneur d'importance dans notre pays de Gascogne. Aussi le voyons-nous se hâter de venir prendre possession de cet héritage et d'installer au château de Lascazères[1] une femme et des enfants qui ne retourneront jamais plus en Espagne. Quant à lui, pendant quelques années encore, il partage son temps entre sa famille

[1] Lascazères, actuellement commune du canton de Castelnau-Rivière-Basse, arrondissement de Tarbes, se trouvait dans la terre de Rivière-Basse, anciennement partie de la Bigorre, démembrée après la mort de la comtesse Pétronille et devenue la possession des comtes d'Armagnac, tout en continuant à être du diocèse de Tarbes. Son nom apparaît pour la première fois dans l'enquête de 1300 : « Domus militiæ Templi est Lanas Casseras. » (*Enquête de l'année 1300 sur les revenus, fiefs et arrières-fiefs du comte Bigorre*, éd. BALENCIE, Paris, Champion, 1884, p. 119). Il ne paraît pas que les Hospitaliers, qui ont recueilli la plus grande partie des dépouilles de l'Ordre du Temple, aient jamais compté Lascazères au nombre de leurs possessions, et en 1319 un certain « Rossanus de « Camariole » rend hommage pour la terre de Lascazères (LARCHER, Glanages, XII, p. 322). Deux siècles après, cette seigneurie se trouve entre les mains des rois de Navarre, et le pouillé du diocèse de Tarbes indique Jeanne d'Albret, dame de Lascazères, comme nommant à la cure de cette paroisse (*Souvenir de la Bigorre*, III, 255). Le 18 mars 1604, suivant Larcher, noble Pierre de Caussade achetait les terres de Lascazères, Sombrun et la moitié de Vidouze, appartenant au domaine royal, moyennant la somme de 12,600 livres et un fer de lance à chaque mutation ; le 11 avril suivant il cédait la terre de Sombrun à son frère Raymond, pour 2600 livres. Les Monet de Sombrun héritèrent de Raymond de Caussade, les Lalanne de Hagedet furent les héritiers de Pierre ; et Claude, *aliàs* Paule, de Cardaillac d'Ozon, fille du capitaine Ozon, qui avait épousé Jean de Lalanne, seigneur de Hagedet et de Lascazères, rend hommage en 1634 pour cette dernière terre (LARCHER, Glanages, XII). Trois ans après, sa petite-fille, Suzanne, héritière de la maison de Lalanne, apportait aux Busca, qui devaient la transmettre aux Franclieu, la seigneurie de Lascazères et les seigneuries avoisinantes qui formèrent le marquisat de Franclieu, comprenant les villages ou hameaux de Lascazères, Hagedet, Soublecause, Héchac ou Hichac et Barbazan (ces deux derniers fiefs compris maintenant dans la commune de Soublecause), actuellement dans le canton de Castelnau-Rivière-Basse, et, dans celui de Maubourguet, les terres de Caussade et Estirac. Voyez *Appendices V et VI*.

et ses charges; mais aigri, découragé, il ne paraîtra plus dans son gouvernement et se contentera d'aller à Madrid ou à Saragosse solliciter un avancement que la Cour persiste à lui refuser; et cela dure jusqu'au jour où un nouveau déni de justice lui fait donner la démission de ses emplois et rentrer définitivement en France. Désormais, c'est au château de Lascazères, agrandi et orné par ses soins, qu'il va passer ses dernières années, assombries par les déceptions répétées de sa carrière, auxquelles viendront encore s'ajouter des embarras pécuniaires et les soucis que lui cause l'établissement d'une nombreuse famille. C'est vainement qu'à plusieurs reprises il offrira ses services aux ministres de France ou d'Espagne, on ne lui refuse point les promesses; puis, au dernier moment, les espérances s'évanouissent, laissant à leur place une réalité chaque fois plus amère; et cet homme, qui a été recherché dans les milieux les plus brillants, n'a maintenant d'autre occupation que de planter les arbres de son jardin, d'autres visiteurs que les gentillâtres du voisinage, qui le jalousent et qu'il dédaigne.

Ne nous plaignons pas trop de cela, c'est à l'immense ennui de son désœuvrement que nous devons ces Mémoires dans lesquels il se consolait, revivant ses années heureuses ou déversant son humeur chagrine. Des documents de ce genre sont peu communs; nous avons, en grand nombre, des souvenirs ou confessions de personnages importants qui dans la retraite aimaient à retracer les faits auxquels ils avaient pris part; nous avons moins de données sur des existences plus médiocres. Si, dans les premières pages de ses Mémoires, M. de Franclieu ne nous apporte point de faits nouveaux et ne nous intéresse que par le piquant d'anecdotes racontées avec esprit, la dernière partie, au contraire, nous fournit sur la vie de province des renseignements instructifs. Quoique poussé au noir par un esprit inquiet, ce tableau de la vie d'un gentilhomme gascon au milieu du siècle dernier sera, croyons-nous, consulté avec quelque fruit; mieux encore que des correspondances, ces pages nous font entrer dans l'intimité d'une classe qu'un prochain avenir allait disperser et détruire.

Il nous reste maintenant à dire quelques mots sur la publication de ces Mémoires. C'est à M. le marquis Robert de Franclieu que nous devons de les éditer, d'après un manuscrit conservé au château de Lascazères; non content de nous ouvrir toutes grandes ses précieuses archives, il a bien voulu y guider nos recherches et n'a rien négligé pour nous permettre de montrer dans son jour véritable la sympathique figure de son aïeul. Mais ce manuscrit de Lascazères n'est pas l'original, c'est une copie faite au commencement de ce siècle, qui offre, du reste, tous les caractères d'une complète authenticité. Ce gros cahier, de format in-quarto, comprend 230 pages, faussement numérotées 233-(1) et deux feuillets de garde, le tout recouvert d'une demi-reliure de parchemin blanc. Jusqu'à la ligne 25 de la page 188 (en réalité 183), qui répond à la page 222 de l'impression, la copie est de la main du marquis Jean-Anselme-Louis de Franclieu, petit-fils de l'auteur; à partir de là, l'écriture change, la vue affaiblie du premier copiste ne lui ayant probablement pas permis de continuer son travail. Le texte de notre manuscrit se termine par la

note suivante : « N. B. Le Mis de Francleu, petit-
« fils de l'auteur de ces Mémoires, n'ayant point de
« garçons, et cédant au désir que la branche cadette de
« sa maison lui a témoigné de les avoir, a envoyé au
« baron de Francleu, son cousin germain, l'original
« dont il a gardé cette copie. Il a retranché dans la
« troisième partie quelques réflexions sur la politique,
« sur l'armée, la milice, etc., qui se trouvent plus au
« long dans le livre de remarques de son grand-père,
« intitulé *Mon vu, lu, ouï, pensé*, qu'il a conservé. »

Nous avons pu parcourir ce dernier ouvrage, bien fait, à notre avis, pour nous enlever tout regret des coupures faites dans le manuscrit des Mémoires. En dehors d'un règlement de vie à l'usage de ses filles, de projets, assez peu pratiques, pour mettre en valeur les terres incultes de ses domaines[1], ce ne sont que des dissertations, nous pourrions même dire des amplifications, dénuées de tout intérêt, mais par lesquelles, du moins, leur auteur trompait l'ennui des longues heures de sa retraite. Cet ouvrage nous a toutefois servi à constater, par la comparaison du style, que les copistes des *Mémoires* ont dû fidèlement reproduire le texte qu'ils nous ont conservé. Nous n'avons cependant rien négligé pour avoir communication du manuscrit original; M. le marquis de Francleu, acquérant ainsi de nouveaux droits à notre reconnaissance, s'est gracieusement entremis dans ce but : nos efforts se sont heurtés à une fin de non recevoir absolue. Nous ne croyons pas le mal bien grand, car pas plus que le manuscrit de *Mon vu, lu,*

---

[1] Il s'agit d'établir des colonies militaires sur le modèle de celles des confins de la Hongrie.

ouï, pensé, celui des *Mémoires* ne doit être autographe. A peu près estropié du bras droit, qu'il portait habituellement en écharpe, l'auteur n'écrivait qu'avec la plus grande difficulté, et certaines erreurs de noms nous permettent de supposer que parfois il a dû dicter des chapitres de ses ouvrages[1]; dans tous les cas, celui que nous avons étudié a été mis au net par un copiste, du vivant de M. de Franclieu.

L'orthographe étant celle du copiste, petit-fils de l'auteur, nous ne nous sommes pas cru obligé à la suivre, et nous avons adopté celle généralement employée par les imprimeurs du xviiie siècle; les noms de personnes et de lieux ont été donnés conformément au manuscrit, nous avons pourtant corrigé certaines fautes provenant, avec toute évidence, d'une mauvaise lecture du copiste[2].

Le manuscrit des *Mémoires* présente une division en trois parties, que nous avons conservée, mais nous avons, pour en faciliter la lecture, divisé chacune de ces parties en chapitres que nous avons accompagnés d'un sommaire.

Si les lecteurs des *Archives de la Gascogne* prennent, comme nous l'espérons, quelque plaisir à cette publication, c'est pour nous un agréable devoir que de leur signaler les personnes qui nous ont apporté leur bienveillant concours. C'est en premier lieu, M. l'abbé de Carsalade du Pont, toujours prêt à faire profiter les travailleurs de son inépuisable érudition. M. Lasserre, notaire à Maubourguet, nous a fort aimable-

---

[1] Voyez par exemple *Arbus* pour *Larboust*; *Trahousset* pour *de Raousset,* etc.
[2] C'est ainsi qu'on avait copié *Landel* pour *Candel, Lève* pour *Sève, Vomicourt* pour *Gomicourt, Tereceda* pour *Zereceda,* etc.

ment facilité les recherches dans les registres de ses prédécesseurs. Nous les remercions vivement. Enfin, le portrait de l'auteur des *Mémoires*, qui orne cette édition, a été photographié sur une miniature appartenant à Mme la marquise de Franclieu; elle a bien voulu en permettre la reproduction, nous la prions d'agréer l'expression de notre profonde gratitude.

Louis de GERMON.

Château de Labatut-Rivière, novembre 1895.

MÉMOIRES
DU
MARQUIS DE FRANCLIEU

1680-1745

PREMIÈRE PARTIE.
1680-1710.

CHAPITRE Ier.

Origine de la famille Pasquier de Franclieu. — Naissance de l'auteur des *Mémoires*. — Son éducation. — Il est nommé enseigne dans le régiment de Solre. — Siège de Barcelone. — Premières aventures. — Le Brouage. — L'auteur va passer un congé à Paris. — Sa cousine. — La présidente Ferrand, Rémond et l'abbé Fraguier. — Préparatifs de campagne. — Le président Robert.

Plusieurs personnes écrivent leur vie par vanité, ce n'est pas ce que je me propose; j'écris pour donner des avis à mes enfans: peut-être que si j'écrivois pour le public, je deviendrois intéressant à mes lecteurs, surtout si je ne voulois rien retrancher des événemens qui me sont arrivés. Je n'écris point en auteur, mais comme le premier homme qui s'est mêlé d'écrire les faits sans connoître nulle règle; d'ailleurs, je ne veux point m'y assujettir. S'il arrive que dans mes successeurs, il y en ait qui, parce qu'ils se croiront savans, ne s'amusent pas de mes écrits, qu'ils les laissent, mais qu'ils rougissent si, sans avoir comme moi porté le harnois militaire pendant trente-cinq ans, ils n'ont passé leur vie qu'à l'étude des sciences, et s'ils ne sont devenus savans que par là.

Mon origine est de l'Isle de France ; j'en descends d'une race noble [1], mon bisaïeul [2] devint capitaine de cent hommes d'armes, il épousa une Chauveau, ce qui m'a allié aux Chauvelins, au président Robert, dont une fille a épousé Mr de Livri, qui vit encore, ainsi qu'avec les Pelletiers, les Telliers, Chamillards et La Proûtière. Mon aïeul [3] épousa une Portas qui m'a allié avec les familles d'Heere, de Navailles et de Duras.

---

[1] La généalogie de la famille Pasquier de Franclieu se trouve dans Saint-Allais, *Nobiliaire universel de France*, IV, 88 (réimpression de Bachelin-Deflorenne, 1872-1873), où elle commence à Robert Pasquier, l'un des vingt-sept écuyers de la compagnie de Hue de Kaurtrec, reçu à Paris, le 20 novembre 1356, et qui donna quittance de ses appointements, le 20 mars 1358. On conserve en outre, aux archives du château de Lascazères, un inventaire manuscrit des titres de la maison de Franclieu, mais qui ne commence qu'à Charles Pasquier de Franclieu, septième degré de la généalogie donnée dans le nobiliaire de Saint-Allais.

[2] Pierre Pasquier de Franclieu, écuyer, sieur de Villaines, fils de noble Pierre Pasquier, écuyer, sieur de Franclieu, et de dame Magdeleine Bouvot, épousa par contrat du 27 janvier 1584, par-devant Mes Fardeau et Corneillan, notaires au Châtelet de Paris, demoiselle Magdeleine Chauveau, fille de Julien Chauveau, seigneur de Villetaneuse, et de Marie Trevet. En présence des père et mère du marié, de noble Jacques Canaye, de M. Me Jacques Baguet, conseiller du Roi au Trésor à Paris, de Me Pierre Laîné, conseiller au Châtelet, ses cousins, et de dame Anne de Barthélemy, veuve de noble Nicolas Vallenson, conseiller au Châtelet de Paris, sa tante... la mariée étant assistée de son père, de noble Guy Chauveau, conseiller du Roi, lieutenant-général au bailliage de Melun, son oncle, etc. — Le 29 mai 1580, le roi Henri III lui avait donné une place de l'un des cent gentilshommes de sa maison, tant en considération de ses services que de ceux de son père. Il mourut le 19 octobre 1643, et sa femme, le 24 juillet 1650. (Arch. du château de Lascazères, Inventaire des titres de la maison de Franclieu.)

[3] Pierre Pasquier de Franclieu, né le 16 mai 1595, baptisé dans l'église de Saint-Nicolas du Chardonnet, à Paris, épousa par contrat du 26 juin 1622, passé à Brie-Comte-Robert, devant Me Bertod, notaire royal, demoiselle Marie Portas, fille de François Portas, écuyer, conseiller du Roi, maître des requêtes ordinaire de la feue reine, duchesse de Valois (Marguerite), et de dame Marie de Heere, — en présence des père et mère du marié, demeurant à Paris, quai des Tournelles, et de Mre Louis de Goislard, son beau-frère, de noble Pierre Chauveau, seigneur de La Forest, commissaire des guerres, son oncle maternel, etc. Il fut maintenu dans sa noblesse par les conseillers du Roi et élus de la ville de Paris, le 30 juin 1634, et par les commissaires généraux députés par le Roi, le 30 septembre 1641. — Il mourut à Brie-Comte-Robert et fut enterré dans l'église paroissiale, le 21 décembre 1666. Sa veuve mourut en 1680. (Arch. du château de Lascazères, Inventaire des titres).

Mon père[1], devenu lieutenant-colonel du régiment de Broglie, le commanda, lorsque ce régiment fut envoyé en Candie, aux ordres de M⁺ le duc de Beaufort, qui y périt. Il fut nommé major-général de l'armée tant françoise que vénitienne et maréchal de camp, et il fut assez heureux pour échapper à la peste qui se mit dans l'armée. A son retour en France, il commanda dans Charleroi[2]; assiégé dans cette place, en 1672, par le prince d'Orange, il la défendit de manière à donner à M⁺ de Montal[3] le tems d'y porter un secours qui fit lever le siège. Il fut ensuite chargé de faire réparer les fortifications de Binche[4], que le prince d'Orange avoit détruites, après avoir échoué devant Charleroi. On lui donna le gouvernement de Dinant[5], au pays de Liège; cette place étoit de grande conséquence alors, il y avoit une grosse garnison avec laquelle il étoit toujours en action avec les ennemis. Il est encore aujourd'hui considéré de ce peuple, tant pour ses exploits, que pour son désintéressement.

M⁺ de Louvois, son parent, voulant contribuer à sa fortune, jeta les yeux sur lui pour lui faire épouser Mlle ....., que le Roi l'avoit chargé de marier à un militaire susceptible de ses grâces. Il proposa mon père au Roi, de qui il reçut l'ordre de lui écrire ses intentions. Mon père répondit à M⁺ de Louvois en homme aussi

[1] Extrait des registres de baptême de la paroisse de Brie-Comte-Robert, qui établit que Charles Pierre de Pasquier de Franclieu, né le 4 avril 1625, baptisé le lendemain, est fils de Mre Pierre de Pasquier, écuyer, seigneur de Franclieu, et de dame Marie de Portas. Expédition du 16 décembre 1769 (Arch. du château de Lascazères, Inv. des titres).

[2] Charleroi, ancienne ville forte de Belgique, prise par Turenne en 1667, cédée à la France par le traité d'Aix-la-Chapelle (1668), assiégée inutilement par le prince d'Orange en 1672 et en 1677; le traité de Nimègue (1678) la rendit à l'Espagne.

[3] Charles de Montsaulnin, comte de Montal, lieutenant général des armées du Roi, gouverneur de Charleroi et de Mont-Royal, chevalier des Ordres du Roi (1688), mourut en 1698, âgé de plus de quatre-vingts ans, encore en activité de service.

[4] Binche, petite ville de Hainaut, possédée par la France de 1668 à 1678.

[5] Petite ville forte sur la Meuse, entre Charlemont et Namur. L'inventaire ms. des titres de la maison de Franclieu signale une « Lettre du Roi à M. de « Franclieu, son commandant en la ville de Dinant, pour lui apprendre les « avantages considérables qu'il a remportés sur ses ennemis en Flandre et sur « mer, pour qu'il ait à cet effet à faire chanter le *Te Deum* en ladite ville en « action de grâce. Datée du camp de Keurain, le 22 juin 1676. Signé : Louis, et « plus bas : Le Tellier. » (Arch. du château de Lascazères.)

désintéressé que rempli d'honneur. Mr de Louvois lui représenta qu'il se perdoit, qu'il se décidât, qu'il n'avoit pas voulu dire au Roi sa réponse quoiqu'il la lui eût demandée; sur quoi, mon père, persistant, lui donna pour excuse auprès du Roi, qu'épris des charmes de Mlle Dewendre [1], il lui avoit promis de l'épouser et qu'il lui en demandoit l'agrément; ce qu'il exécuta, mais non sans perdre les bonnes grâces du Roi, qui lui ôta son gouvernement; on le plaça cependant à Bouillon, mais, mécontent, il demanda la permission de se rendre à la Cour. N'ayant pu obtenir justice, il se retira dans une maison de campagne qu'il avoit près de Brie-Comte-Robert [2] où il vécut, jouissant d'une pension qu'on lui laissa.

Ma mère vint l'y joindre, elle y accoucha de moi le 24 avril 1680 [3]. Quelque tems après, ma mère retourna à Dinant pour se faire payer de ses droits de légitime; elle me mena avec elle et je ne la quittai pas jusqu'à l'âge de treize ans. Mon père lui ayant mandé, peu de tems après son départ, qu'il s'absentoit pour une commission qui n'étoit connue que de Dieu, du Roi et de lui, il fallut bien que ma mère prit patience. Ni elle, ni moi, n'avons jamais rien sù de cette commission, et malgré toutes les prières que nous fîmes à mon père quand nous le rejoignîmes (ce qui ne fut qu'en 1695), nous ne pûmes avoir d'autre réponse de lui que ce qu'il avoit écrit dans sa lettre de départ.

J'en reviens aux premières treize années de ma vie, que je passai sous la conduite de ma mère. Elle me fit étudier au collège

---

[1] « Contrat de mariage de Mre Charles-Pierre de Pasquier, écuyer, seigneur de « Franclieu, maréchal des camps et armées du Roi, commandant pour Sa Majesté « dans le duché de Bouillon, qui épouse, par permission du Roi du 18 octobre « 1678, noble demoiselle Marie-Thérèse de Wandre, fille de noble et illustre « seigneur Jacques-Laurent de Wandre, et de dame Anne Lambiche, demeurant « en la ville de Dinant. Le 6 novembre 1678. Signé : De Collot. » (Arch. du château de Lascazères, Inv. des titres). La *Chronologie militaire* de Pinard ne mentionne pas M. de Franclieu au nombre des maréchaux de camp; on ne peut douter cependant qu'il n'ait obtenu ce grade, dont il est qualifié dans des actes officiels.

[2] Chef-lieu de canton de Seine-et-Marne, arrondissement de Melun.

[3] Jacques-Laurent-Pierre-Charles Pasquier de Franclieu, né à Brie-Comte-Robert le 24 avril 1680, fut baptisé le 25 suivant dans l'église paroissiale. (Inv. des titres.)

des Jésuites de Dinant, j'y fis mes études jusqu'à la rhétorique, mais j'avouerai à ma honte que ce fut avec négligence, mes régens n'étoient pas mes maîtres, j'étois le leur. Fils d'une mère qui m'idolâtroit et du ci-devant gouverneur, très caressé du comte de Guiscard[1] qui l'étoit alors et de Mr de Moulinneuf, lieutenant de Roi, dont le fils étoit de mon âge, je m'appliquai peu à l'étude; ce jeune homme et moi ne nous quittions pas, nous avions des chevaux, des armes pour tirer, ce qui nous occupoit plus que tout. Mon goût me portoit à être parmi les officiers d'une grosse garnison, me décidant pour leur métier, et me regardant d'ailleurs comme fils de maître.

Ma mère ne pensoit pas comme moi; m'aimant trop pour vouloir m'exposer aux aventures de la guerre, elle s'adressa à Mr de Mean[2], son parent, grand doyen de Liège, pour que j'eusse un canonicat. Il lui manda de me faire tonsurer, elle me mena pour cela à Namur, et je le fus, malgré mes oppositions, à l'âge de onze ans; le souvenir m'en est encore très présent; il fallut pour m'y résoudre que le gouverneur et les officiers m'assurassent et me donnassent leur parole que je n'en serois pas moins libre pour suivre la profession des armes. C'est le cas de le dire ici, que je suis bien aise pour l'amour de mes enfans d'avoir pris ce parti;

---

[1] Louis de Guiscard, comte de La Bourlie et de Neufvy, marquis de Magny (1651-1720), lieutenant-général des armées du Roi, reçut le collier des Ordres à l'occasion de sa belle défense de Namur (1695), ambassadeur en Suède en 1698, il partagea la disgrâce du maréchal de Villeroy après la bataille de Ramillies, et se retira dans ses terres.

[2] Jean-Frédéric de Mean, cadet d'une ancienne famille du pays de Liège, embrassa l'état ecclésiastique, devint prévôt de Saint-Gervais, à Maëstricht, et de Saint-Paul, à Liège; il fut élu en 1688 grand doyen du chapitre cathédral, en remplacement du cardinal de Bouillon. L'Empereur, au parti duquel il était fort attaché, lui donna le titre de baron pour lui et sa famille. Au début de la campagne de 1701, il fut, ainsi que son frère Laurent, chanoine de Saint-Martin, et plusieurs de ses parents, enlevé par ordre de Louis XIV et emprisonné au château de Namur. Réclamé par le Pape, il fut transféré à Avignon et renvoyé libre, sous caution, à Namur, en 1703. Ce n'est qu'en 1709 que, libéré par voie d'échange, il put rentrer à Liège où il mourut le 18 juin de cette même année. Les deux frères « étoient deux hommes d'une grande ambition, surtout le doyen « qui avoit beaucoup d'esprit et de hardiesse, et qui excelloit en projets, en « menées et en intrigue. » (*Mém. de Saint-Simon*, éd. Chéruel, II, 322.) Le baron Charles de Mean, dernier prince-évêque de Liège, appartenait à la famille du grand doyen.

mais quelle différence pour moi, si j'avois pris celui de l'église!
que de peines et de travaux n'ai-je pas essuyés! que de sollicitudes
n'ai-je pas pour l'établissement de mes enfans! que cette vie est
différente de celle d'un chanoine! Mais je me console par l'espérance que mes travaux trouveront leur récompense dans l'autre
vie, et que le bonheur d'une vie délicieuse est court s'il se borne à
celle-ci.

Cette tonsure me faisant craindre qu'on me forçât à entrer dans
l'état ecclésiastique, je ne voulus plus étudier. Un frère de ma
mère, à qui M[r] le comte de Bossut[1] venoit de donner une compagnie d'infanterie, me demanda pour me mener avec lui. Ma mère
désolée, ne sachant que faire de moi, n'ayant aucune nouvelle de
mon père, y consentit, sous la condition que, si son régiment
faisoit campagne, il me laisseroit en pension à Strasbourg pour y
apprendre l'allemand. Je partis avec lui, son régiment étoit en
garnison à Philisbourg[2] où commandoit M. de Bordes[3], lieutenant-général, j'y appris les exercices et les évolutions. Mon oncle qui,
pour des affaires d'honneur, avoit été forcé de quitter deux autres
régimens dans lesquels il avoit servi, se faisoit autant craindre que
respecter dans celui-ci.

Enfin, en 1695, ma mère écrivit à mon oncle que mon père
étoit de retour chez lui, qu'elle partoit pour le joindre, et elle le
prioit de m'y envoyer aussitôt qu'il seroit possible. Je partis avec

---

[1] Charles-Florent de Henin-Liétard.

[2] Ville du grand-duché de Bade, sur la Sulzbach, à 2 kil. du Rhin ; le traité de Westphalie l'avait donnée à la France, celui de Ryswick (1697) la rendit à l'Empereur; peu de places furent aussi disputées que celle-là.

[3] Philippe de Batsalle d'Espoey de Bordes, d'une famille béarnaise, originaire de Morlaas, entra jeune au régiment de Navarre, où il devint capitaine en 1665, major en 1674, lieutenant-colonel en 1680, inspecteur général de l'infanterie (1685), brigadier (1686), il fut nommé en 1688 gouverneur de Landau, puis de Philisbourg, maréchal de camp en 1691, commandeur de Saint-Louis en 1695, il resta à Philisbourg jusqu'en 1697, où la place fut restituée à l'Empereur; lieutenant général le 29 janvier 1702, il périt le 14 octobre suivant à la bataille de Friedlingen, à l'âge de 63 ans, laissant la réputation d'un officier de grand mérite. M. de Dufau de Maluquer, qui a donné une généalogie de la famille de Batsallé d'Espoey (*Armorial de Béarn*, II, 208), semble avoir ignoré l'existence de ce brave officier. A sa mort, son neveu le marquis de Jasses, président au parlement de Navarre, hérita de la terre d'Espoey. (*Dict.* de La Chesnaye-des-Bois, *article* Casamajor.)

un valet de confiance; en arrivant chez mon père, il me reçut avec une gravité qui m'effraya, et ma mère tomba de son long évanouie, de la joie qu'elle eut de me voir, ce qui nous occupa un moment, un autre le fut à tarir ses larmes de joie, je crus qu'elle ne me laisseroit jamais sortir de ses bras; enfin nous soupâmes, mon père et moi nous regardions beaucoup l'un l'autre, ses questions étoient sérieuses.

Le lendemain, mon père me mena dans son jardin; il me fit mille amitiés, me dit qu'il n'avoit pas été heureux dans la profession que je voulois suivre, mais qu'il me laisseroit maître du parti que je voudrois prendre, qu'il m'aideroit de toutes ses forces qui n'étoient pas grandes. « Je n'ai pas volé, me dit-il, dans mes commandemens, comme bien d'autres; j'ai vendu mon bien au lieu d'en amasser »; et il finit par ce proverbe : *Bienheureux les enfans dont les pères sont damnés*. « Vous n'éprouverez pas, me dit-il, cette fortune, et moi, j'espère n'avoir pas le sort que pronostique ce proverbe ». Il me tint deux ans avec lui, tant pour me donner ses maximes que pour me perfectionner dans la langue françoise et dans l'écriture; il me plaçoit à cheval, il m'apprenoit lui-même à faire des armes, et, pour ces deux choses, il ne me falloit pas d'autres maîtres. Enfin, quand il vit que j'étois déterminé à suivre la profession des armes et que je choisissois le service de l'infanterie pour y commencer ma carrière, il me mena à Paris, me disant qu'il étoit inutile de s'adresser au ministre pour les premiers emplois. M. le comte de Solre[1], lieutenant-général, cordon bleu et seigneur de la place de Condé, où commandoit M. de Bergerie[2], frère cadet de mon père, brigadier des armées du Roi, proposa

---

[1] Philippe de Croy, comte de Solre et de Buren, né en 1641, chevalier des Ordres du Roi en 1688, leva la même année un régiment wallon au service de la France, sous le nom de régiment de Solre; nommé lieutenant-général en 1702, il mourut en 1718. Le roi d'Espagne avait érigé en 1677 le comté de Solre en principauté en sa faveur, mais il ne prit jamais ce titre à la Cour de France. Il avait épousé en 1672 Anne-Marie-Françoise de Bournonville.

[2] François-Michel Pasquier de Franclieu des Bergeries, né le 10 avril 1626, successivement premier capitaine et major du régiment de Broglie-Infanterie, fit partie, comme son frère, de l'expédition de Candie, fut fait lieutenant de Roi à Condé, chevalier de Saint-Louis en 1695, brigadier des armées du Roi le 11 septembre 1706. Il avait été maintenu dans sa noblesse par sentence des élus de Melun, le 18 juin 1665.

à mon père de me placer dans le régiment de son fils [1] ; l'enseigne de la colonelle, que mon père lui demanda pour moi, n'étoit point encore vacante, mais il lui promit qu'il la feroit bientôt vaquer. [2]

C'est avec cet emploi que je jetai les premiers fondemens de ma fortune. Le régiment de Solre étoit en Catalogne, aux ordres du duc de Vendôme [3], qui commença la campagne de 1697 par le siège de Barcelone. Je partis de Paris avec des officiers du régiment et l'équipage du colonel, qui me permit de monter ses chevaux. L'armée étoit devant Barcelone lorsque nous arrivâmes en Roussillon, et comme les miquelets [4] interceptoient la communication, nous fûmes forcés de nous embarquer à Roses [5]; ce fut pour moi un rude commencement, un gros tems nous malmena et rompit nos mâts, au point que nous ne pouvions plus voguer; la volaille, dont notre barque étoit remplie pour l'armée, nous donnoit une odeur qui, jointe au mouvement de la mer, me soulevoit tellement l'estomac que je ne gardois rien de ce que je mangeois. Heureusement, un autre bâtiment vint nous remorquer, et nous arrivâmes à l'armée le septième jour de notre embarquement. Je sautai à terre avec grande joie, quoique j'entendisse par le feu de la place et de l'armée que j'allois entrer dans un jeu qui ne seroit pas moins sérieux. Il vint quelques boulets au port où nous débarquâmes. Je joignis le corps, j'y fus reçu, et je montai le

---

[1] Philippe-Alexandre de Croy, connu du vivant de son père sous le nom de comte de Croy, né le 28 décembre 1676, commença à servir en qualité d'aide-de-camp de son père au siège de Namur en 1692 ; en 1696 son père lui céda le régiment de Solre, dont il était colonel-propriétaire. Il assista à sa tête au siège de Barcelone, se distingua en Italie, particulièrement en 1706 au siège d'Alexandrie ; à la suite de cette campagne, il fut nommé maréchal de camp, lieutenant-général en 1718. A la mort de son père, dont il était le fils aîné, il voulut prendre le titre de prince de Croy; ne pouvant faire admettre ses prétentions à la Cour, il se retira dans ses terres, où il mourut le 31 octobre 1723.

[2] « Lettre du Roi à M. le comte de Solre, colonel-propriétaire du régiment de « Solre-Infanterie, pour lui dire que S. M. a donné la charge d'enseigne de la « compagnie colonelle à M. de Franclieu, dans le dit régiment. En date de « Versailles, le 20 juillet 1697, signé : Louis. » (Arch. du château de Lascazères, Inv. des titres.)

[3] Louis-Joseph, duc de Vendôme (1654-1712).

[4] Troupes irrégulières d'Espagne.

[5] Rosas, petit port d'Espagne, province de Girone, que les Français occupaient depuis l'année 1695.

lendemain la tranchée; instruit par mon père qu'on ne manque pas d'examiner les nouveaux venus, je soutins assez froidement ma première connoissance avec un tel jeu; j'en fus loué singulièrement, ce qui m'auroit suffi pour soutenir avec courage ma première réputation. J'avoue cependant que, dans le commencement, le cœur me battoit et que ceux que je voyois tomber à mes côtés m'étonnoient beaucoup; mais, après trois ou quatre tranchées, je vis qu'on se fait au feu comme à autre chose.

Ce siège fut mémorable, et le régiment de Solre s'y distingua. Nous étions de la brigade du prince de Birkenfeld[1], qui me caressoit beaucoup, nous étions campés à Saria, village voisin de Barcelone et des montagnes qui étoient occupées par les ennemis. Un jour qu'ayant descendu la tranchée nous ne songions qu'à nous reposer, ils tombèrent sur nous; mais après un rude combat, où sept officiers du régiment furent tués et plusieurs blessés, nous les chassâmes, et j'en fus quitte pour un talon de soulier qui fut emporté d'une balle. Une autre fois que j'étois de tranchée, une balle de mousquet perça un sac à terre et vint me heurter au teton gauche assez fort pour m'obliger de dire : *Aye!* On me crut blessé et l'on vint à mon secours, mais lorsqu'on vit que mes habits n'étoient point endommagés, on se moqua un peu de moi. Trois jours après, souffrant beaucoup, j'allai trouver le chirurgien-major qui, ayant vu une grosse contusion bien noire, fouilla dans sa poche, en me disant qu'il alloit y mettre d'un baume qui me guériroit : il me passa le bras devant les yeux, me donna un coup de lancette qui fit sortir du sang caillé et je fus bien vite guéri; tout le régiment vit que j'avois une forte contusion dont plusieurs se seroient plaints et vantés.

M. de Vendôme, fâché que les ennemis eussent repris le bastion

---

[1] Christian de Bavière, comte palatin du Rhin, prince de Birkenfeld (1674-1735), fils du duc Christian II de Birkenfeld, s'attacha, comme l'avait fait son père, au service de la France; il fut en 1696 colonel du régiment d'Alsace. Sa conduite au siège de Barcelone le fit nommer brigadier, maréchal de camp en 1702, lieutenant général en 1706, il succéda en 1717 à son père comme duc de Birkenfeld, et la protection de la France le fit reconnaître duc des Deux-Ponts par l'Empereur en 1734, par suite de l'extinction de cette branche de la Maison de Bavière.

Sainte-Claire[1], dont il s'étoit emparé, dit qu'il le feroit reprendre par des gens qui sauroient le garder. Ce fut à notre régiment qu'il donna cette distinction : nous l'attaquâmes en plein jour, les gardes-marine se présentèrent à notre tête, notre major fut à eux pour les avertir que, s'ils étoient obligés de plier, ils ne se jetassent pas sur notre troupe, mais dans les intervalles de nos ailes, ce qu'ils ne tardèrent pas de faire, et notre régiment s'empara de ce bastion avec une fierté qui fut vue de toute l'armée. Il nous en coûta cher, en officiers et en soldats, mais enfin nous y logeâmes, bien plus sur des corps morts que sur la terre, et nous ne voulûmes être relevés que le lendemain, qui fut le premier moment où je commençai à goûter le plaisir de la gloire. Toute l'armée vint à nous, lorsque nous rentrâmes dans notre camp, et les louanges qu'on nous donna m'enflèrent le cœur en mon particulier, si bien qu'il me tardoit de voir quelque action où nous pussions en mériter autant. Nous fûmes aussi de l'attaque du chemin couvert et du fossé, les morts servirent à nous y retrancher, et, quelque terre qu'on jetât sur les cadavres, l'infection devint si grande que si la place avoit tardé de se rendre, nous n'y aurions pu tenir[2].

Plus maltraités que tout autre régiment, nous restâmes dans cette ville; nous eûmes à nous y défendre des habitans qui nous insultoient la nuit, ce qui nous fit ordonner de n'être jamais moins de trois ou quatre officiers ensemble et de faire main basse sur les bourgeois qui seroient plus de deux; il y eut d'abord quelques morts, mais enfin tout s'apaisa.

Un jour qu'étant de garde à la porte de la ville, je me promenois sur le rempart, le long de mes sentinelles, je vis à travers les fenêtres grillées d'un grand bâtiment des personnes qui agitoient des mouchoirs blancs; je m'arrêtai, ne sachant ce que c'étoit, et l'on me cria : *Senorito con la pluma blanca!* et tout de suite on me fit signe de passer à la porte. Je reconnus que c'étoit un couvent; j'approchai de la porte, on l'ouvrit, et comme je ne m'attendois qu'à savoir ce qu'on vouloit de moi, quatre jeunes personnes me prirent de toutes parts, m'entraînèrent avec elles et

---

[1] Le bastion Sainte-Claire était une des clefs de Barcelone. C'est sur son emplacement que Philippe V fit plus tard construire la citadelle.

[2] La ville capitula le 10 août, après cinquante-deux jours de tranchée ouverte.

refermèrent la porte. Jamais de la vie je n'ai été plus étonné, je leur représentai inutilement que je ne pouvois pas abandonner mon poste ; tout ce que je pus en obtenir fut de me laisser appeler par la fenêtre mon sergent, à qui je dis d'envoyer vite chercher un de mes amis pour se mettre à la tête de ma garde, quoique cela soit défendu; j'évitai dans ce moment ce qu'il y avoit de pire. Mon ami vint, mais j'avois eu la maladresse de choisir un homme d'une figure fort aimable, il voulut voir où j'étois, et ces dames voulurent qu'il entrât aussi. La proposition cependant ne me déplut pas ; je n'étois point fâché de n'être pas seul, quoique je visse bien que je n'avois rien à craindre, puisque toute ma garde savoit où j'étois. Mon ami ne se fit pas prier pour entrer, en quoi il eut plus de tort que moi qui n'étois entré que par force ; alors j'envoyai chercher un nommé Demaré, vieux soldat parvenu lieutenant, bien sûr que sa figure n'engageroit pas celles avec qui j'étois à l'introduire comme nous. Ces dames enjouées nous forcèrent à goûter le plaisir de leur conversation pendant trois jours, elles nous firent bonne chère, et surtout nous donnèrent beaucoup de confitures ; elles ne nous laissèrent aller que sur la parole que nous leur donnâmes de les venir revoir, mais on comprend bien que nous ne le fîmes point. Notre aumônier, à qui nous nous en ouvrîmes comme des enfans qui avoient besoin de conseil, nous dit que c'étoit un très grand mal, ce qui auroit suffi pour nous contenir. Je n'ai fait ce récit qu'afin que cet exemple puisse servir à mes enfans pour éviter un tel piège.

Cette ville fut funeste à plusieurs officiers ; le dérèglement des mœurs leur causa plus de perte que n'avoit fait la prise de la ville, plusieurs y perdirent la vie, et plusieurs le nez, les yeux et la santé. L'ami dont je viens de parler se mit dans ce cas-là. Je ne puis me ressouvenir, sans être rempli d'horreur, du spectacle affreux que donna la plupart de ceux qui furent réduits à chercher des remèdes pour purifier leur sang. Je cite cet exemple à mes enfans, bien sûr qu'ils me sauront bon gré de leur faire éviter un écueil qui laisse un grand repentir tout le reste de la vie. Je dus peut-être à une figure qui n'avoit rien de choquant d'être très bien reçu des plus huppées de la ville : la bonne compagnie me sauva de la mauvaise.

A la fin de l'année 1697, la paix se fit avec l'Espagne[1], on a même cru qu'elle étoit faite avant le siège de Barcelone, et qu'il ne fut entrepris que pour avoir un prétexte de faire la paix si les alliés ne secouroient point cette ville; on prétendit même que le projet fut formé dès lors d'appeler Philippe V à la succession d'Espagne. Le siège de cette ville coûta quinze mille hommes de part et d'autre, ce qui auroit été acheter bien cher la prétendue politique qu'on avoit eue. La paix faite, nous évacuâmes la place, et nous passâmes dans le Roussillon, où je fus bien malade, mais, logé dans une bonne maison, je reçus toutes sortes de secours. Mon hôtesse veilloit à mon bouillon, qu'elle me portoit elle-même, ce qui lui attira quelques reproches de son mari; ses bons soins me rendirent la santé, et j'en ai été aussi reconnoissant qu'on peut l'être.

Le régiment ayant été en garnison à Brouage[2], je fis route avec celui de Roussillon pour me rendre dans cette ville, où je passai six mois. Notre colonel et moi, avec cinq ou six camarades, nous faillîmes y périr; nous promenant le long de la mer pendant que la marée étoit basse, nous nous laissâmes entraîner à ramasser sur le rivage des coquillages curieux et bons à manger; nous croyions que quand la mer remonteroit nous pourrions la devancer, mais comme nous étions sur un terrain un peu élevé et que nous avions derrière nous des ravins profonds, la marée remontant les avoit déjà remplis. Heureusement des mariniers nous ayant aperçus nous firent de grands cris et de grands signes de nous retirer, nous les crûmes et bien nous en prit, car pour repasser ces ravins nous eûmes dans bien des endroits de l'eau jusqu'aux épaules. Nous en fûmes quittes pour la perte de nos habits, et pour essuyer des plaisanteries de toute la ville.

J'eus un semestre, je partis pour me rendre auprès de mon père, chez qui j'arrivai avec cet air qu'un jeune guerrier commence à

---

[1] Traité de Ryswick (20 septembre 1697) conclu avec les Provinces-Unies, l'Espagne et l'Angleterre. Un second traité, du 30 octobre, mit fin à la lutte contre l'Empereur et l'empire.

[2] Le Brouage, arrondissement de Marennes, Charente-Inférieure. Autrefois, place forte importante dont la possession assurait celle de tout le pays entre Nantes et Bordeaux.

prendre. Peu de tems après, mon père me mena à Paris ; une de ses nièces, très riche et plus belle encore, lui dit de me laisser chez elle pour prendre des manières qu'on ne prend nulle part comme à Paris. On pense bien que je fus fort aise, je me trouvois dans la plus agréable ville du monde, chez une femme des plus belles et des plus spirituelles qu'il y eût (ceux qui l'ont connue ne me démentiront pas), elle étoit fille de Mr de Bergerie [1], mon oncle, lieutenant de Roi de Condé, dont j'ai déjà parlé, qui avoit peu de bien et plusieurs enfans, dont l'un, brigadier des armées du Roi, fut tué au siège de Namur [2]. Il avoit laissé ma cousine à Paris, chez la sœur de sa femme, mariée à Mr Robert, conseiller au Parlement ; Mr de Chamillard [3], parent de ma cousine, devenu contrôleur-général, lui fit épouser Mr Hamelin, fermier général, et c'est chez lui que je passois tous mes hivers. Ma cousine, devenue veuve, épousa le comte d'Uzès [4], frère cadet du duc de ce nom, qui

---

[1] Charlotte-Magdeleine Pasquier de Franclieu, fille de François-Michel Pasquier de Franclieu des Bergeries, lieutenant de Roi à Condé, brigadier des armées du Roi, et de Charlotte de Chamoy, épousa en premières noces Nicolas Hamelin, sieur de Chaiges, fermier-général, dont elle devint veuve en 1702 ; elle se remaria le 27 novembre 1705 avec le comte d'Uzès et mourut en couches le 31 mars 1713. Saint-Simon, en enregistrant sa mort, ajoute : « C'étoit une grande « femme qui avoit été belle et bien faite, qui n'avoit pas quarante ans, à qui « Mr Chamillart avoit voulu du bien, que j'ai fort vue à l'Etang, où elle se « faisoit aimer de tout le monde. » (*Mém.*, éd. Chéruel, VI, 404.)

[2] Charles Pasquier de Franclieu était simplement capitaine dans le régiment de Piémont. Il périt le 11 juin 1692. Un autre fils de M. des Bergeries fut religieux bénédictin ; le troisième épousa Marie Nivelle de la Chaussée, dont il eut une fille, Henriette, qui épousa le comte de Courten.

[3] Michel Chamillart (1652-1721), conseiller au Parlement en 1676, maître des requêtes en 1686, intendant à Rouen en 1689, intendant des finances l'année suivante, fut nommé en 1699 contrôleur-général des finances, charge qu'il cumula de 1701 à 1709 avec celle de ministre et secrétaire d'Etat au département de la guerre ; se sentant inférieur à cette double tâche, il demanda plusieurs fois au Roi la permission de se retirer, ce que celui-ci lui refusa constamment, jusqu'au jour où, cédant au mouvement général de la Cour, il l'exila dans sa terre de l'Etang, où il mourut sans avoir reparu à Versailles. M. l'abbé Esnault a publié sur lui un important ouvrage, *Michel Chamillart, contrôleur-général des finances et secrétaire d'Etat de la Guerre (1699-1709)*; correspondance et papiers inédits. Le Mans, Monnoyer, 1885.

[4] François de Crussol, comte d'Uzès, fils cadet d'Emmanuel de Crussol, duc d'Uzès, et de Julie de Sainte-Maure, héritière de la maison de Montausier, mestre de camp de cavalerie en 1697, maréchal de camp en 1709, devint cette même année capitaine des gardes de la duchesse de Berry, lieutenant-général

accepta l'hérédité de tous les biens de la maison de Montausier, dont étoit Mme sa mère, le duc ayant répudié cette hérédité parce qu'elle étoit chargée de dettes. Ma cousine l'a libérée. Le comte d'Uzès eut de ce mariage trois enfans mâles, dont un fut fait chevalier de Malte [1]. Logé toujours chez elle à Paris, je dus beaucoup aux bons conseils et aux instructions qu'elle me donnoit, elle me livra d'abord un peu à moi-même, pour sonder mon esprit; elle me menoit avec elle quelquefois et j'avois un carrosse quand je voulois. Il m'arriva ce qui arrive aux jeunes gens, je devins amoureux; ma cousine s'en aperçut et me traita de nigaud, en riant de mes fades amours, elle me représenta que, né sans fortune et ne pouvant être aidé de mon père, je perdois mon tems à m'attacher à de jeunes personnes quoique fort aimables, qu'il falloit m'attacher à quelque dame qui pût contribuer à ma fortune. Quelques jours après, une duchesse vint souper chez ma cousine; je voulus profiter du conseil qu'elle m'avoit donné et je n'en fus pas rebuté. Cette connoissance ne me fit pas d'abord oublier les anciennes auxquelles je tenois; je ne pouvois point faire une cour assidue à ma duchesse, qui étoit souvent à Versailles, mais, par la suite, ayant mérité d'elle quelque distinction, M^r le duc me donna un logement dans son hôtel à Versailles, quoiqu'il logeât lui et sa femme au Château. Je passois ainsi mon tems entre la Cour et Paris, et selon moi alors fort agréablement; mais c'étoit faute de réflexion, je ne m'apercevois pas que je perdois mon tems, il n'étoit question pour moi d'aucune occupation utile; M^r le comte de Croy, mon colonel, et moi étions inséparables, mon couvert étoit toujours mis chez son père, l'après-dîner on nous voyoit au Cours, aux Tuileries, au spectacle et jamais le comte de Croy sans moi; nous ne nous quittions que pour nos parties de soupers, qui étoient différentes.

Un jour ma cousine m'appela dans son cabinet et me dit :

---

en 1718, gouverneur d'Oleron en 1724, et en 1734 de Landrecies, où il mourut (1736) à l'âge de 58 ans. Le comte d'Uzès et le comte d'Albert se battirent en duel en 1700 contre les comtes de Rantzau et de Schwarzenberg; cette affaire fit grand bruit, et M. d'Uzès n'évita une complète disgrâce que par la protection de son beau-frère Barbezieux.

[1] Charles-Hyacinthe de Crussol de Pisani, dit le chevalier d'Uzès, né en 1713, capitaine de cavalerie dans le régiment de Bourbon, mort en Bavière en 1742.

« Je crains de vous avoir donné des mauvais conseils, ce n'est pas le tout de vous être fait connoître, de ne penser qu'à votre parure et à vos plaisirs, il faut songer à vous former l'esprit. Je sais que vous ne voyez que bonne compagnie, mais vos conversations ne sont pas ce qui peut vous rendre capable de parvenir un jour au grand. Il faut vous appliquer à l'étude, et je veux vous introduire dans des maisons où vous entendrez des entretiens de gens d'esprit et savans ». J'acceptai cette offre avec plaisir, et comme je lui avouai que j'avois eu une grande honte, m'étant trouvé avec des personnes qui parloient de l'histoire et des intérêts des princes, de n'y avoir rien compris. « Eh bien, me dit-elle, ce soir même je vous mènerai chez la présidente de Ferrand[1] », (chez qui se rendoient les gens les plus savans de Paris). En me présentant à cette dame, ma cousine lui dit l'intention pour laquelle elle me menoit chez elle, ajoutant qu'elle auroit la gloire de faire d'un petit ignorant un homme supportable. Cette digne dame me reçut avec des gracieusetés qui m'engagèrent à la voir soûvent; les conversations qui se tenoient chez elle me mettoient dans la nécessité de me contenter d'écouter. Mr Rémond[2], qui a été secrétaire des commandemens de feu M^r le duc d'Orléans, et l'abbé Fraguier[3], qui a été depuis de l'Académie françoise, tous deux

---

[1] Anne Bellinzani, fille de François Bellinzani, riche financier italien, intendant de commerce en France, et de Louise Chevreau, née vers 1657, épousa en 1676 Michel Ferrand, alors lieutenant particulier au Châtelet de Paris (1675), puis président en la Chambre des requêtes (1683). Amoureuse, en 1671, du baron de Breteuil, cette passion donna naissance à l'*Histoire des amours de Cléante et de Bélise*, qu'elle-même publia en 1691 avec sa correspondance de 1680 à 1684. Séparée de son mari en 1686, elle fut quelques années exilée de Paris, mais y revint en 1691; après avoir peut-être été mêlée à la conspiration de Cellamare, elle passa les dernières années de sa vie à plaider contre sa fille Michelle, qui demandait à être reconnue par elle, et mourut en 1740. Voyez sur elle l'intéressante notice donnée par M. E. Asse, en tête de son édition des *Lettres de la présidente Ferrant*, Paris, Charpentier, 1880.

[2] Rémond ou Raymond, fils du partisan Raymond, surnommé le Diable, devint le favori du cardinal Dubois et très en faveur auprès du Régent, « bas intrigant, « petit savant, exquis débauché, et valet à tout faire, pourvu qu'il fût dans l'in- « trigue et qu'il pût en espérer quelque chose, [il] avoit beaucoup d'esprit, et à « force de s'être fourré dans le monde par bel esprit et débauche raffinée, il le « connoissoit fort bien. » (*Mém. de Saint-Simon*, éd. Chéruel, VIII, 355). Il acheta en 1719 la charge d'introducteur des ambassadeurs de Foucault de Magny, mais se démit de bonne heure de cette charge.

[3] Claude Fraguier, né à Paris en 1666, entra en 1683 dans l'ordre des Jésuites

amis de ma cousine, étoient souvent chez Mme de Ferrand. Ayant su par quel motif j'étois introduit dans leur société, ils me louèrent de mon désir, et me dirent les livres qu'il falloit que je lusse pour m'instruire dans mon métier. Mr Rémond, chez qui dînoit tous les jours l'abbé Fraguier, m'engagea à y aller aussi le plus souvent que je pourrois; ils faisoient une petite chère délicate. Je puis dire devoir à ces messieurs tout ce que je sais et, si ce n'est pas beaucoup, je dois m'en attribuer la faute, puisque c'étoit deux grands maîtres qui prenoient la peine de me donner de bons avis. Je m'appliquai à la lecture sous leur conduite; Mr Rémond m'écrivoit tous les jours et m'obligeoit de lui répondre, je garde ses lettres qui sont remplies d'esprit, les miennes peu à peu devinrent supportables, si j'en dois croire ce qu'on m'en a dit; peut-être n'est-ce qu'une flatterie. Sur ce que je dis un jour à l'abbé Fraguier que je lisois beaucoup mais que je ne retenois rien ; « Vous le croyez, me dit-il, vous verrez le contraire ». Il savoit que je lisois l'histoire romaine, il proposa à Mme de Ferrand de mettre la conversation sur cette histoire lorsque je serois arrivé, ce qui se fit sans que ni l'un ni l'autre jetassent les yeux sur moi; à peine eurent-ils entamé leur entretien, que tout ce que j'avois lu me revint dans l'esprit, et je trouvai à placer mon mot par l'adresse de M^r l'abbé Fraguier, qui feignit de ne pas retrouver un certain passage que je lui dis tout au long : « Ah! ah! monsieur, me dit-il, vous voyez que c'est à tort que vous accusez votre mémoire ». Je fis ainsi mon personnage dans cette conversation, et ce fut assez pour m'appliquer avec goût à la lecture.

M. Rémond aimant beaucoup les parties de plaisir, ma connoissance avec lui ne nuisit pas aux miennes; il nous en procuroit, il nous menoit au bal où il s'amusoit quelquefois à éteindre les

---

et enseigna les belles-lettres à Caen ; il quitta l'ordre vers la fin de son cours de théologie et s'adonna à l'étude. « On a de lui d'excellentes dissertations dans le « Recueil de l'Académie des Belles-Lettres ». (VOLTAIRE, *Siècle de Louis XIV.*) Il fut nommé membre de cette Académie en 1705, et en 1708 il remplaça à l'Académie française J.-N. Colbert, archevêque de Rouen. Il mourut en 1728, « l'âme tout éclairée d'une foi sincèrement chrétienne. » (E. DE BROGLIE, *Bernard de Montfaucon et les Bernardins*, I, 125.) Sur sa maladie, que nous le verrons soigner à Bagnères-de-Bigorre, et ses causes, Cf. FRÉRET, *Éloge de l'abbé Fraguier*, dans l'HISTOIRE DE L'ACADÉMIE DES INSCRIPTIONS, VII, 399.

bougies. Le comte de Thiard[1], fils de l'ambassadeur à Turin, le comte de Bonneval[2], qui est aujourd'hui en Turquie [et moi] étions ordinairement de ces parties, et bien nous en prit d'avoir de la fermeté pour éviter à Mr Rémond d'être mal reçu dans ses entreprises. Le comte de Bonneval étoit un enragé, il faisoit faire chorus à des chansons qui auroient dû nous mériter la Bastille.

Peu à peu, la lecture me menoit à une vie plus réglée et, heureusement pour moi, la guerre survint. Mr de Solre me donna la lieutenance de la colonelle[3], qui me donnoit le grade de capitaine avec l'entretien de la compagnie, pour lequel le colonel abandonnoit les appointemens; mais comme je me piquois de l'entretenir très élevée, il m'en coûtoit fort cher. Je fis un équipage de conséquence; Mme la présidente Robert[4] me donna une jupe de velours orangé avec un passement d'argent d'un pied de haut, ce qui me fit un harnois superbe. La manière dont ce présent me fut fait mérite d'être raconté : je dînois chez le président Robert[5],

---

[1] Anne-Claude de Thiard (1682-1765), fils unique de Jacques de Thiard, marquis de Bissy, était entré en 1698 aux mousquetaires, devint en 1702 mestre de camp du régiment de Bissy, maréchal de camp en 1719, lieutenant général en 1765. Il épousa en 1712 une sœur de Chauvelin, parente de M. de Franclieu.

[2] Claude-Alexandre, comte de Bonneval (1675-1747), commença à servir dans la marine dès l'âge de dix ans ; il passa ensuite dans l'armée de terre ; il était colonel du régiment de Labourd et brigadier d'infanterie quand, en mars 1706, il passa aux ennemis. S'étant brouillé avec le prince Eugène, il finit par aller en Turquie, où il se fit musulman sous le nom d'Ahmed. « C'étoit « un cadet de fort bonne maison, avec beaucoup de talents pour la guerre et « beaucoup d'esprit fort orné de lecture, bien disant, éloquent avec du tour et de « la grâce, fort gueux, fort dépensier, extrêmement débauché, grand escroc et, « ce qui peut se dire, sans honneur ni conscience, fort pillard. » (*Mém. de Saint-Simon*, éd. Chéruel, III, 265). Sur son séjour en Turquie, cf. A. VANDAL, *Une Ambassade française en Orient sous Louis XV*, Paris, Plon, 1887.

[3] « Lettre du Roi au comte de Solre, colonel du régiment de Solre, pour lui « donner avis que S. M. a donné la lieutenance de la compagnie colonelle dudit « régiment à M. de Franclieu. En date de Versailles, le 4 février 1701. » (Arch. du château de Lascazères, Inv. des titres.) Il résulte du récit de l'auteur qu'il commença à préparer ses équipages bien avant sa nomination officielle. Le 31 janvier 1703, il eut une commission de capitaine dans le même régiment.

[4] Anne Maudet.

[5] Louis Robert, sieur de la Fortelle, fut longtemps intendant d'armée, notamment en Hongrie (1664) et en Flandre. Conseiller d'État en 1666, président en la Chambre des comptes en 1679, il mourut en 1699. « Fort proche parent de « M. de Louvois, homme d'esprit, capable et d'honneur, mais qui aimoit tant

mon parent, je parlai d'un joli cheval gris que m'avoit envoyé Mr d'Heere[1], aussi mon parent, qui m'avoit fait cette emplette en Normandie; on me demanda de le faire venir après dîner, toute la compagnie se mit à la fenêtre pour le voir, on le trouva beau, et il l'étoit; le président me dit : « Mr le capitaine, et pour harnacher ce cheval, comment ferez-vous? » — « Monsieur, j'aurai recours à quelque industrie. » — « Je vais vous en donner une bien prompte, caressez bien Madame, » me dit-il en me montrant sa femme, « priez-la de vous mener dans sa garde-robe, il y a bien des jupes de velours inutiles qui pourront vous accommoder. » Sitôt dit, sitôt fait; on me mena à une armoire dont je tirai cette magnifique jupe, je courus au président lui faire voir comme je profitois de ses leçons. « Je le vois, me dit-il, vous réussirez dans vos entreprises, vous êtes prompt dans l'exécution : ne perdez pas de tems à harnacher votre cheval et n'oubliez pas de revenir dessus avant votre départ, pour remercier Madame. » Ce que je fis quelques jours après, mis magnifiquement; je fus bien reçu, on me fit manier mon cheval, je réussis bien et je reçus beaucoup de louanges parmi lesquelles celles de Mlle Robert[2], quoique très jeune, me flattèrent beaucoup.

Je fus voir mon père et ma mère avant mon départ, je restai deux jours chez eux à écouter leurs leçons qui m'ont beaucoup servi; ils n'oublièrent pas de me recommander la crainte de Dieu, sans laquelle on ne prospère en rien, mais je dois dire, à ma

---

« son plaisir que M. de Louvois n'en put rien faire. C'étoit le plus gros et le « plus noble joueur du monde, et l'homme de sa sorte le plus mêlé avec la « meilleure compagnie. » (*Mém. de Saint-Simon*, éd. Chéruel, III, 332.) Cette passion pour le jeu lui a fait avoir une place dans les *Caractères* de la Bruyère, ch. VI, *Des biens de fortune;* il fut obligé de vendre sa charge de président, en 1690, pour payer ses dettes, ayant perdu au jeu une fortune considérable. Sur ses services comme intendant d'armée, Cf. Rousset, *Histoire de Louvois*, où ses lettres sont souvent citées.

[1] Il s'agit probablement de Claude-Denis de Heere, seigneur de Barneville, né en 1658, qui devint, le 22 février 1699, gouverneur des ville et château de Brie-Comte-Robert, après avoir servi dans les gardes françaises.

[2] L'aînée des demoiselles Robert, Marie, épousa le 22 décembre 1701 François Dauvet, comte des Marets, grand fauconnier de France, et mourut en 1755, à l'âge de 72 ans; sa sœur cadette, Marie-Magdeleine, épousa en 1706 le marquis de Livry, fils du premier maître d'hôtel du Roi, qui obtint en 1716 la survivance de la charge de son père et lui succéda en 1723.

très grande honte, que ce n'étoit pas alors ma plus grande occupation; j'espère que Dieu me l'a pardonné, n'ayant du moins jamais oublié son culte.

CHAPITRE II.

1700-1705.

M. de Franclieu à l'armée d'Italie. — Passage de l'Oglio. — Désarmement des troupes de Savoie. — M. de Tournemire, gouverneur de Reggio. — Le duc de Mantoue au siège de Verrue. — Siège de Verrue. — Les anoblissements en Italie. — MM^{lles} de Busca et de Mora. — La Cour du prince de Vaudemont, à Milan. — L'auteur va à Bologne. — Couvents italiens. — Affaire de la Bastia. — Séjour et aventures à Modène. — Bonneval et Langalerie. — Le jeu à l'armée d'Italie. — M. de Franclieu obtient l'agrément d'acheter un régiment.

J'allai joindre en 1700 mon régiment à Béford, nous nous croyions destinés pour l'armée d'Allemagne, mais nous le fûmes pour celle d'Italie. Nous traversâmes les Alpes et nous joignîmes l'armée qui étoit commandée par M^r le duc de Savoie[1] et le maréchal de Catinat[2]. Peu après, nous allâmes attaquer les ennemis à Chiari[3], mais ils étoient couverts de murailles et de retranchemens, de façon que nous n'y pûmes mordre ; nous perdîmes plus de soixante hommes du régiment par l'artillerie des ennemis sans pouvoir en venir aux mains, position, selon moi, la plus désolante à la guerre. Le duc de Savoie, passant à la queue de notre régiment, affecta de s'y arrêter, malgré le feu de l'artillerie, qui tua quelques gens de sa Cour sans qu'il sourcillât.

On nous fit retirer et camper à Urago ; nous fûmes longtems

---

[1] Victor-Amédée II (1666-1732), fils du duc Charles-Emmanuel II et de Marie-Jeanne de Savoie-Nemours, succéda à son père en 1675 comme duc de Savoie. Le traité d'Utrecht (1712) lui donna le titre de Roi et la Sicile qu'il échangea en 1718 contre la Sardaigne. Il abdiqua la couronne en 1730. Il était père de la duchesse de Bourgogne et de la reine d'Espagne, première femme de Philippe V.

[2] Nicolas Catinat, sieur de Saint-Gratien (1637-1712), maréchal de France (1693), reçut en 1702 le commandement de l'armée d'Allemagne, mais sa disgrâce, commencée en Italie, ne tarda pas à devenir complète et il se retira définitivement du service, après avoir été remplacé par Villars.

[3] Petite ville du Bressan, appartenant aux Véniciens, près de la rivière d'Oglio. Le combat de Chiari eut lieu le 1er septembre 1701. Le maréchal de Villeroy, qui avait déjà remplacé Catinat, commandait l'armée française.

dans ce camp, le froid et la neige nous forcèrent à nous y barraquer, ce qui se fit en détruisant à trois lieues à la ronde tout ce qu'il y avoit de maisons. Nous ne pouvions faire aucun fourrage ni mener de convoi sans être battus; Mr de Catinat en attribuoit la faute à M^r le duc de Savoie, qui, disoit-il, s'entendoit avec l'ennemi; il le manda à la Cour, on crut qu'il radotoit, on envoya le maréchal de Villeroi pour commander à sa place; Mr de Catinat ne se retira pas pour cela [1].

Enfin nous décampâmes d'Urago et nous passâmes l'Oglio sans pont, ayant de l'eau jusqu'au coude; les fournimens et cartouches des soldats furent attachés sur leurs épaules. Je fus laissé avec cinquante hommes pour l'arrière-garde, on fit une chaîne de détachemens pour couvrir l'armée pendant qu'elle passoit la rivière; mon poste se trouvoit à l'embouchure d'un bois. Mr de Pracomtal [2], lieutenant-général, visitant tous ses postes, vint au mien; il marqua de la surprise en me voyant si jeune, placé dans un poste de cette importance. Je lui dis, à l'imitation des Grecs, qui souvent répondoient par des vers de leurs poëtes, que dans une âme bien née, la valeur n'attendoit pas le nombre des années. « Soit, monsieur, me répondit-il brusquement, mais songez à vous retrancher au plus vite, car bientôt vous serez attaqué par la cavalerie, et je reviens dans peu voir ce que vous aurez fait. » Je laissai la moitié de mon monde sous les armes et j'envoyai l'autre dans une maison voisine chercher tout ce que l'on pourroit trouver de propre à me retrancher; mes gens m'apportèrent des tonneaux, des portes, des tables, enfin de quoi me mettre hors d'insulte de la cavalerie qui parut, mais qui me respecta. Mr de Pracomtal revint, j'en reçus des politesses, ce qui n'étoit guère sa coutume, et depuis, m'étant trouvé sous ses ordres, dans des convois où il excelloit, j'en reçus toujours des amitiés et des caresses [3].

[1] Il fut blessé au bras au passage de l'Oglio. Cf. *Mémoires de Villars*, éd. Vogüé, II, 8 et suiv.

[2] Armand de Pracomtal, seigneur d'Ancone, dit le marquis de Pracomtal, lieutenant-général des armées du Roi, gouverneur de Menin, tué à la bataille de Spire, le 15 novembre 1703. « C'étoit un homme fort appliqué, avec de la valeur « et de la capacité. » (*Mém. de Saint-Simon*, éd. Chéruel, III, 23.)

[3] L'armée « des couronnes » (France, Espagne, Savoie) alla camper, le 14 novembre 1701, à Tissingo, et le 15 elle se sépara en plusieurs quartiers.

Je ne m'étendrai point sur différentes particularités de la campagne : le prince Eugène pensa prendre Crémone, le maréchal de Villeroi y fut fait prisonnier [1], le duc de Vendôme vint prendre le commandement de l'armée et, certain que M^r le duc de Savoie s'entendoit avec l'ennemi, on désarma ses troupes. Voici la manière dont on s'y prit : nous reçûmes ordre de nous mettre en bataille sur deux lignes pour la revue du général, les troupes de Savoie étoient au centre de la première ligne, on fit manœuvrer les troupes françoises et espagnoles de façon que nous formâmes un grand carré, tenant au milieu de nous les Savoyards, on marcha à eux la bayonnette au bout du fusil à la demi-portée du coup et le major-général alla leur ordonner de la part du Roi de mettre bas les armes, sans quoi ils seroient passés au fil de l'épée ; ils demandèrent à tenir un conseil de guerre, on leur donna un demi-quart d'heure, au bout duquel tems ils obéirent. Leurs généraux se plaignirent beaucoup de leur prince, pour les avoir exposés à un tel désagrément, sans avoir mieux pris ses mesures ; ils furent envoyés désarmés dans le Milanois, mais peu à peu ils se retirèrent tous chez eux.

Notre régiment fut quelque tems à Reggio, ville appartenant au duc de Modène. Le marquis de Vignot et moi fûmes épris des charmes d'une belle dame qui se nommoit la marquise de Silva, et quoique j'eusse affaire à un rival dangereux, de la plus belle figure possible, je ne m'aperçus point qu'il obtint de préférence sur moi, ce qui m'attira même la jalousie du fils du gouverneur de la ville pour le duc. Il s'appeloit Canosa, il ne marchoit jamais sans quatre estafiers armés de longues épées ; la nuit de Noël, comme je sortois de la messe de minuit, il m'attaqua avec ses valets, je m'acculai dans un angle formé par deux murs, en criant : « A moi, François ! » Un jeune gentilhomme, arrivé la veille de France, vint à mon secours, l'épée à la main ; je sortis alors de ma niche, et tous les deux nous eûmes bientôt mis nos cinq hommes hors de

---

[1] 1er février 1702. Les chansonniers s'emparèrent de cet événement, et l'on a conservé ce spirituel couplet :

>   Soldats, rendez grâce à Bellone !
>   Votre bonheur est sans égal,
>   Vous avez conservé Crémone
>   Et perdu votre général.

combat, deux restèrent à nos pieds, et le maître s'enfuit tant qu'il put avec les deux autres. Je fus me plaindre à Mr de Tournemire [1], lieutenant-colonel de la Vieille-Marine, brigadier des armées du Roi, qui commandoit les troupes françoises dans la citadelle; il ordonna au gouverneur de faire sortir son fils, et que s'il arrivoit la moindre chose à moi ou à tout autre François, il en répondroit sur sa vie. Mr de Tournemire étoit un petit homme tout plein de feu : un gentilhomme de la ville ayant débité publiquement sur la place que nous avions été battus en Espagne, comme il savoit le contraire, il envoya chercher ce gentilhomme et lui dit qu'afin qu'il pût sûrement détruire le faux bruit qu'il avoit répandu, il eût à se pourvoir de bottes et d'argent pour lui et pour deux dragons qu'il alloit lui donner, pour aller tous les trois en poste, à ses dépens, savoir la vérité à notre armée d'Espagne. Quelque chose que l'on fît, il fallut obéir, et le voyage lui coûta plus de cent louis.

J'étois à l'armée aussi agréablement qu'on peut être, logeant toujours chez mon colonel et n'ayant pas d'autre table que la sienne; j'étois connu de tous les généraux, et si je manquois de suivre mon colonel lorsqu'il alloit manger chez eux, on m'envoyoit chercher. Mr le maréchal de Montmorency [2], aujourd'hui vivant, et Mr le duc de Lesdiguières [3], qui faisoient une grosse dépense, vouloient nous avoir toujours. Je ne manquois aucune promenade

---

[1] Henri de Tournemire entra comme enseigne en 1660 dans le régiment de la Marine, et y conquit tous ses grades de capitaine, major, lieutenant-colonel (1694); nommé brigadier des armées du Roi (1702), maréchal de camp (1704), il épousa en 1707 Marie-Josèphe de Montaut Saint-Sivier, et se retira au château de Malartic, près d'Auch, dans une terre qui fut plus tard érigée en comté pour son petit-fils Hector. Cf. Abbé de CARSALADE DU PONT, *Un complice de Louis XI, Antoine de Tournemire* (Soirées archéologiques aux Archives départementales); Auch, 1894.

[2] Christian-Louis de Montmorency-Luxembourg, fils du maréchal duc de Luxembourg et de Magdeleine de Clermont, connu d'abord sous le nom de chevalier de Luxembourg, entra fort jeune au service et était maréchal de camp en 1704; il se distingua à Oudenarde et à Lille, devint lieutenant-général en 1708, prit en 1711 le nom de prince de Tingry; maréchal de France en 1734, il fut alors connu sous le nom de Montmorency. Il mourut en 1746, à l'âge de 71 ans.

[3] François de Bonne de Créquy, duc de Lesdiguières et de Créquy, né en 1678, mort à Modène en 1704, était un des plus riches seigneurs du temps. Il servait à l'armée d'Italie comme colonel du régiment de Sault et brigadier des armées du Roi.

de Mr le duc de Vendôme, et comme il me trouvoit toujours sous ses yeux, il me donnoit autant de commissions qu'à tous ses aides de camp. Un jour, il m'en donna une au siège de Verüe que je ne dois pas omettre : Mr le duc de Mantoue[1], qui se tenoit à Casal, l'étant venu voir, lui demanda de voir la tranchée ; Mr de Vendôme en venoit, il le pria de l'excuser s'il ne l'y accompagnoit pas, « mais, lui dit-il en me montrant, voilà un gentilhomme qui vous fera tout voir ». Je montai à cheval, et je menai cette troupe ; je je crus bien faire de couper les tranchées les plus reculées pour lui faire mettre pied à terre un peu en avant ; je me flattois déjà de recevoir le portrait du héros que je conduisois, ou quelque gros diamant ; malheureusement, n'étant point d'accord avec la place assiégée qui mal à propos nous lâcha cinq ou six coups de canon, sans toutefois faire mal à pas un de nous, ma noble troupe en fut si étonnée qu'elle tourna bride et ce grand prince me dit qu'il se faisoit tard, qu'il reviendroit un autre jour. J'eus beau l'assurer que dans moins d'une demi-heure je lui aurois tout fait voir, il s'en alla sans faire attention à ce que je lui disois. J'en fus si indigné que je galopois, faisant aller mon chapeau à la main, dans la bonne intention que les ennemis nous saluassent de nouveau ; des femmes n'auroient pas montré autant de foiblesse que cette Cour italienne. Je fus en rendre compte à Mr le duc de Vendôme qui, prenant plaisir à mon récit, me mit dans le cas de ne pas trop respecter ce souverain, et toute sa Cour en rit beaucoup.

---

[1] Charles IV de Gonzague, dernier duc de Mantoue et de Montferrat (1652-1708), avait pris le parti de Philippe V et fut, pour cela, dépossédé de ses États par l'Empereur en 1707. Sur la poltronnerie de ce singulier personnage, on peut citer une lettre du futur maréchal de Villars au marquis de Croissy, publiée par M. le marquis de Vogüé (*Mém. de Villars*, I, 373) : « Contez, Monseigneur, « qu'Arlequin, quand il a peur, la comparaison est un peu basse, mais il n'y en a « pas d'autre, ne donne point de plus plaisantes scènes. Mr de Carpegne vous « les joüra dans la langue, car elles perdroient de leurs graces en françois. « Mais le pauvre duc a passé quatre ou cinq jours aussy mauvais qu'on puisse « se l'imaginer. Je le trouvai le matin d'après la bataille à nos bagages, qui me « demanda si les ennemis étoient bien entièrement défaits. Je luy dis qu'il en « revenoit quelques-uns et sa conversation finit. Ça été asseurement la plus « plaisante chose du monde que tout son séjour icy, qui a couté beaucoup « d'argent à l'Empereur et n'a pas été d'une grande utilité à son service..... Au « camp de Sichwy, le 18 août 1687. » Le duc de Mantoue suivait comme volontaire l'armée Impériale dans une campagne contre les Turcs.

On sait la longueur du siège de Verüe, qui nous tint un hiver entier, toujours dans l'eau et la neige dont nos tranchées étoient remplies. Je souffris plus qu'un autre, ayant la fièvre tierce ; mon colonel vouloit que je me retirasse dans quelque ville, je n'en voulus rien faire et je montois la tranchée, muni d'un flacon de quinquina. Nous étions cinq logés dans une petite maison : mon colonel, le chevalier de Croy[1], son frère, qui fut tué à Malplaquet, le comte d'Esterre[2], aujourd'hui prince de Robecque, le comte de Lautrec[3] et moi. Je fus de l'attaque, que nous fîmes dans la nuit, de l'ouvrage de communication entre les deux bras du Pô, par où Mr le duc de Savoie communiquoit avec la place et en renouveloit tous les jours la garnison ; nous crûmes que ce seroit une affaire très sanglante, et nous en fûmes quittes à bon marché, ayant surpris l'ennemi endormi ; on prit le lieutenant-colonel qui commandoit ce poste, couché avec une fille. Cette communication prise, la place se rendit cinq jours après[4] ; les ennemis en firent

---

[1] Albert-François de Croy-Solre, chevalier de Malte, se distingua en Italie et fut blessé grièvement à Turin en 1706 ; devenu, le 20 mars 1709, colonel du régiment de Solre, par cession de son frère, il fut tué à Malplaquet (1709) à la tête de ce corps, qui fut anéanti. Il était, depuis l'année précédente, brigadier d'infanterie.

[2] Anne-Auguste de Montmorency, comte d'Esterre, servit en France dès 1695 comme mousquetaire, colonel du régiment de Normandie (1700), il le conduisit en Italie en juillet 1701 et fut nommé brigadier en 1704, il fut employé en Espagne en 1707, devint maréchal de camp en 1710 et obtint la Toison d'or (1711) après la prise de Girone. La mort de son frère aîné en 1716 lui donna le titre de prince de Robecque et Morbecque et la Grandesse. Promu lieutenant-général des armées du Roi en 1720, il fut nommé en 1725 grand-maître de la Maison de la reine douairière d'Espagne, veuve de Louis Ier, lorsque cette princesse rentra en France ; il se retira du service en 1734 et mourut en 1745, âgé de 67 ans.

[3] François de Gélas de Voisins (1663-1705), fils aîné de François, marquis d'Ambres et de Vignolles, lieutenant-général de la Haute-Guyenne, descendant, par les femmes, du célèbre La Hire, commença à servir dans les mousquetaires ; capitaine de cavalerie en 1690, colonel d'un régiment de dragons à son nom en 1696, brigadier en 1703, il fut mortellement blessé en Italie, à la tête d'un détachement de cinq cents chevaux, et mourut à Brescia, le 2 mars 1705. « Ce « fut un extrême dommage, il étoit fort bien fait, avec infiniment d'esprit, « de grâces dans l'esprit et du savoir, une grande application, une grande « volonté et beaucoup de talents pour la guerre ; doux, poli et très aimable. » (*Mém. de Saint-Simon*, éd. Chéruel, III, 147.)

[4] « Le 9 avril [1705], Verrue se rendit au duc de Vendôme. Ce siège, qui « dura près de cinq mois, coûta des sommes immenses et beaucoup d'hommes.

sauter toutes les fortifications, quoique Mr de Vendôme leur eût fait dire que s'ils le faisoient, ils n'auroient nul quartier; il nous envoya l'ordre de n'en pas faire, mais cette garnison s'étant présentée sans armes à notre tranchée en demandant la vie, on eut beau ordonner aux soldats de tirer dessus, jamais ils ne le voulurent faire et, ce qui est plus fort, c'est qu'ils ne fouillèrent même pas dans leurs havre-sacs. Cependant le commandant fut mené à Mr de Vendôme, qui lui dit qu'il tiendroit parole et qu'il alloit le faire pendre; cet officier lui dit : « Monseigneur, vous en êtes bien le maître, mais lisez, s'il vous plaît, ce papier. » C'étoit un ordre du duc de Savoie qui lui disoit que, sous peine de perdre la tête, il ne rendît pas la place sans en faire sauter les fortifications, ce qui désarma Mr de Vendôme, qui lui dit : « Votre maître est bien heureux d'avoir des sujets comme vous, il ne le mérite pas en les exposant comme il le fait à une mort ignominieuse, mais j'ai d'autres sentimens que lui, je vous pardonne », ce qui fit grand plaisir à toute notre armée. Il régala ce commandant et les officiers; on n'oublia pas, pendant le dîner, de parler de la mauvaise défense du commandant de la communication, qui fut décapité.

 L'inaction de notre armée me fit prendre le parti d'aller à Casal pour me guérir; plusieurs officiers françois étant dans le même cas que moi y allèrent aussi. Je me logeai d'abord à l'auberge, mais j'en sortis par un motif assez singulier : un capitaine de grenadiers, qui se nommoit Busca et qui étoit sans doute un oncle de ma femme[1], eut une dispute dans l'hôtellerie, parce qu'on avoit changé ses chevaux de place. L'hôte lui dit des insolences, il lui

---

« Le duc de Vendôme s'obstina à l'attaque d'une place très bonne et qui avoit
« une communication libre avec le camp de Crescentino, ce qui auroit fait durer
« le siège des années entières. A la fin, il se rendit à la raison, qui étoit qu'il
« valoit mieux attaquer Verrue par le camp, que le camp par Verrue. Dès que
« ce camp fut emporté, Verrue capitula. » (*Mém. de Villars*, éd. Vogüé,
II, 173.)

[1] Ce capitaine Busca pourrait être l'un des trois fils de Pierre de Busca, seigneur de Saint-Jean-d'Angles, et de Louise du Barry, sa seconde femme; mais nous n'avons rien trouvé qui nous permette de l'identifier. En revanche, Jean de Crotte, seigneur de Perron, qui avait épousé Louise-Philippe de Busca-Lascazères, avait, à cette époque, deux frères dans l'armée d'Italie, l'un Jean, capitaine de grenadiers dans le régiment de Rouergue, fut tué à Crémone; l'autre, Charles, blessé à la tête dans la même affaire, obtint la compagnie de son frère, mais ses blessures l'empêchèrent de continuer à servir et il se retira à

donna cent coups de bâton, monta à cheval et s'en alla; l'hôte, furieux, ôta l'enseigne de sa maison et alla sur-le-champ trouver le duc de Mantoue pour lui demander à acheter un titre de comte, parce qu'il vouloit vivre noblement. Ce duc, pour trente mille livres, en donnoit à qui en vouloit (la livre mantouane ne vaut que quatre sous de France); la cérémonie se faisoit, le duc disant: *signor conte*, ce qui se fit le lendemain à son lever. Le nouveau comte vint dans ma chambre m'offrir de rester chez lui comme un de ses amis, je cherchai pourtant une chambre et me logeai ailleurs, mais je n'en payai pas moins, les jours que j'y restai depuis qu'il fut comte comme auparavant.

Lorsque je fus un peu guéri, je fus chez le duc, qui me reconnut, mais il ne me parla pas de notre visite de tranchée. Pendant le tems que je fus dans cette ville, je fis ma cour à deux demoiselles aussi belles que vertueuses : l'une se nommoit Mlle de Busca, du même nom que ma femme; et l'autre, Mlle de Mora; celle-ci, sans père ni mère, sous la tutelle d'un oncle, étoit riche mais fort dédaigneuse pour ceux qui la courtisoient. Elle me plaisoit fort; pour parvenir à lui plaire, je m'avisai de ne la jamais regarder, je passois près d'elle sans la saluer; lorsqu'on parloit d'elle, de sa beauté, je disois que je ne me rappelois point l'avoir vue. Les femmes sont capricieuses, c'en fut assez pour qu'elle voulût avoir une conversation avec moi; elle commença à me faire des reproches, je fis l'étonné de ce que je ne m'étois pas aperçu plus tôt de ses charmes; elle en vint dans les suites à me proposer de l'épouser. C'étoit une fortune pour moi, mais il en coûta cher à cette pauvre fille; son oncle, après avoir fait tout ce qu'il avoit pu pour rompre notre mariage, voyant qu'il ne pouvoit y réussir, l'empoisonna : ce fut du moins ce que toute la ville dit. Je voulois m'en venger, mais on ne sut pas me dire où cet homme s'en étoit allé. J'ai su depuis que Mlle de Busca avoit épousé un gentilhomme de Milan et que, se promenant avec son mari dans un carrosse à six chevaux, le long de la rivière, le terrain s'étoit éboulé et qu'ils avoient péri avec tous leurs équipages.

Castelnau-Rivière-Basse où, s'étant marié, il forma la branche dite de La Loncagne. (Généal. ms. de la maison de Crotte de Perron, communiquée par M. l'abbé de Carsalade du Pont.)

Le temps d'inaction fit que mon colonel me proposa de me mener à Milan : le prince de Vaudemont[1], qui en étoit vice-roi, y avoit une cour aussi brillante que celle d'un souverain, il ne voulut pas permettre que nous logeassions ailleurs que dans son palais, nous y demeurâmes quelque tems. Je n'ai jamais vu personne de plus gracieux et parlant avec plus d'esprit. Il avoit chez lui le jeune prince d'Elbeuf[2], qui étoit d'une figure charmante ; nos âges nous firent lier un commerce de plaisirs. Un jour, allant à une maison de campagne du vice-roi avec un de ses carrosses, nous trouvant cinq, nous convinmes que chacun de nous à son tour le mèneroit; le mien ne fut que pour le retour ; arrivé à la porte de la ville, une longue file de carrosses rentroit et me disputoit le pas ; nous avions de magnifiques chevaux de Naples, je menois bien, je perçai après le carrosse de la princesse de Caravage, mais ce fut son carrosse de suite que je coupai, insulte très grande en Italie et en Espagne, chose que j'ignorois et que je suis bien aise d'apprendre à mes enfans. Aussitôt, les écuyers, pages et estafiers de la princesse mirent l'épée à la main pour réparer l'affront que nous leur faisions. Je donnai au plus tôt les rênes au cocher, qui étoit en page à côté de moi, je sautai à bas du siège, mes quatre compagnons (j'ose les nommer ainsi puisque nous étions une même troupe) sortirent du carrosse et tous les cinq, sans plus de réflexion, donnant, l'épée à la main, sur cette troupe nombreuse mais foible, nous la mîmes bientôt en fuite. La princesse, avec son seul cocher, fit fouetter bien vite droit au palais, porter ses plaintes au prince de Vaudemont qui, pour adoucir l'esprit de cette femme en

---

[1] Charles-Henri de Lorraine (1649-1723), fils naturel de Charles IV, duc de Lorraine, et de Béatrix de Cusance, princesse de Cantecroix, vice-roi du Milanais sous Charles II et Philippe V, dont il prit le parti, évacua l'Italie après la perte de Turin et ramena ses troupes en France, où Louis XIV et Philippe V lui donnèrent de riches pensions. Très attaché au grand Dauphin, il fut un des intimes de la petite Cour de Meudon et se retira en Lorraine après la mort de ce prince.

[2] Thomas de Lorraine, fils d'Henri, duc d'Elbeuf, et de Charlotte de Rochechouart, né en 1685, mestre de camp d'un régiment de cavalerie en 1703, brigadier des armées du Roi le 26 octobre 1704, tué d'un coup de pistolet près de Chivas (Italie), le 18 juin 1705, en allant reconnaître les ennemis. Il était neveu du prince de Vaudemont, qui avait épousé, en 1669, Anne-Elisabeth de Lorraine-Elbeuf, sœur du duc Henri. La princesse de Vaudemont mourut d'apoplexie, en 1714.

colère, entra dans ses raisons. La princesse de Vaudemont fit tout ce qu'elle put pour la calmer, lui disant que son neveu et les jeunes François qui étoient avec lui ne savoient point l'usage, que c'étoit une insulte involontaire. Nous arrivâmes au palais. Le prince nous fit dire de ne paroître que lorsqu'il nous le feroit dire; enfin, l'ire de cette femme s'étant un peu calmée, le prince vint dans sa chaise roulante, poussée par un homme, car goutteux il ne pouvoit marcher, dans l'appartement du prince d'Elbeuf où nous étions tous; il écouta nos raisons et, jugeant que c'étoit moi qui avois tort, puisque je menois le carrosse, il me dit tout ce que je devois faire et, me prenant par le bras, il me mena à côté de sa chaise dans l'appartement où l'on étoit et où il y avoit plus de cent personnes. En arrivant auprès de la princesse insultée : « Voilà, madame, lui dit-il, le jeune étourdi dont vous vous plaignez. » — « Madame, lui dis-je, faute de savoir la coutume de ce pays, je vous ai offensée sans en connoître la conséquence, mais je suis à vos pieds pour subir l'arrêt qu'il vous plaira de prononcer contre moi. » Elle rit, et me laissa lui baiser la main; j'aurois été chez elle lui renouveler mes excuses, mais comme elle étoit surannée, l'envie ne m'en prit pas. Peu de tems après, le prince d'Elbeuf fut tué, étant aux ordres de Mr de Marcillac[1], lieutenant-colonel, qui fut bien blessé dans la même action ; j'ai bien regretté cet aimable prince, et je crois avoir beaucoup perdu en le perdant. Je n'ai vu dans le cours de ma vie personne rassembler autant de perfections.

C'est une occupation en Italie, pour ne pas dire un amusement, que d'aller dans les églises où l'on célèbre quelques fêtes en musique. Je fus un jour entraîné à cette occasion dans le couvent des religieuses de Sainte-Radegonde pour entendre trois sœurs, les

[1] Henri de Cruzy, comte de Marcillac, mousquetaire en 1689, exempt des gardes du corps en 1702, était en 1705 mestre de camp d'un régiment de cavalerie de son nom; il reçut au combat de Chivas « dix blessures, dont une dans « le ventre, et eut toutes les mains estropiées et mutilées. » (*Mém. de Saint-Simon*, éd. Chéruel, III, 194.) Promu brigadier en 1706, maréchal de camp en 1719, il passa en 1721 en Espagne, où il se mêla à des intrigues ayant pour but de brouiller les maisons de Condé et d'Orléans (A. BAUDRILLART, *Philippe V et la Cour de France*, II, 408), devint lieutenant-général des armées du roi d'Espagne et accompagna don Carlos à Naples, comme général de la cavalerie du royaume de Naples. Il reçut en 1737 la grand-croix de Saint-Louis.

plus belles voix qu'il y eût. M'étant trouvé placé près de Mme Trotti, une des plus belles femmes de Milan, et m'étant exprimé sur le sentiment que devoit inspirer l'une de ces voix qui m'avoit le plus frappé, cette dame, qui m'avoit entendu, me dit sans me connoître : « Quoi, monsieur, vous vous déterminez ainsi sur la seule voix? » —« Oui, madame, lui dis-je, comme il ne faut aussi que vous voir pour être très sensible à vos charmes. » Nous étant revus au palais, je fis une nouvelle connoissance avec elle, que j'entretins le tems que je restai à Milan. J'étois aussi bienvenu chez Mme la comtesse Touse, ce qui ne plaisoit point à Mr Colmenero [1] qui en étoit épris. Cet homme a depuis trahi le roi d'Espagne. J'avois toute sorte d'agrément dans cette ville et j'avois un avantage unique, n'y ayant pas déplu aux dames, elles me menoient aux promenades, à l'Opéra, couvert de leurs écharpes. Un riche abbé, que je voyois souvent à la Cour du prince de Vaudemont, m'ayant proposé une infinité de fois d'aller dîner chez lui, j'y consentis enfin ; il me prit dans son carrosse, qui étoit superbe, mais, au lieu de me mener chez lui, il me mena dans un lieu qui me déplut fort ; mon étonnement fut extrême lorsqu'il me dit, en remontant dans son carrosse, de trouver bon qu'il allât dire sa messe, que ce seroit bientôt fait ; la curiosité me conduisit à la sacristie, trois ou quatre jeunes ecclésiastiques le revêtirent promptement, il dit sa messe sans s'être réconcilié ; nous arrivâmes chez lui, on commença une symphonie d'excellente musique qu'on n'entendoit que par une jalousie. Les personnes qui le servoient, ainsi que ce dîner, me donnèrent un empressement de sortir de chez lui que je ne saurois rendre, et je ne puis me rappeler cette journée sans horreur.

Le marquis de Bonac [2] étant à Milan, je fis connoissance avec

[1] Don Francisco Colmenero, grand-maître de l'artillerie en Milanais et gouverneur du château de Milan pour Philippe V, trahit ce prince, livra Alexandrie à l'Empereur, qui lui conserva ses fonctions après la perte du Milanais par l'armée franco-espagnole. Colmenero était l'ami et le confident du prince de Vaudemont, que cette trahison mit en butte aux soupçons de beaucoup de monde.

[2] Jean-Louis d'Usson, marquis de Bonnac, d'une famille originaire du comté de Foix, était fils de Salomon d'Usson de Bonnac et d'Esther de Jaussaud Tarabel ; il avait embrassé d'abord la carrière militaire, puis il entra dans la diplomatie sous les auspices de son oncle Bonrepaus et y acquit une grande

lui ; pour se venger du comte de Lamothe[1], son parent, qui se divertissoit beaucoup du peu de succès qu'il avoit près des dames ; il m'engagea à le supplanter, et il en badina à son tour avec le comte de Lamothe. Lorsque j'appris la méchanceté du marquis de Bonac, je crus que je pourrois avoir une affaire avec le comte de Lamothe, mais il ne fit qu'en rire. Je rappelai longtems après au marquis de Bonac le souvenir de cette aventure.

Il me prit envie d'aller voir Rome et Venise, j'allai jusqu'à Bologne[2]; le marquis de Monti[3], aide de camp de M*r* de Vendôme, avoit écrit à son frère qui habitoit cette ville pour me recommander à lui ; il vint me prendre dans son carrosse à mon arrivée et me fit voir ce qu'il y avoit de mieux à Bologne. Les assemblées se trouvent tour à tour dans les principales maisons, mais ce qui est fort plaisant, c'est qu'on s'y sépare de deux en deux pour causer. Un jour, ayant vu un monsieur quitter brusquement la dame auprès de qui il étoit, je dis à la maîtresse du logis : « Madame,

réputation. Envoyé en 1700 auprès du duc de Brunswick-Wolfenbüttel, en 1701 auprès de Charles XII, il fut ensuite accrédité auprès de Stanislas Leczinski, de Philippe V (1711 à septembre 1713), ambassadeur à Constantinople de 1716 à 1724, puis en Suisse (1727), il montra partout une grande capacité. Il était depuis 1707 gouverneur du pays et comté de Foix, il mourut en 1738. Cf. Ch. SCHÉFER, *Mémoire historique sur l'ambassade de France à Constantinople, par le marquis de Bonnac*, publié avec un précis de ses négociations avec la Porte ottomane. Paris, Leroux, 1894. M. Schéfer lui a consacré une très intéressante notice biographique.

[1] Charles, comte de La Mothe, marquis de Houdancourt, fils du frère aîné du maréchal de ce nom, était lieutenant-général et chargé de la défense de Gand en 1708. Malgré un incontestable courage, il perdit la tête et capitula après trois jours de tranchée ouverte ; il fut exilé pour cela et n'obtint que longtemps après la permission de revenir à la Cour. Créé grand d'Espagne en 1722, il mourut en 1728, à l'âge de quatre-vingt-cinq ans.

[2] Bologne faisait partie des Etats pontificaux.

[3] Antoine, marquis de Monti, né en 1684, d'une famille de Bologne, s'attacha au duc de Vendôme, dont il devint l'aide de camp en 1703, nommé colonel réformé au service de la France en 1706, brigadier en 1719, après une mission en Espagne, il fut envoyé en 1729 en Pologne pour soutenir la candidature du roi Stanislas, colonel-lieutenant du régiment Royal-Italien en 1731, maréchal de camp en 1734, il fut, après la prise de Dantzig, emprisonné à Thorn, malgré son caractère d'ambassadeur. A son retour en France, il devint lieutenant-général (1736) et chevalier des Ordres (1737), et mourut à Paris en 1738. Un de ses frères, Giambatista, resta à Bologne ; il en est souvent question dans la correspondance d'Alberoni (Paris, Masson, 1893). Un autre, Philippe-Marie, fut créé cardinal en 1733 et devint secrétaire de la Congrégation de la Propagande.

voilà une place vide, y auroit-il du mal de la prendre? » — « Non, monsieur, » me dit-elle, j'allai m'y placer hardiment, c'étoit la princesse Hercolani; je lui demandai en l'abordant ce qui avoit pu engager le cavalier qui l'entretenoit à la quitter avec l'air de colère dont tout le monde s'étoit aperçu. « Vous en êtes la cause, monsieur, me dit-elle, j'insistois pour qu'il allât savoir de la dame du logis qui vous étiez, il n'en a voulu rien faire et m'a quittée comme vous avez vu. » — « J'ai donc bien fait, madame, lui dis-je, de venir le remplacer, et me voici prêt à vous satisfaire sur ce que vous voudrez savoir de moi. » Je lui dis qui j'étois, que je passois à Bologne dans l'intention d'aller voir Rome et Venise et que je ne devois rester qu'un jour à Bologne. Elle me dit qu'elle ne vouloit point faire de connoissance pour si peu de tems et que je n'avois qu'à partir; cependant la suite de notre conversation m'engagea à différer mon départ, et je m'arrêtai à Bologne sans aller plus loin. Un jour, nous étions rassemblés, plusieurs officiers françois et des gentilshommes du pays, du nombre desquels étoit celui qui avoit quitté avec colère la princesse Hercolani; il prétendit que sans nul doute les Allemands nous chasseroient d'Italie la campagne prochaine; je lui répondis qu'il falloit donc qu'il allât faire nombre avec eux, que sans cela je ne croyois point que cela leur fût aisé; cette réponse fit beaucoup rire ses compatriotes et lui n'eut rien à me répliquer.

Il fallut quitter les amusemens pour camper; nous étions près de Ferrare et comme il n'y avoit que le Pô qui séparât notre armée de celle des ennemis, les officiers des deux armées se rencontroient souvent à Ferrare et nous nous y faisions réciproquement mille politesses. La mode est, dans ce pays là, de faire beaucoup de visites aux couvens des religieuses; elle sont, comme tout le peuple des terres du Pape, chacune d'un *génie* (c'est ainsi qu'elles appellent être d'un parti); les unes ont le génie françois, les autres le génie tudesque (qui veut dire allemand)[1]. Dans un de ces couvens, où nous allions les uns et les autres, les Allemands avoient leurs parloirs avec les religieuses de leur génie, et nous

---

[1] « Je m'imagine, Monsr le comte, les follies des *géniaux* Impérialistes et « François », écrit Alberoni (*Lettres intimes*, éd. E. Bourgeois, Paris, Masson, 1893, p. 142), parlant des Parmesans partisans de la France ou de l'Empereur.

autres, François, avions aussi le nôtre ; nous en badinions beaucoup entre nous, officiers des deux nations, lorsque nous étions ensemble. Les Allemands ayant voulu prétendre que la plus belle religieuse étoit de leur génie, je ne voulus point en convenir ; ils me donnèrent un chapeau de leur troupe avec la cocarde verte et me menèrent à leur parloir pour m'en convaincre ; un capitaine de cavalerie me présenta à la belle comme étant son frère, j'entrai en conversation avec elle ; ils se divertissoient fort de ce qu'elle étoit trompée, et lorsqu'ils virent qu'elle prenoit goût à notre conversation : « Madame, lui dirent-ils, ce monsieur est François ! » elle en fut étourdie et se tournant vers moi : « Est-il vrai ? » me dit-elle ; — « Pardonnez, lui dis-je, madame, ma supercherie ; ces messieurs m'assuroient qu'ils avoient dans leur parti la plus belle religieuse, j'ai voulu en juger par moi-même, et je vois que vous n'êtes pas seulement la plus belle du couvent, mais la plus belle du monde. » — « Eh bien, monsieur, me dit-elle, puisque vous me trouvez ainsi, passez dans votre parloir, je suis des vôtres à présent et vous m'y trouverez. » En disant cela elle partit comme un éclair, en jetant l'écusson aux armes de l'Empereur qu'elle avoit sur le cœur, car chacune en porte suivant son génie. Je passai dans l'autre parloir, j'y trouvai la belle et je reçus cent gracieusetés de toutes les autres, tant elles étoient aises d'avoir cette beauté de leur parti. Nous en rîmes beaucoup avec les officiers allemands qui ne parurent pas s'en scandaliser. On fit ce conte à Mr de Vendôme, qui s'en réjouit beaucoup ; il ne manquoit pas de me demander si la belle religieuse tenoit bon, il m'ordonnoit de l'aller voir, je n'y manquois pas et, après que nous eûmes décampé, nous nous écrivions souvent. Au reste, les parens sont charmés qu'on aille voir ces religieuses et disent qu'elles sont assez malheureuses d'être cloîtrées pour leur vie.

Les ennemis ayant enlevé le poste de la Bastia[1], Mr de Saint-Frémond[2], lieutenant-général, fut envoyé avec un gros corps

[1] La Bastia, bourg du duché de Modène, à quatre lieues de Modène, dans une île que forme le Panaro.
[2] Jean-François Ravend, marquis de Saint-Frémond (1644-1722), entra en 1672 dans les mousquetaires, devint lieutenant-colonel du régiment de dragons de la Reine, et en 1688 mestre de camp d'un régiment de dragons, brigadier en

d'artillerie pour le reprendre. Ce poste étoit bien retranché, avec des fortifications de terre et bien palissadé; il y avoit un grand fossé rempli d'eau vive, ce qui empêcha, lorsqu'on investit la place, qu'on pût occuper le terrain que l'entrée et la sortie de cette eau embrassoit. Notre régiment fut destiné pour y passer et, faute d'avoir ce qu'il falloit pour y faire un pont, on prit dans une maison des planches et une grande huche à faire le pain, on l'attacha avec quatre cordes au milieu de ce canal qui étoit fort profond et, par le moyen d'une planche de chaque côté, on me fit passer sur ce pont avec un piquet de soixante caporaux que je commandois. Les grenadiers étant détachés, on formoit toujours une telle troupe pour les remplacer. Je n'avois pas les deux tiers de mon monde de passé, lorsque je vis tout d'un coup qu'on baissoit le pont-levis et qu'un officier avec quatre hussards sortoit précipitamment de ce poste; c'étoit le général Paté qui venoit de donner des ordres à la place. Je criai aux six hommes que j'avois devant moi de faire feu sur cette troupe, qui se sauva au grand galop, ceux qui avoient baissé le pont-levis se sauvèrent aussi et ne refermèrent la barrière qu'au verrou; j'y courus précipitamment, je me saisis du pont et je grimpai avec ma petite troupe un à un le long de la barrière. La garde de cette porte s'étoit jetée dans un moulin, elle me rendit les armes et je les y enfermai; alors je me formai, occupant la largeur de la rue avec ma troupe; un lieutenant-colonel allemand qui commandoit dans la place vint à moi avec un gros d'environ cent hommes, mais il ne pouvoit pas faire un plus grand front que moi; nous nous abordâmes, il m'allongea un coup d'esponton, je le parai de mon épée que je lui mis dans l'estomac jusqu'à la garde, et le feu de ma troupe abattit plusieurs de la sienne, qui ne me tua que cinq hommes. Les ennemis, voyant leur chef à terre, prirent la fuite et beaucoup se noyèrent en voulant passer le fossé pour se sauver. J'arrivai à un corps de garde, la troupe qui y étoit s'y renferma dedans en me criant quartier, je leur promis de leur en faire, ils me présentèrent la crosse de leurs fusils et, comme j'étois sur la porte, en leur

1690, maréchal de camp en 1693, lieutenant général en 1702, il remporta sur l'armée Impériale la victoire de Stradella (1704), fut longtemps un des lieutenants les plus appréciés de Villars et mourut gouverneur de Maubeuge.

disant de rendre leurs armes, quelques-uns de mes soldats, par dessus mon épaule, leur lâchèrent quelques coups de fusil et en tuèrent deux ; ils retournèrent d'abord leurs armes et m'alloient mettre en pièces, mais comme, dans l'instant, je chargeai du pommeau de mon épée le soldat qui avoit tiré contre mon ordre, ils continuèrent à me demander quartier et me remirent leurs armes. J'enfermai ces hommes dans le corps de garde et laissai dix des miens pour les garder et, avec le surplus, je fis un tour dans la ville, où je ne trouvai aucun ennemi, ils s'étoient cachés où ils avoient pu.

Je revins à l'endroit où j'avois laissé mes dix hommes, pour me munir d'instrumens propres à rompre les serrures de la barrière du pont-levis; Mr de Saint-Frémond, le comte d'Uzès, le comte d'Esterre, aujourd'hui prince de Robecque, me crioient d'ouvrir. Je leur dis que je ne pouvois faire plus vite mais qu'ils pouvoient se tranquilliser, puisque j'étois bien maître de la place; enfin j'ouvris et, en baissant le pont, je me mis dessus pour aller rendre compte de tout à Mr de Saint-Frémond, mais bien m'en prit que ce pont eût des chaînes pour garde-fou, car ils entrèrent avec tant de fougue dans la place que, si je ne m'étois pas accroché à ces chaînes, on me jetoit dans le fossé. J'en fus indigné et me vengeai en me moquant gravement de leurs bravades inutiles ; ils ne trouvèrent pas un chat sur qui essayer le tranchant de leurs épées : toute la garnison, qui étoit de six cents hommes, étant tués, noyés ou enfermés par moi. Mr de Saint-Frémond ne me dit pas la plus petite gracieuseté, il n'en fut pas de même des officiers de toute l'armée.

Un de mes amis vint me dire que Mr de Saint-Frémond envoyoit le détail de cette affaire à la Cour par un de ses neveux, capitaine de dragons, me disant qu'il auroit dû me choisir pour en porter la nouvelle. Je pris sur-le-champ mon parti, je savois que le lendemain matin le courrier de France partoit de Reggio, j'avois un coureur, je fis brusquement le détail de cette affaire à Mr de Chamillard, lui disant que, comme elle avoit roulé entièrement sur moi, personne ne pouvoit mieux que moi lui en rendre compte, que je savois que Mr de Saint-Frémond envoyoit son neveu en porter au Roi la nouvelle, mais que je croyois être plus en état que lui d'en dire les particularités. Mon coureur arriva à Reggio avant le départ du courrier, et mon paquet à la Cour avant le neveu de Mʳ de Saint-Frémond, qui fut reçu froidement : il n'eut d'autre récompense que d'être remboursé des frais de son voyage ; il n'en fut pas de même pour moi, on verra dans la suite ce que cela me valut.

On peut égayer les affaires sérieuses par de petites qui amusent. Le lieutenant-colonel, que je tuai en prenant la Bastia, avoit un petit chien danois charmant, je dis à mes soldats de le garder, voyant l'affection qu'il avoit pour son maître qu'il n'avoit pas quitté ; ils le mirent dans un havre-sac et me le portèrent le lendemain. J'eus beau caresser ce chien pendant plus de trois mois que je le gardai, il ne voulut jamais venir à moi, ni manger de ma main ; il caressoit mes valets mais, s'ils me l'apportoient, il trembloit de tout son corps, et lorsqu'on le lâchoit, il alloit se cacher sous un lit tant que je restois chez moi, ce qui fit que le major du régiment me le demanda et je le lui donnai volontiers. Lorsque j'allois chez lui, ce chien s'enfuyoit et grondoit tant que je restois, et lorsque j'en partois, il témoignoit sa joie en faisant mille caresses à son maître, comme s'il vouloit le féliciter de ce que je ne lui eusse pas ôté la vie. Toute l'armée sut et voulut voir cette particularité.

Nous fûmes ensuite quelque tems à Modène, le duc[1] en étoit sorti. Étant un jour à une musique d'église, je vis une femme d'une beauté rare, je ne pus m'empêcher de la considérer, elle s'en aperçut et je vis même qu'elle s'entretenoit de moi avec son Sigisbée, qui étoit un gentilhomme de la ville, âgé d'environ quarante-cinq ans. Cet homme vint me joindre au sortir de l'église et tâcha de me séparer des autres officiers avec qui j'étois ; je m'en aperçus et je crus qu'il vouloit me demander raison d'avoir fixé sa dame, je me prêtai à son dessein. « Monsieur, me dit-il, vous avez beaucoup regardé madame la comtesse de Fourni, comment

---

[1] Renaud d'Este, duc de Modène et de Reggio (1655-1737), était cardinal (1686) lorsqu'en 1695 il rendit son chapeau pour succéder à son neveu le duc François. Il avait pris le parti de l'Empereur pendant la guerre de succession d'Espagne, perdit un moment ses Etats, mais les recouvra en 1708, après la retraite des Français. Nommé alors gouverneur du Milanais, il obtint en 1710 le duché de la Mirandole, confisqué sur la famille Pic.

la trouvez-vous ? » — « Charmante, lui dis-je, je n'ai rien vu de plus beau. » — « Si vous voulez la voir de plus près, je vous présenterai à elle. » Je crus d'abord que c'étoit un appel qu'il me faisoit, surtout connoissant la nation ; mais comme à l'âge où j'étois on hasarde tout, j'acquiesçai à sa proposition ; nous arrivâmes chez la dame à qui il me présenta, qui me reçut très poliment ; j'entretins cette connoissance. Un jour que j'étois chez elle, un page lui vint dire que le comte de Sézane[1], brigadier de nos troupes, demandoit à la voir ; elle me dit de passer vite dans une galerie près de son appartement. « Pourquoi, Madame ? lui dis-je, je ne suis pas accoutumé à garder les manteaux. » Mais elle ouvrit la porte et me poussa dedans en me disant : « Vous verrez si vous les gardez. » Elle ferma la porte dont elle prit la clef. Cette porte étoit vitrée et n'avoit qu'un rideau de taffetas placé de mon côté, qui empêchoit de voir ; j'étois dans un lieu charmant, rempli de tableaux et de glaces, mais ce n'étoit pas ce qui m'occupoit. Le comte de Sézane la poussa beaucoup, elle prit occasion de sa hardiesse pour le prier de ne plus la voir ; il lui dit alors qu'elle me voyoit bien, à quoi elle répondit que cela lui plaisoit ainsi et le comte de Sézane sortit. C'étoit un bel homme. Je fus bientôt tiré de ma prison : « Vous êtes surpris, me dit-elle, de ma façon d'agir, trois choses m'y ont engagée : la première, pour vous faire voir que j'ai des préférences pour vous ; la seconde, dans la crainte de quelque dispute ensemble, en paroissant vous donner cette préférence ; la troisième, c'est que, sachant que ce Monsieur se vante fort d'être fort bien traité de toutes les dames, j'ai voulu un témoin comme vous pour soutenir ma réputation, si elle est attaquée. »

J'avertis que je mets peu d'ordre dans le récit des événemens

---

[1] Louis-François d'Harcourt, comte de Sézanne, fils de François d'Harcourt, marquis de Beuvron, et d'Angélique Fabert, né en 1677. Brigadier de cavalerie en 1702, il commanda les grenadiers à Luzzara, y fut blessé et reçut de Philippe V la Toison d'or. Au mois de janvier 1704, il eut le commandement de 2000 fantassins en Piémont et se signala à la reprise de La Bastia (PINARD, *Chronologie Militaire*), maréchal de camp en 1705, lieutenant général en 1710, mort en 1714. Il était frère de père du duc d'Harcourt. Saint-Simon le dépeint comme « un grand bellâtre, fort prévenu de son mérite et de sa capacité... » (*Mémoires*, éd. Chéruel, VII, 143.)

de ma vie; mais, comme je ne les raconte que pour mes enfans, il importe peu que je me donne ce soin et faudroit pour cela que je perdisse du tems et c'est, je puis dire, en courant, que j'écris ces mémoires.

Le comte de Bonneval, homme de qualité, mais cadet de sa maison, avoit trouvé le secret de manger tout le bien de son aîné; il étoit colonel d'un régiment qui servoit en Italie, et fort mon ami. Il partit de Paris en poste; n'ayant point d'équipage, il garda les derniers chevaux de poste pour s'en servir; le maître des chevaux vint s'en plaindre à Mr de Vendôme, qui découvrit que c'étoit Mr de Bonneval qui les avoit, il les lui fit rendre. « Monsieur, lui dit le comte, il faut donc que je serve à pied, mais faites-moi une grâce : il vient beaucoup de déserteurs à votre armée, donnez-moi la préférence de leurs chevaux jusqu'à ce que je sois en équipage. » Ce prince, plein de bonté, qui d'ailleurs aimoit le comte de Bonneval, lui accorda sa demande. Ces chevaux étoient taxés quatre pistoles d'or, on les menoit tous à Bonneval qui, par le secours du major de son régiment, en acheta d'abord trois ou quatre, puis il se mit à revendre ces chevaux en y gagnant considérablement; il en garda vingt-quatre pour lui et en vendit assez pour les payer et pour se mettre en argent. On en avertit Mr de Vendôme, qui retira sa grâce pour l'accorder à d'autres qui en avoient besoin, sans quoi Bonneval se seroit mis très à son aise. Je cite cette particularité, parce que c'est une industrie assez honnête et qui peut servir dans l'occasion. Mais en voici une autre qui n'est pas de même. Bonneval fut envoyé avec son régiment à Yvrée[1], en Piémont, il étoit chargé de lever des contributions, il s'en acquitta bien, mais ce qu'il fit de mal fut de s'en approprier une partie. La Cour ordonna à Mr de Vendôme de lui en faire rendre compte, ce qu'il ne put faire; il crut s'être disculpé en disant qu'il avoit été obligé à faire de grosses dépenses, parce que tous les officiers qui alloient en France ou en revenoient, passant dans son quartier, mangeoient chez lui. La Cour ne reçut pas cette excuse et lui envoya ordre d'y venir ren-

---

[1] Yvrée ou Ivrée, sur la Doria Baltea. Les Français s'en étaient emparés en 1704.

dre compte de sa conduite. Malheureusement, il n'étoit pas le seul dans le même cas : Mr de Langalerie[1] y étoit comme lui; ni l'un ni l'autre n'osèrent se présenter à la Cour. Ils se réfugièrent à Bologne, dans les terres du Pape, et de là ils écrivoient souvent à Mr de Vendôme pour qu'il tâchât d'obtenir leur grâce. Ce prince, bienfaisant autant qu'il soit possible de l'être, fit tout ce qu'il put pour cela, mais il ne l'obtint pas. Voyant leur perte assurée, ces deux messieurs traitèrent avec l'Empereur et entrèrent à son service; extrémité fâcheuse pour deux personnes de marque et de distinction. On doit y blâmer un esprit de vengeance toujours bien condamnable lorsqu'il porte un sujet à quitter le service de son maître, pour passer tout d'un coup dans celui de son ennemi. Ce qu'ils ont fait depuis ne peut en aucune façon les justifier. Bonneval, comme ayant été mon ami, lorsqu'il sut que j'allois servir en Espagne, fit ce qu'il put pour m'engager à passer chez l'Empereur, mais j'ai toujours cru que si des raisons obligeoient un galant homme à quitter sa patrie, il devoit du moins s'employer de façon à ne rien faire contre elle, ni contre le Roi son maître.

On jouoit un gros jeu à l'armée; je m'en mêlois quelquefois; je gagnai un jour onze cents pistoles d'or à une séance chez Mr de Levil; Mr le prince de Robecque, alors comte d'Esterre, étoit de la partie. De retour chez moi, Delisle, capitaine dans le même régiment que moi, m'aida à compter cet argent, tout mon lit étoit couvert d'or. Tout à coup, il se jeta dessus, me disant : « Je veux pouvoir dire que je me suis roulé sur l'or ! » Cette fortune dura peu, tout s'en retourna au jeu. Mr de Saint-Frémond tenoit la

---

[1] Philippe de Gentils, marquis de Langalerie, né en Saintonge en 1656, était fils d'un lieutenant général des armées du Roi; il débuta comme cornette dans le régiment de son père en 1676, devint successivement mestre de camp (1683), brigadier de cavalerie (1693), maréchal de camp (1702), lieutenant général (1704). Accusé à juste titre de pilleries et d'intrigues, il quitta le service de la France pour entrer à celui de l'Empereur (mars 1706) comme général de cavalerie, il passa ensuite (1709) au service de la Pologne, embrassa le luthéranisme en 1711 et, après avoir vécu quelque temps à la cour de Hesse-Cassel, il engagea avec le grand Turc d'obscures négociations; arrêté pour cela à Stade (1716), il fut emprisonné en Hongrie, au château de Raab, où il mourut l'année suivante. On a publié sous ce titre : *La Guerre d'Italie ou Mémoires historiques, politiques et galans du marquis de Langallerie* (Cologne, 1709; La Haye, 1743), un ouvrage qui est un pur roman.

banque et ruinoit tous les officiers, il avoit un bel équipage sans faire de dépense, ce qui faisoit dire au comte de Murcé[1] : « Saint-Frémond a autant de mulets d'équipage que moi, mais la moitié porte de l'avoine et l'autre des cartes ».

Le jeu ne laissoit pas de servir à entretenir le brillant où j'étois, quoique je n'en fisse pas ma plus grande occupation. Me trouvant dans une ville où je voulus faire usage de ma parure, je fis venir les nippes que je ne portois pas avec moi en campagne ; les ennemis battirent le convoi avec lequel elles me venoient, je perdis trois habits très riches et du linge d'un très grand prix que mes parens m'avoient envoyé de Flandre avec de très belles dentelles. Mme la marquise de Silva m'écrivit à ce sujet, je garde encore sa lettre : « Vous vous affligez, me dit-elle, d'avoir perdu vos hardes, consolez-vous, vous serez cent fois plus beau avec votre seule chemise qu'avec toutes les parures du monde ».

En racontant les choses qui peuvent servir de leçon, quoique je n'y aie nulle part, je crois rendre service à mes enfans. Le comte de Morangé, colonel dans nos troupes, étoit à Mantoue ; la coutume de ce pays est de visiter les religieuses, qui sont fort aimables ; il fit une cour assidue à une très belle religieuse qui s'attacha fortement à lui. Elle lui reprocha un jour qu'il avoit fait la conquête de quelques femmes de condition dans la ville et lui conseilla de quitter une fille cloîtrée pour profiter des plaisirs qu'il trouveroit avec une femme du monde. Morangé voulut la désabuser et lui fit mille protestations de ses sentimens pour elle; elle lui témoigna combien elle y étoit sensible, mais elle exigea de lui qu'il ne vît plus la dame qui lui faisoit ombrage, ce qu'il lui promit, sans le tenir. La religieuse le fit guetter et, informée de son infidélité, un jour que Morangé étoit avec elle, elle loua sa cravate et lui

---

[1] Philippe Le Vallois de Villette, comte de Murcé ou Murçay, fut successivement cornette des chevaux-légers de la garde du Roi (1690), mestre de camp du régiment Dauphin-cavalerie et brigadier des armées du Roi (1694), il arriva en Italie avec son régiment en 1701, y fut nommé inspecteur général de la cavalerie, puis maréchal de camp (1702), lieutenant général (1702) ; grièvement blessé devant Turin en septembre 1706, il mourut, deux mois après, de sa blessure. Il était frère de Mme de Caylus et parent de Mme de Maintenon, brave officier, mais « aussi disgrâcié de corps et d'esprit que sa sœur avoit l'un et l'autre charmants. » (*Mém. de Saint-Simon*, éd. Chéruel, III, 321.)

demanda de vouloir bien lui en passer les bouts pour les examiner ; aussitôt qu'elle les tint, elle fit tous ses efforts pour l'étrangler, mais comme il passa au plus vite la main entre le cou et la cravate, elle n'y réussit pas. Cependant elle le tira tant de fois contre la grille, qu'elle lui mit le visage en sang, et il fut tellement défiguré que de deux mois il n'osa se présenter en public.

Il m'arriva une aventure dont je me tirai plus heureusement : une femme, chez qui je me trouvai fort tard, m'obligea à prendre un lit chez elle ; il étoit grand jour quand j'entendis frapper rudement à ma porte, je demandai qui étoit là, on me répondit : « Ouvrez vite ! » Je sautai de mon lit et je commençai à m'habiller, lorsque cette femme vint par une autre porte me dire que j'étois perdu. J'avois des pistolets de poche dont je m'armai, on enfonça ma porte, je marchai hardiment, le pistolet à la main ; je fis entrer celui qui l'avoit enfoncée et je lui dis que, s'il remuoit les mains ou s'il faisoit le moindre mouvement, il étoit mort. Je le forçai de s'asseoir devant moi et, sans quitter mes pistolets, je continuai à m'habiller tant bien que mal ; après quoi, je fis marcher mon homme devant moi et je descendis l'escalier de cette manière ; je dis aussi à la dame que, si elle avoit quelque chose à craindre, elle n'avoit qu'à me suivre, elle ne voulut point. « Vous m'assurez donc, madame, lui ajoutai-je, que vous ne me reprocherez pas de vous avoir abandonnée dans une telle extrémité. » « Non, monsieur, me dit-elle, j'espère que mon frère reviendra de ce soupçon. » Je partis, ayant ainsi satisfait à mon honneur et à la sûreté de ma vie. Je n'ai rien vu de plus fier que cet homme quand il enfonça ma porte, ni de de plus bas lorsqu'il vit le bout de mon pistolet. Je n'eus garde de retourner chez cette femme, que l'on m'assura avoir été d'accord avec ce prétendu frère pour jouer cette scène, afin de me faire donner de l'argent ; c'est ce que je n'ai pas su au vrai.

Je reviens à quelques détails de guerre. On m'envoya un jour à Soncino [1] pour garder ce poste ; j'avois cent cinquante hommes et deux capitaines à mes ordres ; un lieutenant, que j'envoyai pour faire le logement, sachant que le grade en impose à ce peuple,

---

[1] Petite ville du duché de Milan, sur l'Oglio, à trois lieues de Crema.

s'avisa de dire que cette troupe étoit commandée par un colonel, ce que mon train ne démentoit pas. Je fus très bien logé et l'on me porta beaucoup de présens ; le lieutenant étoit venu au devant de nous, nous prévenir de sa petite supercherie ; les officiers et soldats qui l'entendirent promirent de soutenir ce qu'il avoit avancé et me traitèrent en conséquence. Si ce grade supposé me valut plus de considération, il m'occasionna aussi plus de dépenses. Lorque j'eus l'ordre de rejoindre l'armée, quatre cents hussards vinrent me tâtonner ; j'avois de belles plaines à traverser, ce qui ne m'empêcha pas de faire ma halte devant eux, ne leur faisant jamais tirer que de quatre à huit coups de fusil à la fois ; on sut à l'armée que j'étois attaqué et l'on envoya six cents chevaux à mon secours, mais je ne les trouvai qu'à demi-lieue de l'armée et il y avoit déjà plus d'une heure que les hussards m'avoient laissé.

Monsieur de Vendôme, pensant différemment que Mr de Saint-Frémond, eut la bonté de me dire, lorsqu'il me vit après la prise de la Bastia, que cette action ne seroit pas oubliée. Il me demanda en quoi il me pourroit faire plaisir, je lui répondis que s'il vouloit bien écrire au ministre en ma faveur pour lui demander l'agrément d'acheter un régiment, je lui en serois très obligé : « Volontiers, me dit-il, et tout à l'heure ». Il me donna sur-le-champ une lettre dans laquelle il disoit que je méritois cet agrément et qu'il étoit ma caution, que je saurois bien commander un corps[1]. J'envoyai cette lettre à Paris à ma cousine, qui me manda que j'avois obtenu la grâce que Mr de Vendôme avoit demandée pour moi ; ce prince m'en témoigna beaucoup de joie et me dit que je pourrois partir quand je voudrois. « Ce ne sera, lui répondis-je, que quand vous aurez fini la campagne (c'étoit celle de 1705), et que vous aurez mis vos troupes en quartier », ce qu'il ne fit que bien avant dans l'hiver.

[1] Voici la lettre que Vendôme écrivit à ce sujet à Chamillart et qui, remise par le ministre à M. de Franclieu, est conservée aux Arch. du château de Lascazères : « Au camp de Castiglion (?), 25 novembre 1705. M. de Franclieu,
« Monsieur, ayant dessein d'acheter un régiment d'infanterie, vous voulés bien
« que je vous prie de luy en obtenir l'agrément de Sa Majesté, en vous assurant
« qu'il est fort capable de le bien commander et que je vous seray obligé des
« bontés que vous aurés pour luy. Je suis, Monsieur, vôtre très humble serviteur.
« Louis DE VENDOSME. » (*Original.*)

Après la bataille de Cassan[1], nous poursuivîmes le prince Eugène, que nous poussâmes dans le Bergamasc[2], il se porta derrière la rivière du.....[3] qui nous séparoit de lui; il occupoit le village de.....[4] dont la moitié étoit de notre côté. Mr de Vendôme fit attaquer ce village; je commandois soixante caporaux à cette attaque, pendant laquelle il plût à verse, de manière que nous ne nous servîmes presque que de l'arme blanche. Nous chassâmes l'ennemi du village, après en avoir fait une grande boucherie. Le prince Eugène s'étant saisi du pont de Crema[5], ville aux Vénitiens, avoit son armée prête à le passer lorsque nos grenadiers, soutenus de quelque cavalerie, y arrivèrent; ils empêchèrent l'ennemi de passer le pont et donnèrent le tems d'arriver à toute notre armée. Si nous avions eu alors toute notre artillerie, elle auroit foudroyé les ennemis, qui étoient dans un grand désordre. Me trouvant à portée du clocher d'un petit village, je profitai de l'inaction où étoit notre régiment pour y monter, afin de voir ce qui se passoit à l'attaque du pont. Je trouvai dans ce clocher un gentilhomme que la curiosité y avoit conduit; il s'écria sans cesse : « *Quanti matti! quanti matti!* » ce qui veut dire, que de fous! et il n'avoit pas grand tort. Le feu de la mousqueterie dura jusqu'à la nuit, et il n'y eut que quelques petits combats de cavalerie; les ennemis se retirèrent dans la nuit et firent plusieurs marches forcées; nous les suivîmes encore, mais le tems étoit si affreux que notre cavalerie périssoit dans les boues; l'infanterie, que rien n'étonnoit, s'en tiroit avec un courage incomparable, inspiré par sa confiance dans le grand prince qui nous commandoit.

---

[1] Cassano, bourg du Milanais, sur l'Adda, entre Crema et Bergame. La bataille de Cassano fut livrée le 16 août 1705.

[2] Le Bergamasc ou Bergamasque, petit pays qui doit son nom à Bergame, sa principale ville, appartenait depuis 1428 à la République de Venise.

[3] En blanc dans le manuscrit.

[4] En blanc dans le manuscrit.

[5] Capitale du petit pays appelé le Cremasco, située sur la rivière de Serio, affluent de l'Adda, à l'entrée du Milanais.

CHAPITRE III.

1705-1710.

L'auteur rentre en France en passant par la Suisse. — Singularité des mœurs suisses. — L'auteur achète un régiment d'infanterie. — La maréchale de Villars. — Défense des lignes du Rhin. — Aventures à Versailles. — Le régiment de Franclieu est mis en garnison dans Condé. — Attaque et prise de Saint-Ghislain. — Une dame d'Ath. — Bal désagréablement interrompu. — Mort du père de l'auteur. — Voysin supprime la pension qu'avait son père. — M. de Franclieu vend son régiment. — Il se décide à passer en Espagne.

La campagne finie, je pris congé de mon général et je partis en poste pour Paris, avec M^r le vidame d'Amiens, aujourd'hui maréchal de Chaulnes[1], nous fûmes sept jours en route, les Alpes étoient si couvertes de neige qu'on ne pouvoit passer qu'un à un dans le chemin frayé. Nous rencontrâmes une remonte, qu'un maréchal des logis des troupes de M^r le duc de Savoie menoit avec deux cavaliers et d'autres hommes; il fut question de savoir qui reculeroit, ils n'en vouloient rien faire, mais, le pistolet à la main, nous les forçâmes de se jeter dans les neiges. Nos chevaux de poste ne pouvant plus aller, nous fûmes obligés de prendre la *ramasse :* ce sont des traîneaux conduits par des femmes, qui vont d'une vitesse étonnante dans les descentes; dans les montées, elles les chargent sur leurs épaules et passent les rochers avec une adresse merveilleuse. Il faut un traîneau pour chaque personne ainsi que pour les hardes. La vitesse dont on va, feroit perdre

---

[1] Louis-Auguste d'Albert d'Ailly (1676-1744), fils du duc de Luynes et de Jeanne-Marie Colbert, substitué à son père dans la succession du dernier duc de Chaulnes, avait commencé à servir en 1692, et devint en 1701 colonel d'un régiment de dragons en Italie; il fut nommé sous-lieutenant (1702), puis capitaine-lieutenant (1704) des chevaux-légers de la garde du Roi, maréchal de camp en 1708, lieutenant général en 1718, chevalier des ordres en 1724, maréchal de France en 1741. Louis XIV rétablit en sa faveur le duché-pairie de Chaulnes en 1711. A la bataille d'Oudenarde (1708), il s'étoit fort distingué et avait sauvé une partie de l'armée française.

la vue à ceux qui n'y sont pas accoutumés, si l'on n'avoit la précaution d'avoir du taffetas sur le visage et du crêpe noir à l'endroit des yeux; on est bien enveloppé dans des manteaux et des peaux d'ours. Ces femmes sont laides à faire mal au cœur, elles ont toutes des goîtres et celles qui les ont le plus grand passent pour les plus belles; elles portent dans les villages leurs enfans sur le dos et elles les allaitent en leur jetant la mamelle par dessus l'épaule, par une ouverture à leurs jupes qui leur montent jusqu'aux aisselles. C'est ainsi que nous fîmes cinq postes et la dernière, afin de devancer des messieurs qui dormoient et pour qui nous trouvâmes les chevaux retenus, ce qui nous valut d'avoir des chevaux frais toute la route.

Nous passâmes par la Suisse; la différence de nos mœurs avec celles de ce pays mérite quelque détail qui peut même être utile. On s'y tient dans de grandes chambres, où est un poêle dont l'odeur est insupportable à ceux qui n'y sont pas accoutumés; les passans et la famille mangent et dorment dans la même chambre, autour de laquelle il y a des lits fermés en menuiserie, excepté à l'entrée du lit qui a un rideau. Arrivés à un tel gîte, nous vîmes mettre pour souper une table longue, avec autant de couverts que de gens, maîtres et valets. Comme les nôtres ne voulurent point manger avec nous, ils nous demandèrent si ce n'étoit pas des hommes comme nous; nous leur répondîmes que ce n'étoit pas l'usage en France que les maîtres mangeassent avec leurs domestiques, ils en rirent, ainsi que de voir qu'ils nous servoient. Ils ne furent pas moins surpris de ce que nous demandions chacun un lit, et ils trouvèrent très plaisant de ce que nous gardions nos chemises pour nous coucher. Leurs lits sont composés de deux lits de plumes, l'un dessus et l'autre dessous. Quoique j'eusse grande envie de dormir, je me tins éveillé pour voir la cérémonie de leur coucher; je vis qu'ils se mettoient au lit tout nus, après avoir pendu leurs chemises autour du poêle; les enfans quoique fort grands, garçons et filles, couchoient ensemble. En partant de chez eux, il faut payer au premier mot ce qu'ils demandent, sans quoi ils augmentent toujours. Comme nous leur demandâmes s'il n'arrivoit jamais d'accident, de laisser ainsi des frères et des sœurs coucher ensemble, notre question leur parut extravagante, ils s'étonnoient que nous pussions imaginer pareille chose ; il est vrai que ce peuple paroît si froid et si indolent que le vin seul peut les animer.

Je descendis à Paris chez ma cousine, qui m'appeloit toujours *petit cousin*, ce qui me fit appeler de même de tout ce qu'il y avoit à la Cour et à la ville de gens de notre connoissance. Je trouvai tout arrangé pour le régiment que je devois acheter[1] : ce fut celui de Mr de Franguière, il me coûta vingt-trois mille livres. Quand j'eus l'honneur de remercier le Roi, il me dit qu'il étoit bien aise de m'avoir fait plaisir. Je fus fort loué à la Cour sur mon affaire de la Bastia et aussi fort gracieusé des dames à cette occasion ; les éloges qu'elles donnent à ceux qui se distinguent à la guerre est un puissant aiguillon pour la nation françoise. La curiosité de savoir d'où j'obtenois un régiment, apprit à tout le monde l'action heureuse que j'avois eue.

Je partis de Paris pour joindre mon régiment et je commençai la campagne de 1706, sous M[r] le maréchal de Villars ; mon régiment portoit mon nom. Mr de Reinach[2], qu'une blessure avoit rendu manchot, étoit gouverneur du vieux Brisach, il me reçut très bien ; Mr Trahousset[3] étoit lieutenant de Roi ; ces deux officiers étoient comme le feu et l'eau, une vieille querelle qu'ils avoient eue en servant dans le régiment de Navarre, si je ne me trompe, étoit cause de leur haine ; ils ne se voyoient jamais, et ils faisoient ce qu'ils pouvoient pour attirer chez eux les officiers, et les corps se partageoient suivant leurs inclinations. Chacun des deux partis de mon régiment fit ce qu'il put pour m'attirer dans le sien, mais

---

[1] Le chevalier de La Londe lève le 18 janvier 1702 un régiment. — Donné le 4 février 1706 à M. de Franclieu. — Donné le 18 avril 1710 à M. de Bougis. — Licencié en 1714. (SUZANE, *Histoire de l'Infanterie française*.)

[2] Louis de Barberin, comte de Reignac, entré au service comme lieutenant au régiment de Navarre, y devint capitaine (1664), puis major (1680) ; nommé alors lieutenant de Roi du château de Namur (1692), de Charleroy (1693), commandant à Huy (1694), il défendit cette place contre le prince d'Orange et fut, en récompense, nommé brigadier d'infanterie (1695), maréchal de camp en 1704, il fut nommé commandeur de Saint-Louis et commandant du vieux Brisach, où il demeura jusqu'à la paix de 1714. Il mourut en 1719.

[3] Charles de Raousset fit tout son service dans le régiment de Navarre, dont il devint major en 1692 ; nommé chevalier de Saint-Louis en 1694, il montra une grande valeur, en 1703, au siège de Brisach, ce qui lui valut la place de lieutenant de Roi.

je sus si bien jouer mon rôle, que je ménageai l'amitié des uns et des autres, les voyant tous les deux, écoutant ce qu'ils me disoient, sans me mêler de rien et n'en parlant jamais.

Ayant reçu mes ordres pour entrer en campagne, je passai par Strasbourg, où je devois faire pourvoir mon régiment de tout ce qu'il avoit besoin pour la campagne. M*me* la maréchale de Villars [1] étant dans une maison de campagne dont la vue donnoit sur la rivière d'Ill, je fus avec les officiers de mon régiment lui rendre mes devoirs : elle me vanta la beauté du corps de mes officiers, qui étoient pour la plupart des gentilshommes du Dauphiné, bien faits et ayant des secours de chez eux; elle nous mena pour voir la vue de la rivière, ce qui me fit naître l'envie de lui donner une fête sur l'eau; je le proposai aux officiers qui l'acceptèrent avec joie, mais ayant parlé de mon projet au lieutenant de Roi de Strasbourg, chez qui je soupois le soir, il me conseilla de n'en rien faire, parce que sûrement je déplairois beaucoup à M*r* le maréchal.

Nous entrâmes en campagne, une partie de l'armée fut destinée à garder les lignes que nous avions le long du Rhin, mon régiment fut de ce corps et j'étois campé à la hauteur de Guissenheim. Le scorbut se mit si furieusement dans ce corps de troupe, qu'il fut réduit à presque rien : tous mes supérieurs en furent attaqués, au point que je me trouvai commander tout le corps qui gardoit ces lignes, y ayant résisté plus longtems qu'un autre. J'attribuai la cause de cette contagion à ce qu'ayant le Rhin à l'orient de nous, lorsque le soleil se levoit, il chassoit toutes les vapeurs de ce fleuve sur notre camp, et je crois que ce gros brouillard qu'on respiroit produisit cette maladie.

Il y avoit de quoi étonner un jeune homme de 26 ans, qui se trouve presque tout à coup colonel d'un régiment et commandant en chef un corps considérable et dans un poste d'importance, mais

---

[1] Jeanne-Angélique Rocques de Varangeville avait épousé le 1*er* février 1702 Louis-Hector, marquis, puis maréchal duc de Villars, et fut nommée en 1725 dame du palais de la Reine. Villars, très amoureux de sa femme et très jaloux, avait obtenu du Roi la permission de l'emmener à l'armée, ce qui était contre tous les usages. (Cf. Ch. GIRAUD, *La maréchale de Villars et son temps*, Paris, Hachette, 1881.)

j'avoue que je n'en fus point embarrassé : j'avois appris mon métier en Italie et je crus pouvoir m'en bien tirer. Je trouvai seulement de la difficulté à garder une si longue étendue de lignes avec le peu de troupes qui me restoit, les régimens les plus forts n'ayant pas 200 hommes et d'autres pas plus de 60. Je commençai par en rendre compte à Mr le maréchal de Villars, et je fis dans le moment mes dispositions ; les redoutes où il y avoit un capitaine avec 50 hommes furent augmentées de 15 hommes, avec tel officier que je pus avoir, ou un sergent ; je me servis de cavaliers à pied, que j'entremêlai dans les postes avec l'infanterie ; je faisois des patrouilles continuelles et je pris toutes les mesures possibles pour être averti à tems des desseins que pourroit avoir l'ennemi sur moi et pour que le peu de monde qui me restoit pût se porter aux endroits nécessaires. Mon généralat ne dura que douze jours. Mr le comte d'Hautefort[1], lieutenant-général, vint me dépouiller de mon commandement. Les officiers de cavalerie qui purent aller au devant de lui le firent et lui portèrent des plaintes sur ce que je leur faisois garder les lignes, ils lui dirent que j'étois un jeune et nouveau colonel, fraîchement arrivé d'Italie, et ils badinèrent beaucoup de ce que j'avois imaginé de faire garder des lignes par la cavalerie. Mr le comte d'Hautefort écouta tout, sans rien dire. J'étois à mon poste lorsque ce général en approcha, je m'avançai à pied pour le joindre et j'entendis quand on lui dit : « Monsieur, voilà notre général. » Je ne paroissois pas avoir l'âge que j'avois, il fut surpris de ma jeunesse et me demanda de monter à cheval pour lui faire voir mes dispositions, ce que je fis sur-le-champ ; il ne resta que moi à côté de lui, je lui contai brièvement l'état des troupes et, en longeant la ligne, je lui faisois voir l'état des postes avant la diminution des troupes et comment je les avois distribuées, ainsi que les patrouilles que je faisois faire toute la nuit par la cavalerie d'un poste à l'autre et, voulant un peu me venger

---

[1] François, marquis de Hautefort (auquel la *Chronologie Militaire* de PINARD donne le titre de comte) (1654-1727), colonel d'un régiment d'infanterie en 1681, brigadier en 1691, maréchal de camp en 1696, lieutenant général en 1702, servit en 1705 dans l'armée de la Moselle, et l'année suivante dans celle du Rhin, sous les ordres du maréchal de Villars. Il fut nommé en 1724 chevalier des Ordres du Roi.

des murmures des messieurs de la cavalerie, j'ajoutai de façon à être entendu : « Ce n'est pas, monsieur, pour défendre les lignes que je me sers de la cavalerie, mais pour être averti où il faut que je me porte avec l'infanterie qui me reste. » Ce général ne parcourut qu'une partie des lignes, il me demanda si tout le reste étoit disposé de même et, sur ma réponse affirmative : « Eh bien, monsieur, me dit-il, j'approuve vos dispositions et je n'y change rien, je vous laisse ici, continuez à faire comme vous avez fait. Je vais me loger au village de Guissenheim, je laisse chez vous les ordonnances de tout le corps ; s'il y a quelque chose de nouveau, ayez la bonté de m'en avertir. » Je voulois l'accompagner, il m'en empêcha, me disant : « Vous êtes nécessaire ici, mais je vous attends demain à dîner et je vous en prie pour tous les jours. » Je sus qu'en se retirant, il avoit dit que mes dispositions étoient surprenantes pour un homme de mon âge, il les loua beaucoup et je m'aperçus que messieurs de la cavalerie avoient changé à mon égard, par les honneurs qu'ils me rendirent. Ce général ne recevoit aucune nouvelle de nos armées qu'il ne m'en fît part dans l'instant ; je conserve ses lettres, et il m'a honoré de son amitié tant qu'il a vécu.

Mon tour vint enfin comme aux autres : le scorbut m'attaqua et je fus obligé de me retirer à Strasbourg ; dès que je fus un peu remis, je me mis dans ma chaise et me rendis en poste à Paris. Mr de Chamillard me dit mille choses honnêtes, Mr le maréchal de Villars et Mr le comte d'Hautefort lui ayant rendu de moi un compte avantageux.

Je passai mon hiver de 1706 à 1707 bien gracieusement, soit à la Cour, soit à Paris. Les bontés de Mr de Chamillard, outre les connoissances que j'avois parmi les plus qualifiés de la Cour, me valurent cet avantage et celui d'être regardé comme quelqu'un qui avoit déjà mérité quelque réputation à la guerre. Ce ministre m'engageoit souvent à manger chez lui et je faisois assidûment ma cour à Mme la duchesse de Lafeuillade[1], sa fille. Elle voulut savoir de moi les particularités de ma vie, elle s'en divertit beaucoup,

---

[1] Marie-Thérèse Chamillart, fille de Michel Chamillart et d'Elisabeth Le Rebours, épousa le 24 novembre 1701 Louis d'Aubusson, duc de La Feuillade et de Roannois, lieutenant-général des armées du Roi ; elle vécut toujours fort mal avec son mari, « le plus solidement malhonnête homme qui ait paru de long-

elle rit grandement lorsque je lui dis ce que je vais raconter. Ayant besoin de quelque crédit d'un marchand, il ne voulut mon billet qu'autant que quelqu'un répondroit pour moi; en ayant parlé à la duchesse, qui fut une des premières connoissances que ma cousine me fit faire à Paris et dont j'ai parlé au commencement de ces mémoires, elle me demanda ce billet, le cautionna pour moi et l'envoya au marchand, qui s'adressa à elle pour le paiement; mais, lassé de ses retards, il alla un jour présenter ses comptes au mari et lui montra mon billet; il le prit, en disant : « Ma femme m'en a parlé, comprenez-le dans le compte général. » Il le paya; tout ce qu'il dit à sa femme fut qu'elle étoit bien imprudente et qu'elle auroit dû faire en sorte qu'une pareille pièce ne parvînt pas jusqu'à lui. Cette aventure fit que je crus ne devoir plus loger chez eux. Ayant voulu y rentrer, un soir, à une heure indue, et lorsque le duc étoit d'un voyage de Meudon[1], qui devoit durer trois jours, le maître de la maison, ayant perdu tout son argent au jeu, revint chez lui pour en chercher d'autre. Tout étoit fermé, ce qui donna le tems, lorsqu'il frappoit pour se faire ouvrir, de délibérer où je devois me cacher. On me fit mettre dans un mur où il y avoit une chaise percée, ce qui pouvoit bien me faire découvrir, si le duc avoit eu besoin de s'en servir. Aussitôt qu'il fut couché, la femme de chambre qui m'avoit caché éteignit les bougies et s'écria aussitôt qu'elle avoit oublié de lui donner un pot de chambre; elle vint me prendre dans l'obscurité, me donna le coin de sa robe pour me conduire, elle posa le pot de chambre, me mit vite dehors et ferma promptement la porte. Je descendis par l'escalier qui alloit chez M{^{r}} le duc du Maine et j'allai gagner par la galerie d'en-bas la porte qui donnoit dans la cour près de l'ancienne chapelle, mais je rencontrai un pilier où je pensai me tuer. Le suisse qui étoit à la porte me cria : *Qui vive?* Je lui répondis, *Ami!* et lui dis que j'avois manqué me tuer; il me plaignit

---

temps » (*Mém. de Saint-Simon*, éd. Chéruel, II, 320), qui ne l'avait épousée que par ambition; elle mourut le 3 septembre 1716, à l'âge de 33 ans, emportée en trois jours par la petite vérole.

[1] Le grand Dauphin, fils de Louis XIV, y avait fait bâtir en 1695 un château dans lequel il se rendait souvent de Versailles, accompagné d'un petit nombre de courtisans.

de ce qu'il n'y avoit pas de lumière, en me disant qu'il n'y avoit qu'un moment qu'elle venoit de s'éteindre. Je lui demandai s'il n'avoit pas vu un laquais qui m'attendoit avec ma chaise de poste, il me répondit que non ; je pestai du peu de diligence de mes gens à qui j'avois dit que je devois être avant le jour à Paris ; je priai le suisse de leur dire, s'ils venoient, que j'étois allé à ma remise et je continuai mon chemin avec un air de hardiesse qui en imposa au suisse. Je tremble encore quand je pense que je pouvois être arrêté et conduit devant Louis XIV. Je ne raconte ceci que pour apprendre à mes enfans qu'il ne faut faire que ce qu'on veut que tout le monde voie et sache.

Je demandai que mon régiment passât l'hiver en Flandre, on le mit dans Condé[1] où commandoit Mr de Bergerie, mon oncle. L'envie qu'il avoit de me voir m'engagea à le joindre plus tôt que je n'aurois fait ; il me logea chez lui où j'étois le maître. J'eus le chagrin qu'on laissa mon régiment pendant trois campagnes dans cette garnison, et, lorsque je m'en plaignois, on me disoit que cette place étant menacée d'être assiégée, j'y aurois plus d'occasions de me distinguer qu'à l'armée.

Je ne parlerai point de ces campagnes, ni de la bataille de Malplaquet, n'y ayant eu aucune part ; mais lorsque les ennemis eurent assiégé Mons, j'écrivis à M^r le maréchal de Boufflers[2], qui commandoit l'armée après la blessure du maréchal de Villars, que s'il vouloit jeter un secours dans Mons, je me faisois fort de l'y introduire et, afin qu'il n'en pût douter, je lui donnai tout le détail de la manière dont je m'y prendrois. Il en fit usage, mais, au lieu de m'en donner l'exécution, il la confia au chevalier de Givri[3] qui, en exécutant de point en point les mesures que j'avois

---

[1] Condé-sur-Escaut, actuellement chef-lieu de canton de l'arrondissement de Valenciennes (Nord), place forte au confluent de la Haine et de l'Escaut, tiroit sa principale force des inondations qui l'entouraient sur les trois quarts de ses pourtours et ne laissaient à l'assiégeant qu'un seul point accessible. Louis XIV s'en était emparé en 1676, et le traité de Nimègue la donna à la France (17 septembre 1678).

[2] Louis-François de Boufflers (1644-1711), maréchal de France (1693), se couvrit de gloire par sa défense de Lille (1708), qui lui valut le titre de duc et pair.

[3] Alexandre-Thomas du Bois de Fiennes, dit le bailli de Givry (1677-1744), reçu chevalier de Malte en 1687, il était en 1708 colonel du régiment de la

détaillées, entra dans Mons sans aucune opposition. Ma surprise fut extrême et mon chagrin si vif, que je n'en ai jamais pu perdre le souvenir; cette injustice que me fit Mr de Boufflers me perça le cœur, j'étois désolé d'oublier dans une garnison un métier que j'aimois, que j'avois embrassé dans l'espérance de m'y distinguer. J'eus cependant un petit agrément : M^r d'Albergotti[1] fut détaché de l'armée avec un gros corps de troupes, pour faire le siège de Saint-Guillain[2]; il campa près de Condé; il m'envoya chercher, je le connoissois beaucoup, ayant servi avec lui en Italie; il m'honora de sa confiance et me demanda de me charger de l'attaque qu'il vouloit faire par la chaussée qui alloit de Condé à Saint-Guillain. Je ne demandois pas mieux; il m'ordonna de prendre deux cents hommes choisis de mon régiment, avec deux compagnies de grenadiers de la garnison de Condé, il m'en donna deux autres avec cent hommes des gardes françoises et suisses, il me dit de prendre quatre pièces de canon à Condé et me donna le train d'artillerie nécessaire. Il m'ordonna de partir le lendemain, de façon que je pusse arriver devant Saint-Guillain avant le jour qui suivroit. Il me dit qu'il alloit former la grande attaque sur ma droite et que je prisse bien mes mesures puisque, séparés par une grande inondation, il seroit très difficile qu'il me secourût; il me recommanda de brusquer mon attaque, à notre façon d'Italie. Mes mesures furent si bien prises, que le surlendemain je battis la place à la

Marche, brigadier du 20 mars 1710, maréchal de camp en 1719, lieutenant-général en 1734, il fut mortellement blessé en 1744 à l'attaque des retranchements de Château-Dauphin.

[1] Zénobe-Philippe, comte d'Albergotti (1654-1717), né à Florence, fils de Nerozzo Albergotti, sénateur florentin, et de Magdalena Bardi Magalotti, fut attiré par son oncle maternel au service de la France. Maréchal de camp en 1693, lieutenant-général en 1702, il fut nommé en 1705 colonel du régiment Royal-Italien. La belle défense de Douai (1706) lui valut en 1711 le collier des Ordres. « Il avoit du manège, et on lui vouloit croire beaucoup d'esprit, plus sur son « silence et ses mines que sur ses discours » (*Mém. de Villars*, éd. Vogüé, II, 218).

[2] Saint-Guislain ou Ghislain, petite ville du Hainaut, sur la rivière de Haine. En 1708, « la garnison d'Ath nous avoit surpris Saint-Guillain, d'où un bataillon « étoit sorti pour escorter des chariots de fourrages pour notre armée. Cette perte « fâchoit d'autant plus que nous y avions de gros magasins. Albergotti alla tâcher « de le reprendre et Hautefort l'y alla renforcer... Ils le reprirent avec six cents « hommes qui étoient dedans prisonniers de guerre, et tous nos magasins qu'ils « ne s'avisèrent pas de brûler. » (*Mém. de Saint-Simon*, éd. Chéruel, IV, 263.) Cette affaire eut lieu dans la seconde semaine de décembre.

pointe du jour, et Mʳ d'Albergotti en fit autant de son côté. Pour exécuter l'ordre de brusquer la place, je n'avois pu me couvrir assez pour nous mettre en sûreté, ce qui fit que les officiers de mon détachement chargèrent à mon insu un aide-major que j'envoyai à Mʳ d'Albergotti, pour lui rendre compte de mes opérations, lui dit que tout mon monde étoit découvert et que sans doute j'en ferois périr beaucoup; il demanda si je n'étois pas avec la troupe, on lui dit que oui, « Eh bien, dit-il, puisqu'il y est, vous « pouvez bien y être. » Mon artillerie faisoit brèche, lorsque Mʳ d'Albergotti m'envoya l'ordre de me retirer au plus vite avec mes troupes dans Condé et d'abandonner même mon canon s'il le falloit, l'ennemi étant près de nous pour secourir la place. Je fis atteler mon artillerie et ne voulus même pas perdre les madriers. Mes troupes en bataille, voyant que l'ennemi ne pouvoit venir à moi que par un front égal à celui que je pouvois lui opposer, je me déterminai à faire un mouvement vers la place, je fis rappeler et je m'avançai moi-même pour dire à la garnison que s'ils souffroient l'assaut ils n'auroient point de quartier. Je les intimidai si fort par ma bravade, qu'ils se rendirent, contre mon espérance, prisonniers de guerre; je m'emparai dans l'instant de la brèche et j'envoyai dire à toute bride à Mʳ d'Albergotti, qui étoit déjà en mouvement pour se retirer, ce qui se passoit; j'entrai dans la ville, j'en désarmai la garnison et me rendis à son attaque; il entra par la porte qui en étoit voisine. Il doit y avoir encore bien des gens vivans, dans les gardes ou ailleurs, qui se souviennent de cette action. Mʳ d'Albergotti n'eut garde de parler de l'ordre qu'il m'avoit donné de me retirer et que, sans moi, il abandonnoit son entreprise, tant les hommes, même les plus renommés, veulent toute la gloire pour eux sans en laisser une petite part à ceux qui souvent y contribuent le plus. Le secours pour la place arriva trop tard et se retira; je ne dois pas omettre que le commandant de cette place méritoit d'avoir le cou coupé. Cette action prouve que souvent à la guerre, on ne doit pas omettre certaines tentatives, quelque impossible qu'en paroisse la réussite, lorsqu'on peut les faire sans en craindre les événemens.

De retour à Condé, il m'y arriva une chose assez extraordinaire. La veuve d'un homme de qualité, qui faisoit sa résidence à

Ath[1], place aux ennemis, fit demander un passeport à mon oncle et l'agrément de venir louer un appartement dans sa ville. Il le lui accorda avec plaisir. Elle arriva dans un bon carrosse, avec des domestiques bien vêtus, elle fit louer le meilleur appartement qu'elle pût trouver. J'allai la voir avec les officiers de mon régiment, elle nous reçut très gracieusement ; en sortant de chez elle, restant le dernier pour l'empêcher de nous reconduire : « Monsieur, me dit-elle à demi-voix, vous me regardez comme une ennemie bien dangereuse puisque vous venez chez moi avec une si grosse escorte. » — « Madame, lui dis-je, j'avoue qu'il y a du danger, mais je ne l'envisage peut-être pas du côté que vous voulez me le faire entrevoir, car cent mille hommes ne pourroient me garantir de celui que je cours ; » et je suivis ma compagnie. Je ne tardai pas à retourner chez elle, seul, et je lui dis en l'abordant : « Madame, me voici sans escorte et prêt à entrer dans les fers que vous voudrez me donner. » — « Je ne saurois, Monsieur, me dit-elle, vous en destiner que de fort doux et je crois que vous en réchapperez bien facilement. » Je ne voulois point continuer sur ce ton galant, je changeai la conversation ; mon oncle m'avoit demandé de faire en sorte de savoir ce qui l'amenoit à Condé, je la priai de me dire s'il n'y avoit pas trop d'indiscrétion à moi à lui faire cette question. « Il n'est pas encore tems, Monsieur, me dit-elle, de vous en instruire, mais soyez assuré que je ne me mêle point d'affaires d'Etat, je ne songe qu'à me promener et à me divertir. » Elle me pria à souper et voulut m'engager à en faire autant tous les jours, me disant qu'étant seule, elle s'ennuieroit beaucoup si elle n'avoit point cette ressource. Mon oncle lui donna à manger, elle n'accepta qu'à condition qu'il n'auroit pas d'autres femmes, parce qu'elle ne vouloit pas faire de connoissances qui l'obligeroient à rendre des visites. Je continuai à la voir et enfin, la pressant un jour, ne lui voyant aucune affaire à Condé, de me dire ce qui l'y avoit attirée, elle me satisfit enfin en riant beaucoup. « Il est venu, me dit-elle, une femme de Condé à Ath où elle avoit des affaires ; on la mena au gouverneur, je me trouvois chez lui, il la questionna beaucoup sur votre place, sur les troupes qui

---

[1] Ville forte du Hainaut, sur la rivière de Dander, entre Mons et Oudenarde, à 24 kil. de la première ville.

y étoient, elle en rendit un compte exact. On lui dit : « Votre lieutenant de Roi est fort vieux. » — « Oui, Monsieur, lui dit-elle, mais il a un neveu, colonel d'un régiment qui y est en garnison et qui se mêle de tout. » (Cela étoit vrai, et même j'ai su depuis que la véritable raison qui faisoit qu'on me laissoit dans Condé, étoit pour suppléer à la caducité de mon oncle.) « Cette bonne femme, continua-t-elle, fit si fort votre éloge et vous vanta tant que, toute occupée de cette idée, je n'ai pu m'empêcher de venir ici pour vous voir. » — « Madame, lui dis-je, je me sauve, vous voulez vous moquer de moi ; jamais pareille chose n'est arrivée, et si enfin, cette bonne femme, par des récits fabuleux, vous a donné la curiosité de me voir, la honte que j'ai de ce que vous ne pouvez rien trouver en moi qui approche de ce qu'on vous a dit, fait que je vais me cacher. » — « Monsieur, me dit-elle, vous auriez tort de croire que je ne vous trouve pas tel qu'on vous a dépeint. » — « Madame, lui répondis-je, si ma figure n'est point désagréable, c'est un avantage que je partage avec cent mille autres et je n'ai pas la fatuité de croire qu'elle puisse me faire faire des conquêtes ; si j'avois eu cette idée, j'aurois trouvé plusieurs femmes qui m'en auroient désabusé. » — « Monsieur, me dit-elle ; je voudrois être la seule qui pensât différemment. » Je continuai à la voir le peu de tems que je restai à Condé. Etant parti peu après pour Paris, au bout de quinze jours que j'y fus arrivé, elle m'écrivit qu'elle vouloit y venir passer son hiver, qu'elle me prioit de lui louer un appartement et qu'elle voudroit beaucoup qu'il fût à portée du mien ; elle me mandoit le jour qu'elle arriveroit à Paris, elle me prioit d'aller au devant d'elle pour la mener à son logement. Je fus fort étonné de ce projet, je fis ce qu'elle me demandoit, elle arriva au jour marqué ; j'eus bien de la peine à l'engager à profiter des plaisirs de Paris, je l'y entraînai enfin, mais l'ennui qu'elle y portoit faisoit voir combien il y avoit de la complaisance de sa part. Je raconte ceci pour faire voir de quoi les femmes sont capables.

L'année de la campagne de 1709, il fallut me rendre à mon régiment ; elle me mena dans sa voiture jusqu'à Saint-Amand[1], où

---

[1] Saint-Amand-les-Eaux, chef-lieu de canton du département du Nord, arron-

elle voulut aller prendre les eaux. Je l'y laissai, et comme Condé en est fort à portée, j'allois la voir lorsque le mouvement des ennemis ou mon devoir me le permettoit. Elle en partit au bout de quelque tems pour se retirer dans ses terres.

Tout étoit d'une grande cherté cette année-là, les troupes dans plusieurs villes pillèrent les boucheries et les boulangeries ; celles de Condé s'attroupèrent et commençoient à en faire autant, j'en fus averti chez le major de la place chez qui je jouois, je courus bien vite au bruit, je joignis les mutins et mis mon épée dans le ventre du premier que je rencontrai ; tout le reste s'enfuit dans le quartier, j'y arrivai, fis battre la générale et je marchai à la tête de ces mêmes mutins armés, feignant de croire qu'ils n'étoient point ceux que je cherchois ; je me mis à leur tête et je parcourus la ville sans rien trouver, je doublai les postes et je me retirai. Mon oncle me dit que j'avois risqué la place en armant les séditieux ; à quoi je répondis, qu'à la tête d'une belle troupe, je saurois toujours m'en faire obéir.

Il y avoit à Condé un régiment de cavalerie wallon au service du roi d'Espagne, et dans ce régiment un capitaine nommé Bett, qui descendoit d'un bâtard de la maison de Leede ; sa femme et une de ses filles vinrent le voir à Condé, elles habitoient la Hollande. Je voulus leur donner un bal ; la demoiselle s'étant trouvée mal, fut conduite dans une autre chambre, deux de ses frères qui étoient à ce bal vinrent me dire qu'on me demandoit. Je fus au secours de leur sœur, je trouvai la mère qui l'avoit délacée ; en entendant ma voix, elle ouvrit de grands yeux et me fixa ; cette mère eut l'impudence de me dire qu'elle connoissoit le mal de sa fille, qui étoit de m'aimer. « Ne me la laissez pas perdre, » me dit-elle et elle sortit. Ce propos me parut si singulier que je me figurai que c'étoit un piège qu'on me tendoit ; effectivement, on examinoit par un trou de la porte mes actions mais, voyant que je ne satisfaisois pas leur désir, les deux frères entrèrent dans la chambre et feignirent une grande surprise de voir leur sœur avec moi. « Monsieur, me dirent-ils, vous avez déshonoré

dissement de Valenciennes, était déjà célèbre sous Louis XIV par ses eaux minérales et surtout ses boues.

notre sœur, il n'y a de sûreté pour votre vie qu'en l'épousant. »
Comme ils étoient deux, je leur répondis autrement que je n'aurois
fait : « Messieurs, leur dis-je, elle peut vous dire le contraire ; mon
oncle commande ici, vous et moi avons des ménagemens à
garder. » La mère étoit à la porte, elle entra éplorée et leur dit :
« Mes enfans, Monsieur a raison, il est honnête homme, il ne
voudra point avoir fait tort à une famille comme la nôtre. » Nous
descendîmes dans le bal, la demoiselle n'y vint point, et je ne fis
durer le bal que le tems qu'il fallut pour qu'on ne s'aperçût
de rien ; je continuai à aller chez elle par le même motif, mais
toujours avec quelque officier de mon régiment. Quinze jours
après, je partis pour Paris ; mais avant, je dis à Labalme, major
de mon régiment, ce qui s'étoit passé ; nous convînmes qu'il iroit
trouver ces Messieurs pour leur dire que nous partions tous deux
le lendemain pour Paris et que nous allions dîner dans une
auberge qu'il leur nomma, que je serois bien aise, avant de les
quitter, de boire avec eux et que, s'ils vouloient, nous ferions
ce court chemin ensemble ; ils vinrent et nous cheminâmes sans
qu'ils me parlassent de l'aventure du bal, comme je m'y attendois.
Nous dinâmes et bûmes à la santé les uns des autres. En sortant
de table, nous partîmes pour Paris et eux pour Condé. J'ai vu
depuis en Espagne un de ces frères, capitaine de cavalerie, je lui
demandai des nouvelles de sa sœur, il me dit qu'elle étoit morte ;
il vint souvent manger chez moi et ne me parla point de cette
aventure.

Mon père mourut le 8 novembre 1709 [1], il avoit une pension que
Mr de Chamillard m'avoit assuré que j'aurois après lui, mais
Mr de Voisin [2], alors ministre, et qui annuloit tant qu'il pouvoit
les pensions, ne voulut pas me l'accorder. Je m'adressai au Roi et

---

[1] « Extrait des registres de morts et sépultures de l'église paroissiale de
« Saint-Étienne de Brie-Comte-Robert, qui prouve que Mre Pierre-Charles de
« Pasquier de Franclieu, maréchal des camps et armées du Roi, est mort
« le 8 novembre 1709 et a été enseveli le 9 suivant, âgé de 85 ans. Expédié par
« Guéret, curé de ladite église, le 30 décembre 1709. » (Archives du château de
Lascazères, Inventaire des titres.)

[2] Daniel-François Voysin de la Noiraye (1654-1717), fut reçu conseiller au
Parlement en 1674, maître des requêtes en 1683, intendant du Hainaut en 1688,
conseiller d'État en 1694, dut à l'amitié que Mme de Maintenon portait à sa

lui dis que mon père et ses ancêtres ayant mangé tout leur bien au service, il m'étoit impossible de me soutenir à la tête d'un régiment sans le secours de cette pension dont mon père m'avoit toujours laissé jouir et que, si elle me manquoit, je me verrois forcé de supplier Sa Majesté de me permettre de vendre le régiment que j'avois l'honneur de commander. Ce grand prince, dont le regard intimidoit le plus hardi, me répondit : « Je vous donne huit jours pour y penser. » — « Ah! sire, lui dis-je, j'y ai pensé bien plus longtems. » — « Je vous donne huit jours, » me répliqua-t-il.

Outre cette raison, j'avois encore sur le cœur l'injustice que m'avoit faite Mr de Boufflers, en préférant un autre à moi pour jeter du secours dans Mons avec mon projet; j'étois aussi désolé d'avoir passé trois campagnes dans une garnison; ce qui fit qu'au bout de huit jours j'écrivis à Mr de Voisin, je lui rendis ce que le Roi m'avoit dit et je lui mandois que j'étois bien mortifié de ne pouvoir me dispenser de vendre mon régiment. Peu de jours après, je vis entrer chez moi un capitaine de cavalerie qui me dit que Mr de Voisin ayant obtenu pour lui le régiment que je voulois vendre, il m'en apportoit l'argent pour en avoir ma démission. « Où est-il, Monsieur ? » lui dis-je. — « Monsieur, dans mon carrosse. » — « Eh bien, Monsieur, faites-le porter. » Je le fis mettre au milieu de ma chambre et je tirai d'une armoire ma commission de colonel. Ses gens sortis, je fermai ma porte à clef, je la mis dans ma poche, je jetai mon brevet sur les sacs, je reculai deux pas et mis la main sur la garde de mon épée. « Allons, Monsieur, lui dis-je, à qui aura le tout ! » Ce cavalier ne se déconcerta pas, il me demanda à quel propos cette démonstration ; je lui dis alors : « C'est moi, Monsieur, qui demande à quitter le service et à vendre mon régiment, ainsi je n'entends point qu'on en fixe le prix, comme on le fait avec ceux à qui on ôte leur régiment parce qu'on n'en est point content ; le mien m'a coûté

---

femme d'avoir en 1701 la direction du temporel de Saint-Cyr et d'être choisi comme ministre et secrétaire d'État en 1709, poste qu'il conserva jusqu'en 1716. Nommé en 1714 chancelier de France, il se rallia au duc d'Orléans à la mort de Louis XIV, ce qui lui permit de conserver ses charges, quelque compromis qu'il eût été avant en faveur des princes légitimés.

vingt-trois mille livres, je veux au moins en tirer ce prix. » — « Que ne vous expliquiez-vous d'abord, Monsieur, me dit-il ; ayant l'agrément du premier régiment taxé douze mille livres, vous comprenez bien que je n'en achèterai pas un dont il faudra donner vingt-trois mille livres. » — « Cela étant, lui dis-je en reprenant ma commission, emportez, Monsieur, votre argent. » — « Volontiers, me dit-il, mais n'allez pas vous persuader que ce soit en homme intimidé que je prends ce parti mais seulement par raison, car, pour peu que vous le croyiez, je suis prêt à vous convaincre du contraire. » — « Rien moins que cela, Monsieur, lui dis-je, et ce que j'ai fait vis-à-vis de vous doit vous en assurer, puisque je ne saurois faire de pareilles démonstrations qu'avec de braves gens. » Nous nous séparâmes bons amis. Je ne fais point ce récit pour me louer, je pouvois me perdre en agissant ainsi et je me livrois trop au sentiment qui me piquoit.

Mr de Voisin, rencontrant Mr de Solre dans les appartemens, l'arrêta pour lui dire : « Monsieur, vous vous intéressez à Mr de Franclieu, pour qui vous me parlez souvent, je vais vous donner une preuve de ce que je fais pour lui, par rapport à vous, qui êtes cause que je ne le perds pas. » Et tout de suite, il lui conta ce qui s'étoit passé, en lui disant de m'avertir d'être plus retenu. Le comte de Solre n'eut rien de plus pressé que de m'envoyer chercher, je lui dis qu'il y avoit des momens que je ne me possédois pas, qu'il falloit me le pardonner ; il écrivit sur-le-champ au ministre et l'on ne me dit mot. Je traitai de mon régiment avec Mr de Bougie, attaché à M^r le duc d'Orléans, il m'en donna vingt-quatre mille livres ; quand il fut trouver Mr de Voisin pour l'agrément de ce régiment, le ministre lui dit que je voulois le vendre à ma fantaisie, qu'il falloit convenir du prix avec moi, et sur la réponse qu'il lui fit que nous étions d'accord, il lui demanda ma démission et mon régiment fut à lui.

La comtesse d'Uzès, ma bonne cousine, me demanda ce que j'allois devenir ; je lui dis que j'allois me retirer chez les parens de ma mère qui avoient du bien et une belle maison, et que je jetterois la paille au vent pour voir où elle m'indiqueroit d'aller, que n'ayant ni bien ni emploi en France, il falloit bien que je cherchasse fortune ailleurs. Les hauts faits de Charles XII, roi de Suède, m'avoient fait former le dessein d'aller le servir et j'aurois exécuté ce projet s'il n'eût point été défait à Pultawa [1]. Ma cousine comprit bien que rien ne pourroit arrêter mes résolutions, elle usa de finesse sans que je m'en aperçusse ; elle alla chez la duchesse d'Albe [2], je connoissois le duc, qui étoit ambassadeur d'Espagne; elle fit un arrangement pour moi avec eux et me dit le lendemain qu'elle avoit soupé chez la duchesse d'Albe, qui se plaignoit qu'elle ne me voyoit plus. Je lui dis que j'avois tant d'affaires que j'avois négligé depuis quelque tems toutes mes connoissances. « Je lui ai donné cette raison, me répondit-elle, mais je l'ai assurée que sur le reproche que je vous en ferois, vous ne tarderiez pas à la voir ». Deux jours après, allant dîner chez le comte de Solre, et passant devant la porte de la duchesse d'Albe, j'entrai chez elle; elle me fit des amitiés et des reproches. Je voulus lui conter toutes mes raisons : « Je le sais, je le sais, » me dit-elle et elle m'obligea à dîner chez elle. Après le dîner, le duc passa dans son cabinet; la duchesse me prit par la main : « Allons voir le seigneur duc, » me dit-elle; nous y fûmes. « Eh bien, Monsieur, me dit-il en m'embrassant, vous avez donc quitté le service de France ? » — « Monsieur, lui dis-je, j'y ai été forcé, » et comme j'allois lui en détailler les raisons : « On me les a dites, reprit-il, mais il faut que vous alliez servir le Roi mon maître ; je vous donnerai les recommandations les plus fortes. » — « Monsieur, lui dis-je, cette proposition me fait beaucoup d'honneur, je vous demande seulement quelques jours pour y répondre. » — « A la bonne heure! » me dit-il. La comtesse d'Uzès avoit prévenu tous mes parens, pour me dire que je n'avois rien de mieux à faire.

---

[1] 8 juillet 1709.

[2] Dona Isabelle Zacharia Ponce de Léon, fille de don Emanuel, duc d'Arcos, avait épousé en 1688 don Antonio-Martin Alvarez de Tolède, IXe duc d'Albe, nommé ambassadeur extraordinaire à Paris en 1705, sommelier du corps en 1708. Il assista, comme plénipotentiaire de Philippe V, aux conférences de Hollande en 1709, revint à Paris après leur rupture et y mourut en 1711, dans sa 42me année. Sa femme eut une grande douleur de sa mort; « je serai bien sur-« prise si Mme la duchesse d'Albe se remarie après l'affliction que nous avons « vue, » écrivait Mme de Maintenon à la princesse des Ursins, le 29 avril 1713 (GEFFROY, *Mme de Maintenon d'après sa correspondance*, II, 320). Néanmoins, en 1716, elle prit une seconde alliance avec don Francisco de Gonzague, de la branche de Castiglione, que Philippe V créa duc de Solferino et grand d'Espagne.

Quelques-uns, cependant, voyant que Louis XIV avoit retiré ses troupes d'Espagne, sous les ordres du maréchal de Besons[1], et craignant que Philippe V ne pût se soutenir sur son trône, n'étoient pas trop de cet avis, mais je me déterminai sans tant raisonner. Le duc et la duchesse d'Albe me donnèrent des lettres pour toute la Cour d'Espagne, le duc de la Trimouille[2] m'en donna une pour la princesse des Ursins[3], toute puissante alors en Espagne, Mme la duchesse de Bourgogne m'en donna une autre pour la reine d'Espagne[4], sa sœur, dans laquelle elle avoit la bonté de lui dire qu'elle ne faisoit que me prêter.

Je fus bientôt en état de partir et j'eus la hardiesse d'aller prendre congé du Roi; ce grand prince, lorsque je l'abordai, me reçut avec un air sévère, mais lorsque je lui eus dit que, manquant de moyens pour lui continuer mes services, j'allois les offrir au roi d'Espagne, son petit-fils, s'il vouloit bien me le permettre, il prit tout à coup un visage gracieux et me dit : « Allez, Monsieur, je

---

[1] Jacques Bazin de Bezons, fils d'un conseiller d'Etat, servit dans la cavalerie et devint maréchal de France en 1709. Nommé au commandement des troupes françaises en Espagne, après le départ du duc d'Orléans, il fut chargé de les ramener en France, ce qu'il effectua en novembre 1709. Chevalier des Ordres en 1724, il fut un des deux maréchaux de France invités en 1722 au sacre du Roi. Il mourut en 1733, à l'âge de 87 ans.

[2] Charles-Louis-Bretagne, duc de la Trémoille et de Thouars, premier gentilhomme de la chambre du Roi (1683-1719).

[3] Anne-Marie de La Trémoille, fille de Louis de La Trémoille, duc de Noirmoûtiers, et de Julia Aubery, épousa en 1659 Adrien de Talleyrand, prince de Chalais. Devenue veuve en 1670, elle contracta un second mariage en 1675 avec don Flavio des Ursins, duc de Bracciano, prince de Nerola et du Saint-Empire, grand d'Espagne, etc., dont elle devint veuve en 1698. Elle fut nommée en 1701 camarera-mayor de la maison de la reine d'Espagne, femme de Philippe V; ses démêlés avec les ambassadeurs de France à Madrid amenèrent une première disgrâce en 1704, et, sur l'ordre de Louis XIV, elle rentra en France; les prières instantes de la reine Marie-Louise lui valurent son retour l'année suivante et elle dirigea les affaires d'Espagne jusqu'au second mariage de Philippe V. Après sa seconde disgrâce (1714), elle se retira à Rome, où elle mourut dans l'abandon, le 5 décembre 1722, âgée d'environ 80 ans.

[4] Marie-Louise-Gabrielle, fille du duc Victor-Amédée II de Savoie et d'Anne Marie d'Orléans, née en 1688, mariée par procuration, le 11 septembre 1701, à Philippe V, roi d'Espagne, morte le 14 février 1714. Sa *Correspondance* avec la duchesse de Bourgogne a été publiée par Mme della Rocca (Paris, 1864). M. Baudrillart (*Philippe V et la Cour de France*) a mis en relief le caractère énergique et sympathique de cette jeune reine, dont le peuple d'Espagne garda longtemps le souvenir.

vous tiendrai compte de ceux que vous lui rendrez. » Je fus aussi très gracieusé de la duchesse de Bourgogne et je partis, sans prendre congé de Mr de Voisin qui en fut très piqué, à ce que me manda le comte de Croy.

J'avois laissé chez Mr de Nolan, ami de mon père, une partie de l'argent de mon régiment, qu'il m'envoya dans la suite. Il étoit à la campagne, avec ses deux filles qui étoient fort aimables et qui me souhaitèrent une grande fortune. Il me donna une lettre pour Mr Arsan[1], son grand ami, maître de la garde-robe du roi d'Espagne. J'ai reçu de cet honnête homme mille amitiés et mille plaisirs tant qu'il a vécu, et monsieur son fils a continué de même après lui.

---

[1] Gaspard Hersent, d'abord huissier de la Chambre du Roi (1670), devint en 1690 premier valet de la garde-robe du duc d'Anjou et le suivit en cette qualité en Espagne, où il devint aide de la chambre et premier officier de la garde-robe « guardaropa ». Louis XIV l'anoblit par lettres patentes du 6 avril 1705. « Homme d'esprit, de conduite, de mérite,... homme d'honneur, haut sans se « méconnoître, fort au-dessus de son état par ce qu'il valoit. » (*Mém. de Saint-Simon*, éd. Chéruel, VIII, 370.) Il avait amené avec lui en Espagne ses trois fils qui, tous trois, servirent dans les armées de Philippe V, l'un, lieutenant aux gardes wallonnes, fut tué à Saragosse ; l'aîné, exempt des gardes du corps, blessé à Villaviciosa, obtint la survivance de la charge de son père et le remplaça à sa mort. Ce nom se trouve écrit indifféremment, Hersent, Hersan et Arsan.

DEUXIÈME PARTIE.

ESPAGNE.

CHAPITRE Ier.

1710-1711.

M. de Franclieu va trouver à Saragosse le roi Philippe V. — Il obtient la permission de lever un régiment français. — M. de Castellar l'en empêche. — Le duc d'Havré. — La reine d'Espagne et Mme des Ursins. — M. de Franclieu est nommé aide de camp du Roi. — Bataille de Saragosse et mort du duc d'Havré. — La Cour d'Espagne à l'Escurial. — Rentrée de Philippe V à Madrid. — Prise de Brihuega. — Bataille de Villaviciosa. — L'auteur est grièvement blessé. — M. de Mahoni le fait emporter dans une *galère*. — Il reçoit de la Reine de l'argent pour aller à Barèges. — Le marquis de Thouy. — Pau. — M. et Mlle de Saint-Macary. — Les eaux de Barèges et de Bagnères. — Jalousie de M. de Fenouil. — Imprudences de Mlle de Saint-Macary.

Me voici sur un autre théâtre, ce qui va former une seconde partie des Mémoires de ma vie. J'entrai en Espagne par Pampelune et, comme je voulois me rendre à Madrid, j'appris que le Roi en partoit pour commander son armée et que je devois passer à Saragosse. Je pris le parti de m'y rendre, le Roi y arriva le 20 mai 1710, j'eus l'honneur de lui baiser la main et de lui offrir mes services, je lui dis que bientôt la Reine et Mme des Ursins lui diroient qui j'étois; j'avois envoyé de Pampelune toutes mes lettres à cette dernière. Le Roi me reçut avec bonté et me dit que je pouvois me rendre à Lerida, qu'il verroit à quoi il pourroit m'employer. Je n'avois pas d'autre équipage que ma chaise de poste, j'achetai deux mules que j'y mis et me rendis à Lérida. Le comte de Croy m'avoit donné une lettre pour le duc d'Havré[1],

---

[1] Charles Joseph de Croy, duc d'Havré et de Croy, prince du Saint-Empire (1683-1710), était devenu colonel des gardes wallonnes en 1694, à la mort de

colonel du régiment des gardes wallonnes, lieutenant-général des armées d'Espagne, ils étoient de même maison ; je ne savois point ce que contenoit cette lettre, mais aussitôt qu'il l'eut lue, il me sauta au cou, il envoya sur-le-champ chercher ma suite et ne me permit plus d'avoir d'autre habitation ni d'autre table que la sienne, tant qu'il vécut et, après sa mort, son frère en agit de même avec moi. Je ne puis penser à cet aimable homme sans avoir le cœur percé de la plus vive douleur et je le pleure encore. Il était grand ami du marquis de Crèvecœur[1], aujourd'hui prince de Masseran et capitaine général des armées d'Espagne, il étoit alors capitaine du régiment de la Reine-Cavalerie; ils mangeoient alternativement les uns chez les autres et j'étois tous les jours avec eux.

Le Roi partit de Lerida avec son armée; le prince de Tzerclaes de Tilli[2] commandoit sous lui. Nous marchâmes en trois colonnes fort bien disposées et allâmes ainsi aux ennemis commandés par M^r le comte de Staremberg[3] qui étoit campé à Balaguier et retranché jusqu'aux dents; nous lui présentâmes la bataille, mais il n'y

son père, et fut tué à Saragosse, le 20 août 1710, à la tête de son régiment, qui perdit plus de 1,100 hommes.

[1] Victor-Amé-Louis Ferrero-Fiesque, fils aîné de Louis, prince de Masseran, comte de Lavagna et de Candel, et d'une fille naturelle du duc Charles-Emmanuel II de Savoie, suivit en Espagne la reine Marie-Louise de Savoie et, malgré son amitié pour Mme des Ursins, sut se ménager la faveur d'Elisabeth Farnèse. Il devint successivement chevalier de la Toison d'Or, capitaine général des armées du Roi, commandant les hallebardiers de la garde, remplaça le duc d'Atri comme capitaine des gardes du corps et fut majordome-major d'Elisabeth. Bien que d'origine italienne, « il étoit aimé, considéré, désiré, reçu avec plaisir « partout, même des plus gourmés et des plus vieux seigneurs espagnols. » (*Mém. de Saint-Simon*, éd. Chéruel, XII, 141.)

[2] Albert T'Serclaës, comte de Tilly, créé prince de T'Serclaës en 1693, fut d'abord général des armées de l'évêque-prince de Liège, puis passa en Espagne où il devint grand d'Espagne, chevalier de la Toison d'Or, capitaine général et capitaine des gardes du corps du roi d'Espagne, vice-roi de Navarre, et mourut en septembre 1715, dans sa 70me année. Assez mauvais général, malgré sa haute fortune; Berwick se plaint à plusieurs reprises de « sa timidité et de son imbé-« cillité. » (*Mém. de Berwick*, Bibl. de l'Armée française, 161.)

[3] Guidobaldo, comte de Stahrenberg (1657-1737), servit en Hongrie et en Italie sous le prince Eugène, fut nommé feld-maréchal en 1704 et commanda en Espagne l'armée de l'archiduc Charles. Après Villaviciosa, il fit une superbe retraite jusqu'à Barcelone, d'où en juin 1713 une flotte anglaise le rapatria avec ses troupes. Après la mort du prince Eugène, il devint à Vienne président du Conseil de la guerre, place qu'il occupa le reste de sa vie.

voulut pas mordre, on fit attaquer leur gauche par notre droite
qui étoit en écharpe devant eux et il y eut une grande canonnade,
sans que l'on pût pénétrer. Comme je n'avois pas encore de chevaux, je marchois dans ma chaise, dans l'intention de me jeter à
pied à la tête de la première troupe qui en viendroit aux mains ;
comme je longeois la ligne, le marquis de Crèvecœur me demanda
où j'allois ainsi, je lui dis mon intention, me trouvant sans cheval.
« Je vais vous en donner un des miens, me dit-il, si vous voulez
rester avec nous et nous seconder. » Je sautai dans l'instant de ma
chaise que j'envoyai sur le derrière et je montai un très beau et
très bon cheval, mais nous n'en vînmes pas aux mains et nous
n'essuyâmes que quelques coups de canon. On fit faire dans la nuit
un mouvement à l'armée et il se fit si en désordre que, si l'ennemi
l'avoit su, il auroit pu nous écraser ; on se campa le lendemain
assez à portée d'eux et ces deux armées restèrent ainsi près de
trois mois dans l'inaction.

Il y avoit un grand nombre d'officiers françois qui demandoient
de l'emploi au Roi d'Espagne ; me voyant comme eux, ils me
proposèrent de lever un régiment françois. J'en parlai au duc
d'Havré, qui approuva cette idée, et nous en demandâmes ensemble
l'agrément au Roi qui me l'accorda dans l'instant aux conditions
que je lui proposois. Il me dit que je pouvois commencer, sur sa
parole royale ; mais le Roi n'avoit point consulté ses ministres. Je
ne perdis point de tems, je donnai de l'argent pour recruter et
j'avois déjà soixante hommes, lorsque le duc d'Havré vint me dire,
de la part du Roi, qu'il ne pouvoit plus lever ce régiment.
Mr de Castellar[1], intendant de l'armée, qui étoit écouté du Roi

---

[1] Don Baltazar Patinho, marquis de Castellar, né à Milan, d'une famille galicienne qui y était établie, revint jeune en Espagne et fut employé dans les bureaux
à Madrid ; nommé intendant d'armée, il contribua, après la bataille de Saragosse,
à remettre en état les troupes d'Espagne, plus tard Alberoni le nomma intendant général du royaume d'Aragon, avec une commanderie de Saint-Jacques et
le titre de marquis. Secrétaire du conseil de la guerre en 1720, du conseil de la
marine et des dépêches en 1721, il se retira un moment sous le ministère de
Ripperda, mais fut nommé gentilhomme de la chambre et ambassadeur à Venise.
Après la chute de Ripperda (1726) il reprit ses premières fonctions, qu'il ne
quitta qu'en 1730 pour aller à Paris, comme ambassadeur extraordinaire. Il y
mourut en 1733, à l'âge de 63 ans. Son fils devint en 1746 capitaine général
des armées d'Espagne, après de brillants services en Italie.

autant que ses ministres, lui avoit demandé d'en lever un pour son fils et un autre pour Mr de Combefort et, lui ayant représenté que ces deux régimens alloient demeurer imparfaits, il falloit commencer par les compléter avant que d'en lever un troisième. Je fus un moment abasourdi de cette nouvelle mais, revenant à moi, je pris le dessus; mais, comme Mr de Castellar avoit obtenu que je lui relâcherois les hommes que j'avois déjà, je voulus les donner au duc d'Havré qui me dit que cela le brouilleroit avec Mr de Castellar. « C'est mon affaire et non la vôtre », lui dis-je, et véritablement elle a bien été la mienne, car il me l'a fait grandement repentir depuis, j'ai été toute ma vie un très mauvais politique; enfin, je fus seul trouver le Roi, je lui marquai mon déplaisir de n'avoir pu lever un régiment pour lui rendre mes services et je le priai de trouver bon que je donnasse les hommes que j'avois levés à son régiment des Gardes; le Roi me le permit et ce régiment les eut.

Cette affaire m'avoit fait naître l'idée de me retirer en Flandre, et je priai le duc d'Havré de me faire donner un passeport, il me pressa de faire la campagne avec eux; je lui dis qu'il ne me convenoit plus de faire le carabin et que je ne pouvois me résoudre à servir sans avoir un emploi équivalent au grade que j'avois en France. Ne pouvant combattre mes raisons, il alla en parler au Roi, qui le chargea de me dire d'aller trouver la Reine à Madrid. « Mais, lui dis-je, que pourrois-je demander à la Reine? Elle me renverroit au Roi. » — « Sans vous dire d'autres raisons, me dit-il, il faut absolument que vous fassiez ce que le Roi demande de vous. » — « Monsieur, lui dis-je, j'ai quelque argent; me conseilleriez-vous d'aller le dépenser et de me mettre hors d'état ensuite de me rendre en Flandre? » — « Non, me dit-il, ne dépensez pas le vôtre, mais le mien », et il me présenta sa bourse pleine d'or. « Dès que vous le prenez ainsi, Monsieur, lui dis-je, je sais dépenser le mien, reprenez, s'il vous plaît, le vôtre. » — « Venez donc, me dit-il, avec moi, dire au Roi que vous allez, comme il le souhaite, vous mettre aux pieds de la Reine. » Je le fis et le Roi me dit, d'un air gai : « Nous nous reverrons bientôt. » Je lui demandai s'il auroit la bonté de me donner une lettre qui apprît à la Reine que j'exécutois ses ordres. « Je lui écris tous les jours, me dit-il, elle sera instruite avant que vous n'arriviez. » Je n'eus rien à répliquer, je partis et je fus loger à Madrid chez le duc d'Havré. J'eus l'honneur de me mettre aux pieds de la Reine en arrivant, et comme je voulois lui dire ce qui s'étoit passé à mon égard depuis le tems que j'avois été auprès du Roi : « Ne me dites rien de tout cela, Monsieur, me dit-elle, je sais tout et j'en ai été bien mortifiée, mais vous n'y perdrez certainement rien; le premier régiment wallon qui vaquera sera pour vous; en attendant, vous voudrez bien, j'espère, servir le Roi en qualité de son aide de camp. » — « Mon Dieu! Madame, lui dis-je, c'est un honneur auquel je n'osois aspirer, mais puisque Sa Majesté avoit cette bonne volonté pour moi, comment m'a-t-elle ôté d'auprès d'elle lorsqu'elle est à la vue de ses ennemis ? » — « C'est, » me répondit cette gracieuse Reine, « que comme il n'y a que les grands d'Espagne ou des gens de la première condition qui le soient, nous avons voulu savoir au vrai qui vous étiez avant de vous mettre de ce nombre. » Je lui repartis que j'allois me rendre sur-le-champ auprès du Roi, pour remplir les devoirs d'un emploi qui me faisoit autant d'honneur, si elle vouloit bien me donner des ordres. « Vous me donnerez bien huit jours, me dit-elle, je veux un peu savoir de vous la situation du Roi et de ses ennemis. »

Jamais on n'a été plus questionné que je ne le fus; quand la Reine cessoit, Mme des Ursins recommençoit; enfin j'osai leur dire que la position de l'armée du Roi n'étoit pas à mon gré et qu'elle auroit été mieux si on l'avoit mise à cheval sur la Segra, Lerida derrière elle, pour empêcher Mr de Staremberg de se jeter dans l'Aragon, ce qu'il ne manqueroit pas de faire lorsqu'il auroit reçu le renfort de troupes qu'il attendoit. Mme des Ursins me recevoit toujours dans son appartement et me menoit ensuite chez la Reine; elle eut la bonté de me dire plusieurs fois que Sa Majesté étoit très contente de moi et de ma façon de m'énoncer, et que je devois tout attendre de ses bontés. Comme j'avois envoyé à Mme des Ursins une lettre de la duchesse dont j'ai déjà parlé dans ces Mémoires, elle me dit : « J'ai trouvé les expressions de cette lettre bien fortes et je crois que je n'en dois pas être surprise, mais souvenez-vous qu'il faut être fort sage dans ce pays-ci, les hommes y sont fort jaloux et le Roi est très dévot. » — « Madame, lui dis-je, c'est bien mon projet, je veux faire un second tome de ma vie, bien différent du premier. »

Comme j'entrois chez la Reine le huitième jour de mon arrivée à Madrid, elle me dit : « Je ne veux pas attendre que vous me disiez que le terme que je vous ai demandé est fini. Tenez, Monsieur, » continua-t-elle en tirant un papier d'entre son corps et sa robe « voilà de quoi servir le Roi comme un de ses aides de camp ; partez, les ennemis ont eu un secours, je crains une affaire et je serois bien aise de vous savoir auprès du Roi, le marquis de Bai[1] l'a joint pour commander sous lui, c'est un ancien et bon officier. » Je fus bien surpris, lorsqu'en arrivant chez moi je voulus lire la patente d'aide de camp, de voir que la Reine l'avoit signée ; les ennemis me l'enlevèrent après la bataille de Villa-Viciosa, ce qui m'a toujours causé un vrai regret, le regardant comme un titre d'autant plus précieux qu'il venoit d'une main royale.

Je m'occupai d'acheter des chevaux, mais, croyant que tout cheval espagnol doit être bon, sur leur réputation, j'appris à mes dépens que c'étoit d'Andalousie qu'il falloit tirer ces beaux animaux. Le marquis de Mirebel, aujourd'hui capitaine général et du Conseil de la guerre et qui doit être bien âgé, étoit gouverneur de Saragosse ; il me parut avoir envie d'une belle montre d'or que j'avois, je la lui laissai sans vouloir la reprendre, ne connoissant point alors la façon d'agir des seigneurs espagnols. A peine fus-je arrivé chez moi, qu'un de ses premiers domestiques m'apporta un harnois superbe, de velours vert, brodé d'or en plein ; je ne voulois point le recevoir mais, m'ayant dit que j'offenserois beaucoup son maître, je le gardai. Le marquis de Lansarot, colonel de cavalerie, eut aussi envie de ma chaise de poste, je la troquai avec lui pour un cheval des plus vigoureux que j'aie jamais montés, ce qui commença à me mettre en équipage d'aide de camp.

---

[1] Alexandre Maître, né à Salins (Franche-Comté) vers 1650, était, suivant Saint-Simon (*Mém.* éd. Chéruel, III, 378), fils d'un cabaretier, ce qui ne l'empêcha pas de devenir marquis de Bay (1704), premier lieutenant des gardes du corps d'Espagne, lieutenant général, puis capitaine général des armées du roi d'Espagne et chevalier de la Toison d'Or. Il avait remporté en 1709 la victoire de la Guadiana, en Estramadure, sur l'armée anglo-portugaise, mais se fit battre à Saragosse. Il mourut en 1715, étant vice-roi d'Estramadure.

Je joignis le Roi le 15 août, entre Lerida et Saragosse; poussé par l'ennemi, il revenoit avec son armée. Il faisoit très chaud ce jour-là; le Roi, étant entré dans une maison où il étoit assez mal, je lui rendis compte de l'état où j'avois laissé la Reine, il but vingt verres d'eau pendant ce tems-là et j'en bus bien une cruche après lui avoir parlé.

Le marquis de Bai forma son armée le long d'un ravin très disputable à l'ennemi, qui ne s'y présenta pas et fut à Pina, sur l'Ebre, où il campa. Il jeta des ponts sur cette rivière; sur l'avis qu'on en eut, nous allâmes au plus vite la passer à Saragosse et l'on se campa sous les murailles de cette ville, dans ce qu'on appelle *la Huarta*[1], ce qui veut dire un terrain qui peut être arrosé des eaux de la rivière. Le lendemain, les ennemis montrèrent à la hauteur de Pina une tête qui avoit passé l'Ebre, notre armée marcha pour s'emparer de quelques hauteurs qui étoient en avant de Saragosse.

Le Conseil du Roi jugea à propos que Sa Majesté se retirât à Madrid; comme son aide de camp, je le suivois mais, à une demi-lieue de retraite, je m'approchai du Roi et lui dis : « Sire, au chemin que prend Votre Majesté, tous ses aides de camp ne lui sont pas nécessaires; si elle le trouve bon, j'irai joindre le général de son armée pour l'aider autant que je le pourrai. » Le Roi me le permit. On m'a dit depuis que ma façon de prendre congé du Roi avoit paru trop libre. A peine l'avois-je quitté, qu'un homme de la Cour vint à toutes jambes pour me rappeler; je rejoignis le Roi, M. le duc d'Ossuna[2], capitaine de ses Gardes, qui l'accompagnoit, prit la parole et me dit : « Monsieur, le Roi vous charge de dire à M. le marquis de Bai que, puisque l'ennemi ne l'attaque pas, il faut que toute son armée n'ait point passé et qu'il devroit attaquer tout ce qui est en deçà de l'Ebre. » Je partis avec cet ordre et le rendis à M. de Bai, qui me répondit : « Puisque le Roi m'a confié

---

[1] *Huerta*, jardin où il y a de l'eau vive, et qui est près d'une rivière. (*Dict.* de SOBRINO.)

[2] Don Francisco d'Acunha y Tellez Giron, VIme duc d'Ossuna, grand d'Espagne de la première classe, grand chambellan de Philippe V, capitaine général de ses armées, avait été nommé en 1705 capitaine des gardes du corps; il fut envoyé comme plénipotentiaire pour les négociations de la paix d'Utrecht, où il se montra passionnément espagnol. Il mourut en 1716, à l'âge de 38 ans

le commandement de son armée, il faut qu'il me laisse faire. »
Il n'étoit que dix heures du matin, je fus joindre le duc d'Havré,
le marquis de Crèvecœur et plusieurs autres généraux qui étoient
ensemble, je leur dis l'ordre que j'avois porté au général et la
réponse qu'il m'avoit faite. « C'est cependant, dit le duc d'Havré,
le meilleur parti qu'il y ait à prendre. » — « Messieurs, leur
dis-je, je crains qu'il ne convienne pas d'avoir reçu l'ordre que je
lui ai porté, allons tous ensemble le joindre, je veux devant vous
le lui répéter encore. » Ils me suivirent, ils entendirent cette
même réponse, à laquelle il ajouta : « J'ai ici l'avantage d'occuper
quelques hauteurs, je ne veux pas le perdre. » Les ennemis continuèrent à passer le reste du jour et nous perdîmes cet heureux
moment de charger la moitié de leur armée. Je n'ai jamais su
comment ni pourquoi le Roi revint à Saragosse, il se logea au
couvent des Capucins qui est hors la ville ; je m'y rendis bien vite
et lui rendis la réponse que m'avoit faite Mr de Bai et ma précaution de lui avoir répété ses ordres devant de bons témoins ; je lui
dis ensuite que son armée seroit charmée de le voir et qu'elle le
demandoit beaucoup. Le duc d'Ossuna me dit alors : « Il semble,
Monsieur, à votre dire, qu'il faut qu'un Roi s'expose comme les
autres hommes. » — « Non, Monsieur, lui repartis-je, mais du
moins qu'il se fasse voir à ceux qui vont sacrifier leur vie pour
lui. » Le Roi prit la parole et dit : « C'est assez ; demain, je veux
voir mon armée à la pointe du jour, restez ici pour m'y mener.
Mais, continua-t-il, me croyez-vous ici suffisamment couvert ? »
— « Sire, lui dis-je, votre armée est devant vous, mais qui sait si
l'ennemi ne pourroit pas passer les troupes sur les flancs et venir
vous insulter ici ; le pays étant pour lui, il pourroit être instruit
du lieu où vous êtes. » — « Je me confie à vous pour couvrir ce
couvent, me dit le Roi, prenez pour cela vos mesures. » Je m'en
allai au château de Saragosse, appelé l'Inquisition, j'en tirai deux
cents hommes que je plaçai autour du couvent ; Mr de Mirebel
s'étoit retiré dans ce poste, j'eus bien de la peine à me faire ouvrir
et à lui arracher ce monde ; il est inutile que je m'étende sur le
désordre que j'y vis.

Le Roi s'étoit jeté sur son lit, tout habillé et botté ; Mr Arsan,
son premier valet de chambre, qui me vit aux jambes une paire de

belles guêtres de Paris, me dit que le Roi ne s'étoit pas débotté depuis six jours, qu'il avoit les jambes enflées, qu'il falloit que je lui donnasse mes guêtres, le Roi n'ayant pas ses équipages, et que je prendrois à la place des bottes molles qu'il avoit. On m'ôta mes guêtres dans la chambre du Roi, on les lui mit, elles alloient bien ; ses bottes sembloient faites pour moi, elles ont reçu à mes jambes de bons coups de fusil.

La nuit fut tranquille ; à la pointe du jour, le Roi voulut voir son armée ; j'étois le conducteur, je le menai à la droite et, lorsque nous longions la première ligne, les ennemis nous envoyèrent quelques coups de canon. A peine nous étions au centre, que ceux qui marchoient devant le Roi, ennuyés de la canonnade, se jetèrent dans l'intervalle des deux brigades, emmenèrent le Roi qui ne vit point ses généraux, chacun étant occupé à son poste, et enfin cette Cour partit, laissant l'armée criant : « Vive le Roi! » et jetant leurs chapeaux en l'air. Je restai, profitant de la permission que le Roi m'avoit donnée la veille.

Les ennemis se formoient en bataille, assez loin de nous et canonnoient nos gardes avancées. Notre général s'y porta avec quelques-uns de nous, pour voir leurs dispositions ; le troisième coup de canon qu'on nous tira emporta la cuisse au duc d'Havré et perça de part en part son cheval ; je me jetai à bas du mien, le pris dans mes bras et le soutins jusqu'à ce que ses gens fussent venus ; « Ah! mon cher Franclieu, me dit-il, je suis mort! » J'avois peu de bonnes raisons à lui donner et les larmes que je versois ne devoient pas le rassurer ; ses gens l'emportèrent, il mourut le lendemain. Mon cheval n'avoit point bougé de la place où je l'avois laissé, quoique plusieurs boulets eussent passé à ses oreilles. Je rejoignis Mr de Bai, qui se retiroit, il me dit : « Nous « perdons là un homme qui nous fera faute dans cette journée. »

Les ennemis marchèrent à nous, la bayonnette au bout du fusil, appuyés sur le coude gauche, dans un grand silence et à fort petits pas ; nous les attendîmes de pied ferme sur nos hauteurs qui étoient moins que rien. Notre armée les vit venir sans s'en étonner, ce qui n'étoit pas surprenant parce que c'étoit de nouvelles troupes qui, n'ayant jamais vu le feu, n'en savoient pas la conséquence ; mais lorsqu'à la demi-portée ils commencèrent à tirer, tous nos gens jetèrent leurs armes et se sauvèrent. Le marquis de Valouze [1], majordome du Roi et son aide de camp, qui comme moi étoit resté à l'armée, fit avec moi de vains efforts pour rallier un corps distingué; les ennemis nous y voyoient occupés.

Je voulus arrêter un officier de marque, en lui disant par son nom : « Eh! monsieur de ***, que voulez-vous que vos troupes fassent si vous leur montrez si mauvais exemple! » et comme je poussois mon épée en avant en lui parlant ainsi, il s'y enfonça lui-même, ce qui prouve que cet homme avoit perdu la tête; je ne pouvois pas prévoir qu'il se jetteroit ainsi. Je priai le marquis de Valouze d'en garder le secret, ce qu'il a bien observé; je ne l'ai jamais confié qu'à la princesse des Ursins. Je montrai à Valouze que nos efforts étoient vains pour rallier des gens qui avoient jeté leurs armes, et nous nous retirâmes ; nous joignimes le marquis de Bai qui s'en alloit, au petit pas de son cheval, faisant effort pour arrêter sa cavalerie fugitive, mais inutilement ; il fallut suivre le torrent et nous arrivâmes le soir avec les débris de l'armée à Alagon [2]. Le mieux que nous pûmes faire fut de border la rivière Xalon qui couvre cette ville de plusieurs bras. Les ennemis n'y arrivèrent point. Nous dîmes dans la nuit, Valouze et moi, au

---

[1] Hyacinthe Boutin de Valouse, né en 1671, d'une famille du Comtat-Venaissin, fut reçu page de la petite écurie en 1687, puis nommé en 1694 écuyer des ducs d'Anjou et de Berry; il suivit Philippe V en Espagne, où il devint majordome de semaine, premier écuyer du Roi, gentilhomme de sa chambre; il fut nommé chevalier de la Toison d'Or, suivit Philippe V dans sa retraite pendant son abdication momentanée, et reprit ses fonctions à la Cour. Il mourut à Madrid en 1736, ayant su se faire aimer de tout l'entourage royal. « C'était », écrit M. Baudrillard, d'après Saint-Simon et Maulevrier, « un « homme sage, appliqué, mais d'esprit court et craignant tout. » (*Philippe V et la Cour de France*, II, 419.)

[2] « Le marquis de Miravel, commandant pour le roi d'Espagne à Saragosse,
« écrivait de Tudela au vice-roi de Navarre, que la veille, 20ᵉ août, il s'était
« donné une grande bataille aux portes de Saragosse, que le roi d'Espagne l'avait
« perdue, et qu'il s'était retiré à Madrid, que les troupes venues de Flandre
« n'avaient pas voulu combattre, qu'elles avaient mis bas les armes ; que la
« cavalerie avait mal fait ; que les régiments d'infanterie des Gardes avaient
« fait des miracles, mais qu'il leur en coûtait cher ; que le duc d'Havrech avait
« été emporté d'un coup de canon ; que le sort du marquis de Bay, commandant
« l'armée, était ignoré. » (*Journal du marquis du Torcy*, éd. Masson, Paris, Plon, 1884, p. 250.) On peut voir aussi une relation de la bataille de Saragosse aux Affaires étrangères, *Espagne*, vol. 200.

marquis de Baï, qu'il falloit que le Roi fût averti de ce qui se passoit et que nous partirions à la pointe du jour pour nous rendre à Madrid; nous lui demandâmes une lettre pour le Roi, il nous dit qu'elle étoit bien inutile, que nous avions tout vu et que nous le lui rendrions aussi bien qu'il pourroit le faire, que nous pouvions assurer le Roi qu'il rassembleroit tant qu'il seroit en son pouvoir les fuyards et qu'il feroit de son mieux avec des gens qui prenoient la fuite sans combattre. Nous fûmes d'Alagon jusqu'à Tudele sur nos chevaux, là nous prîmes la poste; nous fûmes bien surpris d'y trouver un de nos lieutenans généraux qui y étoit arrivé de la veille, quoique à sept lieues de Saragosse, et que la bataille n'eût commencé qu'après midi. On peut en conclure deux choses, qu'il étoit bien monté et qu'il avoit eu grand peur; il eut cependant le front de nous prier de dire au Roi qu'il avoit fait cette diligence pour arrêter les fuyards; nous en eûmes pitié et ne parlâmes pas de lui. Il n'étoit pas espagnol.

En arrivant à Madrid, nous descendîmes au palais, nous trouvâmes le Roi, la Reine et Mme des Ursins ensemble; notre air triste annonçoit ce que nous avions à leur dire; le Roi ne nous questionna jamais, mais bien la Reine et Mme des Ursins qui, avec sa lorgnette, car elle avoit la vue basse, tantôt regardoit le Roi et tantôt nous, et voyant que ce prince s'affligeoit fort : « Eh bien, lui dit-elle, Sire, je ne vous reconnois pas, c'est dans l'adversité que l'on connoît les grands hommes; votre armée a été battue, il faut en ramasser les débris, y joindre l'armée que vous avez en Estramadure et, avec le tout, prendre votre revanche. » Ce qui arriva, je m'en suis toujours souvenu.

Les ennemis firent une très grande faute en ne suivant pas notre armée, qu'ils auroient pu détruire entièrement, et ne s'emparant pas des places qui nous donnoient la communication avec la France, ce qu'ils auroient pu faire. Ils furent droit à Madrid, le Roi en sortit avec la famille royale le 29 septembre 1710 pour aller à Valladolid. Notre premier gîte fut l'Escurial. Je ne puis me dispenser de raconter la réception des moines qui occupent ce superbe palais et monastère tout ensemble : il étoit nuit quand nous arrivâmes, nous ne pûmes avoir de la lumière, le Roi passa à l'appartement qu'il occupe ordinairement lorsqu'il va dans cette maison;

on ne sut où coucher l'infant don Louis[1] qui s'endormoit, nous fûmes aux carrosses en enlever les coussins, nous lui en fîmes un lit; la Reine se jeta à terre et se contenta de mettre sa tête dessus. Nous courûmes dans cette maison, le marquis de Crèvecœur et moi, pour trouver des moines afin de leur faire donner des matelas et de la lumière, nous nous perdîmes dans cette maison qui est un monde; enfin nous trouvâmes un moine que nous saisîmes et à qui nous dîmes de nous mener au prieur, il alloit malgré lui, aussi nous mena-t-il par l'Eglise, il nous ouvrit une porte et nous fit entrer; le marquis de Crèvecœur qui étoit le dernier s'aperçut heureusement que le moine retiroit la porte pour nous enfermer, il s'y opposa à tems; le moine vouloit se sauver, mais nous l'attrapâmes et nous lui donnâmes bien cent coups de poing; nous le menâmes ainsi à son supérieur, qui le gronda beaucoup, ce qui ne nous empêcha pas de le saisir et de le mener avec nous en disant aux moines qui étoient avec lui que, si on n'apportoit pas dans l'appartement du Roi tout ce qui étoit nécessaire, ceux que nous menions s'en repentiroient. Ils vinrent avec quelques matelas, mais il fallut faire vingt voyages avant d'avoir ce dont nous avions besoin. Je ne puis penser à ce procédé sans indignation.

Les filles d'honneur de la Reine ne voulurent pas la suivre en sortant de Madrid, aussi n'y en a-t-il plus eu depuis; les camaristes remplissoient leur emploi et le leur, mais aucune espagnole ne suivoit, il n'y eut que Mlle de Grigni, trois demoiselles irlandoises et les filles de Mme des Ursins. Nous étions tous sans argent; la Reine qui le savoit, nous dit, au marquis de Crèvecœur, au comte de Candel, son frère, aide de camp comme moi, au marquis de Gabaret, au nouveau duc d'Havré[2] et à moi, de vivre de leur

[1] Don Luis, infant d'Espagne, né le 25 août 1707, nommé prince des Asturies et reconnu héritier présomptif par les Cortès en 1709; Philippe V abdiqua en sa faveur le 15 janvier 1724 et il monta sur le trône sous le nom de Louis Ier; il mourut de la petite vérole le 31 août suivant.

[2] Joseph de Croy (1686-1727), frère cadet du duc d'Havré mort glorieusement à la bataille de Saragosse, s'était d'abord destiné à l'état ecclésiastique et avait eu un canonicat à Cologne; à la mort de son frère, il se trouvait en Espagne et lui succéda comme colonel des gardes wallonnes (1710); mais ayant épousé en 1712 la nièce de Mme des Ursins, la chute de cette dame attira aux époux des dégoûts tels qu'ils se retirèrent en France en 1716, et le duc d'Havré démissionna de son régiment.

desserte à la table des demoiselles que je viens de nommer, ce qui nous faisoit faire assez bonne chère et nous mettoit en bonne compagnie. Un jour, la princesse des Ursins vint avec sa lorgnette nous registrer ; elle vit avec nous le comte de Mirarcassar, aujourd'hui marquis de Monreal, alors exempt des gardes du corps, et lui dit : « Qui vous a permis de venir ici ? Ignorez-vous l'étiquette du palais ? » — « Madame, lui dit-il, j'ai cru que ces messieurs y venant, je pouvois faire de même. » — « Ces messieurs, repartit-elle, ont la permission du Roi et vous ne l'avez pas. » Il reprit en badinant : « Madame, vous faites votre devoir en voulant m'en empêcher, et moi le mien en tâchant de m'introduire où les plaisirs m'attirent. » Elle rit de cette réponse, mais aussitôt que nous eûmes mangé, nous eûmes ordre de sortir du palais. Nous vécûmes tous chez le marquis de Crèvecœur, et quand l'argent lui manquoit, c'étoit moi qui étois chargé de l'aller dire à la Reine, qui lui en faisoit toujours donner quelque peu. Il étoit parent de la Reine.

Mr de Vendôme vint joindre le Roi à Valladolid ; le comte d'Aguilar[1] rassembla l'armée détruite en partie, l'habilla et l'arma avec une diligence incroyable. Nous nous rendîmes à Casatejada[2], où l'armée d'Estramadure nous joignit ; nous nous divertîmes à merveille dans ce camp, d'où nous sortîmes en novembre et

---

[1] Don Inigo de la Croix Manrique de Lara (1673-1733), comte d'Aguilar, grand d'Espagne de la première classe, commença à servir à quinze ans comme simple soldat, devint chevalier de la Toison d'Or en 1695, fut nommé par Philippe V conseiller d'État, avec la direction des affaires de la guerre et des finances, capitaine des gardes du corps en 1705, capitaine général des armées du Roi (1709) et directeur de l'infanterie. Il contribua fortement à réorganiser l'armée espagnole après Saragosse, mais, tombé en disgrâce en 1711, il perdit sa compagnie des gardes et se retira dans une commanderie de Saint-Jacques, qu'il avait échangée contre sa Toison d'Or. Malgré une capacité incontestable, il ne put jamais sortir de sa disgrâce. « C'étoit un très méchant homme, sur qui per-
« sonne ne pouvoit compter, mais plein d'esprit, de nerf, d'ambition et de res-
« sources. » (*Mém. de Saint-Simon*, éd. Chéruel, XII, 159.)

[2] Casatejada ou Casatexada, village à deux lieues d'Almaras, sur le Tage, en Estramadure. Philippe V y arriva le 16 octobre et y resta jusqu'au 23 novembre, pour rentrer le 3 décembre à Madrid, que l'archiduc avait été obligé de quitter. Il y eut pendant le séjour de la Cour à Casatexada de nombreuses promotions, c'est à ce moment que Mr de Franclieu obtint son régiment dont le brevet fut daté seulement du 3 décembre.

rentrâmes dans Madrid. Le peuple nous reçut avec une joie incroyable, plus d'une lieue avant d'y arriver il bordoit le chemin et jetoit des manteaux pour le couvrir, il falloit que nos chevaux passassent dessus ; chacun vouloit baiser la main du Roi et comme tous ne pouvoient pas y arriver, ils prenoient celle qu'ils pouvoient attraper ; je crois que la mienne fut baisée plus de mille fois.

Le Roi, Mr de Vendôme et le comte d'Aguilar sous lui, partirent de Madrid le 8 décembre, nous arrivâmes le 9 à Brihuega[1] : les ennemis se retiroient, mais nous y enveloppâmes six mille Anglois commandés par le général Stanhope[2] ; nous les investîmes, fîmes sauter les portes à coups de canon. Comme le Roi apprit que Mr de Staremberg venoit au secours des Anglois, on envoya ordre au marquis de Thouy[3] par le prince de Piombino, aide de camp du Roi, d'emporter la place à tout prix. Ce seigneur ayant pris un grand détour pour porter son ordre, étant accompagné d'un gros cortège, Mr de Vendôme s'en impatienta et dit au Roi de m'y envoyer ; je répondis que l'on m'avoit donné tant d'occupation que mes chevaux étoient rendus : « Sire, faites-lui en donner un des vôtres, dit Mr de Vendôme, dans de pareilles occasions il faut des gens expéditifs. » On m'en donna un fort bon[4] ; dès que je l'eus monté, passant sous le feu de

---

[1] Place forte de Castille, dans la haute vallée de la Tajuna, affluent du Tage.

[2] James Stanhope (1673-1721), petit-fils du comte de Chesterfield, commandant en chef des troupes anglaises en Espagne, avait contribué au gain des batailles d'Almenara et de Saragosse; pris dans Brihuega, il ne fut échangé qu'en 1712. Il devint plus tard secrétaire d'Etat du roi George I, premier lord de la Trésorerie et chancelier de l'Echiquier, et mourut au moment où il allait partir comme premier plénipotentiaire pour le Congrès de Cambrai. George I l'avait créé successivement baron d'Elveston et vicomte Mahone (1717), comte Stanhope (1718). « Stanhope était un homme vif, entreprenant, qui malgré « Stahremberg avait décidé qu'il fallait conduire l'archiduc à Madrid, et par ce « conseil ruiné les affaires de son parti. » (*Journal de Torcy*, éd. Masson, 319.)

[3] Antoine Balthasar de Longecombe, marquis de Thouy (ses lettres sont signées Thoy de Pesieu), fut en 1685 colonel du régiment d'Angoumois, brigadier en 1690, maréchal de camp en 1696, lieutenant général en 1704, il alla à plusieurs reprises servir en Espagne, y retourna en 1710 avec le duc de Vendôme et fut créé capitaine général des armées du roi d'Espagne ; il revint en France en 1715, obtint en 1722 le gouvernement de Belle-Isle et mourut en 1726, âgé de 77 ans.

[4] Après la prise de Brihuega, « Don Juan de Zerezeda, inspecteur de la « cavalerie, fit distribuer les chevaux des Anglois à nos Adjudantes ; il y en eut « beaucoup de pris par des gens, qui profitans de l'occasion, y entrerent : M. de

l'ennemi que j'essuyai, je donnai à Mr de Thouy les ordres que j'avois et j'étois revenu auprès du Roi avant que mon camarade n'eût joint Mr de Thouy, que même il n'aborda pas, car il étoit en action. En revenant, je m'aperçus que de la hauteur où étoit le Roi on jetoit force chapeaux en l'air, je me doutai que c'étoit pour me donner quelque avertissement ; en effet, les ennemis avoient mis une embuscade pour me prendre ou me passer par les armes, je mis le pistolet à la main, je les frisai à toute course, leur lâchant mon coup de pistolet et, les saluant après de mon chapeau, je me moquai des coups de fusil qu'ils me tiroient.

Il y avoit déjà deux mois que le Roi m'avoit donné le régiment wallon de Chavembourg [1], vacant par la mort du colonel de ce nom, je lui demandai la permission de m'aller mettre à la tête de ce régiment pour cette attaque. Le Roi me répondit que je lui étois nécessaire auprès de lui, mais Mr de Vendôme lui ayant représenté que je serois plus utile à la tête de ma troupe, j'y allai. M'étant approché des murailles de Brihuega et n'ayant nul outil pour les rompre, je me retournai vers les officiers de mon régiment et leur dis : « Messieurs, vous êtes fâchés peut-être de vous voir commandés par un officier que vous ne connoissez pas, nous voici heureusement dans une occasion où je pourrai me faire connoître de vous et où je pourrai vous connoître aussi ; dans peu nous saurons le cas que nous devons faire les uns des autres. Tâchons d'abattre cette muraille avec les mains, puisque nous n'avons pas autre chose. » Nous étions à la vue du Roi et de sa Cour ; je fis mettre le fusil en bandoulière et, à force de bras, nous mîmes la muraille au point de la pouvoir franchir, je sautai dessus, mais je fus bien surpris de voir qu'elle étoit d'une hauteur prodigieuse du côté de la ville et que nous ne pouvions y descendre qu'en nous écrasant tous. J'en demeurai là en faisant feu sur l'ennemi et je fis dire au Roi la raison pour laquelle nous n'entrions pas.

« Vendosme en fit donner à plusieurs personnes, principalement au marquis de « Franclieu, qui lui en demanda. » (*Histoire des dernières campagnes de S. A. S. Mgr le duc de Vendosme*, composée par le chevalier de BELLERIVE, capitaine de dragons, témoin oculaire. Paris, Saugrain, 1714.)

[1] Ce régiment portait aussi le nom de régiment de Luxembourg ; du reste les régiments wallons de l'armée d'Espagne portaient habituellement des noms de provinces et non pas ceux des colonels. (Arch. du château de Lascazères.)

Le marquis de Thouy, pour obéir aux ordres que je lui avois portés, fit attaquer par la porte que le canon avoit brisée; le passage étoit fort étroit, aussi y resta-t-il six compagnies de grenadiers en entier; enfin les gardes wallonnes, s'étant jetées dans les maisons voisines, percèrent de l'une à l'autre, on fit feu par les fenêtres et l'on repoussa les Anglois dans le château, Mr de Thouy eut la main gauche percée d'un coup de fusil, il en reçut un autre au talon. Les Anglois, ne pouvant se remuer dans le château, tant il étoit étroit, battirent la chamade; il étoit question de les avoir bien vite, car Mr de Staremberg approchoit, le Roi me chargea d'aller dire à Mr de Stanhope qu'il donnoit la vie sauve à ses troupes, qu'il accordoit aux officiers leurs bagages et qu'il vouloit les avoir tous prisonniers de guerre, mais que s'ils ne commençoient pas à défiler avec moi, sans armes, ils n'auroient point de quartier. Ils sortirent sur-le-champ; ils étoient si serrés dans le château que, pour arriver à Mr de Stanhope, on me passa de main en main par dessus les épaules des soldats. On les fit marcher en diligence vers Madrid, escortés par un seul régiment de cavalerie[1]; à peine avoient-ils fait une lieue, quand Mr de Staremberg vint se former à une demi-lieue de nous.

Nous n'eûmes que le tems de nous mettre en bataille et les escarmouches commencèrent aussitôt. Comme le régiment wallon, arrivé de Flandre cette campagne, étoit fort faible, on me composa un bataillon de trois régimens et un autre à Mr de Sainte-Aldegonde. Nous étions tous les deux à la gauche de la première ligne, j'avois le régiment de Louvigni à ma droite et les Irlandois venoient après. Les gardes du corps étoient à notre gauche et Mr de Vendôme à leur tête, ce qui n'empêcha point ce corps de plier et Mr de Vendôme, forcé de se retirer avec eux, alla joindre le Roi. Le régiment de Sainte-Aldegonde fut emporté avec les gardes du corps, je me trouvai en face du brave régiment de Bevenloo, je lui portai la bourre dans le ventre et j'achevai tout

---

[1] L'armée qui mit bas les armes dans Brihuega était commandée par Stanhope, ayant sous lui deux lieutenants généraux, Georges Carpenter, plus tard lord Carpenter of Killaghy, et Wills; elle se composait de huit bataillons, dont sept anglais et un portugais, à la solde de l'Angleterre, et de huit escadrons de cavalerie de diverses nations.

ce qui restoit à coups de bayonnette. Ce régiment a prétendu n'avoir jamais été battu que cette fois. Je reçus dans cette première attaque une balle qui me perçoit la jambe et une autre la cuisse gauche, mais qui ne m'endommageoient que les chairs. Les officiers de mon régiment vouloient que je me retirasse, mais je leur dis que nous ne connoissions pas encore assez. Le régiment de Louvigni avoit percé comme moi la première ligne des ennemis et en avoit été très maltraité; alors, voyant que j'étois abandonné de ma gauche et que les ennemis venoient pour m'envelopper, je marchai fièrement à eux; mais, pendant que je combattois de front ce qui étoit devant moi, la cavalerie ennemie vint nous prendre par derrière et nous ne pûmes que vendre chèrement nos vies; un coup d'épée me perça le cou, un coup de bayonnette la main gauche et un coup de feu les deux os du bras droit. Je tombai et restai pour mort sur la place; il ne se retira que 60 hommes de mon régiment, presque tous blessés, avec le drapeau, et encore ce fut parce que, notre droite étant victorieuse, les ennemis nous laissèrent pour prendre la fuite. Trois soldats allemands me dépouillèrent et comme ils virent que je remuois encore, l'un me donna un coup du bout de son fusil qui me fit sauter trois dents, un autre me donna un coup de crosse sur la tête, je fis le mort et ils me laissèrent.

Cette bataille[1] se donna le 10 décembre 1710; il faisoit un froid épouvantable, on peut juger combien je souffrois, étant nu. J'aperçus deux officiers qui se promenoient à cheval sur le champ de bataille et qui achevoient les mourans à coups de pistolet, ils me demandèrent, « Qui vive! » je leur fis signe que je ne pouvois parler.

---

[1] La bataille « paraissait avoir été fort douteuse, suivant ce que le roi d'Es-
« pagne en écrivait au Roi, car il marquait que l'infanterie de la droite des
« ennemis avait toujours poussé celle de sa gauche, lui faisant perdre du terrain
« et que, la nuit venue, lui et Mr de Vendôme s'étaient retirés. Cependant la
« cavalerie espagnole de la droite, ayant renversé et mis en fuite la gauche des
« ennemis, avait pris les derrières de leur droite qui, se voyant enveloppée,
« s'était retirée avec Stahremberg, mais je ne sais pas par quel hasard le roi
« d'Espagne ne l'avait su que par les avis que Valdecanhas, qui commandait la
« droite, et Mahony lui avaient envoyés. Quoi qu'il en soit, jamais victoire n'a-
« vait été plus complète, et cette journée changeait sans contestation toute la
« face des affaires d'Espagne, en même temps celles de toute l'Europe. »
(*Journal de Torcy*, éd. Masson, 321.)

Un soldat espagnol blessé, qui n'étoit pas loin de moi, leur ayant dit qu'il étoit de Philippe V et demandé du secours, comme je vis qu'ils ne lui firent rien, je dis que j'en étois aussi et que je les avois crus portugois, les voyant achever les blessés. « Ce sont des ennemis, » me dirent-ils. « Est-ce une raison ? » leur dis-je, et je leur chantai pouille. Cependant je leur demandai s'ils me secourroient, ils appelèrent un soldat qui dépouilloit les morts, et comme il y avoit là un cheval qui étoit resté comme inutile, ayant la jambe cassée, ils lui dirent de me mettre sur ce cheval. Ce soldat le fit et j'eus le courage de m'aider, tenant mon bras droit le long de mon bras gauche. L'allure de cet animal, qui marchoit en sautant sur sa jambe de devant me causoit des maux infinis ; enfin j'arrivai auprès du régiment de Castille dont le marquis de Moya[1], aujourd'hui marquis de Bedmar, étoit colonel ; il me fit descendre au plus vite, je demandai à boire, l'on m'en donna et l'on ne pouvoit m'arracher le flacon de la bouche, tant j'avois soif, mais on m'empêcha de le vider ; en même tems passèrent trois soldats des gardes wallonnes, je les appelai, ils me demandèrent si j'étois un de leurs officiers, je leur dis que non mais que je logeois toujours chez un de leurs colonels. « Ne me connoissez-vous pas ? Pour Dieu, si vous le pouvez, couvrez-moi, car le froid me tue ! » — « Vous êtes bien tombé, dirent-ils, nous avons beaucoup de manteaux, » et ils m'enveloppèrent. Le marquis de Gomicourt[2] et Mr de Villars, capitaine de dragons, et tous les deux mes amis, ayant appris que j'étois près d'eux, bien blessé, vinrent à moi, ils me plaignirent beaucoup et Gomicourt me dit qu'il alloit me chercher un confes-

---

[1] Moya était le fils cadet de don Francisco Pacheco d'Acunha, marquis de Villena, duc d'Escalona, vice-roi de Naples pour Philippe V, et qui devint son majordome-major. Il épousa la fille et héritière du marquis de Bedmar, grand d'Espagne (mort en 1723), et à la mort de son père devint capitaine des gardes du corps, son frère le comte de San Esteban de Gormas devenant majordome-major. Cette famille se montra toujours très attachée à Philippe V et au parti français. Suivant Bellerive (*Campagnes du duc de Vendôme*, p. 219), Moya commandait à Villaviciosa le régiment d'infanterie de Savoie, « composé des « arriers-neveux des *Tours de Rocroy*. »

[2] Louis-Balthazar-Joseph, comte de Gomiécourt, se distingua à Villaviciosa, devint commandeur de l'ordre de Calatrava, maréchal des camps et armées du roi d'Espagne et inspecteur de la cavalerie espagnole, dont il était, en 1710, maréchal général des logis. Il mourut le 1er avril 1754.

seur. Je l'en remerciai et le priai de dire au Roi que je mourois pour son service et que j'étois bien consolé puisque nous venions de gagner une bataille qui l'affermissoit sur son trône; il m'assura qu'il le feroit, mais les hommes sont si jaloux qu'il ne rendit jamais au Roi ce que je lui avois dit; je l'ai su depuis de la Reine. Villars m'alla chercher un chirurgien; comme je me sentois du courage, je lui dis que c'étoit le plus sûr, pour avoir plus de tems pour penser à mes fautes; c'étoit la seule chose qui m'occupoit, envisageant que j'allois bientôt savoir ce que c'étoit que l'autre vie. Le chirurgien arriva; le froid avoit saisi mes plaies, sans cela j'aurois perdu tout mon sang; il les lava avec de l'urine, faute d'eau-de-vie, les banda bien et ne me donna que bonne espérance comme doit faire tout habile homme. Un aumônier vint, me confessa comme je pus et ne s'en embarrassa guère; je m'aperçus qu'il n'observoit pas les rites romains, aussi appris-je que c'étoit un ministre des troupes saxonnes qui s'offroit volontiers quand il entendoit demander un confesseur. Il en fit le métier toute la nuit; cet homme étoit prisonnier.

A la pointe du jour, Mr de Staremberg parut en bataille, comme s'il eût voulu combattre de nouveau, et notre armée se forma en diligence pour le recevoir. Je criois de toutes mes forces qu'on m'emportât et je demandai au marquis de Moya six hommes de son régiment, qu'il me refusa parce qu'il lui restoit peu de monde. Je lui dis qu'il priât Dieu que je n'en revinsse pas, car je l'en ferois repentir. Le marquis de Mahoni[2] arriva sur ces entrefaites, c'étoit un Irlandois, lieutenant-général; il me dit qu'il n'y avoit de ressource pour m'emporter que de me mettre sur une galère dans laquelle il avoit déjà fait mettre plusieurs blessés; je lui répondis que je ne le voulois pas, qu'ayant les os brisés, je serois achevé par cette rude voiture, (on appelle galère en

---

[2] Daniel O'Mahony commença par servir en France, où il devint major du régiment irlandais de Dillon; il se distingua en 1702 à la surprise de Crémone et obtint un brevet de colonel réformé; il passa en Espagne et fut en 1703 colonel des Dragons du Roi. Il devint lieutenant général en 1706 et eut une grande part au gain de la bataille de Villaviciosa qui lui valut une commanderie de Saint-Jacques et le titre de comte titulaire de Castille (BELLERIVE, *l. c.*, 239); après la bataille, il fut chargé de suivre l'armée battue de Stahrenberg, mais dut y renoncer à cause de l'épuisement des chevaux de sa cavalerie. Il mourut en 1714.

Espagne un très grand chariot couvert, attelé de dix ou douze mules, qui porte des vivres et des outils de guerre). Mʳ de Mahoni ordonna aux soldats de m'y mettre malgré moi et de me mener à Torico. Il y avoit sur cette abominable machine un garde du corps espagnol, blessé à la tête, qui nous étourdissoit par ses cris; je le traitai cent fois de femme. Ayant entendu que nous traversions un ruisseau, je priai le conducteur d'arrêter, je demandai de l'eau, ayant une soif ardente, état ordinaire des blessés qui ont perdu beaucoup de sang; quoique cette eau me fût donnée dans un chapeau plein de sueur et de crasse, j'en bus à plusieurs reprises. Ce secours me rendit la vie; j'arrivai à Torico, dont les maisons étoient remplies de blessés, on me descendit devant la porte du premier consul. Une de ses filles fut si touchée de mon état qu'elle me fit porter sur son lit, fit chauffer de l'eau pour m'ôter le sang que j'avois sur le visage, elle me fit un bouillon avec des jaunes d'œufs et prit un si grand soin de moi que je puis dire lui devoir la vie. Le consul m'ayant appris que le marquis de Thouy étoit dans le village, je le priai, n'ayant point mes domestiques, de lui dire de m'envoyer un chirurgien. Ce général m'aimoit beaucoup, il m'envoya tout de suite le sieur L'Anglade, qui étoit fort habile et qui eut grand soin de moi. M. de Thouy, ne se trouvant pas bien à Torico, voulut aller à Guadalaxara, il fallut que je le suivisse pour être avec mon chirurgien, mais ce ne fut pas sans un grand regret de quitter mes hôtes qui m'avoient soigné avec tant d'intérêt; je leur en ai témoigné ma reconnoissance dans la suite.

On me porta sur un brancard à Guadalaxara, je fus logé chez un orfèvre, où l'on me traita comme si j'eusse été l'enfant du logis. Mes domestiques me joignirent là avec mes chevaux. Le Roi ayant demandé au duc d'Havré de mes nouvelles et si j'avois de l'argent, il lui répondit que j'étois extraordinairement blessé et qu'à cause de mes nombreuses blessures on n'osoit me couper le bras droit que j'avois tout fracassé, que pour de l'argent, si j'en avois eu, ayant été dépouillé, on ne m'en auroit point laissé. Le Roi lui donna pour moi cinquante pistoles d'or, lui disant que c'étoit tout ce qu'il avoit; c'étoit le premier argent que j'eusse reçu depuis huit à neuf mois que j'étois aide de camp du Roi, quoique on m'eût promis soixante pistoles d'or par mois et dont je n'ai jamais eu un sou. Cet argent me fut d'un grand secours. MM^rs d'Aguilar et de Castellar vinrent voir tous les blessés de la part du Roi, ils me firent donner la demi-paye d'un colonel et je n'eus rien de plus pendant sept mois, mais ma mère m'envoya de bons secours. Rien ne fut plus incertain que ma guérison; mais enfin Dieu, ma jeunesse et mon bon tempérament me tirèrent d'affaire, tandis que beaucoup d'autres qui n'avoient que des coups dans les chairs moururent.

Mr de Staremberg prit le parti de se retirer en Catalogne, notre armée l'y suivit, le Roi se retira à Saragosse où la Reine le vint joindre. Je partis le 11 mai 1711 de Guadalaxara, porté sur un brancard, pour me rendre à Saragosse et aller de là aux eaux de Barège. Je me faisois porter dans un fauteuil chez Leurs Majestés, qui me gracieusoient beaucoup ; la Reine mit un jour sur le genou que je n'avois point blessé le prince Louis : « Voyez, lui dit-elle, en quel état est Monsieur pour notre service : lui en tiendrez-vous compte un jour? » A quoi il ne manqua pas de répondre que oui. La Cour avoit bien peu d'argent, cependant la Reine me fit donner cent pistoles d'or pour aller à Barège, elle vouloit qu'on me fît brigadier, ainsi que Mr de Vendôme et Mme des Ursins ; cette dernière me dit que Mr de Noailles [1] en avoit empêché le Roi, sur la représentation qu'il lui fit que, dans les emplois militaires, il ne falloit rien prématurer, qu'il n'y avoit que quatre ans que j'étois colonel ; ce fut le second coup porté à ma fortune.

Le 2 juin 1711, Leurs Majestés partirent de Saragosse pour Concilla et je les suivis, j'en partis le 14 pour aller à Barège. En prenant congé de la Reine, je lui dis que si les bains me rendoient les bras (car ils étoient tous deux en écharpe), je reviendrois les offrir à son service. « Revenez toujours, me dit cette auguste princesse, si nous ne nous servons pas de vos bras, nous nous servirons de votre tête », ce qu'elle dit en présence de toute la Cour. On jugera aisément avec quel zèle j'aurois employé l'un et l'autre pour une telle princesse.

---

[1] Adrien-Maurice, alors duc et depuis maréchal de Noailles (1678-1766).

Avant la bataille de Saragosse, j'avois laissé mes effets chez mon hôte qui ne m'en rendit aucun, prétendant qu'après la bataille les ennemis s'étoient fait remettre, sous peine de la vie, tout ce qui appartenoit à l'armée espagnole.

Le marquis de Thouy partit le même jour que moi, nous avions chacun une chaise de poste à deux places, nous nous mîmes dans l'une et nos valets de chambre dans l'autre, prenant la route de Pampelune. En passant les Pyrénées, Mr de Thouy dit à notre guide de l'avertir quand nous serions à la ligne qui séparoit les deux Royaumes ; lorsque nous y fûmes, il voulut descendre, il s'assit sur le territoire d'Espagne et me fit asseoir sur celui de France, causant sur la position de ces deux royaumes et sur ce qui étoit arrivé à Charlemagne lorsque, par le même chemin, il étoit sorti d'Espagne. Je vis qu'il creusoit avec sa bonne main un trou dans la terre, je suspendis ma narration pour lui demander ce qu'il vouloit faire, il me répondit : « C'est pour y enterrer mon Excellence, car on ne m'en donnera point en France et ne m'en donnez plus dorénavant ».

Nous arrivâmes à Pau le 30 du même mois, cette ville est jolie et les étrangers y sont bien reçus, surtout s'ils y font de la dépense ; les femmes n'y sont pas généralement belles. L'usage est de se promener après le souper dans la grande rue, il ne nous fut pas difficile d'y faire des connoissances. Une aimable et riche demoiselle m'entreprit de conversation, me plaignant fort de l'état où j'étois ; non seulement mes bras étoient en écharpe, mais j'avois encore le bras droit attaché sur une planche. « Vous trouverez, me dit cette demoiselle, une de mes amies à Barège, je veux vous donner une lettre pour elle. » Je lui demandai l'heure à laquelle je pourrois l'aller chercher. « Je vous l'enverrai, me dit-elle, mais si vous voulez venir la prendre chez moi, voilà ma porte, je vous la donnerai demain matin. » Je ne manquai pas d'y aller, après m'être informé de son nom. Un petit laquais à qui je m'adressai, ayant pris monsieur pour mademoiselle, je me trouvai vis-à-vis d'un conseiller au Parlement, de la mine la plus sévère qu'il y eût au monde. « Qu'y a-t-il pour votre service, Monsieur ? » me dit-il. — « Rien du tout, Monsieur, je demandois à parler à une demoiselle et je vois que je me suis grandement trompé. » —

« C'est apparemment ma fille que vous demandez, et ce sot se sera trompé », parlant de son domestique. Il l'envoya pour voir si elle y étoit, mais elle n'osa me faire monter; il répondit qu'elle n'y étoit pas et je m'en allai bien vite; j'eus beau faire, il m'accompagna jusqu'à la rue, je le vois encore sur mes talons. Je retournai le soir dans la grande rue où je retrouvai cette demoiselle avec qui je m'amusai beaucoup sur la métamorphose d'une très jolie figure en une très noire, n'ayant pu distinguer de nuance entre son visage et son habit; elle m'assura que si je voulois prendre la peine de revenir le lendemain, cela n'arriveroit plus. Je lui dis que, partant avec M^r le marquis de Thouy, la chose m'étoit impossible. « Eh bien, Monsieur, me dit-elle, venez ce soir à onze heures, ma lettre sera écrite et mon père couché ». Nous nous séparâmes là dessus. Je me rendis à l'heure indiquée, je trouvai le petit laquais qui m'attendoit et qui me conduisit sans lumière, après m'avoir ôté mes souliers, par ordre de la demoiselle; j'allai ainsi jusque dans sa chambre et j'entendis qu'elle ôtoit la clef de sa porte après l'avoir fermée; je la trouvai dans le déshabillé le plus galant, elle commença par me parler de la personne pour qui elle alloit me donner une lettre. « Parlons de vous, lui dis-je, Mademoiselle. » On doit s'imaginer que notre conversation fut fort vive, mais je fus bien surpris de trouver en elle, malgré son imprudence, une personne sachant si bien contenir son monde. Elle eut bien de la peine à réveiller son laquais endormi sur l'escalier, il me reconduisit, après m'avoir mis mes souliers, dans la rue. Ce n'est pas la seule imprudence que cette demoiselle fit avec moi.

Le 20 juillet, Mr de Thouy et moi nous rendîmes à Bagnères[1]. nous y soupâmes en arrivant chez Mme de Fenouil[2], première présidente de Pau, qui avoit la plus belle voix qu'on puisse

---

[1] Bagnères-de-Bigorre, ch.-l. d'arr. des Hautes-Pyrénées.

[2] Catherine Palluau, fille de Pierre Palluau, seigneur du Fay, maréchal de camp, et de Françoise du Faur, avait épousé Gui de Fenoyl, seigneur de Thurey, fils d'un avocat au Parlement de Lyon, devenu sénéchal du Lyonnais. M. de Fenoyl, conseiller au grand Conseil en 1695, fut nommé en 1702 maître des requêtes et devint en 1710 premier président du Parlement de Navarre; il mourut à Pau en 1723. La terre de Fenoyl fut érigée en marquisat en juin 1720, pour lui et ses héritiers collatéraux. (Dict. de LA CHESNAYE-DES-BOIS.)

entendre. Elle nous repria pour le lendemain, devant partir le jour d'après. Il y avoit bonne compagnie à Bagnères, les dames de Moncin[1] nous procurèrent des entretiens gracieux dont je profitai beaucoup, la mère possédoit des qualités qui auroient pu rendre plusieurs personnes parfaites. On nous conseilla les eaux du Pré, mais comme ces dames alloient à celles de Lasserre, je demandai si elles ne pourroient pas aussi me convenir, et comme l'on me dit qu'elles étoient excellentes et qu'elles ne pouvoient que nous faire du bien en les prenant avec plaisir, je déterminai Mr de Thouy à les prendre avec moi ; je m'assurai des violons et j'amusai tous les preneurs d'eau. Après quinze jours nous fûmes à Barège, j'y pris cinquante bains, deux par jour et j'y restois une demi-heure. Mme la marquise de Lons[2], fille de Mr de Samsons, y étoit. Après quoi nous revînmes à Bagnères, par le conseil de notre médecin, pour y reprendre les eaux, chose que depuis je reconnus inutile et que je n'ai plus observée dans mes autres voyages à Barège. Nous revînmes à Pau pour y passer l'hiver, Mr de Thouy logea chez le premier président et moi dans un logement commode chez Mme d'Abadie ; elle étoit calviniste, remplie d'esprit, elle n'en eut pas cependant assez pour me faire embrasser sa religion comme elle tâchoit de le faire. J'avois un beau jardin et je recevois souvent chez moi bonne compagnie ; comme mon jardin communiquoit à plusieurs autres, on franchissoit souvent les haies qui les séparoient pour venir faire chez moi d'amples collations ; si je voulois détailler mon histoire de l'hiver, il me faudroit écrire un volume.

Le président d'Esquille[3] ayant invité toutes les dames à une

---

[1] Françoise de Gassion, fille de Pierre, marquis de Gassion, président à mortier au Parlement de Navarre, et de Magdeleine Colbert du Terron avait épousé en 1686 Armand-Jean de Montréal d'Urtubie, marquis de Monein, comte de Trois-Villes, gouverneur du pays de Soule et grand sénéchal de Navarre. Leur fille, Magdeleine-Marguerite, devait épouser en 1716 Henri de Preissac Marestang, marquis d'Esclignac et de Fimarcon, mort lieutenant-général des armées du Roi, commandant en chef la province de Roussillon.

[2] Angélique de Miossens, fille unique et héritière de Henri-Bernard de Miossens, comte de Samsons, avait épousé Antoine, marquis de Lons, lieutenant pour le Roi en Navarre et Béarn, mort en 1717.

[3] Jean d'Esquille, baron de Somberraute (1653-1723), fils d'Arnaud d'Es-

partie de chasse de laquelle j'étois aussi, voilà ce qui s'y passa. Je montois un cheval très vite, je joignois parfois le lièvre et le fouettois en courant, mais, en passant sur un gazon humide, mon cheval glissa à plusieurs reprises et enfin nous tombâmes tous deux. La première présidente qui étoit très à portée, après avoir fait de grands cris, vint elle-même à moi avec tout son monde pour me secourir, mais je n'en eus pas besoin et je remontai tout de suite à cheval. Mr de Thouy, racontant le soir chez Mr le premier président les circonstances de cette chasse, n'oublia pas mon aventure et les cris de la première présidente. Le mari le prit très mal et quoique on soupât chez lui tous les jours sans en être prié, il se mit à inviter tous ceux qui étoient chez lui et passa devant moi sans me rien dire; sa femme s'aperçut de cette affectation et comme, un moment après, je m'en allois, elle m'appela en disant : « Où allez-vous ? Ne soupez-vous pas avec nous ? » — « Monsieur ne m'en a pas prié, » lui repartis-je. « Eh bien, me dit-elle, moi, je vous prie. » Je lui fis une révérence et j'allai reprendre ma chaise. Monsieur poussa la chose au point de ne vouloir point se mettre à table, ce qui ne rendit pas le souper moins gai.

Mlle de Saint-Macary[1], dont j'ai déjà parlé, n'eut de moi que de l'indifférence; elle en fut piquée. Un jour que son père la menoit à une maison de campagne qu'il avoit près d'Orthez, elle m'envoya un abbé (qui depuis a été aumônier des religieuses et vicaire à Pau) qui demanda à me parler en particulier. Quand nous fûmes seuls : « Monsieur, me dit-il, Mlle de Saint-Macary m'envoie ici pour vous dire qu'elle est au désespoir de partir sans vous avoir pu entretenir, elle vous prie de l'aller trouver à Orthez. » — « C'est sans doute pour me jouer, Monsieur, lui dis-je; comment pourrois-je la voir à sa campagne, n'ayant aucune liaison avec son père ? » — « Monsieur, me dit-il, elle m'a dit de vous dire

---

quille et de Louise d'Ibos de la Garde, avait succédé, en 1673, à son père, comme président à mortier au Parlement de Navarre.

[1] Marie de Saint-Macary, fille de Pierre de Saint-Macary, conseiller au Parlement de Navarre, et de Françoise de Marmont, dame de Départ, née en 1686, épousa, en septembre 1713, Henri-Bernard marquis de Lons, capitaine de dragons, lieutenant pour le Roi en Navarre et Béarn après la mort de son père (1717). Mme de Lons devint veuve en 1731.

que la chose vous seroit facile si vous vouliez vous travestir en paysan et n'aller que la nuit chez elle. » La chose me parut si plaisante que je voulus voir où cela aboutiroit ; je me fis faire un habit béarnois avec le béret, et je m'en allai à Orthez. Quand la nuit fut venue, j'allai chez la demoiselle, disant que j'avois une lettre à lui remettre ; le petit laquais m'introduisit dans sa chambre, elle fit le même personnage qu'elle avoit déjà fait avec moi. Je n'ai jamais pu comprendre quelles pouvoient être ses idées, se mettant au-dessus de ce qu'on pouvoit dire et donnant à penser au public des choses désavantageuses qui n'étoient point réelles. Après qu'elle fut mariée et veuve, elle m'a demandé souvent de raconter nos aventures ; un jour qu'elle me le demandoit lorsque le premier président de Pau, qui en paroissoit un peu épris, étoit auprès d'elle, je lui répondis : « Madame, il me paroît que vous n'avez pas besoin que j'anime Monsieur. »

CHAPITRE II.

1711-1714.

Retour dans le Lampourdan. — Vie de garnison. — L'aumônier du régiment. — L'auteur revient à Barèges et à Bagnères. — Retour avec la princesse des Ursins. — L'auteur reçoit une pension de trois cents pistoles. — La reine Marie-Louise, la duchesse d'Havré et M. de Franclieu. — Nouveau séjour à Bagnères. — L'abbé Fraguier à Garaison. — Retour à Ostalric. — Un détachement espagnol est détruit par les miquelets dans les défilés d'Arbusias. — M. de Franclieu sauve à grand'peine une partie des troupes. — Siège de Barcelone. — Le chevalier de Montolieu. — Une hôtesse compatissante.

Je partis de Pau pour aller joindre mon régiment à Figuières, qui est dans le Lampourdan[1]. M^r le comte de Fienne[2] y rassembloit un petit corps d'armée; j'y arrivai le 3 novembre 1711 et, le 22 du même mois, ce général me détacha avec quatre régimens wallons, un escadron de cavalerie et cent miquelets, je fus camper à Lierce. Je m'emparai de plusieurs villages occupés par les miquelets ennemis, j'établis des postes dans les églises; comme il étoit difficile de porter des vivres dans ces postes, je pris le parti de faire venir les jurats de ces villages, à qui j'ordonnai de venir tous les quatre jours à mon camp pour y chercher les vivres pour ces postes et que, s'ils manquoient de fournir ces vivres et de me porter tous les deux jours des lettres des commandans de ces postes, je marcherois dans l'instant sur eux pour les brûler. Cet expédient me réussit très bien, mes postes ne manquèrent de rien et j'évitai les combats qui m'auroient fait perdre beaucoup de

---

[1] Le Lampourdan ou l'Ampourdan était un petit pays de Catalogne qui comprenait la vallée de la Fluvia, entre le Ter et les Pyrénées. La capitale en était Ampurias.

[2] Maximilien-François de Fiennes, comte de Lumbres, créé marquis de Fiennes en 1698, né vers 1669, mort lieutenant général des armées du Roi de France en 1716.

monde sans fruit ; d'ailleurs j'aurois affaibli mon corps de troupe par les différens détachemens que j'aurois dû envoyer pour porter des vivres à tous mes postes, qui d'ailleurs étoient très bons, les églises de ce pays-là étant très fortes.

Cette espèce de campagne finie, je rentrai dans Figuières avec mes troupes, où je passai l'hiver et une partie de l'été de 1712. Les colonels et les officiers wallons y menoient une singulière vie, ils s'assembloient dans une chambre où ils jouoient, fumoient et buvoient et, comme ils disoient, tuoient le tems. Ils appeloient cela *aller à l'estaminette*. Les jeunes gens de mon régiment ayant pris ce même train avec eux, je le leur défendis et leur fournis des livres pour employer et non tuer le tems. Les wallons en furent scandalisés et voulurent me députer deux capitaines pour savoir de moi si je les regardois comme mauvaise compagnie ; l'un d'eux, nommé Mr Donner, ayant voulu leur dire qu'ils ne trouveroient pas leur compte avec moi, ces messieurs lui dirent que, s'il avoit peur, ils en enverroient un autre. Il partit avec son second pour me faire ce compliment : « Moi, messieurs, leur dis-je, vous regarder comme mauvaise compagnie ! Dieu m'en garde ! Vous êtes tous gens savans qui n'ignorez rien ; c'est fort bien fait de tuer le tems, mais je ne veux pas que des jeunes gens de mon régiment, qui ne savent rien, le tuent et qu'ils le perdent ; je veux, au contraire, qu'ils profitent de celui qui leur reste pour lire et, par là, qu'ils se rendent dignes un jour de converser avec vous. » Mr Donner se mit à rire comme un fou et dit à son camarade : « Allons-nous en, nous avons bien notre compte. » Ils furent rendre ma réponse, toujours en riant beaucoup, ils la répétèrent cinq ou six fois et finirent en disant à leurs jeunes gens : « Messieurs, profitez de l'avis, afin de devenir un jour des docteurs comme nous qui savons tout. » On ne parla plus de cette scène et il arriva que la plupart en profitèrent.

Je reçus à Figuières plusieurs lettres de Madrid, datées du 12 février 1712, par lesquelles plusieurs officiers généraux me faisoient compliment sur le grade de brigadier que le Roi avoit dit m'avoir donné. Comme le ministre ne me le mandoit pas, je demandai à la princesse des Ursins de me dire ce qui en étoit, elle répondit à ma lettre que des raisons d'Etat avoient empêché l'exécution de la volonté du Roi, mais que je ne tarderois guère à en éprouver les effets ; cependant je l'ai attendu longtems.

Je me brouillai un peu avec le père Holbak, aumônier de mon régiment ; cet homme mangeoit presque toujours chez moi, il étoit brave comme un lion et ne nous quittoit jamais dans l'action ; dans une, il vit un soldat qui avoit crevé son fusil à force de tirer, il alla en arracher un d'un soldat ennemi blessé et lui porta en lui disant : « Tiens, en voilà un autre ! » Voici à quelle occasion nous nous brouillâmes : il donna un souper à cinq officiers des gardes wallonnes, de son pays. Il avoit attrapé une maison à la queue du camp, où il s'étoit logé. Les officiers arrivent devant cette maison, il fut à eux et leur dit : « Je suis bien fâché de vous avoir prié aujourd'hui, le maître de la maison vient de mourir et il faut que nous passions par sa chambre pour aller dans la mienne. » — « Cela nous est égal, » dirent ces messieurs. — « Eh bien, répondit-il, les Catalans nous regardent comme n'ayant point de religion, vous me ferez plaisir de vous mettre à genoux pendant que je dirai un *De profundis*. » Ils le lui promirent ; le prétendu mort étoit sur un matelas, par terre, couvert d'un drap blanc, entouré de quatre lumières. Le *De profundis* fini, il prend un coin de drap qu'il tira à lui, en chantant : « Eh ! mort, mort, t'en iras-tu sans boire ? » et il découvrit une grande outre pleine de vin : « Voilà, messieurs, leur dit-il, le mort qu'il faut que nous enterrions dans nos estomacs. » Ces messieurs me racontèrent cette vilenie, je fus fort aise d'apprendre qu'il n'y avoit dans la maison qu'une vieille femme qui ne s'en étoit pas aperçue ; je craignois qu'on ne fût le dénoncer à l'Inquisition, le Roi m'auroit obligé de le lui livrer. Je lui en fis une grande peur, je lui fis les plus grands reproches et ne lui rendis mes bonnes grâces que quand je fus sûr qu'il avoit changé de conduite. Je cite cet exemple pour dire qu'il faut éviter toute plaisanterie où la religion est mêlée : Alcibiade se perdit pour en avoir agi ainsi.

Mon séjour à Figuières me coûta fort cher, tous les François qui y passoient tomboient sur moi comme sur le commandant de la ville. J'en partis le 1er juillet 1712 pour me rendre à Barège, ma blessure du bras droit étant toujours ouverte ; il en sortit en différent tems trente-deux esquilles. La princesse des Ursins vint pendant ce tems-là à Bagnères; je quittai Barège pour lui faire ma cour, ce qui devint très avantageux pour mon bras; les eaux de Barège avoient bien nettoyé ma plaie, mais il restoit tout autour des chairs calleuses et enflammées. On me conseilla de prendre la douche du Pré, ce que je faisois deux fois par jour sur ma plaie; je fus fort surpris de voir que ces bords rouges et durs s'en alloient tous les jours comme du papier mouillé, je frottois doucement ces bords avec mes doigts, enfin l'enflure disparut et ma blessure devint unie, ce qui me détermina à continuer ces bains. Enfin ma plaie se ferma entièrement et je fus en état de partir avec la princesse des Ursins pour la Cour d'Espagne, ce que je n'aurois peut-être pu faire, si j'avois continué la furieuse, mais excellente, douche de Barège.

Le Roi avoit donné à la princesse des Ursins un détachement commandé par le prince de Lanti[1], son neveu. La Cour de cette princesse étoit fort agréable; Mme d'Arbus[2], sœur du marquis de Noé[3], y étoit; Mlle de Belbèze[4], sa fille, étoit fort aimable; elle nous disoit fort librement qu'elle avoit pris du goût pour les officiers espagnols, et effectivement elle épousa le baron d'Els, gouverneur de Castillon. C'étoit un jeune homme à qui la mort malheureuse de son père fit donner son gouvernement; les miquelets ayant attaqué sa place, lui absent, son frère la défendit; les miquelets, ayant pris le gouverneur, le menèrent à l'attaque et firent dire à son frère que, s'il ne rendoit la place, ils l'alloient pendre; ce qu'ils firent, le frère ayant rempli son devoir. Si ma

---

[1] Alexandre Lanti della Rovere, prince de la Roche-Sinibaldi, fils d'une sœur de Mme des Ursins.

[2] Gabrielle de Noé, fille de Roger de Noé, baron de l'Isle, et de Marguerite de Pouy, avait épousé, en 1695, François de Péguilhan, baron de Belbèze, vicomte de Larboust.

[3] Marc-Roger, baron de l'Isle, dit le marquis de Noé, reçu page de la petite écurie du Roi en 1689, enseigne aux gardes françaises en 1692, devint colonel d'un régiment de son nom et brigadier des armées du Roi (1710). Il mourut en 1733, étant sénéchal et gouverneur des Quatre-Vallées.

[4] Marie-Isabeau de Péguilhan épousa, en 1714, le baron de Lez, seigneur dudit lieu en la vallée d'Aran, gouverneur pour S. M. C. des ville et château de Castelléon, qui était en 1717 lieutenant général des armées du roi d'Espagne. Devenue veuve, elle épousa en secondes noces Don Diego-José Manrique de Lara, colonel du régiment de Séville, fils du grand écuyer de Philippe V.

mémoire ne me trompe, c'est ainsi que se passa cette aventure tragique [1].

Nous partîmes de Bagnères le 1er novembre 1712, mon carrosse suivoit la Cour de Mme des Ursins. Nous fûmes retenus plusieurs jours à Bayonne par une espèce de déluge, mais nous ne nous y ennuyâmes pas. Mr le maréchal de Monrevel [2] qui commandoit en Guïenne vint de Bordeaux voir la princesse [3]; j'en reçus mille marques d'amitié, il me dit que je pouvois envoyer des officiers de mon régiment à Bordeaux, auxquels il donneroit toute sorte de facilités pour y recruter et qu'en cela il comptoit faire le service de son maître, en fortifiant les troupes du Roi son petit-fils. Je profitai de son offre qui me réussit; des officiers françois ayant voulu se plaindre au maréchal des recrues que je faisois, ils n'en

[1] Le château de Castelléon, bâti sur des rochers dominant le village de Las Bordes et le cours de la Garonne, était la clef de la défense du val d'Aran. Il eut à subir de nombreux sièges. En 1710, M. de Rozel le reprit aux troupes de l'archiduc; il écrivait au ministre Voysin, en lui annonçant la chute certaine de la place : « Le Roi a nommé d'avance le baron de Lez gouverneur de Castelléon. « Ce gentilhomme est le fils de celuy que Chober fit arquebuser cruellement avec « quatre-vingts soumettans en sortant du château d'Arrens, après les avoir pris « par capitulation prisonniers de guerre. » (Arch. du Ministère de la guerre, reg. 2,329.) Pendant la campagne de 1719, le baron de Lez soutint dans Castelléon un siège contre les troupes françaises commandées par M. de Bonas; attaquée le 29 mai, la place capitula le 11 juin. En novembre, les Français firent sauter le château et en rasèrent les murailles jusqu'au niveau du sol. (Cf. baron de LASSUS, *Les guerres du XVIIIe siècle sur les frontières du Comminges, du Couserans et des Quatre-Vallées*, Saint-Gaudens, 1894.)

[2] Nicolas-Auguste de la Baume, marquis de Montrevel, nommé maréchal de France en 1703. Il fut chargé de réduire les Camisards, et remplacé par Villars, il eut ensuite (1704-1715) le commandement général en Guienne, d'où il fut transféré en 1715 à celui d'Alsace; il mourut en 1716, à l'âge de 70 ans. Saint-Simon, qui avait eu des difficultés avec lui à propos de son gouvernement de Blaye, en dit beaucoup de mal : « Le maréchal de Montrevel commandoit en « Guyenne, il escroquoit et prenoit tant qu'il pouvoit, et faisoit toutes sortes de « sottises... Tout vieux qu'il étoit, il étoit fou d'une Mme de l'Église, femme d'un « conseiller au Parlement de Bordeaux. » (*Mém.*, éd. Chéruel, VIII, 390.)

[3] « A Bayonne, le 5e novembre 1712... Je me flatte, Monsieur, que vous en « aurez un peu [*de joie*] en apprenant que je me sens fort soulagée des remèdes « de Bagnères, et que je vais retrouver Leurs Majestés Catholiques. Les eaux, qui « sont toutes débordées en ce pays-ci, m'empêchent de partir de Bayonne, jusqu'à « ce qu'elles soient écoulées, dont je suis fort fâchée. Mr le maréchal de Monrevel, « qui m'a fait l'honneur de m'y venir voir, m'y tient une compagnie bien agréable : « vous n'aurez pas de peine à le croire, connoissant son esprit et sa politesse... » (Lettre de Mme des Ursins au maréchal de Tessé, publiée par M. MASSON, dans l'*Ann.-Bull. de la Soc. de l'Hist. de France*, année 1878, 206.)

furent pas écoutés. Il pensa nous arriver une aventure en Biscaye ; les gens de ce pays se disent tous gentilshommes, un garde du corps ayant dit quelques paroles dures à un maréchal qui ferroit son cheval, celui-ci lui dit qu'il étoit aussi noble que le Roi et ne voulut point ferrer son cheval ; il se mit à mutiner le peuple, Mme des Ursins en fut fort alarmée, mais enfin nous parvînmes à les calmer. Nous arrivâmes à Madrid, le 6 décembre 1712, je fus, à mon ordinaire, très gracieusé de Leurs Majestés.

Mr de Staremberg, avec l'armée de l'Empereur, faisoit alors le siège de Girone qu'il convertit en blocus ; mon régiment étoit dans la place. Mr le comte de Brancas [1], aujourd'hui maréchal de France, y commandoit. Mes blessures ne m'avoient pas permis de m'y trouver lors de l'investissement, mon bras se rouvrit à Madrid, je voulois absolument le faire couper. Mr Legendre [2], chirurgien du Roi, s'y opposa et il engagea la Reine à me défendre d'y penser, assurant que c'étoit un abcès et qu'il me tireroit d'affaire. Je souffris beaucoup, mais enfin M. Legendre m'ouvrit le bras dont il sortit trois esquilles et je fus en état de sortir. La Reine me dit qu'il falloit que je retournasse à Barège : « Madame, lui dis-je, je n'ai pas toujours trois cents pistoles à employer à ce voyage, je n'en ai fait aucun qui ne m'ait coûté autant ». Elle ne me répondit pas un mot.

Quelques jours après, 13 janvier 1713, on sonna en tocsin la cloche du palais, cela pour appeler tous les courtisans ; c'étoit sur le soir, je m'y rendis comme les autres et bien facilement, puisque j'étois dans l'appartement de la duchesse d'Havré [3], chez qui je

---

[1] Louis-Henri de Brancas, comte de Forcalquier, marquis de Cereste (1671-1750), maréchal de camp en 1704, lieutenant général en 1710, devint maréchal de France en 1741. Il avait été envoyé comme ambassadeur à Madrid en 1707, et y revint deux fois comme envoyé extraordinaire en 1714 et en 1727 ; ses services militaires et diplomatiques lui valurent successivement la Toison d'Or en 1713, le Collier des Ordres du Roi en 1724, la grandesse de première classe en 1730.

[2] « C'étoit un drôle hardi, souple, intéressé, qui se faisoit compter, et qui, « tant qu'il pouvoit, se mêloit de plus que de son métier, mais sagement et « sans y paroître. » (*Mém. de Saint-Simon*, éd. Chéruel, XII, 198.) Après la mort de La Roche, il devint garde de l'Estampille de Philippe V.

[3] Marie-Anne-Césarine Lanti della Rovere, fille d'Antoine, duc de Bonmars, prince de Belmonte, etc., et de Louise-Angélique de La Trémoille, était nièce

mangeois toujours. Toute la Cour étoit dans le grand salon qui touche à la chambre de la Reine; elle en sortit, mais le Roi y demeura. « Messieurs, nous dit-elle, je vous ai fait appeler pour vous faire part de l'agréable nouvelle que nous venons de recevoir : S. M. T. C. envoie au secours de Girone une armée commandée par M^r le maréchal de Berwick. » Tout le monde en témoigna sa joie, elle laissa passer ce premier moment. « Mais, continua-t-elle, les nouvelles sont que Mr de Staremberg s'est emparé du col Rouge, où il est retranché jusqu'aux dents; dites-moi, je vous prie, Messieurs, si cela pourra arrêter Mr de Berwick. » Personne ne répondant, « il n'est pas possible, reprit-elle, que tant de gens qui sont ici, qui ont fait la guerre dans ce pays-là, ne puissent m'en dire quelque chose. » Personne ne répondit encore rien; alors, comme elle en fit de nouvelles exclamations, je m'avançai dans le cercle et je lui dis : « Madame, je connois ce pays-là. » — « Eh! que ne parliez-vous! » reprit-elle. — « J'ai cru, Madame, lui dis-je, devoir me taire devant tant de généraux qui doivent connoître cette position et en rendre compte mieux que moi. » — « Eh bien, Monsieur, dites donc. » — « Madame, Mr de Staremberg a beau se retrancher dans la route ordinaire, Mr de Berwick l'y laissera et il passera ailleurs les montagnes qui sont accessibles de toutes parts. » — « M'assurez-vous cela? » me dit-elle. Je ne fus pas le seul qui le lui affirmai, tout le monde l'assura comme moi. « Et le pont Major? » repartit la Reine, en s'approchant de moi à qui elle s'adressa, « les ennemis ne pourront-ils pas le brûler ou le défendre? » — « Madame, lui répondis-je, il n'est point nécessaire d'y passer, il est à un quart de lieue de Girone; le Ter, sur lequel il est construit, passe au pied des fortifications de la place, il est souvent si bas que je l'ai franchi en sautant plusieurs petits bras qu'il forme et, s'il est fort, on fera bien vite un pont près de Girone, où l'on ne manquera pas des matériaux nécessaires. » Personne n'avoit su parler, mais alors plusieurs qui connoissoient le pays assurèrent que ce que je disois

---

de la princesse des Ursins. Elle épousa en 1712 le duc d'Havré et fut nommée dame du palais de la Reine. Après la disgrâce de sa tante, elle éprouva beaucoup de dégoûts et se retira avec son mari en France (1716), où elle mourut le 16 avril 1753.

étoit sans difficulté[1]. La Reine rentra, je me retirois avec toute la Cour et j'étois déjà dans la salle des gardes, après avoir traversé huit ou neuf pièces qui la séparoient de l'appartement du Roi, lorsque je m'entendis appeler de bouche en bouche; je retournai sur mes pas et tout le monde par curiosité en fit autant; j'entendis qu'on disoit : « La Reine demande Mr de Franclieu. » Je crus qu'on vouloit me faire répéter au Roi ce que je lui avois dit, elle m'attendoit à la porte de sa chambre. Lorsque je fus près d'elle, posant sa main royale sur mon bras en écharpe : « Venez, Monsieur, me dit-elle, remercier le Roi d'une pension de trois cents pistoles d'or qu'il vous a donnée sur la commanderie de Caravaja, afin qu'elle vous soit assurée toute votre vie, mais vous n'en aurez jamais assez. » Je m'approchai du Roi et mis un genou en terre pour lui baiser la main; ce généreux prince, sans me la donner, me dit de remercier la Reine, qui alors saisissant la main du Roi de la sienne, me dit : « Tenez, tenez, Monsieur, remerciez-nous tous les deux à la fois; » et me porta leurs deux augustes mains sur les lèvres. C'est la coutume en Espagne que, lorsque le Roi accorde une grâce, tous ceux qui sont présens le remercient aussi, tellement que toute la Cour à genoux remercia le Roi et, moi, je témoignai ma reconnoissance à tous ceux qui, par cette démonstration, marquoient prendre part à la grâce que je venois de recevoir. On me fit cent complimens et je ne m'embarrassai guère s'ils partoient tous du cœur, ce qui est bien impossible dans les Cours où la jalousie et l'envie règnent toujours. Tout le monde crut que je devois ce bienfait uniquement à ce que j'avois

---

[1] « Je remarchai, le 2 janvier, d'Armentera et allai camper à Vergès sur le « Ter, à trois lieues du camp des ennemis et à quatre de Girone. Comme je « savais que le poste de la Côte-Rouge, qu'occupaient les ennemis, était encor « meilleur par la nature du terrain que par les retranchements qu'ils y avaient « faits, je crus qu'il ne fallait pas songer à les attaquer par là, quoique ce fût « plus commode pour y arriver, étant le grand chemin qui va en deçà du Ter à « Girone : si l'on vouloit se rejeter sur la droite, l'on tombait dans de grandes « montagnes où les ennemis auraient pu nous chicaner plus longtemps que « nous n'aurions eu de vivres : ainsi, je me déterminai à marcher au secours « de la place par l'autre côté du Ter. Le comte de Stahremberg, craignant que « sa retraite ne pût se faire sans risque, décampa à l'entrée de la nuit et, « quittant la Côte-Rouge, repassa le Pont-Mayor, d'où avant le jour il prit le « chemin d'Hostalrich, abandonnant quelques pièces de canon et des munitions « de guerre. » (*Mémoires du maréchal de Berwick*, éd. cit., 369.)

su parler dans cette occasion, mais moi qui me souvenois de ce que j'avois dit quelques jours auparavant à la Reine, je vis bien qu'elle avoit voulu me mettre en état d'aller dépenser tous les ans trois cents pistoles à Barège et Bagnères.

Lorsque le Roi alloit à la chasse, cette grande Reine venoit souvent avec la princesse des Ursins voir la duchesse d'Havré qui, grosse, étoit retenue au lit parce qu'on craignoit qu'elle ne se fût blessée. Elle arrivoit souvent que nous étions encore à table, elle nous défendoit de nous lever ou du moins elle nous faisoit rasseoir; la première fois, s'étant aperçue que, par respect, je ne demandois point à boire, elle dit qu'on m'en portât parce que je devois avoir soif et, voyant que je me détournois pour boire : « Vous me récompensez bien mal, me dit-elle, puisque vous ne profitez pas du vin que je vous ai fait donner pour boire à ma santé. » Je me levai alors et je pris la liberté qu'elle me donnoit et, comme je demeurois debout, elle m'ordonna de me remettre à ma place. Elle m'envoyoit souvent après le dîner chercher dans son appartement un petit coffre qui renfermoit un cabaret à tasses garnies d'or dont Louis XIV lui avoit fait présent; c'étoit son plaisir de faire elle-même le café; un jour que Mme d'Havré le mouloit et que je tenois le moulin avec ma seule main gauche dont la moitié est estropiée, elle rioit de tout son cœur de voir que ma main n'avoit pas la force d'empêcher le moulin de tourner; la Reine, après s'en être divertie aussi, prit ma main dans les deux siennes en disant à la duchesse : « Je parie qu'à présent il résistera à vos efforts. » Nous restâmes dans cette attitude tout le tems qu'il fallut pour mettre notre café en poudre. Elle m'en donnoit toujours une tasse, sans me permettre de sortir pour la prendre, et en assaisonnant cela de propos gracieux : « Savez-vous, disoit-elle à la duchesse d'Havré, pourquoi il veut s'échapper? C'est qu'il est si peu complaisant qu'il ne veut pas être exposé à me dire qu'il est bon, s'il ne le trouve pas tel. » J'allois chercher de l'eau dans la jatte de la toilette de Mme d'Havré : tous les trois nous lavions sur son lit et nous essuyions bien toutes les pièces du cabaret qu'on renfermoit et j'allois remettre le coffre à sa place. Un jour que j'allois le chercher, un garde du corps nouveau, qui ne me connoissoit pas, ne voulut pas me laisser entrer dans l'appartement de la Reine, qui fut obligée de venir elle-même lui dire de me laisser passer. Le duc d'Havré, rempli d'affaires pour son régiment des gardes, n'étoit jamais des momens où l'on prenoit le café. Quel heureux tems ! Et quelle princesse j'ai perdue !

Quoique mon bras fût ouvert, je ne pensois pas trop à m'absenter de Madrid pour aller à Barège. La Reine eut la bonté de vouloir un jour voir ce bras, que Mme d'Havré désempaqueta et rempaqueta : ma blessure lui fit pitié, elle m'ordonna d'aller à la source de ma guérison et je partis le 1er de juin 1713.

J'avois prié une de ses camaristes de me faire faire sur sa taille un habillement que je voulois emporter, je lui donnai vingt-cinq pistoles d'or pour les y employer; elle ne manqua pas de le dire à la Reine qui, non-seulement voulut le voir, mais me demanda pour qui il étoit, en m'en faisant même quelques plaisanteries; lorsque je lui eus dit que c'étoit pour la fille de l'orfèvre qui m'avoit si bien soigné à Guadalaxara, elle m'en loua beaucoup, ainsi que Mme des Ursins, qui m'avoit fort soupçonné d'avoir fait cette dépense pour toute autre raison. Je ne pus m'empêcher de lui dire que je ne payois pas encore.

Je reçus à Madrid la triste nouvelle que la comtesse d'Uzès étoit morte le 1er avril 1713, on peut comprendre combien j'y fus sensible. J'ai dit de quelle ressource elle avoit été pour moi à mon entrée dans le monde, moins encore par l'agrément de sa maison qui étoit la mienne, que par les bons conseils que je recevois d'elle, pour me conduire au service et pour me former l'esprit.

Je partis de Madrid, le 1er juin, pour aller aux eaux de Barège; je passai à Pau, où je revis mes anciennes connoissances et où je ne laissai pas d'en faire de nouvelles. En arrivant à Barège, je fus bien agréablement surpris d'y trouver M^{r} l'abbé Fraguier, il y étoit venu pour un mal bien extraordinaire qui lui étoit survenu : sa tête s'étoit penchée sur une de ses épaules et jamais elle ne s'est relevée. Je ne lui permis pas de manger ailleurs que chez moi pendant mon séjour à Barège, que je prolongeai par rapport à lui. Les bains ne lui firent aucun bon effet. Pour pouvoir voyager ensemble, je l'engageai à prendre la route du Languedoc, que je devois suivre quelque tems pour aller joindre mon régiment qui étoit en Catalogne, à Ostalric[1], et je lui donnai une place dans ma chaise. En passant à Garaison[2], abbaye de chanoines réguliers, on nous dit que nous ne pouvions nous loger mieux que chez ces Messieurs, qui recevoient avec plaisir tous les passans. Je n'en voulois rien faire, parce que je n'ai jamais aimé à être à charge dans mes passades, mais, comme on m'assura qu'en partant on présentoit un bassin où les voyageurs mettoient ce qu'ils jugeoient à propos, pour dédommager de la dépense qu'ils avoient pu faire, je n'hésitai plus et nous fûmes descendre à l'abbaye; on nous donna une bonne chambre à deux lits et un assez bon souper. Je demandai si pas un des Messieurs de la maison ne nous feroit l'honneur de souper avec nous, on me dit qu'ils vouloient nous laisser en liberté, mais qu'après le souper ils viendroient passer avec nous la soirée, si cela ne nous gênoit pas; je répondis qu'ils nous feroient beaucoup de plaisir.

Pendant le souper, l'abbé Fraguier me dit de mettre la conversation avec ceux qui viendroient, sur certains points de la religion, que je ne rends point ici pour être moins long et aussi parce que je ne m'en acquitterois pas si bien que je le fis alors, venant de recevoir fraîchement ma leçon. L'abbé m'avoit dit : « On vous répondra cela et vous répliquerez telle chose » ; je lui observai qu'ils finiroient par découvrir mon ignorance : « Ne craignez rien, me dit-il, je viendrai à votre secours ». Tout se passa comme je viens de le dire; ces Messieurs prirent d'abord sur moi bien de l'avantage, ils ne regardoient seulement pas l'abbé Fraguier qui commença à lâcher quelques mots qui ne sembloient pas dire

---

[1] Ostalric, Hostalrich, petite ville de Catalogne, à 50 kil. au S.-O. de Girone, sur la rivière de Tordera. C'était une ancienne place forte, dont les Français avaient fait sauter le château en 1695.

[2] Garaison, actuellement chapelle et établissement des missionnaires diocésains de Tarbes, commune de Monléon-Magnoac, canton de Castelnau-Magnoac (Hautes-Pyrénées). L'origine de Garaison remonte à la fin du XVIe siècle : la sainte Vierge apparut à une jeune bergère de douze ans, près d'une fontaine sur laquelle est bâti le maître-autel de la chapelle ; celle-ci, dans sa forme actuelle, remonte à l'année 1523, elle était, avant la Révolution, desservie par une communauté de chapelains, fondée par un saint prêtre du nom de Godefroy, avec l'encouragement de l'archevêque d'Auch, Léonard de Trapes (mort en 1629). Les Quatre-Vallées, dont faisait partie le Magnoac, étaient, à cette époque, une dépendance du diocèse d'Auch.

grand chose : peu à peu il se livra, combattit tous leurs argumens et les mit au point de se regarder tous, sans avoir rien à répliquer. Aussi étoient-ils bien mal tombés ; ceux qui ont connu l'abbé Fraguier ou qui, sans le connoître, ont lu ses écrits, conviendront que mon second étoit un des hommes de France le plus savant en toutes sortes de science et de littérature. Nous nous couchâmes assez tard ; je dis à l'abbé de rester au lit, que nous ne partirions qu'à huit heures et que, moi, je me levois pour profiter d'une dévotion où sans doute je trouverois un bon confesseur françois. Quand j'eus rempli ce devoir chrétien, nous déjeunâmes et nous partîmes, on n'oublia pas de présenter le bassin, j'y mis une pièce de deux pistoles d'or devant l'abbé Fraguier qui me demanda beaucoup en chemin si mon confesseur m'avoit ordonné cette grande charité ; je l'assurai fort que non, que seulement j'avois voulu les indemniser des frais qu'ils avoient faits pour nous. Il me fit sur ma confession beaucoup de questions aussi malignes que les ris dont il les accompagnoit et j'eus toutes les peines du monde à le faire changer de conversation. J'avoue que je n'aurois jamais voulu avoir de ces grandes sciences qui engagent à approfondir tous les points de la religion et que je suis charmé de m'en être tenu, sur cet article délicat, à la foi du charbonnier.

Nous passâmes à Toulouse, j'y achetai des livres qui convenoient à mon métier et que l'abbé me choisit ; nous arrivâmes à Carcassonne, où il prit la route de Paris, et moi celle de Girone.

J'écrivis de là à Ostalric qu'on envoyât au devant de moi une compagnie de grenadiers parce qu'il y avoit force miquelets à craindre. Je partis de Girone le 27 décembre avec trente chevaux d'escorte que l'on me donna. Au bout d'une lieue, je vis des troupes de cavalerie qui couvroient la campagne ; je crus que c'étoit des volontaires ennemis (gens qui commettoient mille cruautés), parce que je savois qu'il n'y avoit point de cavalerie dans Ostalric ; cependant, quoique inférieur, j'avançai fièrement vers eux et j'envoyai quatre cavaliers les reconnoître, mais ils les évitèrent ; abandonnèrent le chemin, se partagèrent et vinrent à moi par les flancs, à toute course, en criant : « Vive le marquis de Franclieu ! » C'étoit des officiers de mon régiment et des autres qui étoient dans Ostalric qui avoient formé entre eux un escadron et me faisoient l'honneur de venir au devant de moi. Une troupe d'infanterie se montra, ma nouvelle cavalerie courut à elle et, comme si c'étoit des ennemis, fit plusieurs décharges de coups de fusil et de pistolet; enfin, en approchant, je reconnus encore cinquante de mes officiers qui, sur leurs uniformes, avoient mis l'équipement et le bonnet de grenadier. Tous m'escortèrent jusque dans la place, où je fus reçu avec un souper splendide de trois tables, de trente couverts chacune. Le gouverneur y étoit prié, c'étoit un Italien, nommé Polomagno. Ce ne fut que coups de fusil pendant toute la nuit et l'on donna force vin aux soldats; il n'y a point de prince, ni de général d'armée, qui ne se trouvât honoré d'une telle réception.

J'avois un équipage magnifique, neuf mulets chargés avec des couvertures de livrée brodées toutes neuves, de beaux chevaux de main et tout ce qu'il me falloit pour être bien et commodément. Je fus logé dans la meilleure maison de la ville, chez un gentilhomme qui avoit une femme fort aimable et, je crois, fort sage; ils venoient très souvent tous les deux manger avec moi, mais tout à coup il prit à cet homme une jalousie d'une espèce que je n'avois pas encore vue. Elle ne portoit que sur moi; c'étoit mon ombre, il me suivoit partout et laissoit d'ailleurs à sa femme la liberté de jouer, causer et passer la journée avec tous les officiers de la garnison; si j'allois à la chasse, il y venoit aussi; si je me retirois avant la fin, on avoit beau faire pour le retenir, rien n'en étoit capable. Cette femme s'en aperçut et elle en devint si outrée que, partout où elle me rencontroit en passant, elle se jetoit à mon cou et me baisoit de la manière la plus tendre tout le tems qu'elle avoit avant qu'il pût survenir. J'ai beaucoup demandé à des officiers qui la voyoient souvent, même longtems après que nous eûmes quitté cette place, s'ils avoient trouvé de la facilité dans cette dame, ils m'ont tous assuré que non. On peut juger de là que la plupart des maris avancent les affaires de ceux contre qui ils témoignent de la défiance à leurs femmes, car je suis persuadé que, s'il n'en avoit pas eu de moi, elle m'auroit regardé avec la même indifférence que les autres et, par les tendres emportemens auxquels elle se livroit, toutes les fois qu'elle le pouvoit, je juge que si elle avoit eu des momens assez longs, elle auroit voulu que je la vengeasse de l'injustice de son mari.

Me voici au récit de la plus triste aventure qui me soit arrivée à la guere : Mʳ le duc de Popoli[1] commandoit l'armée du Roi qui avoit investi Barcelone, il envoya ordre que mon régiment et celui d'Ostende, wallons tous les deux, passassent d'Ostalric à Vich et cela, sous les ordres de Mʳ de Cano, colonel d'Ostende. J'étois plus ancien colonel que lui mais, comme il s'étoit trouvé au blocus de Girone, il avoit été fait brigadier. Il n'avoit point de lettres de service, par conséquent je devois commander, je fus même sur le point de ne pas suivre mon régiment et je le devois, vu le tort qu'on me faisoit, mais ma mauvaise fortune voulut que je marchasse. Nos ordres portoient de passer par Arbusias, dans des défilés où jadis Mʳ le maréchal de Noailles, avec dix mille François, fut entièrement défait par des miquelets dont le genre de guerre est extrêmement avantageux dans un défilé de plus d'une lieue, entre des montagnes inaccessibles du côté du chemin et très escarpées des autres côtés. C'est par là que nous devions passer le lendemain, au milieu de plusieurs villages uniquement habités par des miquelets, qui sont de vrais voleurs. Nous couchâmes à Arbusias, où Mʳ de Cano avoit fait répartir pour le logement les officiers et soldats dans toutes les maisons. Je connoissois le danger où nous étions, je le représentai à Mʳ de Cano devant tous les officiers : « Quel parti prendre ? » me dit-il.
— « Battre la générale, lui répondis-je, l'assemblée et les drapeaux, tenir les troupes sous les armes, ordonner aux jurats de leur distribuer du bois, de l'eau et du vin, ce dernier en payant et n'occuper que les six plus grosses maisons qui sont sur la place,

---

[1] Rostaing Cantelmi, duc de Popoli (1653-1723), fut un des premiers seigneurs napolitains ralliés à Philippe V, il reçut en récompense le collier du Saint-Esprit (1702) et fut nommé mestre-de-camp général au royaume de Naples ; il suivit Philippe V à Madrid, où il fit une brillante carrière. Capitaine des gardes du corps (1703), grand d'Espagne (1706), capitaine général des armées du Roi (1710), il commanda en chef l'armée d'Espagne après la mort de Vendôme. Gouverneur général de la Catalogne (1713), chevalier de la Toison d'Or (1714), membre du Conseil de guerre et du Conseil des finances, il fut enfin, malgré ses sentiments peu déguisés d'hostilité contre la France, nommé, en 1716, gouverneur du prince des Asturies.

où le reste se tiendra avec un grand feu. » Il suivit mon conseil et bien nous en prit, car nous avons su depuis que nous devions tous être égorgés dans la nuit.

Nous ne fûmes pas beaucoup plus heureux le lendemain. Dès que nous fûmes tous entrés dans le défilé dont je viens de parler, nous vîmes toutes les hauteurs couronnées de miquelets qui, de derrière les rochers, nous tiroient au blanc tout à leur aise, de manière que nous étions écrasés sans pouvoir aller à eux. Cano, dans cette perplexité, appela tous les officiers pour un conseil de guerre, dans un endroit du chemin plus large et moins exposé. Il y proposa de décider si nous marcherions en avant ou si nous nous retirerions. J'opinai pour le premier parti, disant qu'il y avoit à peu près autant de chemin à faire d'un côté que de l'autre, qu'aller en avant marqueroit une fierté qui étonneroit ces miquelets, au lieu que la retraite augmenteroit leur audace. Peu de gens furent de mon avis et, à la pluralité des voix, il fallut se retirer; on me chargea de l'avant-garde de cette retraite, avec les deux compagnies de grenadiers et deux piquets pour percer un endroit appelé le Mal-Pas, que les miquelets avoient occupé et où ils avoient fait de grands abatis. Nous avions un escadron dont les cavaliers mirent tous pied à terre, jetèrent leurs bottes et se couvrirent de leurs chevaux qui furent tués pour la plupart, aussi bien que mes mulets; j'eus aussi un fort beau cheval tué derrière moi, sous M^r de La Grange, aujourd'hui capitaine dans le régiment wallon de Brabant; j'avois mené cet officier avec moi de France et je le gardois chez moi jusqu'à ce que je pusse lui donner un emploi.

Je fis attaquer le poste dont je viens de parler, à la manière dont on attaque à la barrière, faisant faire feu à tout ce qui pouvoit faire front en avant et allant se reformer sur les derrières; mais nous étions aussi abîmés sur nos flancs, sans pouvoir nous défendre. Enfin, je perçai avec toute ma troupe, je gagnai le village d'Arbusias et comme je faisois travailler nos grenadiers la hache à la main à ouvrir la porte de l'église, pour nous y assurer un poste à défendre, Mr de Cano y arriva avec quelques cavaliers remontés à cheval sans bottes; j'eus beau lui dire qu'il falloit attendre le reste de sa troupe, il n'en voulut rien faire, il dit à sa compagnie de grenadiers, ou du moins à une quinzaine d'hommes qui en restoient, de le suivre, et il s'en fut sans s'arrêter jusqu'à Ostalric, où il arriva lui troisième tout essoufflé. Je n'eus pas d'autre parti à prendre que de me retirer au pas de l'infanterie qui avoit pu me joindre ; je fis halte sur une hauteur à une demi-lieue d'Ostalric, où je ramassai des deux bataillons environ trois cents hommes, de huit cents que nous en avions; tout le reste étoit tué ou pris, et ces derniers éprouvèrent un sort plus cruel, car le lendemain les miquelets les menèrent liés de deux en deux sur une pointe de rocher, d'où ils les précipitèrent, après leur avoir donné plusieurs coups de couteau. Les officiers prisonniers ne furent pas traités de même, mais envoyés à Cardone, prisonniers de guerre; quant à moi, j'y perdis tout mon équipage. Le compliment que je reçus de Mr de Cano fut, que j'avois risqué, en revenant si doucement, de faire couper cette troupe que je ramenois, qu'il y avoit des occasions où il falloit faire sauve-qui-peut ; cependant, si je n'avois pas fait halte parfois avec cinquante hommes que j'avois, sûrement les deux cent cinquante qui me rejoignirent auroient été enveloppés.

J'écrivis à Mr de Popoli et je lui rendis un compte exact de ce qui s'étoit passé. Voyant qu'à plusieurs de mes lettres il ne faisoit que des réponses vagues, je demandai un conseil de guerre pour examiner les opérations de cette journée, et je fis la même demande à la Cour. Mr de Popoli m'écrivit qu'il falloit que j'eusse un mauvais cœur pour vouloir, lorsqu'on ne se plaignoit pas de moi, exposer d'autres à être perdus. Il n'est pas probable qu'il prétendit parler de lui, mais il est certain qu'il auroit résulté du conseil de guerre, qu'on n'auroit jamais dû exposer les troupes du Roi dans de tels défilés. Tout ce qu'on peut dire de favorable pour lui, c'est que, peu au fait de la guerre, il ignoroit la conséquence d'être bien informé du pays où on la fait. Le ministre répondit à ma demande d'un conseil de guerre, que je devois me contenter de savoir que l'on ne me donnoit aucun tort.

M^r le duc de Popoli fut rappelé à la Cour, et l'armée devant Barcelone fut commandée par M^r le marquis de Guerchi[1], lieute-

---

[1] Louis de Régnier, marquis de Guerchy, lieutenant général des armées du Roi, chevalier de ses ordres et gouverneur d'Huningue, commandait les troupes

nant général françois, homme d'un courage invincible, dont j'avois jugé moi-même à une sortie que l'on nous fit au siège de Verüe. Je rétablis mon régiment autant qu'il me fut possible, je l'avois déjà remis à trois cents hommes le 15 de mars 1714, que je reçus ordre de me rendre avec lui à.........[1], aux ordres de Mʳ le marquis de Thouy, qui commandoit un camp volant destiné à éloigner les miquelets et à protéger les convois qui arrivoient à l'armée. J'en menai à Mʳ de Guerchi qui me gracieusa toujours beaucoup et, comme c'est un homme qui a toujours dit sa façon de penser, que ne se permettoit-il pas en pleine table chez lui sur le compte du général qui nous avoit fait prendre le chemin d'Arbusias et sur la manœuvre de celui qui étoit chargé de cette conduite! « Car je le sais, me disoit-il, aussi bien que vous, par des officiers et des soldats qui en savent fort bien rendre compte. » Mʳ le maréchal de Berwick[2] vint prendre le commandement du siège de Barcelone; il manda à Mʳ de Thouy que, tout devenant rare dans son armée, il prît de grandes mesures, pour qu'un gros convoi qui s'assembloit à Ygualada ne fût pas insulté dans sa marche. Mʳ de Thouy jeta les yeux sur moi pour commander l'escorte qu'il envoya pour chercher ce convoi. Cette expédition étoit fort délicate, il y avoit plus de douze cents mulets chargés et il falloit que tous défilassent un à un dans plusieurs endroits; il est vrai que j'avois douze cents hommes choisis, en infanterie, cavalerie et dragons.

Je fis une disposition nullement usitée, devant Mʳ le marquis de Pezuela, aujourd'hui marquis de La Mina, capitaine-général, commandant l'armée qui est en Savoie sous S. A. R. l'infant don Philippe[3]; je le priai fort de m'aider de ses conseils, mais je ne

françaises en Espagne depuis le départ du duc de Noailles (1711). Il mourut en 1748, à l'âge de quatre-vingt-cinq ans.

[1] Illisible dans le manuscrit.

[2] James Fitz-James, duc de Berwick et de Fitz-James, fils naturel de Jacques II d'Angleterre (1670-1734). C'est le 7 juillet 1714 qu'il arriva au camp devant Barcelone, avec une patente de généralissime. Le 12 juillet, l'armée de Philippe V fit l'ouverture de la tranchée, les habitants se rendirent à discrétion, le 13 septembre, toutefois Berwick leur accorda la vie sauve et qu'il n'y aurait point de pillage. Berwick a donné dans ses *Mémoires* un récit intéressant de ce siège.

[3] Don Philippe, fils de Philippe V et d'Élisabeth Farnèse, né le 15 mars 1720,

pus en avoir autre chose, sinon qu'il n'y avoit rien à dire à tout ce que je faisois. Voici comment je disposai mon détachement ; ma cavalerie et mes dragons, moitié à l'avant-garde, moitié à l'arrière-garde, avec ordre, si mon convoi étoit attaqué, d'abandonner leur poste et de courir en faisant quelques tours pour prendre par derrière ceux qui feroient feu sur nous. Je me rappelois l'affaire d'Arbusias, et je savois que les miquelets ne sont hardis que lorsqu'ils sont couverts par des hauteurs et qu'ils ont leurs derrières libres. Je mis toute mon infanterie sur les ailes, mais toute par pelotons de cinquante hommes, très distans les uns des autres, avec ordre à celui qui ne seroit pas attaqué de grimper par où il pourroit, pour prendre les ennemis par les flancs et par les derrières, sans s'embarrasser du convoi dont je faisois mon affaire, avec six compagnies de grenadiers que j'avois gardées avec moi. Ne m'attachant à aucune place fixe, j'allois en avant avec ces six compagnies occuper les défilés, où je me tenois jusqu'à ce que je visse mon convoi hors d'insultes ; je passois ensuite à un autre, faisant toujours couler mon convoi sans jamais le laisser parquer, et j'avois de petites troupes de dragons et de miquelets de notre parti qui voltigeoient au loin sur mes flancs pour m'avertir. On prétendoit que je devois être attaqué par plus de quatre mille miquelets ; on peut juger que, lorsque je faisois mes dispositions près d'Ygualada, ils avoient des leurs qui les virent et qui entendirent tout ce que je disois. Mr de Thouy apprit que les ennemis étoient en mouvement pour m'attaquer, il marcha avec tout son camp et il m'envoya à toutes jambes un lieutenant avec trente dragons, pour savoir ce qui se passoit. Je lui fis dire qu'il pouvoit se tranquilliser. J'arrivai à Martorelles [1], où il campoit ; j'en partis le lendemain et je menai mon convoi à l'armée de M^r le maréchal de Berwick, qui me reçut à merveille ; il voulut me faire souper chez lui, mais je lui dis que, comme je n'avois point de lit,

épousa, le 26 août 1738, Louise-Élisabeth de France, fille de Louis XV. Le traité d'Aix-la-Chapelle (1748) lui donna les duchés de Parme et de Plaisance, à la place de son frère Carlos qui était devenu roi de Naples. Il mourut de la petite vérole en 1765.

[1] Martorell, bourg de Catalogne, au confluent de la Noya et du Llobregat, à trente kilomètres à l'est de Barcelone.

Messieurs des gardes wallonnes m'avoient dit qu'ils m'attendroient à souper et qu'ils me donneroient le lit d'un capitaine détaché; je lui demandai à voir la tranchée le lendemain, pour en rendre compte à Mr de Thouy : « J'irai demain, Monsieur, me répondit-il, rendez-vous ici à la pointe du jour, nous irons ensemble ».

Le chevalier de Montolieu[1], capitaine aux gardes wallonnes, me donna à souper et un lit dans sa tente. Plusieurs de ces Messieurs, avec qui j'avois causé avant le souper, m'avoient dit que Montolieu s'étoit si bien mis dans la tête qu'il seroit tué au siège, qu'il l'assuroit à tout le monde. Il étoit Provençal et chevalier de Malte, il avoit l'habitude d'appeler tout le monde *maman*, au point qu'il disoit, *maman Roi, maman Reine, maman Berwick*, et cela, parlant à eux. Lorsque nous fûmes seuls dans sa tente et au moment de nous coucher : « *Maman Franclieu*, me dit-il, quand tu partiras demain, je te dirai adieu pour toujours, car je périrai à ce siège-ci. » — « Y penses-tu, mon ami, lui répondis-je, d'où te vient une telle idée? Sais-tu qu'elle est capable de te faire manquer à toi-même et montrer quelque foiblesse? » — « Ne crains rien, *maman Franclieu*, tu n'entendras jamais dire que Montolieu ait foibli en rien ». On peut juger cependant de l'effet que peut produire une semblable pensée. Il fut commandé pour l'assaut; en y montant, il disoit toujours : « Tremblez, tremblez, mes créanciers! » Il grimpa à la brèche avec courage, à la tête de sa troupe, et il se forma sur le bastion Sainte-Claire, les ennemis ayant pris la fuite. Il reçut un coup de fusil au bras dans les chairs, il envoya demander au régiment qui étoit au pied de la brèche qu'on vînt le relever, on lui répondit que tout le monde étoit occupé et que sa blessure n'étoit pas fort dangereuse; il s'assit sur des corps morts, pensif et rêveur, sans dire mot, et, d'un couvent, où des ennemis s'étoient jetés, on tira quelques coups de fusil dont un lui donna dans la tête et le tua roide.

J'en reviens aux tranchées, que je fus visiter avec M^r le

---

[1] Jean-Augustin de Montolieu, chevalier de Malte. Son père, le marquis de Montolieu, chef d'escadre des galères de France, avait fait le blocus par mer de Barcelone pendant le siège de 1697.

maréchal de Berwick, il me mena partout et me fit voir où en étoient les brèches, nous fûmes aux batteries, à la sape, je descendis dans une mine. Jamais je n'ai vu un homme plus froid au feu, il ne se retournoit seulement pas pour voir les hommes qui tomboient à ses côtés, ce qui cependant est si naturel, tant pour les faire secourir, qu'il semble que le contraire soit un peu affecté. J'avois avec moi un valet de chambre, grand poltron, qui à chaque coup de canon se mettoit ventre à terre; cela nous fit un peu rire et, comme je le traitois de poule mouillée : « Vous, Monsieur, me dit-il, vous êtes payé et récompensé pour aller aux coups, mais moi, il ne m'en revient rien ». Je finis par m'en défaire, quoiqu'il me servît fort bien, parce que dans l'occasion on n'est point secouru par un pareil homme.

Comme j'avois dit à mon détachement de se mettre en marche au petit pas et de me laisser cinquante dragons pour le rejoindre, je pris congé de M^r le maréchal qui me chargea de bien informer Mr de Thouy des progrès de ses attaques, ce que je fis. La place de Barcelone prise, et le camp commandé par Mr de Thouy étant entré en quartier, nous partîmes ensemble pour Madrid le 10 octobre 1714.

Nous passâmes à Saragosse, j'y fus logé chez de fort honnêtes gens et, quoique je n'y aie passé qu'une nuit, la connoissance que je fis alors avec mon hôtesse a duré plus de dix ans et enfin jusqu'à sa mort. Je ne croyois point la voir, car je soupai avec Mr de Thouy et je ne me retirai qu'après minuit; je fus droit à l'appartement qui m'étoit destiné, bien meublé en damas cramoisi, et je ne demandai ni hôte, ni hôtesse. Mon valet de chambre, étant venu me coucher, me dit qu'il m'avoit fait chauffer du vin avec des aromates, comme je le lui avois ordonné, pour panser mon bras parce que j'en souffrois; il me conta que l'hôtesse avoit fort demandé pourquoi il faisoit chauffer ce vin, qu'elle avoit paru fort sensible à mon état, lui avoit donné du linge et lui avoit dit qu'elle vouloit l'aider à m'envelopper le bras. Je le grondai de ne m'avoir pas dit sa bonne volonté avant que je fusse couché, je lui recommandai de lui faire mes excuses et de lui dire que je ne l'avois pas demandée, la croyant déjà au lit. Effectivement, son mari y étoit, mais elle n'avoit pas été aussi pressée de se coucher.

Mon valet de chambre alla chercher le vin, je m'attendois qu'il seroit seul à le porter, mais je le vis entrer, une bougie allumée à la main, éclairant la dame du logis, qui portoit des linges et qui étoit suivie de sa femme de chambre, tenant une écuelle d'argent où étoit le bain que l'on m'avoit préparé. Je lui fis de grandes excuses, qu'elle interrompit en me disant que le récit que mon valet de chambre lui avoit fait de mes blessures l'avoit touchée, et que, de crainte qu'il ne pût tout seul me bien panser, elle avoit voulu m'offrir ses soins. On se pressa d'arranger mon bras afin que le vin ne se refroidît point ; cette besogne faite, mon valet de chambre se retira ; mon hôtesse demeura assise au chevet de mon lit, sa femme de chambre, un flambeau à la main, nous éclairant très patiemment tout le tems qu'elle resta dans la chambre. De ma vie, je n'ai vu une femme plus vive et plus folle, je l'assurai qu'elle devoit avoir froid et je la tirai tant à moi que, pour la réchauffer, je la fis mettre toute habillée sous ma couverture. Nous nous échauffâmes si bien tous les deux que la suivante ne nous contint sur rien de tout ce que nous voulûmes faire ; elle se contentoit de tenir les yeux demi-clos, regardant la terre. Comme depuis j'ai été plusieurs fois à Saragosse, même en garnison avec mon régiment, elle exigeoit toujours que je logeasse chez elle. Son mari étoit fort sourd et, en caressant une petite fille qu'elle avoit, elle étoit assez folle pour dire devant lui-même à plusieurs officiers qui venoient me voir : « Regardez cette enfant-là, elle est bien jolie, aussi est-ce l'ouvrage de votre colonel, au retour de la campagne de Catalogne ». Et, pour le prouver, elle faisoit voir par son extrait baptistaire qu'elle étoit née, jour pour jour, neuf mois après mon passage ; pour moi, je n'en ai jamais rien cru, sans toutefois que je pusse m'en faire un scrupule, car tout le bien de cette maison, qui étoit considérable, venoit de la femme.

J'ai vu depuis cette fille mariée, elle avoit véritablement pour moi la tendresse d'une fille pour son père ; sa mère même l'avoit mise dans la confidence, si bien qu'elle lui disoit devant moi : « Tu m'as bien de l'obligation de t'avoir choisi un père comme celui-là, au lieu de mon vilain magot de mari ». Elle a été l'héritière de sa mère et elle a porté quatre-vingt mille piastres à un gentilhomme qu'elle a épousé; son mari m'a pris en amitié et, depuis que j'ai quitté le service, même après la mort de sa femme, il m'envoie du vin en présent en France.

CHAPITRE III.

1714-1718.

Orry, Macanaz et Bergheick. — Le chevalier de Croix. — Départ de Mme des Ursins. — Alberoni et la reine Elisabeth Farnèse. — Séjour à Tamarite, divertissements. — Une sorcière. — Poursuite des miquelets dans la Ribagorce. —. Le marquis de Pignatelli. — Désagréable aventure à Saragosse. — M. de Franclieu refuse d'entrer dans les gardes wallonnes. — Un bal chez l'auteur, à Badajoz. — Beau trait de M. de Franclieu à l'égard d'une religieuse espagnole. — Dressage de six chevaux par un nègre. — Officiers et soldats portugais. — Les bains de Ladesma. — Le comte de Benavente. — Les jurats d'Elché et M. de Franclieu. — Nouveau trait de générosité de l'auteur. — Séjour en France.

Nous arrivâmes à Madrid le 17 octobre 1714, et nous nous trouvâmes au mariage du Roi avec la princesse de Parme[1], qui mit toute la Cour en joie. Cela m'obligea à beaucoup de dépenses, parce que pour de pareilles cérémonies, il faut des *galas* de rechange, ces *galas* sont de magnifiques habits. Je passai avec toute la Cour à Guadalaxara au devant de la Reine et j'y eus l'honneur de lui baiser la main. Mr Orry[2], père de M^r le contrôleur

---

[1] Elisabeth (1692-1766), fille du prince Odoard Farnèse et de Dorothée-Sophie de Bavière-Palatin, petite-fille de Ranuccio II Farnèse, duc de Parme, avait épousé par procuration le roi Philippe V, le 15 septembre 1714.

[2] Jean Orry, seigneur de Vignory (1652-1719), président à mortier au Parlement de Metz, chevalier de l'ordre de Saint-Michel, fut envoyé en 1701 en Espagne et chargé, mais sans titre officiel, de l'administration des finances et du commerce. Étroitement lié avec Mme des Ursins, il partagea sa disgrâce en 1704, revint avec elle l'année suivante, mais fut éloigné de nouveau de 1706 à 1713; il revint alors, fut un moment tout puissant, mais rentra définitivement en France en 1714. Son rôle en Espagne a été diversement jugé. Saint-Simon, qui voit en lui un homme de peu de naissance et un ami de Mme des Ursins, en a tracé un de ces portraits poussés au noir où il excelle; le maréchal de Berwick, qui avait eu avec lui de fréquentes discussions, à propos des approvisionnements des armées en Espagne, en parle avec plus d'impartialité : « C'était un homme de beaucoup d'esprit, très éloquent et d'un travail « infini, mais il voulait trop entreprendre....., il excellait principalement dans

général actuel en France, faisoit alors en Espagne les fonctions de premier ministre, il m'aimoit beaucoup et avoit en moi une entière confiance. Quoique, à mon âge, j'eusse souvent préféré les parties de plaisirs et de soupers que je pouvois faire avec M[r] son fils, je n'en étois pas le maître, il me donnoit rendez-vous dans sa *gavachuela*[1], c'est-à-dire son bureau, pour l'accompagner la nuit quand il en sortoit. Assez souvent nous allions chez Mr de Majanas[2], procureur fiscal, avec qui il traitoit des affaires de l'État. On sait que Mr de Majanas avoit de grands projets pour réformer tous les ordres et il y eût réussi s'il eût entrepris de le faire l'un après l'autre, comme on lui conseilloit, mais il voulut tout faire à la fois, disant que c'étoit l'affaire du Roi et il les eut tous contre lui; l'Inquisition s'en mêla si fortement qu'il a fini par être forcé de quitter l'Espagne, cependant S. M. C. lui a donné depuis des commissions auprès des princes de l'Europe.

Je demandois souvent à Mr Orry ce qu'il vouloit faire d'un second, comme moi, estropié de deux bras : « J'aime mieux, me répondoit-il gracieusement, votre réputation que les bons bras d'un autre. » Mme la princesse des Ursins m'avoit beaucoup employé avant que Mr Orry ne fût en place. M[r] le comte de Bergeick[3], qui avoit fait en Flandre l'office de premier ministre

« la connaissance et le maniement des finances..... Ses vues pour la politique et
« la guerre étaient presque toujours fausses, mais la bonne opinion qu'il avait
« de lui-même les lui faisait soutenir comme bonnes. Ses manières dures et le
« changement total qu'il avait fait dans les coutumes d'Espagne lui attirèrent
« la haine de toute la nation : ses ennemis l'accusaient d'avoir beaucoup volé,
« mais je lui dois cette justice d'assurer que, quoique je l'aie souvent ouï dire,
« personne ne m'a jamais pu citer un fait : s'il a pris, il l'a fait avec adresse. »
(*Mém. de Berwick*, 216.) De nos jours, on est revenu à une plus juste appréciation de son œuvre et de ses efforts pour améliorer les finances de Philippe V. Cf. notamment, BAUDRILLART, *Philippe V et la Cour de France*, tome Ier; et ROUSSEAU, *Un réformateur français en Espagne au* XVIIIe *siècle*, Corbeil, 1893.

[1] *Gavachuela*, que Saint-Simon écrit *cavachuela*, pour *covachuela*, mot qui signifie bien en effet *bureau d'un ministère*.

[2] Don Rafaël Melchor Macanaz, procureur fiscal du Conseil de Castille, associé au Gouvernement en 1706, partagea la disgrâce de Mme des Ursins et d'Orry ; poursuivi par les colères de l'Inquisition, il dut quitter l'Espagne et se retira d'abord à Pau ; cependant Philippe V lui conserva ses pensions et il lui donna plusieurs missions à l'étranger, entre autres une en 1720 à la Cour de France.

[3] Don Juan de Bœckove, baron, puis comte de Bergheick, nommé, par Charles II d'Espagne, surintendant général des finances en Flandre, ne quitta

de S. M. C., fut appelé à Madrid lorsque la Flandre fut perdue; c'étoit un petit homme plein de feu et de vivacité. On vouloit bien le mettre à la tête des affaires, mais on vouloit en même tems qu'il fût liant et qu'il laissât Mme des Ursins s'en mêler, ce qu'on ne put jamais obtenir de lui. Toutes les démarches que je fis pour cela, tantôt auprès de l'un, tantôt auprès de l'autre, furent inutiles. Il croyoit l'emporter, il se trompa; cette habile femme sut si bien prendre son tems, qu'il devint inutile et que M. Orry eut cette grande place.

Il me donna deux régimens pour en faire un second bataillon à mon régiment; les trois n'en faisoient pas un, il fallut donc que je recrutasse au moins six cents hommes pour compléter mes deux bataillons. On avoit pris les mêmes moyens pour donner aussi des seconds bataillons à deux colonels de régimens wallons, nommés MM^rs de Kerkove et Storf. Un jour que nous dînions tous les trois chez Mr Orry, pour mettre chacun nos deux bataillons au complet, Kerkove dit qu'il enverroit recruter dans le pays de Liège et Storf qu'il enverroit en Italie, tous les deux entrèrent là-dessus dans quelques détails; moi, je dis que mon régiment étant à Jacca[1] (quartier que j'avois demandé), je recruterois en France. Le chevalier de Croix[2], lieutenant général, qui étoit du dîner, assez mal à propos s'empara de la conversation et, comme nous ne nous aimions pas trop, il crut me faire bien de la peine en disant à Mr Orry : « Monsieur, je vous réponds des deux bataillons de ces Messieurs », en désignant les deux autres. Mr Orry me regarda et me dit : « Et des vôtres, Monsieur, qui m'en répon-

ces fonctions qu'après la perte totale de ce pays, qu'il essaya vainement de conserver à Philippe V. En 1714, il fut appelé à Madrid et nommé membre du *Despatcho* (Conseil suprême du royaume), mais Mme des Ursins, dont en 1709 il avait vivement conseillé l'éloignement, sut l'empêcher d'avoir aucune autorité effective. Saint-Simon en a fait un grand éloge : « Beaucoup d'esprit, de sens, « de lumière, de justesse, une grande facilité de travail....., une grande « modestie, un entier désintéressement et beaucoup de vues. » (*Mém.*, éd. Chéruel, III, 333.)

[1] Jacca, Jaca, ville forte de la frontière d'Espagne, dans l'ancien royaume d'Aragon, dont elle fut longtemps la capitale, sur la rive gauche de la rivière d'Aragon, commande le col de Canfranc.

[2] Eugène-François, chevalier de Croix (1675-1726), de la maison de Croix-Heuchin, fut reçu chevalier de Malte en 1691, devint lieutenant des gardes du corps de Philippe V, gouverneur de Tortose, lieutenant général (1710).

dra? » — « Qui? Monsieur, lui dis-je, moi, qui vaux quelque répondant qu'on puisse avoir; mais s'il en faut un, vous. » — « Soit, Monsieur, reprit-il, je ne puis reculer dès que vous recourez à moi, tellement que voilà six bataillons bien assurés pour le service du Roi, la campagne prochaine; Mr de Croix et moi en répondons. » Nous en rîmes un peu en particulier, il me donna de l'argent et je partis pour me rendre à Jacca le 8 janvier 1715. Je mis mes deux bataillons bien complets et fort beaux, tous les commandans des provinces de France m'en facilitèrent les moyens, comme je l'ai déjà dit, et ces deux Messieurs n'en vinrent jamais à bout.

Je ne dissimulerai pas combien je fus sensible au départ précipité de Mme des Ursins, que notre nouvelle Reine fit sortir du Royaume avant même d'avoir joint le Roi. M^r d'Amezaga fit promptement cette besogne, tout le monde en fut surpris et surtout moi, qui pouvois me flatter de la bienveillance de cette princesse. Voici ce que les plus clairvoyans jugèrent de ce départ. M^r l'abbé, depuis cardinal Alberoni[1], avoit persuadé à Mme des Ursins d'engager le Roi à convoler en seconde noce avec la princesse de Parme. Cela lui fut aisé, car, en pensant à l'avenir, c'étoit, en fait de princesses, la plus riche héritière qu'il y eût en Europe, et nous le voyons aujourd'hui; mais Mr Alberoni, que je nommerai à l'avenir le cardinal, pour abréger, quoiqu'il ne le fût pas encore alors, ne faisoit pas valoir les avantages de la princesse de Parme[2]; pour parvenir à ses fins, il disoit à Mme des Ursins :

---

[1] Giulio Alberoni, né en 1664 à Plaisance, était venu en Espagne comme secrétaire du duc de Vendôme, et, après la mort de son protecteur, il y resta en qualité d'agent diplomatique du duc de Parme; il eut l'adresse de faire conclure le mariage d'Elisabeth Farnèse avec Philippe V et de faire éloigner définitivement Mme des Ursins. Devenu premier ministre, il obtint en 1717 le chapeau de cardinal, mais ses entreprises téméraires amenèrent sa chute et, complètement disgrâcié le 5 décembre 1719, il se retira en Italie, où il mourut oublié en 1752.

[2] A l'époque du mariage de la princesse Elisabeth, François Farnèse, duc de Parme († 1727), n'avait pour héritier que son frère Antoine, âgé de quarante ans environ, monstrueusement obèse et incapable de perpétuer la race des Farnèse; l'héritage de Parme et Plaisance revenait, après lui, à leur nièce Elisabeth, fille de leur frère consanguin Odoard. D'autre part, le grand duc de Toscane, Cosme III, avait pour héritier son fils Jean-Gaston (1671-1737), déjà âgé, séparé de sa femme et sans enfants, et une fille Anne (1667-1742), mariée

« Si vous faites épouser au Roi cette jeune princesse, comme elle ne s'y attend point, elle vous en sera redevable et se laissera toujours conduire par vous ; si, au contraire, vous lui faites épouser une princesse de Bourbon, elle vous regardera toujours comme une Françoise, née sujette d'un prince de son sang ; si vous prenez une princesse d'Autriche, vous savez quelle est la hauteur de cette maison. » C'est ainsi qu'il détermina Mme des Ursins, mais il s'en falloit bien que son dessein fût qu'elle eût l'autorité après ce mariage et, pour l'en empêcher, il tint avec la Reine et Mme des Ursins une conduite bien différente. Il faisoit écrire à cette dernière lettre sur lettre à la Reine, lui disant qu'il étoit bien extraordinaire qu'elle fît aussi peu de diligence pour venir satisfaire les désirs d'un grand Roi qui l'avoit choisie, et qu'elle devoit lui marquer de l'empressement par une marche précipitée. Mme des Ursins chargea même d'une lettre écrite dans ce sens l'abbé Alberoni, qui fut joindre la Reine en France ; après qu'elle l'eût lue, le cardinal lui dit : « Vous voyez, Madame, l'autorité que cette dame prend déjà sur vous, cela n'ira qu'en croissant et quand le Roi, vous ayant possédée, sera un peu ralenti, elle reprendra tout le pouvoir qu'elle a aujourd'hui sur son esprit ; mais si vous voulez me croire, elle n'en aura aucun. » La Reine lui demanda quelle conduite elle devoit donc tenir : « Madame, lui dit-il, demandez au Roi de ne pas envoyer au-devant de vous de ses gardes du corps pour vous gêner, mais pour obéir à tout ce que vous leur commanderez ; avec ce pouvoir, quand la princesse viendra au-devant de vous, comme elle ne manquera pas de prendre quelque air d'autorité » (et il est vrai qu'elle le fit, ayant trouvé la Reine mal coiffée et mal habillée) « alors vous ordonnerez un carrosse et vous direz au commandant des gardes du

en 1691 à l'Electeur palatin. Elisabeth Farnèse, appuyée par l'Espagne et la France, revendiquait cet héritage comme descendante d'une fille du grand duc Cosme II, Marguerite de Médicis, et d'Odoard Farnèse, duc de Parme, mariés en 1628. Malgré les efforts de Cosme III et de Jean-Gaston, les droits de la Reine sur l'héritage de Toscane furent à diverses reprises solennellement reconnus par les puissances. Ce fut toutefois la maison de Lorraine qui, échangeant en 1737 son duché contre celui de Toscane, finit par recueillir la succession des Médicis. Quant aux duchés de Parme et Plaisance, ils passèrent à l'infant don Carlos, puis à l'infant don Philippe, tous deux fils de Philippe V et de la reine Élisabeth.

corps de la faire passer en toute diligence en France, et, de là, où elle voudra. Ne craignez rien, le Roi l'aime par habitude, mais il attend avec impatience une femme dans son lit, et pour rien il ne retarderoit le plaisir qu'il s'en promet ; assurez-vous de là qu'il ne désapprouvera rien de tout ce qu'il vous aura plu de faire[1]. » Cela fut exécuté et les suites en furent telles que l'abbé l'avoit prédit.

Mr Orry fut bientôt congédié et aussitôt l'abbé Alberoni eut la récompense des bons conseils qu'il avoit donnés, je crois, autant pour l'amour de lui que pour tout autre motif. Il avoit bien compris que cette jeune princesse auroit besoin de ses conseils pour soutenir la vivacité de son début, mais elle fut bientôt ce que l'on appelle hors de page et elle se passa aussi du cardinal. On peut dire aujourd'hui qu'en politique elle surpasse toutes les princesses qui ont été, qui sont et qui seront peut-être jamais. Jugeons-en par la manière dont elle veut établir aujourd'hui tous les princes et princesses ses enfans et, n'en doutons pas, elle y parviendra ; il suffit qu'elle entreprenne. Elle pourroit manquer de gens capables pour l'exécution de ses projets, mais si ceux sur qui elle a jeté les yeux ne s'en tirent pas bien, je ne voudrois pas être à leur place ; elle veut des hommes et non des colifichets ; je l'ai souvent vue se moquer de ceux qui paroissent trop *adonisés*, elle les appeloit des *petits Jésus*.

Après que j'eus formé et complété mes deux bataillons à Jacca, j'eus ordre d'en partir le 22 juillet 1715 et de me rendre à Tamarite[2]. J'y commandois, mais comme ma blessure se rouvrit, je pris, de mon autorité, la permission d'aller prendre les bains de Barège, j'y fus de la mi-septembre à la mi-octobre et j'y trouvai le soulagement que j'y avois été chercher. J'avois laissé des passeports en blanc, signés de moi, à mon lieutenant-colonel, on

---

[1] « Rispetto alla nostra Heroina [Elisabeth Farnèse], viene in un mare di « disordini e di confusioni. Troverà ad ogni passo scogli ed inciampi ; però *in* « *arduis honor et opes*. La mia speranza è che supererà tutto. Ha a fare con un « marito santo e pieno d'honore e probità : a quest' hora sta padrona del suo « cuore : oh ! immaginatevi quando havrà passato due notti sotto i lenzuoli. » Lettre d'Alberoni au comte Rocca, ministre des finances du duc de Parme, Madrid, 19 novembre 1714. (*Lettres intimes de J.-M. Alberoni*, éd. E. Bourgeois ; Paris, Masson, 1893.)

[2] Tamarite, petite ville d'Aragon, sur les confins de l'Aragon et de la Catalogne.

ne s'aperçut seulement pas de mon absence. A mon retour, il m'arriva un événement extraordinaire : un poste de neuf hommes de mon régiment, de garde dans un château, déserta tout entier, je fis courir après eux et ils furent tous pris. Tous méritoient la mort par trois circonstances, ils avoient déserté étant de garde, ils avoient escaladé les murailles et on les avoit pris allant en France, ce qui étoit passer à l'étranger. Ils furent le lendemain condamnés tous les neuf à être pendus et, faute d'exécuteurs, à avoir la tête cassée. Au moment de l'exécution, comme ils étoient tous à genoux, les yeux bandés, et que la compagnie de grenadiers marchoit pour les passer par les armes, j'en fus touché, je commandai halte! et je demandai à la queue du bataillon tous les officiers qui avoient composé le Conseil de guerre, je leur dis que je ne pouvois me résoudre à faire fusiller ainsi neuf hommes à la fois, que, s'ils en vouloient être d'accord avec moi, on les feroit tirer au sort et qu'il n'y en auroit que trois d'exécutés. Ils consentirent tous à ce que je demandois, excepté un capitaine, nommé Claris, qui depuis a eu une lieutenance dans les gardes wallonnes (je ne sais s'il y est encore). Il dit qu'il ne vouloit pas prendre sur lui d'enfreindre les ordonnances du Roi; je répondis que, comme il étoit le seul de cet avis et que je commandois dans le pays, je le prenois sur moi. L'exécution se fit ainsi que je l'avois proposée, j'en rendis compte à la Cour, en avouant que je n'en avois pas le droit, mais que si, comme moi, on avoit eu un tel spectacle sous les yeux, on n'auroit pu s'empêcher d'en être attendri, je ne reçus là-dessus aucune réponse et qui ne dit mot consent.

Nous eûmes des amusemens à Tamarite, le sexe y est assez gracieux; mes deux bataillons étoient répartis dans cinq ou six villages, nous nous donnions des fêtes les uns aux autres. Un jour que le baron de Bilez, homme de condition et de valeur, capitaine dans mon régiment, qui commandoit un des quartiers, nous pria à un bal et à un souper, nous fîmes une mascarade qui épouvanta tout le pays; nous étions trente à cheval, tous habillés de blanc et nos chevaux couverts de même, nous avions sur la tête de grands bonnets en pyramide qui nous élevoient beaucoup, deux caisses posées en timbales et trois excellentes flûtes marchoient à notre tête et, tout autour de nous, douze flambeaux étoient portés par des valets, tout en blanc comme nous. Nous mîmes en alerte tous les habitans de la ville d'où nous sortîmes et ceux du village où nous allâmes, nous soupâmes et nous dansâmes dans cet équipage. La dame chez qui le baron de Bilez logeoit étoit une femme de condition, elle vint à tous nos plaisirs de Tamarite avec son mari ; le baron me reprocha beaucoup mon intimité avec elle et mon hôtesse lui faisoit beaucoup d'impolitesses toutes les fois qu'elle venoit manger chez moi, quoique elle aussi fût de la partie. Les François ne peuvent se persuader que l'on soit aussi libre avec les dames espagnoles.

Celui qui commandoit à Tamarite avant moi y avoit laissé sa famille. Un jour, sa femme m'envoya prier d'aller chez elle, je la trouvai toute éplorée ainsi que sa fille ; celle-ci tenoit dans ses bras un petit enfant à elle, âgé de sept à huit mois, qui n'avoit que la peau sur les os et qui faisoit peur à voir. « Voyez, Monsieur, me dit la grand'mère, dans quel état on a mis cet enfant ; c'est une femme d'ici, une sorcière qui lui a donné quelque chose à manger. » — « Je ne sais, lui dis-je, Madame, quand cela seroit vrai, quel pouvoir je puis avoir sur une sorcière, pour lui faire rendre la santé à votre enfant. » — « Pardonnez-moi, Monsieur, reprit-elle, envoyez-la chercher et dites-lui que vous allez la faire mourir si elle ne le guérit pas. » De ma vie je n'ai cru aux sorciers, mais, soit pour contenter ces dames, soit par la curiosité d'essayer mon pouvoir là-dessus, je fis ce qu'elles voulurent ; j'envoyai deux soldats de ma garde chercher cette femme, je la fis entrer dans ma chambre et asseoir à côté de moi sur une chaise, sous laquelle on avoit placé une croix de bois, en m'assurant qu'elle ne pourroit plus se lever ; je me mirai dans ses yeux, sur l'avis qu'ils me donnèrent aussi qu'en se regardant dans les yeux des sorciers on se voyoit la tête en bas. Toutes ces épreuves manquèrent. Je dis à cette femme que si elle guérissoit cet enfant elle n'auroit aucun mal, mais que je la ferois mourir, si elle refusoit ce que je demandois et que l'on ne se jouoit pas ainsi des enfans des militaires qui avoient la force en main. Elle me répondit que j'étois le maître, mais que comme elle n'avoit pas la vertu de faire du mal, elle n'avoit pas non plus celle de guérir, que son malheur étoit d'être vieille et que c'étoit la raison qui la faisoit passer pour sorcière. Je la fis descendre dans la cave, mon aumônier l'exhorta, la confessa et cette pauvre femme crut tout de bon qu'elle alloit mourir; voyant sa persévérance à nier son crime, je la rassurai, je lui fis donner du vin et, quand je la vis bien consolée, je la renvoyai avec un écu. J'allai rendre compte à ces dames de la sottise qu'elles m'avoient fait faire; je les assurai fort qu'il falloit que la nourrice de cet enfant fût grosse, elles soutenoient que non, parce qu'elle n'avoit point de mari; ce n'étoit cependant pas autre chose; on donna un autre lait à l'enfant qui se remit parfaitement et la première nourrice ne tarda pas à laisser voir qu'il ne falloit pas de mari pour être enceinte, un valet de la maison en avoit si bien fait les fonctions, qu'un mari n'aurait pu les faire mieux.

Le 18 octobre 1715, je reçus l'ordre de passer à Benavari avec mes deux bataillons, j'y demeurai jusqu'au 14 décembre. J'avois un excellent cuisinier et un fort bon maître d'hôtel, je pris une belle maison dans laquelle je me logeai, malgré le premier jurat à qui elle appartenoit, qui se prétendoit exempt de logement; il en écrivit à M^r le marquis de Casafuerte, commandant général de l'Aragon, mais je représentai qu'il n'y avoit de cheminée que dans cette maison et que mes blessures me rendoient cette commodité nécessaire. Par composition, le jurat me fit faire une cheminée chez Mr Scala, son gendre, dont la femme étoit une des beautés les plus régulières que j'aie vues; j'allois souvent donner des ordres pour la cheminée et j'avois grande impatience de la voir finir, enfin j'y logeai. Le pays m'offrit un denier par maison, comme on donnoit à mon prédécesseur, qui étoit M. Dapontez, mort lieutenant-général[1]; cela faisoit plus de deux pistoles d'or par jour, me dit-on, parce que dans la Ribagorce[2] où je commandois, il y a trois cent soixante et tant de villages et par

---

[1] Don Luis Daponte était major-général de l'infanterie à Villaviciosa. (BELLERIVE, *loc. cit.*, 222.)

[2] La Ribagorçana, contrée de l'Aragon, sur les confins de la Catalogne, s'étend des Pyrénées à l'Ebre, le lieu principal en est Benavari; elle renfermait autrefois, suivant le *Dictionnaire de Mati*, cité par Moréri, trois cent cinquante bourgs et villages, mais « si mal peuplés qu'à peine y compte-t-on trois mille « habitans ».

conséquent beaucoup de maisons. Je ne voulus pas les prendre sans la permission de la Cour, j'écrivis pour la demander deux lettres, auxquelles on ne fit point de réponses, cela m'empêcha de recevoir cette somme; mais en bougie, bois, paille, avoine, j'avois tout ce qu'il me falloit pour moi et mon équipage. Je faisois tous les soirs la partie de *sizette* de mon hôtesse, qui mangeoit souvent avec moi, et son mari ne s'en inquiétoit pas du tout; j'allois la voir tous les matins, tant que je voulois, avant son lever, et le mari sortoit même de chez lui.

J'avois fait fermer toutes les portes et fenêtres de la ville qui donnoient sur la campagne, j'avois placé des corps de garde très rapprochés les uns des autres et toujours un bon bivouac près de ma maison, car les miquelets et volontaires couroient beaucoup le pays. On m'avertit un jour qu'ils s'étoient emparés d'un grand ermitage qui étoit à une lieue et demie de moi; comme je ne voulus pas leur donner le tems de s'y fortifier, je voulus y aller moi-même avec un bon détachement de grenadiers, des dragons et des miquelets amis que j'avois à mes ordres. Le soir, je demandai à mon hôte de me procurer un bon guide, il s'offrit à m'en servir lui-même, si je voulois lui donner un bon cheval; je lui dis que je ne le permettrois point, parce que nous trouverions les ennemis; il fit beaucoup le brave et assura que c'étoit pour cela qu'il vouloit venir. J'ordonnai à mon maître d'équipage de lui donner un cheval, il lui en donna un gris, si dur à l'éperon, que pas un de mes gens n'avoit pu le mettre au galop. Nous marchâmes en grand ordre et je voulois, au cas qu'il n'y eût point d'ennemis, me divertir un peu et savoir si mon hôte étoit aussi déterminé qu'il avoit voulu me le faire croire. J'ordonnai à douze miquelets d'aller reconnoître, en leur défendant de s'engager, si l'ennemi y étoit; un lieutenant avec vingt dragons marchoit pour les soutenir et moi un peu loin derrière eux. Quand ils eurent pris un peu les devans, je courus à eux, comme pour leur donner encore quelque ordre, je leur recommandai que, s'il n'y avoit pas d'ennemis, les miquelets occupassent la hauteur et que, quand les dragons paroîtroient, ils fissent feu en l'air, qu'aussitôt deux dragons vinssent m'avertir que les ennemis étoient là, mais que, si les ennemis y étoient effectivement, on ne m'envoyât rien dire. Il n'y en avoit aucun et ce que j'avois ordonné fut exécuté, je fis serrer les rangs, mettre la bayonnette au bout du fusil, et comme je faisois tout cela sans me retourner, de peur de rire, mon homme sut faire prendre le galop à son cheval, si bien que deux dragons que j'envoyai après lui ne purent jamais l'atteindre. Il mit l'alarme dans mon quartier, où il dit que j'étois perdu, parce que les ennemis étoient six contre un, on battit la générale et on sortoit déjà pour venir à mon secours lorsque les deux dragons arrivèrent, en disant qu'il n'y avoit rien. Mon hôte demeura enfermé dans sa chambre plus d'un mois, sans oser en sortir, et sa femme, ce que je n'aurois jamais cru, fut très longtems sans vouloir me voir, disant que j'avois déshonoré son mari. Enfin, à force de lui répéter que ce n'étoit pas son métier et que c'étoit lui-même qui s'étoit fait tort en s'enfuyant, cela se passa avec le tems et il finit par en badiner lui-même. Je demandai à mon maître d'équipage, comment il n'avoit pas su faire galoper un cheval qui couroit si bien, il me dit que c'étoit parce qu'il n'avoit jamais eu peur; et cela étoit vrai, c'étoit un fort brave homme.

Le 14 décembre de 1715 je partis avec mon régiment, qui fut envoyé à Saragosse. J'y trouvai le marquis de Pignatelli, maréchal de camp, qui depuis a été tué à la citadelle de Messine, nous mangions alternativement l'un chez l'autre avec grande compagnie, nous étions les deux amphytrions et nous avions toujours des femmes à nos repas. Jamais je n'ai connu d'homme aimer plus le désordre; pour moi, je l'évitois tant que je pouvois, mais il n'y avoit pas moyen, il nous gâtoit tous. Nous allions cependant dans la bonne compagnie et dans les maisons les plus huppées de la ville. Dans l'une, que je ne nommerai pas, une demoiselle me fit beaucoup d'agaceries; lorsque j'étois dans l'appartement de sa mère, elle me faisoit appeler par un page, comme si l'on me demandoit, elle me faisoit mettre derrière une tapisserie de l'antichambre, où donnoit une porte brisée en travers, dont le bas étoit fermé à clef. On me laissa voir beaucoup de facilité si j'en voulois profiter mais, le croira-t-on? non-seulement je m'y refusai, mais je donnai à cette demoiselle d'aussi bonnes leçons que sa mère auroit pu faire, en lui représentant ce qu'elle étoit et que, quant à moi, bien reçu dans sa maison, je ne serois pas assez traître pour en abuser. Une chose dont je puis me vanter, c'est que, dans tout le cours de ma vie, je n'ai jamais eu l'indignité de tromper des pères ou des maris qui m'attiroient chez eux, en cherchant à corrompre leurs femmes ou leurs filles; mais lorsque j'avois fait connoissance avec elles, il falloit bien faire des politesses aux gens du logis lorsque j'y allois.

La demoiselle dont je viens de parler, ennuyée de mes représentations, ne pensa plus à moi et j'en fus fort aise : elle me fit sans doute remplacer par quelque autre moins retenu que moi, car il en arriva des choses fâcheuses. Voici comme je l'ai su. Le chirurgien-major de l'hôpital militaire, nommé Le Clerc, françois de nation et que j'aimois beaucoup, me dit un jour : « Il faut que vous soyez bien malheureux d'avoir mis une telle personne dans l'état où elle est »; et il me dit ce qui en étoit. « Moi? lui répondis-je, je vous assure que non. » — « Et si la demoiselle, reprit-il, me l'a dit et l'a dit de même à son père et à sa mère et qu'elle se soit adressée à moi pour la tirer de là, qu'avez-vous à dire? — « Je vous jure, lui répétai-je, foi d'homme d'honneur, que cela est faux. » — « Parbleu, me dit-il, je le craignois pour vous; mais, puisque vous m'assurez le contraire, je ne manquerai pas de le dire ce soir au père et à la mère; mais il faut donc que ce soit un tel page. » — « Cela se peut bien, lui répondis-je, car il venoit souvent m'appeler pour aller causer avec elle et sans doute que pour mettre son amant à couvert ou bien par la honte d'avouer qu'elle s'est rendue si bassement, elle m'en avoit donné l'endosse. » Il me dit alors qu'il n'en doutoit pas et qu'il en vouloit avertir la mère, de peur qu'il ne la mît encore dans le même état; « car, ajouta-t-il, il est toujours avec elle. » Le Clerc me quitta, il fut l'après-dîner dans la maison en question mais il n'en sortit pas sur ses jambes, il fallut l'emporter chez lui, noir et enflé, il ne vécut que deux heures sans jamais pouvoir dire un mot. On peut juger des réflexions que cette mort me fit faire, je ne doutai pas un moment que cet homme n'eût parlé et que, pour punir son indiscrétion ou afin qu'il ne divulguât pas la honte de l'accident survenu à la demoiselle, on n'eût jugé à propos de s'en défaire. Je crus bien que, si on le pouvoit, on m'en feroit autant; tantôt j'étois résolu à ne plus mettre le pied dans cette maison, tantôt il me sembloit que marquer du soupçon étoit encore pire; je ne craignois pas le poison, on n'y mangeoit jamais, on y servoit tous les soirs du chocolat mais je n'en prenois point et, si l'on me donnoit du tabac, je n'avois qu'à le jeter sans le prendre. Enfin, je me déterminai à y aller; sans dire mes raisons, je priai deux de mes amis qui y alloient comme moi de ne point me quitter, et je chargeai mon maître d'équipage, de qui j'étois sûr, de se tenir toujours, avec deux soldats que j'avois choisis, à la porte de cette maison tant que j'y serois, en lui recommandant d'accourir à moi au moindre bruit. Je ne sais si l'on ne trouva pas l'occasion ou si l'on s'aperçut des précautions que je prenois, mais le fait est qu'il ne m'arriva pas la moindre chose.

Cette demoiselle, qui étoit accordée en mariage à un gentilhomme riche, l'épousa aussitôt qu'elle fût hors d'affaire, car on la tint au lit pour bien malade tant qu'on voulut. J'ignore si cet homme a su quelque chose de ce qui s'étoit passé et s'il m'a soupçonné; ce qu'il y a de sûr, c'est que l'ayant beaucoup vu depuis, il détournoit toujours la vue de moi. Elle avoit un frère qui, un jour que nous étions à Madrid, me proposa de monter dans son carrosse pour nous aller promener, j'y consentis; il avoit un coureur italien qui avoit la réputation d'être un adroit assassin, mais, de mon côté, j'avois de bons domestiques. Il me proposa de renvoyer mon carrosse, m'offrant de me mener où je voudrois après la promenade, je lui répondis que je ne voulois pas lui donner cette peine et que mes gens n'avoient rien à faire. Notre promenade se prolongea fort tard, il me proposa de descendre, alors je fis signe à mon maître d'équipage en campagne qui, à la ville, me servoit de cocher; cet homme me comprit d'abord, il laissa mon postillon à mon carrosse et, faisant semblant de se promener avec mon laquais et ceux du seigneur avec qui j'étois, il ne me quitta pas; j'avois toujours l'œil au guet, mais il ne se passa rien, il remonta dans son carrosse et moi dans le mien, et nous nous séparâmes. S'il ne m'arriva aucun mal quant à ma personne, je ne fus pas aussi heureux quant à ma fortune; car cette histoire est la seule cause des injustices que l'on m'a faites en Espagne, mais je les souffre dans le silence plutôt que de nuire à la réputation de celle dont il s'agit.

Après être entré dans le détail de ce triste événement, j'en reviens au reste du tems que je séjournai à Saragosse. La vie que j'y menois me devint insupportable, tant à cause de ce que je viens de dire, que par l'enchaînement de désordres auxquels m'entraînoit Mr de Pignatelli, ainsi que ceux qui abondoient chez moi, que je nourrissois et qui me ruinoient. Enfin je cherchai un prétexte de m'absenter, je demandai à la Cour un congé de trois mois pour aller à Barcelone, où je dis que j'avois des affaires, il me fut accordé. Je partis de Saragosse le 6 juin 1716 et je me rendis à Barcelone. Le prince Pio[1] y commandoit, il avoit été fort de mes amis pendant que nous servions en Italie et j'espérois qu'il me feroit payer des équipages que j'avois perdus à Arbusias, parce que, quelque tems auparavant, j'avois obtenu que les villages circonvoisins me payeroient mille pistoles d'or. J'en avois envoyé l'ordre du Roi à M^r le prince de Tzerclaes, qui commandoit alors en Catalogne, il n'y avoit point obéi, prétendant qu'il n'en falloit pas davantage pour révolter une autre fois ces peuples. Je ne sais si M^r le prince Pio eut les mêmes raisons, mais on a bien voulu me faire entendre dans le pays que, si je n'en ai rien eu, les secrétaires de ces Messieurs (car on ne peut soupçonner des chefs d'une telle considération d'y avoir eu part) ont su en tirer de bonnes aubaines; ce sont là de ces tours de bâtons si à la mode pour ceux qui commandent. Mon régiment partit de Saragosse le 13 août pour Badajoz en Estramadure, en allant le joindre, je passai à Madrid que je trouvai dans une grande combustion.

Monsieur le cardinal Alberoni retrancha toutes les payes des officiers principaux, les gardes voulurent s'y opposer, il tint ferme, les officiers des gardes espagnoles cédèrent, ceux des gardes wallonnes n'en voulurent rien faire; conclusion, les chefs quittè-

---

[1] Don Francisco Pio de Savoya Moura y Corte Real, marquis de Castel-Rodrigo, dit le prince Pio, grand d'Espagne, d'origine italienne par son père, espagnole par sa mère, marquise de Castel-Rodrigo; il s'attacha au service de Philippe V et devint maréchal de camp en 1705, lieutenant-général en 1708 et la même année chevalier de la Toison-d'Or, capitaine général des armées du Roi et gouverneur de Madrid (février 1714), capitaine général de la Catalogne (1715), grand écuyer de la princesse des Asturies (1721); il périt à Madrid, noyé pendant l'orage du 15 septembre 1723.

rent[1]. Ce furent le duc d'Havré, colonel, le comte de Mérode[2], lieutenant-colonel, le marquis de Laverre[3], major et quelques capitaines. Le Roi donna son régiment des gardes au prince de Robecque[4] qui, quoique parent et ami du duc d'Havré, ne refusa pas un si bon morceau ; mais il étoit impotent, au lit, et le bataillon qui étoit à Madrid se trouva sans officier supérieur ; on jeta les yeux sur moi pour le commander et le prince de Robecque, chargé de la part du Roi de me le dire, m'envoya prier de passer chez lui. Je ne m'attendois point du tout à cette proposition, cependant, sans hésiter, je lui dis qu'étant ami du duc d'Havré, chez qui j'avois toujours logé et logeois actuellement, et n'ayant pu qu'approuver les démarches des officiers des gardes wallonnes, il seroit très mal à moi de m'établir sur leurs ruines. « J'ai donc bien mal fait, à votre avis, Monsieur, me dit-il, d'accepter ce régiment. » — « Monsieur, lui répondis-je, j'ai ma façon de penser et vous avez la vôtre ». Il me représenta que j'étois un fou, que je manquois le moment le plus favorable que je rencontrerois de ma vie de faire ma fortune. Madame sa femme[5]

[1] On peut lire dans Saint-Simon le récit plus détaillé de ces événements. (*Mém.*, éd. Chéruel, VIII, 369 et suiv.)

[2] Charles Florent, comte de Mérode (1677-1749) quitta alors le service d'Espagne pour venir en France (1717), où il fut reconnu en qualité de lieutenant-général avec rang de 1709, mais il ne fit jamais de service effectif et, ayant hérité en 1725 du marquisat de Treslon, il s'y retira.

[3] Alexandre-Gabriel de Hénin-Liétard, lieutenant-général des armées d'Espagne en 1709, chevalier de la Toison d'Or, passa en France en 1717 où il reçut le même grade de lieutenant général ; il quitta ensuite ce service pour celui de l'Empereur, qui le créa prince du Saint-Empire (1736) ; la mort de son frère aîné (1740) lui donna le titre de prince de Chimay. Il mourut en 1745, à l'âge de soixante-quatorze ans, étant alors gouverneur d'Oudenarde et lieutenant-feld-maréchal des armées de la reine de Hongrie.

[4] Charles de Montmorency, prince de Robecque et de Morbecque, fils du prince Philippe-Marie et de Marie-Philippe de Croy-Solre, après avoir servi en France, entra comme maréchal de camp au service de Philippe V, qui le fit chevalier de la Toison d'Or, lieutenant général, grand d'Espagne de première classe (1713), et lui donna en septembre 1716 le régiment des gardes ; mais il ne profita pas de cette faveur, car il mourut le 15 octobre 1716.

[5] Isabelle-Alexandrine de Croy-Solre, sœur de l'ancien colonel de M. de Franclieu, avait épousé en 1714 son cousin le prince de Robecque et fut aussitôt nommée dame du palais de la reine d'Espagne. La comtesse de Solre, sa mère, « femme d'esprit et volontiers d'intrigue, » brouillée avec son mari et son fils et maltraitée par eux (*Mém. de Saint-Simon*, éd. Chéruel, VI, 449), avait accompagné sa fille en Espagne et vécut avec elle jusqu'à sa mort. La princesse

et Mme la comtesse de Solre, sa mère, qui l'étoit aussi du comte de Croy, mon premier colonel qui m'aimoit tant et chez qui je dînois tous les jours à Paris, comme je l'ai déjà dit, m'exhortèrent de leur mieux, mais sans rien gagner sur moi. On en informa le cardinal, qui m'envoya chercher; j'avois été très connu de lui en Italie, lorsqu'il étoit chez M^r le duc de Vendôme; il s'y prit doucement pour me faire accepter la proposition que m'avoit faite le prince de Robecque; à mon refus, il y mit de la hauteur et me dit que le Roi le vouloit. « Monsieur, lui dis-je, le Roi est trop juste pour exiger d'un officier étranger qui l'a bien servi d'autres conditions que celles pour lesquelles il est à son service. Je suis colonel d'un régiment wallon, je m'en contente; mon régiment est en Estramadure, je passe pour l'aller joindre et pars pour cela demain; si je ne conviens plus au Roi dans le poste où il m'a mis, il m'enverra ses ordres auxquels j'obéirai sur-le-champ ». Je me retirai sans plus dire et fus souper chez le duc d'Havré, où étoient tous ces Messieurs qui avoient quitté; ils me dirent beaucoup que mes sentimens ressembloient à ceux des anciens Romains. M^r le cardinal Alberoni, qui est vivant, se souviendra de cette vérité.

Je joignis mon régiment à Badajoz le 9 octobre 1716 et je n'entendis rien de la part de la Cour. Je ne songeai qu'à m'y bien divertir et j'en avois tous les jours des occasions. Je fus bientôt faufilé avec les dames de la ville; Mr Distouris, lieutenant-général, y commandoit, il prit de l'amitié pour moi et une dame de condition de la ville, qui lui coûtoit fort cher, en prit davantage. Dans le carnaval on donna des bals, il prit envie aux officiers de mon régiment de représenter une comédie, ils y réussirent parfaitement bien, la représentation se fit chez moi et m'occasionna une dépense de plus de cent pistoles d'or, en *refresco*[1] de confitures, eaux glacées, chocolat, etc., en un souper à plus de cent personnes et un *medianoche*[2] ou pour mieux dire, en un continuel repas pendant la comédie et le bal. J'étois grandement logé et j'imaginai

---

de Robecque fut la seule dame du palais qui accompagna Elisabeth Farnèse à Saint-Ildefonse, lors de l'abdication de 1724, et sut toujours conserver les bonnes grâces de cette reine.

[1] *Refresco*, collation, goûter.
[2] *Medianoche*, minuit, c'est-à-dire souper à minuit.

de faire quelque chose d'extraordinaire : outre trois pièces bien illuminées en bougies, avec des violons et hautbois pour les personnes les plus huppées, il y avoit une chambre basse éclairée en chandelles, avec des jambons et du vin, pour les personnes du second ordre, et une autre chambre qui n'avoit que quatre lampes avec de l'huile, où l'on portoit les restes des autres, pour toutes les femmes de soldats et de moyenne vertu qui voudroient venir. Le bal d'en-haut, peu de tems après le souper, devint assez longtems solitaire, tous et toutes se jetèrent dans les bals d'en-bas et je m'aperçus qu'on s'y divertissoit grandement. Cela donna lieu à quelques bouderies le lendemain, mais le tout se raccommoda. Une dame de condition étoit ma reine en haut, la femme du tambour-major celle du second et la femme d'un soldat celle du troisième.

A côté de ma maison étoit un couvent de religieuses ; une d'elle, qui étoit fort jolie, m'envoya tant de fois prier de l'aller voir, que j'y fus, cependant avec une sorte de répugnance. Tant de personnes m'avoient dit et surtout Mr de Pignatelli, qui les fréquentoit beaucoup, que les religieuses en Espagne étoient plus dévergondées que les femmes du monde, que je me faisois une sorte de peine de les voir. Celle qui me demandoit n'attendit pas une seconde visite pour me proposer de franchir la muraille qui séparoit ma cour de leur jardin, où nous pourrions nous voir sans grilles ; je lui dis que, nous autres étrangers, tout libertins que nous étions, nous n'étions pas accoutumés à nous adresser à celles qui s'étoient vouées à Dieu, que, dans les intentions où je la voyois, elle n'auroit pas dû prendre le parti du cloître. Elle me répondit que ce n'étoit pas de son choix, que ses parens l'y avoient obligée, que, pour comble de malheur, elle les avoit perdus et que, par conséquent, elle n'avoit plus la subsistance qu'on lui envoyoit journellement de chez elle. Il est vrai, comme je l'ai su à n'en pouvoir douter, que la plupart des couvens de religieuses en Espagne reçoivent une fille sans être obligés de la nourrir, les parens leur envoient à dîner et à souper de leur table. Enfin, celle dont je parle n'ayant plus de parens qui lui en envoyassent et l'ouvrage de ses mains ne pouvant la nourrir, me fit comprendre, ainsi qu'une vieille tante religieuse qui venoit parfois au parloir, que, sans les attraits de la nièce, elles mourroient de faim. Je fis avec elles un traité qui fut que je leur enverrois tout ce qu'il leur faudroit pour leur subsistance pendant le tems que je serois à Badajoz, mais j'y mis deux conditions; elles acquiescèrent bien volontiers à la première, qui étoit qu'elles ne recevroient aucune visite de séculiers, prêtres, ni religieux, la seconde étoit que je ne les verrois pas moi-même davantage. Elles se faisoient un grand scrupule de tirer de moi de tels secours sans m'en récompenser, mais voyant que je ne voulois absolument pas l'être, elles admirèrent ma générosité et consentirent à ce que je voulus. Je ne les laissai manquer de rien tant que je fus à Badajoz, et je crois que c'est la plus belle action que j'aie faite de ma vie.

Pendant que j'étois à Badajoz, on fit une réforme dans la cavalerie; les chevaux se vendoient entre trois et six pistoles d'or pièce, à l'encan; je dis au commissaire des guerres qui faisoit faire la vente que, s'il vouloit m'en laisser choisir huit d'un même poil, j'en donnerois quarante pistoles d'or; il me dit qu'il le feroit volontiers et qu'il croyoit servir le Roi, quand il en tireroit quelques pistoles de moins, lorsque c'étoit pour un officier de ses troupes qui l'avoit servi comme moi. Comme ces chevaux ont l'oreille coupée, j'en pris à qui l'on en avoit ôté fort peu et les fis arranger de façon qu'à peine s'apercevoit-on qu'on y eût touché. Je n'avois point de carrosse, ayant laissé le mien à Madrid, je priai un gentilhomme de la ville de permettre que son cocher, quand il ne seroit pas occupé, dressât mes chevaux au carrosse, un à un, avec une de ses mules. Il me l'accorda volontiers, mais cet enragé de cocher, qui étoit un nègre, prit un autre parti : il vint avec son carrosse à deux mules me prendre un matin et me dit de faire suivre les six chevaux dont je voulois faire un attelage, nous sortîmes et fûmes dans une campagne vaste et bien unie. Là, il harnacha mes six chevaux, ôta ses deux mules et mit tous les six chevaux à son carrosse; il fit plus (et j'eus cette complaisance), il me fit monter dans le carrosse avec un capitaine de mon régiment; il avoit un excellent postillon, il commença par mettre mes chevaux à toute course, sans leur laisser le tems de se reconnoître, les rendit tout blancs d'écume et les lassa à un tel point qu'il me ramena, au trot et au pas, par toutes les petites rues de la ville, menant cet attelage comme si mes chevaux n'avoient jamais fait d'autre métier. Nous passâmes chez son maître, chez le gouverneur, chez le commissaire des guerres et enfin, il me remit chez moi, et depuis, ces chevaux n'ont jamais refusé de faire ce service avec la même docilité. Je donnai à ce cocher deux pistoles d'or pour boire et je me trouvai avoir un fort bel attelage à bon marché, car je revendis vingt-cinq pistoles un des deux chevaux que je ne faisois pas tirer, tellement que les sept autres ne m'en coûtèrent que quinze.

Je fus avec dix ou douze officiers de mon régiment à Elvas, ville de Portugal; je menai mon cuisinier et je trouvai à faire bonne chère dans une auberge. Je vis monter la garde, les soldats sous les armes sont très polis, car tous nous ôtèrent leur chapeau et ils en firent autant en passant devant la porte d'une église. Nous vîmes sur la place un grand cercle d'officiers qui causoient, mais qui, le chapelet à la main, remuoient les lèvres, l'un seulement parloit et nous remarquâmes que celui qui vouloit parler ensuite, faisoit signe de la main, finissoit son *Ave Maria* commencé et puis parloit. Ils firent, à notre exemple, une cavalcade à Badajoz et descendirent à une hôtellerie, mais nous fûmes les y prendre et je les menai dîner chez moi, afin de leur faire voir la différence de notre façon de vivre avec la leur.

Le 1er mai 1717, je partis avec mon régiment pour me rendre à Ciudad-Rodrigo; comme je m'y ennuyois, j'allai sans congé faire une course d'un mois à Madrid, avec la permission du gouverneur, à qui je promis de ne me laisser voir d'aucun des ministres. Cependant l'un d'eux m'ayant rencontré, je l'assurai fort que ce n'étoit pas moi et je lui demandai le secret, qu'il garda. De retour à Ciudad-Rodrigo, comme je faisois distribuer un habillement neuf, le baron de Bilez, capitaine, eut dispute avec un lieutenant nommé Florès; le premier lui donna un soufflet. J'étois éloigné d'eux, mais j'avois vu le coup et je les vis sortir sur-le-champ; un autre capitaine, nommé Kénard, vint à moi, voulant me conter la chose, mais comme je n'y voyois point de remède, je lui dis : « Eh! Monsieur, vous m'interrompez dans un compte que l'on fait ici ». Puis je parus très attaché à ces calculs, j'entendois que ce capitaine disoit derrière moi : « Bien, bien, quand il saura ce

9

que je voulois lui dire, il sera bien fâché de n'avoir pas voulu m'entendre ». Je m'échappai de lui. Le capitaine donna encore deux bons coups d'épée au lieutenant et je chargeai Mʳ de La Grange de dire à ce capitaine et aux officiers qu'il falloit me laisser ignorer cette affaire, dont je ne parlai qu'en particulier aux gens de ma confiance.

Je passai le 21 décembre avec mon régiment à Zamora. Je trouvai une jeune personne fort à mon gré et, comme elle ne répondoit pas assez promptement à mes désirs, je lui citai une de ses amies qui écoutoit favorablement le chevalier de Gomicourt[1]. « Ah! me dit-elle, ce cavalier-là a un carrosse! » Je ne lui dis plus rien, mais je fis chercher dans la ville trois carrosses qui ne rouloient point, faute de chevaux ou de mules, et le lendemain j'y mis mes six chevaux, deux à chaque carrosse; pour les charger de beaucoup de livrées, je pris les tambours de mon régiment qui étoient tous jeunes gens bien faits, je remplis mes trois carrosses d'officiers et je fus ainsi à la maison où se tenoit l'assemblée. J'avois chargé un officier de s'y trouver avant nous, d'être à la fenêtre et d'appeler tout le monde quand il nous verroit arriver, en demandant à qui appartenoit ce nombreux cortège d'une même livrée. Tous vinrent à la fenêtre, je descendis avec gravité et je fus reçu de toute la compagnie avec bien plus de respect qu'auparavant. Personne, hors mes officiers, ne savoit le sujet de cette farce; je m'approchai de la demoiselle et je lui dis qu'à présent j'avois deux carrosses de plus que le chevalier de Gomicourt, que d'ailleurs il n'étoit que capitaine, que moi j'étois colonel et qu'un de mes carrosses seroit toujours à son service. Enfin elle ne put tenir à mes nouveaux charmes, je rendis deux carrosses, je louai le meilleur et lorsque je le lui prêtois pour la promenade, surtout lorsque j'y faisois mettre mes six chevaux, je m'apercevois qu'elle en étoit fière avec ses amies et bien plus tendre pour moi.

On me dit dans cette ville que près de là il y avoit un bain superbe, excellent pour les blessures, dans un lieu appelé Ladesma. J'y fus; c'est une pièce voûtée, d'une très grande

---

[1] Cadet du comte de Gomiécourt, s'était distingué à Villaviciosa, sous les ordres de son frère aîné. Cf. BELLERIVE, *loc. cit.*, 225.

étendue; on y prend le bain autrement que partout ailleurs : l'eau est dans le milieu, on y descend tout autour d'une très large banquette par cinq ou six degrés; chacun porte son lit sur cette banquette et l'on se sépare les uns des autres avec des tapisseries ou des draps. Si on est un mois à prendre les bains, on ne sort jamais de cette pièce, parce que, dit-on, les pores étant ouverts, il seroit mortel d'aller à l'air; mais je me moquai de cela, j'avois un lit pour y suer une heure après mon bain, ensuite je m'habillois et je sortois. Il m'auroit été impossible de manger et de dormir avec l'odeur qui étoit dans ce bain. On s'y baigne tous ensemble, hommes et femmes, pêle-mêle, et l'on ne change que chaque vingt-quatre heures l'eau dans laquelle on est jusqu'au cou. Si l'on y voit des corps ragoûtans, on en voit de bien désagréables ; chacun y garde une chemise, mais comme j'étois persuadé que les minéraux s'attachent au linge sans pénétrer le corps, j'y entrois nu, me contentant de porter des caleçons. Les chemises et les caleçons, lorsqu'ils sont mouillés, n'empêchent pas de voir toute la forme du corps, tellement qu'en sortant du bain et, mieux encore, en changeant de linge, on se voyoit tel qu'on étoit. Ces bains sont excellens, et je m'en trouvai très bien; je m'y amusai même très agréablement car, comme je sortois du bain, je trouvois la compagnie des femmes qui avoient accompagné leurs maris et qui, comme moi, ne couchoient pas dans le bain; il s'en trouva de fort aimables qui ne s'accommodoient point d'avoir des époux impotens. Il y a dans cet endroit un reste d'ancienne muraille où nous ne pûmes jamais, avec la pointe d'un couteau, parvenir à faire la différence de la pierre avec le mastic qui la lioit, ni par la dureté, ni par la couleur.

Je reçus ordre de passer avec mon régiment à Alicante, je me mis en marche le 25 avril 1718. En passant à Guadarama[1], un homme d'affaires de don Miguel Durant[2], qui étoit notre secrétaire d'Etat de la guerre, vint à moi et me dit qu'il avoit ordre de

---

[1] Village au pied de la montagne du même nom.

[2] Don Miguel-Fernandez Durant, protégé d'Alberoni, qui le créa marquis de Tolosa et sous lequel il dirigea le département de la guerre, puis celui de la marine et des Indes, avec le titre de secrétaire d'État. Il fut remplacé dans ces fonctions par Castellar et son frère José Patinho.

son maître de me faire loger dans la maison qu'il avoit en cet endroit « afin, me dit-il, de montrer l'exemple aux autres ». J'avois un fort bel appartement, mais il avoit oublié de dire qu'on m'y donnât à souper, j'y suppléai en faisant fort bonne chère à mes dépens et je donnai à manger à une grande partie des officiers de mon régiment. On vint me dire que le comte de Benavente[1], grand d'Espagne, venoit d'arriver; je voulus pour lui faire honneur, suivant l'usage ancien, lui envoyer une garde, et peu de tems après, je fus le voir avec un gros corps de mes officiers. On me fit attendre assez de tems à l'entrée de sa maison et je sus qu'il n'avoit pas fait la moindre honnêteté aux officiers qui commandoient la garde. Tout cela me disposa assez mal contre lui, enfin il parut, je lui fis un compliment en lui donnant de *l'excellence,* comme cela lui étoit dû, il y répondit en me donnant du *usted*[2], tandis qu'il me devoit de la *seigneurie,* ainsi qu'elle se doit aux gens titrés et aux colonels; je continuai un peu la conversation pour avoir le plaisir de lui donner du *usted* à mon tour et, avec un coup de tête, je partis. Sa garde se mit sous les armes pour moi, en passant je commandai moi-même : « Soldats! la crosse à l'envers, à vos logemens! » Et nous laissâmes le comte de Benavente, je crois fort honteux. Il vit bien qu'il avoit manqué, il vint, un moment après, me rendre sa visite, je m'étois déshabillé et mis en robe de chambre, nous allions nous mettre à une table qui étoit fort bien servie; je lui demandai s'il vouloit souper avec moi, il me remercia fort en me donnant de la *seigneurie,* alors je lui rendis de *l'excellence,* je le reçus debout et je ne l'accompagnai que jusqu'à la porte de ma chambre, m'excusant sur le chaud qui m'avoit fait changer de linge et me mettre à mon aise, ce qui m'empêchoit d'aller plus loin. Je passai par

---

[1] Don Francisco-Antonio Pimentel de Quinones, treizième comte de Benavente, gentilhomme de la Chambre de Philippe V, dont Saint-Simon a tracé un curieux portrait : « Il passoit sa vie reclus dans ses terres, dans une extrême « dévotion, affolé des jésuites dont cinq ou six l'y assiégeoient toujours. Il y « tenoit sa femme et ses enfants auxquels il ne donnoit rien, ne vouloit voir « personne et désoloit sa famille et toute sa parenté..... Ce qui est étrange, c'est « qu'ils disoient tous qu'il avoit de l'esprit et du savoir. » (*Mém.*, éd. Chéruel, XII, 161.)

[2] *Usted,* vous, la personne à qui l'on parle (*Dict.* de SOBRINO).

Madrid, mon régiment filant à côté. Je dis chez le Roi à tous les grands d'Espagne ce qui s'étoit passé entre leur confrère et moi, tous crièrent contre lui et dirent que par de telles façons on avoit mis les militaires au point de ne leur plus rendre aucun honneur.

Don Miguel Durant me dit qu'il viendroit le lendemain voir mon régiment à notre logement, je lui offris de manger un morceau chez moi à midi ; ils vinrent deux carrossées, j'avois pris mes précautions la veille pour avoir un bon dîner et j'envoyai de Madrid ce qui pouvoit me manquer. Don Miguel, en arrivant, trouva le régiment en bataille, on fit l'exercice et les évolutions dont il fut fort content, il ne le fut pas moins de mon dîner qui étoit de vingt-quatre couverts, il ne pouvoit comprendre que l'on vécût aussi bien dans les troupes. Il me donna le rafraîchissement de demeurer un mois dans le gros bourg d'Elché[1], près d'Alicante, avant d'entrer dans cette garnison. Il m'avoit donné une route qui me faisoit faire un détour de six jours de marche, je m'en fis moi-même une plus courte que je suivis ; je lui mandai que c'étoit pour épargner de la fatigue aux soldats et les frais de transport de nos équipages, il l'approuva; il ne faudroit pas en faire autant en France.

J'envoyai mon aide-major à Elché pour y faire le logement; Messieurs de la ville, au nombre de vingt-deux, tous couverts de dorures et la plupart ayant des carrosses, le firent et ne logèrent pas un soldat dans le bourg mais dans des hameaux qui en dépendoient et dont quelques-uns étoient à plus d'une lieue. Ils ne voulurent rien changer à leurs dispositions, quelques instances que fit mon aide-major, qui leur assura que je ne disperserois pas ainsi mon régiment. Il vint au devant de moi pour m'en rendre compte et me dit qu'il n'y avoit que moi de logé dans le bourg et qu'il y avoit envoyé mon équipage pour que

---

[1] Elche, bourg du royaume de Valence, à quatre lieues d'Alicante. Pendant la guerre de succession, les habitants d'Elche avaient embrassé avec ardeur le parti de l'archiduc; en septembre 1706 le maréchal de Berwick en avait chassé la garnison ennemie, et il en avait coûté cher à cette ville « des plus jolies et « des plus riches qu'il y eût en Espagne ; car, quoique, malgré moi, elle eût été « en partie pillée, nous en tirâmes encore quatre-vingt mille sacs de blé et vingt « mille pistoles en or. » (*Mém. de Berwick*, 236.)

j'eusse à dîner en arrivant. Je le renvoyai dire à ces Messieurs que je voulois mon régiment logé dans le bourg, ils n'en voulurent rien faire. En entrant sur la place pour me former, comme leurs carrosses qui étoient devant la Maison de ville en occupoient une partie, je commençai à les en faire chasser à grands coups de bourrades aux cochers et aux mules. Ils étoient tous aux fenêtres et moi à cheval, je leur envoyai dire de me venir parler, ils répondirent que je pouvois monter où ils étoient, si j'avois quelque chose à leur dire. Je m'en allai chez moi, après avoir ordonné que les soldats fissent halte sur leurs havre-sacs, leurs armes à côté d'eux, j'y laissai quelques officiers et fus à mon logement avec les autres. J'envoyai l'aide-major dire à ces Messieurs qu'ils vinssent me parler chez moi, ils répondirent encore qu'ils étoient dans leur lieu d'assemblée où on pouvoit aller quand on avoit à leur parler ; alors j'ordonnai à mon aide-major (et si je lui avois donné cent pistoles, je ne lui aurois pas fait autant de plaisir) de prendre quatre grenadiers que je lui nommai, qui étoient quatre diables d'une figure à faire trembler, et de m'amener avec eux toute cette troupe dorée. Il ne marcha pas, il vola ; ils le prièrent fort de renvoyer ses grenadiers, qu'ils iroient de bon gré chez moi. « Faites marcher grenadiers ! » ordonna-t-il, ils firent bien leur devoir et leur air les étonna si fort qu'ils ne tenoient pas tous vingt-deux la place de quatre. Toute cette troupe vint à grands pas et monta chez moi ; en entrant, l'un d'eux voulut prendre la parole. « Je ne vous appelle pas ici, leur dis-je en l'interrompant, pour vous entendre mais pour vous donner mes ordres, qui sont que je veux tout mon régiment logé dans le bourg, les dernières maisons de l'entrée des rues et une sur la place pour des corps de garde. Si cela n'est pas fait dans une heure, mon régiment sera réparti dans vos vingt-deux maisons. Grenadiers, accompagnez ces Messieurs à leur Hôtel-de-ville et ne les laissez séparer ni en sortir qu'après que tout le régiment sera logé comme je l'ordonne ». Il fallut obéir. Le lendemain, j'eus des visites, toutes en corps, des Messieurs de la Maison de ville, de la noblesse et du clergé ; tous ceux qui n'étoient pas des premiers les blâmèrent fort et nous devînmes si bons amis qu'après que je fus à Alicante, il n'y avoit point de fête chez eux qu'ils ne vinssent me dire qu'ils me réservoient un balcon pour moi et pour ceux que je mènerois. J'y allois ordinairement.

J'entrai à Alicante le 18 de juin, avec mon régiment, les plus grands amusemens que j'y avois étoient avec les capitaines des vaisseaux qui y abordoient; nous allions manger avec eux, ils venoient aussi souvent manger chez moi. Une malheureuse mère vint me trouver un jour avec sa fille qui étoit très jolie, elle me dit qu'elles étoient fort pauvres et elle, si persuadée que je les secourrois, qu'elle me laissoit sa fille. Ce n'étoit pas là mon entendu, je ne cherchois rien de ce qu'il falloit payer : il y a toujours du danger. Quand je m'approchai de cette aimable enfant, en lui faisant des amitiés, elle se mit à pleurer, elle me dit que son père étoit mort et que la pauvreté obligeoit sa mère à la sacrifier pour vivre; elle me jura qu'elle n'avoit jamais connu d'homme et qu'elle avoit promis à la Vierge Marie de garder sa virginité. Je fus si frappé de la façon touchante dont elle me dit cela que, quoiqu'elle couchât cette nuit dans ma chambre et que, par caprice, elle y revînt plusieurs autres fois malgré moi, jamais je n'ai voulu lui ôter ce qu'elle avoit si sagement promis de garder. Sa mère et une tante qu'elle avoit, m'ayant dit un jour que c'étoit une petite entêtée (à peine avoit-elle treize ans), et que, si je voulois, elles la tiendroient, je leur chantai pouille et je leur défendis de mettre jamais les pieds chez moi, mais la petite y venoit de tems en tems chercher les secours que je lui donnois. Je lui recommandois fort de tenir sa parole avec les autres comme avec moi; je ne sais, après mon départ, ce qui en sera arrivé.

Je partis d'Alicante le 26 septembre 1718 pour aller prendre les bains de Barège, je passai par Saragosse et Pau, où je vis mes anciennes connoissances. J'en fis de nouvelles à Bagnères, surtout avec une fort aimable demoiselle dont un président de Pau, de conséquence, étoit épris. Je crois qu'on auroit voulu trouver en moi un épouseur, je laissai toutes les espérances qu'on avoit, mais sans jamais rien promettre. J'ai toujours été si délicat là-dessus, que je crois que si j'avois promis mariage à une servante, je lui aurois tenu parole. J'assurai la mère que sa fille me plaisoit beaucoup et je sais que toutes deux se flattoient que j'en viendrois au sacrement. Quand je me mariai, on m'avertit que cette demoiselle avoit dit que j'en avois donné une promesse, je répondis qu'elle n'avoit qu'à la montrer, que je la remplirois, mais que ni sa naissance, ni sa conduite que je n'avois jamais ignorée, n'avoient jamais pu me laisser la moindre idée là-dessus, comme elle se l'étoit persuadé.

Je me rendis à Madrid dans le mois de novembre, on avoit fait de mon second bataillon un régiment colonel et comme le Roi vouloit augmenter ses troupes à cause de la guerre qu'il faisoit en Sicile, on me proposa de faire un second bataillon et je l'acceptai. On me donna sept piastres par homme, l'habillement et l'armement. J'allai joindre mon premier bataillon à Saragosse, je donnai le commandement du second à Mr Desessarts qui avoit été major de mon régiment, la compagnie de grenadiers à Mr de Roquette, capitaine du premier, qui étoit de Bordeaux, et toutes les compagnies à des lieutenans du premier bataillon ou d'autres régimens, que je connoissois gens convenables. J'en menai quelques-uns avec moi à Pau pour y faire des recrues, n'étant nullement informé alors que la France voulût déclarer la guerre à l'Espagne; on peut comprendre que si je l'avois su, ou je me serois bien gardé d'y aller, ou je serois resté dans ma patrie. M^r le chevalier de Caylus[1] qui commandoit à Saragosse, m'écrivit à Pau que le Roi, qui me croyoit à Saragosse, lui avoit envoyé un ordre pour que je laissasse au commandant le soin de lever mon second bstaillon et que je me rendisse en poste à la Cour, si mes blessures me le permettoient, ce que je fis. Si je n'étois pas parti si brusquement de Pau, sur cet ordre, on dit qu'il en vint un de la Cour de France de m'y arrêter. Je n'en ai jamais rien su ; ce que je sais, c'est que quand j'en fus parti, un capitaine d'une compagnie franche dit que j'avois voulu lui donner le commandement de mon second bataillon avec grade de lieutenant-colonel; il m'est aisé de prouver le contraire puisque je l'avois donné avant d'aller

---

[1] Claude-Abraham de Pestels de Tubières, chevalier, puis duc de Caylus, était colonel du régiment de Languedoc quand un duel l'obligea à passer en Espagne, où il devint maréchal de camp (1709), lieutenant général la même année, chevalier de la Toison d'Or (1717), vice-roi de Galice (1722), capitaine-général des armées d'Espagne (1734). C'était le beau-frère de Mme de Caylus, nièce de Mme de Maintenon.

à Pau. Je ne puis lui passer celle-là que sur le principe que l'on se procure de l'avancement comme on le peut, et en effet, il en a été récompensé; mais je laisse à décider à d'autres s'il est bien de s'établir par une fausseté lorsqu'elle peut nuire à quelqu'un, comme cela arriva à mon égard; car je sais que cela a fait croire à la Cour de France que j'y étois allé pour débaucher des officiers des troupes du Roi, ce à quoi je n'ai jamais pensé; j'ai seulement proposé à un seul officier françois, fort honnête homme, qui étoit de Pau, de lui donner une compagnie s'il la vouloit, mais c'étoit parce qu'il étoit réformé depuis longtems, battant le pavé de Pau sans espérance d'être replacé. J'avoue que je cherchois alors des jeunes gens (mais nullement en service), à qui j'offrois des lieutenances et sous-lieutenances, à condition de me faire des recrues, en leur payant douze piastres par homme et, sur mon honneur, je ne croyois faire dans ce tems-là que ce que j'avois toujours fait auparavant, ne pouvant deviner que les deux Couronnes n'étoient pas d'intelligence. Cela se comprend sans que je l'assure.

CHAPITRE IV.

1719-1720.

M. de Franclieu est appelé à Madrid. — Il est promu brigadier d'infanterie. — Mission secrète. — M. de Graffeton. — Mylord Maréchal. — Une maison galicienne. — Le marquis de Risbourg. — M. de Franclieu destiné à servir comme inspecteur-général de l'infanterie dans l'expédition entreprise contre l'Angleterre. — Le roi Jacques et le duc d'Ormond. — Échec de l'expédition. — L'auteur va rejoindre l'armée espagnole en Navarre. — Féret, colonel de hussards. — Violente dispute avec le ministre don Miguel Durant. — Alberoni à l'armée. — Discussion avec Patinho, M. de Franclieu veut donner sa démission. — Siège et prise de Castel-Ciudad. — L'auteur se plaint à la Reine de n'avoir pas été promu maréchal de camp. — Il se rapproche de don Miguel Durant.

J'arrivai en poste à Madrid le 4 janvier 1719, je fus descendre au Pardo, où étoit la Cour. M^r le cardinal Alberoni, à qui je m'adressai comme premier ministre, fut fort aise de me voir, il me dit d'aller chez moi à Madrid, mais de ne me montrer à personne, qu'il m'avertiroit quand je pourrois voir Leurs Majestés. Cependant j'envoyai chercher quelques amis de confiance, de qui j'appris que la France menaçoit de nous faire la guerre. Cette nouvelle me fit faire de tristes réflexions, je craignois que l'on ne voulût me charger de quelque commission en France et j'étois absolument déterminé à ne rien faire contre les devoirs d'un honnête homme. M^r le cardinal m'avoit dit que je serois fait brigadier avant de sortir de Madrid, j'avois deux bons bataillons, une forte pension dont le tout me faisoit quatre-vingt-cinq pistoles d'or par mois ; je me rappelai le proverbe qui dit qu'il faut que la chèvre broute où elle est attachée, mais je me promis bien de ne pas jouer d'autre rôle que celui qu'exigeoient de moi mes emplois militaires.

On me laissa tout le reste du mois chez moi, où je m'ennuyois fort ; enfin, le 1er février 1719, à midi, un hallebardier[1] m'apporta un billet de Mr le cardinal pour me rendre d'abord chez lui au palais. J'y fus. « Le Roi va vous donner, Monsieur, me dit-il, des marques de sa confiance : voilà des lettres de brigadier de ses armées[2], vous serez inspecteur de l'infanterie et son homme auprès du Roi vers qui il vous envoie. » Je fus fort content parce que je compris que je n'allois pas être employé contre la France, je lui répondis que je sacrifierois la dernière goutte de mon sang pour reconnoître les bontés que le Roi avoit pour moi. « Venez le dire, vous-même, à Leurs Majestés », me dit-il ; nous montâmes par un escalier ménagé dans le mur. « Voilà, Sire, dit le cardinal, le marquis de Franclieu, prêt à tout ce que V. M. voudra. » — « Je n'en ai jamais douté, me dit le Roi, et je vous en tiendrai compte. » Cet entretien se passa en marques de bonté de la part du Roi et de la Reine et en grands offres de service de la mienne. Nous nous retirâmes, je n'étois pas peu surpris de ce que l'on ne me disoit rien, et tous les princes de l'Europe me passèrent par la tête, sans jamais tomber sur celui auquel on me destinoit. Le cardinal ne m'instruisit de rien non plus, il me demanda si j'avois de l'argent et des équipages ; je lui dis que j'avois le tout à Saragosse. « Tant pis, répondit-il, mais tenez, en attendant mieux » ; et il me donna vingt-cinq pièces de quatre pistoles. « Apparemment, Monseigneur, lui dis-je, vous ne m'envoyez pas loin. » — « On aura soin de vous en fournir où vous allez, me dit-il ; partez demain et rendez-vous à Guadarama ». Comme ce n'est qu'à sept lieues de Madrid, je lui demandai : « Et de là, Monseigneur ? » — « Vous y recevrez vos ordres », me dit-il.

Je m'y rendis le 2 février, avec une chaise de louage et des chevaux pour mes gens. Cette route me persuada que j'allois

---

[1] La compagnie des Hallebardiers était l'ancienne garde des rois d'Espagne, que Philippe V conserva lorsqu'il organisa ses compagnies de gardes du corps ; c'était quelque chose d'analogue aux Cent-Suisses de la garde du Roi de France (*Mém. de Saint-Simon*). Vêtus de velours jaune, les hallebardiers étaient armés de la *cuchilla*, espèce de faux montée sur une longue hampe. Le commandement de cette compagnie était recherché par les plus grands seigneurs.

[2] Le brevet de brigadier des armées du roi d'Espagne est daté du 30 janvier 1719. (Arch. du chât. de Lascazères.)

m'embarquer pour aller en Suède. Je vis arriver ce même jour douze ou quinze officiers, entr'autres Mr de Graffeton [1], lieutenant-général, de nation irlandoise, et tous les officiers qui arrivoient étoient de cette nation. Comme Graffeton étoit de mes amis, je l'abordai, nous nous demandâmes l'un à l'autre où nous allions, mais comme on nous avoit défendu à tous deux de dire que nous marchions par ordre de la Cour, nous prétextâmes chacun des affaires particulières. Je lui donnai à souper, nous nous regardions l'un l'autre en souriant, nous ne nous disions rien. Le lendemain matin arriva un courrier, nous eûmes chacun nos ordres séparés qui portoient de nous rendre à Benavente [2]; nous partîmes sans nous rien dire mais, nous trouvant dans le même chemin, nous dîmes que puisque nos affaires nous menoient d'un même côté, nous pouvions nous mettre tous deux dans une chaise et nos valets de chambre dans l'autre, ce que nous fîmes. On nous laissa quinze jours dans cette ville, où nous n'osions dire nos noms, cela nous étant défendu; nous n'osâmes même pas nous faire loger, il fallut nous contenter de mauvaises *posadas* [3]. Comme la noblesse voyoit bien que nous n'étions pas des gens ordinaires, elle nous attiroit chez elle où nous étions très bien reçus. Une fille de condition prit l'habit dans un couvent de religieuses, il y eut à cette occasion un grand repas auquel je fus invité, seul de ce que nous étions d'étrangers. Pendant que nous nous réjouissions bien, un de mes gens vint me dire qu'il étoit arrivé chez moi un courrier qui me demandoit, qu'il leur avoit dit avoir grand faim et qu'ils lui avoient donné à manger; je répondis qu'ils avoient bien fait, qu'on lui dît que j'allois le joindre et qu'en attendant on le fît bien manger et bien boire. J'achevai promptement de dîner et je me rendis chez moi; en abordant ce courrier, je lui demandai s'il étoit chargé de quelque ordre. « Oui, Monsieur, me dit-il, mais verbal. » Je l'avois pris pour un courrier ordinaire, parce qu'il étoit enveloppé dans une grosse redingote, mais je m'aperçus qu'il avoit

---

[1] Graffeton ou Graveton avait fait avec distinction la guerre en Espagne, s'était signalé comme colonel de dragons, notamment à la Guadiana et fut nommé en 1710 maréchal de camp.

[2] Benavente, gros bourg du royaume de Leon, sur l'Esla, entre Leon et Zamora.

[3] *Posada*, hôtellerie, auberge.

de très beau linge. Je lui dis d'abord que je reconnoissois ma méprise, que je lui en faisois mes excuses et que je lui serois obligé s'il vouloit me dire qui il étoit, n'ayant pas l'honneur de le connoître. « Je ne le puis pas encore, Monsieur, me dit-il, mais bientôt nous nous retrouverons et nous ferons connoissance. L'ordre que je vous porte est de vous rendre incessamment à la Corogne. » J'ai su depuis que ce n'étoit pas moins que Mylord Maréchal[1], grand seigneur écossois.

Je partis de Benavente et je me rendis à la Corogne, où j'arrivai le 27 février. Nous retrouvant, Graffeton et moi, sur la même route, nous continuâmes à voyager ensemble par un tems détestable et des vens si extraordinaires qu'ils renversèrent trois fois notre chaise; comme il falloit en sortir pour la relever, nous étions mouillés comme si nous étions tombés dans l'eau et toutes nos hardes le furent également.

Nous arrivâmes dans une maison fort grande; la manière dont ils sont logés dans ce pays mérite que j'en fasse une petite description : toute la maison consiste dans une grandissime pièce, où il n'y a de muraille que six pieds d'élévation, tout le reste est un toit fort élevé, fait en pain de sucre et couvert de paille; il n'y a qu'une seule porte pour tout ce qui entre ou qui sort, tout à l'entour sont des loges pour leurs bestiaux, séparées des côtés et fermées sur le devant avec des échelles fort larges; par dessus les bestiaux sont les lits de toute la famille et dans le milieu est un très grand feu sans cheminée. Nous fûmes bien heureux toutefois de trouver cette ressource. Tous les hommes avoient été au travail et ils ne revinrent point à cause du mauvais tems; ils se gîtèrent ailleurs. Il n'y avoit dans la maison que trois femmes, une fort vieille, une jeune et une fille assez grande. Quand la Reine y

---

[1] George Keith, maréchal héréditaire, premier comte et pair du royaume d'Écosse, dit le comte Maréchal ou Mylord Maréchal (1686-1778), succéda en 1712 aux titres de son père lord William, neuvième comte Maréchal, et était en 1714 capitaine des gardes de la reine Anne; à la mort de la Reine, il embrassa le parti des Stuarts, et en 1715 fit prendre les armes en Écosse pour le Prétendant; condamné à mort par contumace, il se réfugia en Espagne où il prit du service; après l'échec de l'expédition de 1719, il passa en Prusse, y devint l'ami de Frédéric II, qui le nomma grand-croix de l'Aigle Noir et gouverneur de la principauté de Neufchâtel. Il mourut à Berlin.

auroit été, nous ne pouvions faire autrement que de nous mettre nus comme la main pour nous sécher. Graffeton étoit un peu vieux, j'étois plus jeune et j'avois les chairs plus fraîches, aussi je fus bien mieux soigné que lui, tous les linges chauds n'auroient été que pour moi, si je ne lui en avois pas envoyé. J'aurois bien voulu que la vieille le prît pour sa tâche, mais elle étoit plus acharnée à me frotter que les autres, à tout instant elle répétoit : *Jesus! que cuerpo!* et ne laissoit rien en moi sans le bien essuyer. Elle ne fut même pas fâchée de voir que, par leurs soins et leurs frottades, je montrois de grands signes de santé et, lorsqu'elle s'en aperçut, elle m'assura fort que les maux de la journée n'avoient fait aucune mauvaise impression sur moi. C'étoit toujours elle qui parloit, les deux autres avoient les yeux baissés, elles en voyoient mieux et ne frottoient pas moins. Graffeton fut paresseux, au point de ne donner aucune marque que la chaleur de leurs linges eût ranimé ses esprits; cela auroit dû les engager à exercer plus de charité envers lui, mais, pourroit-on le croire? elles en eurent moins. Nous fîmes mettre devant le feu bien de la paille où nous nous fourrâmes, et ces bonnes gens nous veillèrent toute la nuit. Je ne dormis guère, Graffeton beaucoup; nos gens étoient des témoins qui, je crois, fâchèrent fort nos bonnes gardiennes, et je les vis très tristes à notre départ.

M^r le marquis de Risbourg[1], vice-roi de Galice, me reçut fort bien, il ne vouloit pas que je mangeasse ailleurs que chez lui. C'étoit un homme singulier; au premier abord, il me dit tout : que l'on embarquoit de l'infanterie, de la cavalerie, à pied, mais avec l'équipement de leurs chevaux, et cinquante mille armes à Cadix, que tout cela, en passant devant le cap Finisterre, devoit y être joint par le vaisseau *le Catalan*, qu'il me montra dans le port et qui devoit porter le roi Jacques[2], M^r le duc d'Or-

---

[1] Philippe de Melun, marquis de Risbourg ou Richebourg, grand d'Espagne de la première classe, capitaine-général des armées du roi d'Espagne, avait succédé en 1716 au prince de Robecque comme colonel des gardes wallonnes ; il devint plus tard vice-roi de Catalogne. Il passait pour avoir des sentiments hostiles à la France. (Cf. A. BAUDRILLART, *Philippe V et la Cour de France*, II, *passim*.)

[2] Jacques-François-Edouard Stuart, dit aussi Jacques III, connu en Angleterre sous le nom du *Prétendant*, fils du roi Jacques II et de Marie-Eléonore

mond[1], qui ne tarderoient guère à arriver, et nous tous qui l'étions déjà. « Et tout cela, me dit-il, pour faire une descente ou plutôt une cacade en Angleterre, car s'imaginer qu'avec six mille hommes seulement que vous menez vous puissiez conquérir un royaume comme l'Angleterre, c'est une folie et je ne crois pas que notre Cour s'en flatte, d'autant que je ne vois personne pour conduire tout cela. Encore passe, continua-t-il, si on m'en avoit chargé. » Il avoit grande opinion de lui et s'il étoit de mon sujet de conter de ses faits, ils sont rares ; il poussoit la valeur en toute occasion jusqu'à la témérité.

Il me proposoit souvent d'aller à la chasse avec lui, nous nous embarquions toujours dans une belle chaloupe pour aller chasser de l'autre côté du port ; un jour que nous y allions, son pilote et ses rameurs lui dirent de regarder comme les eaux étoient enflées, que certainement nous risquerions de périr et ils insistoient à ne pas vouloir nous laisser entrer dans la chaloupe. Comme il s'opiniâtroit à vouloir passer : « Monsieur, lui dis-je, cela seroit bon s'il s'agissoit du service du Roi, mais pour une partie de plaisir que l'on peut remettre à un autre jour, il ne me paroît pas prudent de nous exposer. » — « Est-ce que vous avez peur ? » me dit-il. — « Peur ? » lui répondis-je, en sautant dans la chaloupe, « voyons qui de nous deux reculera le plus tôt. » Il rioit de tout son cœur et n'entroit point. « Venez, lui dis-je, sinon je conterai à tout le monde que, pour le coup, je vous ai vu foiblir. » — « Il faut bien que j'y aille, » dit-il, en parlant à ses matelots, « car il le feroit, ma foi, comme il le dit. » Nous fûmes obligés de quitter les bancs de la chaloupe et de nous asseoir tous sur les bords pour

---

d'Este, servit dans sa jeunesse (1712) dans l'armée française sous le nom de *chevalier de Saint-Georges*. Après plusieurs tentatives malheureuses pour recouvrer sa couronne, il se retira à Rome où il mourut en 1766, âgé d'environ soixante-dix-huit ans.

[1] James Butler, deuxième duc d'Ormond, fils de Thomas, comte d'Ossory, et d'Emily de Nassau, né en 1660, était capitaine des gardes de Jacques II et se rallia en 1688 au prince d'Orange devenu Guillaume III ; il fut, sous la reine Anne, généralissime des troupes anglaises (1712) et remplaça dans les Pays-Bas Marlborough disgrâcié. A la mort de la Reine, il embrassa le parti du Prétendant, fut condamné à mort par George Ier, pour crime de haute trahison, mais se réfugia en France où il devint le chef du parti jacobite. Après un long séjour en Espagne, il se retira en 1732 à Avignon, où il mourut en 1745.

étendre nos manteaux, les bras tendus, ainsi que nos domestiques les leurs et parer ainsi les vagues qui sans cela auroient rempli notre chaloupe. Nous passâmes enfin, mais comme nous prenions terre, une vague, en nous y jetant, culbuta la chaloupe et nous nous relevâmes bien vite, de peur qu'une autre vague ne nous reprît et ne nous reportât dans la mer. Nous fûmes tous bien mouillés. Mʳ de Risbourg en rit beaucoup et moi comme lui, nous fîmes faire bon feu et ne chassâmes pas longtems. Au retour, la mer s'étoit un peu calmée; le pilote dit qu'il ne vouloit plus lui en servir, parce qu'il le feroit quelque jour noyer avec lui.

Le roi Jacques arriva avec Mʳ le duc d'Ormond. Ce prince me fit beaucoup d'amitiés; le cardinal Alberoni lui écrivit que S. M. C. ayant su que le Roi son père et lui avoient manqué leurs entreprises, faute de bons officiers d'infanterie, il lui en envoyoit un en moi de toute satisfaction. Quand nous allions chez ce prince, il faisoit prier par un de ses écuyers tous les autres officiers qui étoient anglois ou irlandois, mais il avoit la bonté de me prier toujours lui-même, en me disant : « Dînerez-vous avec moi aujourd'hui? » J'y restois, comme on peut juger, quoique j'eusse toujours du monde à dîner chez moi; un lieutenant de mon régiment, que j'avois mené, y faisoit les honneurs. Le prince se promenoit toujours sur le bord de la mer avec ce qui composoit sa Cour, il prenoit à part un petit nombre de nous et nous parloit de son entreprise. Mʳ le duc d'Ormond disoit qu'en débarquant, nous aurions autant d'hommes et de chevaux qu'il en faudroit pour les armes et les harnois que nous portions, et tout de suite, après avoir fait une ligne sur le sable pour y indiquer toutes les provinces, je le vis indécis sur le point où se feroit le débarquement, si au nord, si au levant..... Je ne pus m'empêcher de dire alors que j'avois compris qu'il avoit des gens tous prêts pour se joindre à nous et prendre les armes que nous leur portions; mais que s'il n'avoit pas fixé le lieu du débarquement, ils ne pourroient pas s'y rendre. « Pourvu, dit alors le duc d'Ormond, que je fasse entrer vingt chevaux dans le pays, de quelque côté que nous descendions, nous aurons d'abord tout ce qu'il nous faudra ». Une autre fois, on dit que les Anglois, ignorant notre débarquement, avoient dispersé toutes leurs troupes de trois en trois mille hommes autour de l'île, que, par conséquent, nous ne trouverions pas de grandes forces qui pussent s'opposer à nous ; on prétendit qu'il falloit se retrancher d'abord, débarquer tout notre attirail et notre artillerie, en attendant les chevaux qui devoient la mener et les hommes qui viendroient nous joindre. Je dis que je craignois que cette manœuvre ne donnât à ces petits corps de trois mille hommes le tems de se joindre et de nous masquer, pour empêcher nos amis de venir à nous, qu'il faudroit plutôt débarquer toutes nos troupes légèrement, sans équipages, donnant seulement deux fusils à chaque homme pour armer ceux qui viendroient nous joindre, que, par des feux ou des fusées, nous ferions connoître à nos vaisseaux la route que nous prendrions et que, selon moi, il falloit, par la droite ou par la gauche, longer la mer, écraser les petites troupes à mesure que nous en trouverions; que, lorsque nous serions en forces et que nous aurions des chevaux pour nos cavaliers et pour notre artillerie, nous pourrions alors débarquer tout notre attirail; que je sentois bien que nos vaisseaux étoient exposés, mais que, dans une entreprise comme la nôtre, tout devoit se donner au hasard. Enfin nous n'avons pas su à quoi l'on se seroit déterminé.

Un orage dispersa toute l'escadre sortie de Cadix, les uns furent jetés çà et là sur nos côtes et les autres en Portugal; notre entreprise fut ainsi manquée. Nous avions depuis plusieurs jours une frégate en mer, pour nous avertir et nous embarquer dès que nos vaisseaux paroîtroient, mais nous apprimes plus tôt par terre de toutes parts que notre flotte ou flottille étoit toute maltraitée et dispersée. Je crois que ce fut le moindre malheur que nous pouvions attendre, nous n'avions pas assez de troupes pour réussir dans de si grands desseins. On m'a dit depuis que Charles XII, roi de Suède, devoit se joindre à nous; il étoit cependant alors acharné au siège d'une place où il fut tué. Ainsi on peut reconnoître la main de Dieu qui, empêchant la Suède de nous secourir, ne voulut pas nous faire périr totalement[1]. Mais quel bonheur

---

[1] « L'expédition qui devait conquérir trois royaumes à Jacques III avait été
« confiée à une flotte de vingt-quatre voiles, qui ne portait que cinq mille
« hommes et ne comptait que deux vaisseaux de guerre et une frégate. Partie de
« Cadix le 7 mars, elle avait été dispersée au cap Finisterre par une tempête qui

c'eût été pour moi si je m'étois vu aux ordres de ce grand prince ! Qu'il est gracieux pour un militaire d'être secondé dans une action par des gens de courage ! J'ai eu, au contraire, le malheur de me voir toujours abandonné de ceux qui étoient sur les ailes de ma troupe. Et quel agrément de combattre sous les yeux d'un prince qui récompense sur le champ de bataille, sans être réduit à aller faire le pilier d'antichambre à la Cour chez un ministre !

Nous étions bien venus chez toutes les dames de la Corogne. L'une, avec qui je causois un jour, me dit qu'elle étoit fort observée. « Mais, ajouta-t-elle, la Semaine Sainte approche, nous trouverons alors des momens de nous voir et lorsqu'aux Ténèbres on aura éteint toutes les lumières, ayez soin d'être fort près de moi. » Cela arriva et je crois que si je n'avois respecté l'église, elle m'auroit mené loin, car dans ce moment elle se jeta à mon cou en me baisant tendrement ; je ne pouvois pas me débarrasser d'elle ; il me fallut faire des efforts pour m'en tirer, elle m'en fit beaucoup de reproches, mais je lui dis que je n'étois pas assez scélérat pour profaner la maison de Dieu. Il y avoit une assez jolie femme, plus aisée à voir, car son mari, qui étoit le consul de France, étoit détenu prisonnier dans un fort situé dans le port. Un colonel irlandois s'attacha à la femme du consul anglois, pour se venger, disoit-il, de cette nation.

Après notre entreprise manquée, je reçus ordre d'aller joindre le Roi en Navarre avec les débris de nos troupes. Je pris congé du roi Jacques, qui me gracieusa beaucoup et qui me donne encore actuellement des marques de ses bontés, puisqu'il m'a fortement recommandé à M[r] le cardinal de Tencin[1] pour faire obtenir des grâces à mes enfans, et ce prélat ne néglige rien pour cela. Je

---

« dura douze jours. Deux bâtiments seuls parvinrent aux rivages d'Ecosse pour « y débarquer une poignée d'aventuriers, bientôt pris et traînés triomphalement « à travers tout le royaume. » (BAUDRILLART, *loc. cit.*, II, 367.)

[1] Pierre-Paul Guérin de Tencin (1680-1758), fils d'Antoine Guérin, président à mortier au Parlement de Grenoble, suivit à Rome comme conclaviste le cardinal de Rohan (1721) et y resta quelques années comme chargé d'affaires ; nommé archevêque d'Embrun (1724), cardinal (1739), archevêque de Lyon (1740), il devint ministre d'Etat le 25 août 1742, et se retira des affaires en 1751. Ayant pris parti contre les jansénistes dans les querelles religieuses du XVIIIe siècle, il a été vigoureusement calomnié par la plupart des auteurs de son temps.

joignis le Roi et son armée en Navarre, le 10 juin 1719, mon régiment y venoit aussi, mes équipages le suivoient, mais j'arrivai longtems avant. Quand M^r le cardinal Alberoni me vit : « Ah! me dit-il, je ne vous attendois pas si tôt, on vient de commander le brigadier Comerfort[1] pour un détachement qui part demain et j'aurois fort voulu que vous le commandassiez, mais comme il ne sait pas encore sa destination, je lui en donnerai un autre et vous irez où il devoit être envoyé. Allons trouver le Roi, » me dit-il; nous y fûmes. Leurs Majestés me reçurent fort bien, me parlèrent un peu de notre entreprise manquée et convinrent avec M^r le cardinal de m'envoyer où Mr de Comerfort étoit destiné. Rentré chez M^r le cardinal, je lui dis que j'étois venu avec une chaise de louage, sans chevaux, qu'il falloit au moins qu'il me fît donner un cheval du Roi et deux mulets de vivres pour porter quelques hardes. « Pour les derniers, me dit-il, à la bonne heure, mais ni le Roi, ni moi, n'avons que les chevaux dont nous ne pouvons point nous passer, faites de votre mieux »; et tout de suite il m'expliqua ce que j'avois à faire.

Je partis le lendemain avec six compagnies de grenadiers, six piquets, un régiment de nos miquelets et deux escadrons de dragons, pour aller couvrir l'armée du Roi et me camper..........[2] peu distante de Fontarabie[3], dont M^r le maréchal de Berwick faisoit le siège. Je passai à San-Estevan et je me campai à Lisaca[4]; Mr de Comerfort me suivoit avec six compagnies de grenadiers, devant me joindre au premier ordre que je lui enverrois. J'ordonnai aux paysans de prendre les armes, de rompre tous les ponts et de m'avertir s'ils voyoient la moindre troupe, je répartis quelques soldats avec les paysans armés et

---

[1] Lucke Comerfort, fils d'Edward Comerfort, gentilhomme irlandais, avait suivi le roi Jacques II en France, et y devint major du régiment de Lee; il passa ensuite en Espagne, où il obtint le grade de brigadier, et mourut à Douai en 1728.

[2] En blanc dans le manuscrit.

[3] Fontarabie, *Fuentarrabia*, petite ville du Guipuzcoa, autrefois très forte, commandant l'embouchure de la Bidassoa. Fontarabie fut investi le 15 mai et se rendit le 17 juin, ce qui détermina le roi d'Espagne à retrograder en deçà de Pampelune.

[4] C'est dans le camp de Lisaca que Philippe V apprit la reddition de Fontarabie.

je visitois mes postes de tems à autre. Il me venoit beaucoup de déserteurs de l'armée de France, j'en mis deux cents dans le second bataillon que je levois, ce qui en fit une fort belle troupe. Rien n'étoit plus divertissant que de voir ces déserteurs quand ils m'abordoient, ils demandoient le général des Espagnols, et me voyant monté sur un bidet que j'avois acheté en Galice pour porter mon cuisinier, ils ne paroissoient pas prendre une grande idée des Espagnols; mais leur surprise cessoit quand on leur disoit que mes équipages n'étoient pas encore arrivés. Les jambons de Galice étant fort renommés, j'en avois porté une charge et, dans mes marches, faute de mieux, j'en donnois de rôti, de bouilli, en *chingares* [1], et cela me faisoit de bonnes haltes. Heureusement, un lieutenant de dragons avoit deux chevaux, dont l'un étoit fort beau, je le lui achetai cinquante pistoles d'or, un officier me prêta un harnois et je fus un peu passablement, en attendant mon équipage.

Un jour, Mr le prince Pio, qui commandoit l'armée sous le Roi, vint me joindre et me dit de faire prendre les armes à mes troupes. Nous marchâmes fièrement jusqu'à Hojarcom [2], à demi-lieue du camp de Mr de Berwick. Il avoit avec lui un nommé, si je m'en souviens bien, Féret [3], qui avoit été colonel de hussards en

---

[1] *Singaras*, côtelettes de veau avec de fines lames de jambon. (Jules GOUFFÉ *Le livre de cuisine*, Paris, Hachette, 1867.)

[2] Oyarcon, Oyarzun, petite ville du Guipuzcoa, sur la rivière d'Oyarzun à neuf kilomètres sud-est de Saint-Sébastien.

[3] Quelques jours après l'expulsion de Cellamare, « Sandraski, brigadier de « cavalerie et colonel de hussards, Seret, autre colonel de hussards..... furent « conduits à la Bastille ». (*Mém. de Saint-Simon*, éd. Chéruel, XI, 54.) D'autre part, le général comte Pajol (*Les guerres sous Louis XV*, I, 85 ; Paris, Didot), cite, d'après les Archives du Dépôt de la guerre, une lettre de M. Dervieux, qui mandait de Saint-Jean-Pied-de-Port, en date du 31 juillet 1719 : « On m'a « rapporté que l'on avait fait empoisonner [emprisonner?]..... le sr Fevet, « lieutenant-colonel des hussards, qui s'était jeté en Espagne ; il a été soupçonné « de s'être lancé dans leur parti, pour avoir l'occasion d'enlever le cardinal « Alberoni. » Ce Seret, Fevet ou Féret, semble bien n'être qu'un seul et même personnage, que Lémontey nomme Claude-Dominique, baron de Ferrette, chevalier de Saint-Louis, et dont il a consulté les *Mémoires manuscrits*. Ce Ferrette, « réfugié français, étourdi et voluptueux, le même qui se trouvait à la « tête de la liste des créatures de Cellamare..... parvint à concerter son plan « avec le maréchal de Berwick, [pour enlever Alberoni]. Le jour fut pris, et un « détachement français attendait sa proie. Ferrette avait choisi pour confident « un baron de Stetten, officier allemand, dont la pesante simplicité le rassurait.

France et s'étoit venu rendre au Roi. Cet homme étoit son conducteur, et il avoit assuré le Roi, le cardinal et le prince Pio, que, pourvu que l'armée de France vît des troupes du roi d'Espagne, des régimens en corps viendroient les joindre. J'ai oublié de dire que, lorsque je fus détaché pour l'avant-garde du Roi, S. M. me dit qu'il n'alloit en avant que pour les intérêts du Roi son neveu, et que la France ne lui faisoit la guerre que pour empêcher les puissances maritimes de la lui faire. Sur cette parole royale, j'allois sans scrupule et de bonne voile. Il étoit même facile de croire que tout cela n'étoit qu'une démonstration de guerre, qui ne dureroit pas longtems. Nous arrivâmes à Hojarcom à la brune; les petites troupes que j'avois en avant parloient avec les vedettes de l'armée de France, quant à moi, j'allois comme mon général me menoit. Il m'ordonna de poster mes gardes et fit prendre une maison pour lui dans Hojarcom, je lui dis tout haut, devant un grand nombre d'officiers, que j'allois exécuter ses ordres, mais que je ne pouvois m'empêcher de lui représenter qu'il arriveroit de trois choses une, ou que nous en serions chassés le lendemain à la pointe du jour, le feu au cul, ou que nous serions enveloppés la nuit et pris dans cette ratière, ou que si on nous méprisoit assez pour n'en rien faire, il faudroit nous retirer honteusement, lorsque tous les peuples s'imaginoient que nous venions secourir Fontarabie. Féret prit la parole et dit que bien plutôt toute l'armée de France déserteroit et viendroit à nous. « Monsieur, » dis-je alors à Mʳ le prince Pio, « vous connoissez sans doute Monsieur et ses menées; si vous en êtes sûr, à la bonne heure! je sais qu'il envoie chez les ennemis un certain baron de Stettein qui en revient souvent, il a passé par mon poste avec des ordres de Mʳ le cardinal; malgré tout cela, si vous ne m'ôtiez pas ici le commandement, je le ferois sur-le-champ lier et garrotter. » Le prince Pio, déjà descendu de cheval, fit deux ou trois tours de cinq ou six pas, allant et venant, puis il me dit : « Monsieur, vous avez raison, disposez votre retraite et marchons ».

« Plus d'une fois, dit-il, il admira en souriant la bonhomie nationale de ce « complice désintéressé, [jusqu'au jour où] l'indiscret conspirateur se vit « lui-même arrêté et conduit à la tour de Ségovie par ce bon Allemand, qui était « un espion du cardinal. » (LÉMONTEY, *Histoire de la Régence*, I, 266.)

Mon premier soin, en m'éloignant, fut d'appeler deux officiers et de leur recommander de ne pas perdre de vue ce Féret, quelque chose qui arrivât. Je marchai, mais aussitôt que j'eus gagné les défilés des montagnes, à demi-hauteur, près d'une maison que je trouvai, je priai Mᴿ le prince Pio de se délasser, l'assurant que nous étions hors d'insulte, que du moins on ne pouvoit pas venir m'attaquer avec un plus grand front que celui que je pouvois présenter pour me défendre. Je postai mon monde, nous passâmes la nuit très tranquillement; le lendemain, je demandai au prince de trouver bon que je fisse une longue halte sur ces hauteurs, pour me faire voir bien près de l'armée françoise, afin que si une partie ou le tout vouloit se joindre à nous, comme ce Féret l'avoit dit, ils pussent le faire et aussi afin de détromper le Roi que des corps entiers de François passeroient à lui. Il y consentit et il se retira avec quelques troupes qu'il prit, menant avec lui ce Féret; en arrivant, on le lia sur une bourrique et on le mena dans les prisons de la citadelle de Pampelune. On m'a dit que Mᴿ de Berwick obtint sa grâce et aussi qu'il m'en avoit beaucoup voulu de l'avoir empêché de faire un beau coup, qui étoit d'enlever le prince Pio et ma troupe; je servois mon prince et je suis persuadé que Mᴿ de Berwick, quoique fâché, ne m'en a pas moins estimé[1]. Fontarabie fut pris et je rejoignis l'armée où mon régiment étoit arrivé.

Un jour, Mᴿ le cardinal me dit que le Roi me demandoit, je le trouvai seul avec la Reine, il me dit que je devois avoir beaucoup d'amis et de parens dans l'armée de France, que je devrois leur écrire pour les engager à passer de son côté, ce qui seroit servir le Roi leur maître. Je lui répondis que je n'en connoissois pas de capables d'une telle action que je ne me hasarderois jamais à leur

[1] Philippe V en voulut beaucoup à Berwick d'avoir accepté le commandement de l'armée qui marchait contre lui; « il ne pouvoit oublier qu'outre les États « qu'il lui avoit donnés en Espagne, la Grandesse et l'ordre de la Toison-d'Or, et « en lui donnant une épée magnifique qu'il tenoit du feu Roi son grand-père, « ce maréchal lui avoit juré une perpétuelle fidélité et attachement, et qu'il « n'avoit pas balancé à prendre le commandement d'une armée qui l'attaquoit en « personne. » (*Mém. de Villars*, éd. Vogüé, V, 242.) Saint-Simon ayant, en 1722, tenté de redemander pour le maréchal les bonnes grâces du roi d'Espagne, en reçut pour toute réponse : « Monsieur, Dieu veut qu'on pardonne, mais « il ne faut pas m'en demander davantage. » (*Mém.*, éd. Chéruel, XII, 301.)

proposer, qu'un homme attaché à un service suivoit ses drapeaux sans pénétrer les raisons des princes, que c'étoit ainsi que je le servois et que je croyois qu'il en étoit de même des François. Il ne me dit plus rien sur cela. Il vint cependant de l'armée françoise soixante-deux officiers de tout grade, on les mit tous à la suite de mon régiment; il y avoit des colonels, lieutenans-colonels, majors, capitaines, lieutenans, etc...; cela me déplut fort. J'allai à don Miguel Durant, secrétaire d'État de la guerre, qui étoit à l'armée avec le Roi; je lui représentai que mon régiment seroit très encombré dans les marches, il me répondit qu'outre que tous ces officiers demandoient à être attachés à mon régiment, le Roi le vouloit ainsi, afin que je pusse lui désigner un jour ceux qui étoient bons, pour les garder, et ceux qui ne valoient rien, pour s'en défaire; il fallut obéir.

Le Roi fit une promotion cette campagne; quand la liste parut, je fus fort surpris de m'y voir dans le nombre des brigadiers, moi qui l'étois déjà depuis cinq mois. J'en parlai au secrétaire d'Etat, qui me dit que l'on m'avoit donné ce grade seulement pour l'expédition d'Angleterre, mais qu'actuellement c'étoit pour les armées du Roi. « Croyez-vous, Monsieur, lui répondis-je, que j'aurois reçu un pareil brevet? Il est pour les armées du Roi et dans les mêmes termes que se font tous les autres. » — « Portez-le moi, me dit-il, vous verrez que vous vous trompez ». J'avois été toujours fort bien avec cet homme, qui me consultoit souvent sur ce qui survenoit dans les troupes, j'allai chercher mon brevet, je le lus avec soin et puis je le lui portai en lui disant : « Voyez, Monsieur, s'il y a quelque différence de ce brevet-là avec les autres. » Il le lut négligemment, le jeta de même sur des tablettes qui étoient derrière lui; une longue table nous séparoit. « On vous en donnera un autre » me dit-il. « Un autre, Monsieur! et qui m'ôtera celui que le Roi m'a donné? » — « C'est le Roi qui le veut ainsi. » — « Le Roi est le maître, mais je ne le rendrai qu'à lui-même; remettez-le-moi, je vous prie, Monsieur, » dis-je d'un ton ferme et si résolu qu'il n'osa se dispenser de le faire; je le repris. Comme je sortois : « Monsieur, me dit-il, parlez-en à M^r le cardinal avant d'en parler au Roi, c'est lui qui m'a donné l'ordre de retirer votre brevet. » Je fus droit chez le cardinal, fort enflammé, son valet de chambre me dit qu'il étoit enfermé avec Mʳ le prince Pio et Mʳ de Patino[1], intendant de l'armée ; je lui répondis fort haut, pour être entendu, que c'étoit devant ces Messieurs qu'il falloit que je lui parlasse et qu'il allât m'annoncer. Il le fit, j'entrai et en m'adressant à Mʳ le cardinal, je lui fis le récit de ce qui venoit de se passer entre moi et don Miguel Durant ; il me répondit que cela faisoit crier tous les autres. « Monseigneur, lui dis-je, après avoir crié, ils se tairont ; quant à moi, je ne servirai le Roi qu'avec le brevet et l'ancienneté que j'ai, et si ces deux Messieurs me condamnent, je me soumettrai. » Ils dirent tous deux que ce seroit me faire une grande injustice. « Eh bien, Monsieur, me dit le cardinal, gardez-le donc. » Et cela se passa ainsi.

Nous décampâmes et le nouveau camp fut assis d'une façon qui faisoit pitié ; je le dis au cardinal, que je priai de ne pas me faire des ennemis en disant que c'étoit moi qui l'avois averti, j'ajoutai que s'il vouloit monter à cheval, je lui ferois connoître les défauts du campement. Il le fit, je lui montrai que l'on s'étoit campé sur un ruisseau dont le camp suivoit en tournaillant les détours, que les tentes et les faisceaux d'armes étoient tout au bord de ce ruisseau, tandis qu'ils devroient être reculés pour pouvoir se former à la tête du camp en avant des faisceaux. Il sentit cela ; nous allâmes descendre chez le Roi : « Sire, lui dit-il en entrant, j'ai voulu voir votre camp, et moi qui n'en ai vu qu'en Italie, lorsque j'y étois avec Mʳ de Vendôme, j'ai fort bien reconnu la ridiculité de celui-ci ; » et il lui conta tout ce que je lui avois

---

[1] Don José Patinho, frère de Castellar, né à Milan en 1666, d'une famille d'origine espagnole, entra jeune dans l'ordre des Jésuites, mais le quitta de bonne heure pour passer en Espagne, où il entra dans l'administration ; il y devint en 1713 intendant de l'armée de Catalogne. Alberoni, devenu ministre, en fit son homme de confiance, le nomma successivement intendant de Cadix, secrétaire des finances des Indes, puis ministre de la marine (1716) ; en 1719, il était commissaire général de la guerre ; la chute d'Alberoni ne lui fit pas perdre ses places, qu'il fut toutefois obligé d'abandonner à l'arrivée de Ripperda ; il fut réintégré en 1726 dans les ministères de la marine et des Indes, y joignit le secrétariat des finances et celui de la maison du Roi ; nommé chevalier de la Toison-d'Or en 1732, il fut déclaré premier ministre en 1734. Il mourut le 3 novembre 1736, ayant été créé, sur son lit de mort, grand d'Espagne de la première classe.

dit. Je crois qu'il fut fort aise que je ne voulusse pas être cité sur cela et que tout parût venir de lui. Le Roi et le général y furent après dîner et trouvèrent la position fort mauvaise; on ordonna de lever le camp pour le replacer mieux. Le lendemain matin le cardinal me demanda si l'on étoit bien posté à présent; « Un peu plus mal, » lui répondis-je. — « Comment? » me dit-il. — « On a bien laissé du terrein, repris-je, pour se mettre en bataille; mais, pour vouloir asseoir le camp dans une ligne droite, il y a des régimens qui sont d'un côté du ruisseau et qui ont leurs faisceaux de l'autre, d'autres corps dont les officiers sont séparés par ce ruisseau sans aucun pont de communication. » Il ne dit rien au Roi, mais le soir il monta à cheval avec lui et il crioit comme un aigle, en détaillant au Roi toutes les fautes dont je l'avois averti; il fut fort approuvé par tout le monde. De retour chez lui : « Il faut avouer, me dit-il, que nous avons de grands ânes. » Il y avoit cependant dix-huit officiers généraux dans notre armée, et c'étoit les maréchaux de camp qui faisoient les campemens.

Le 2 octobre 1719, j'eus ordre de marcher avec ma brigade et de me rendre à Benavari. M\ le marquis de Bonas[1] étoit avec un gros de grenadiers françois dans la Conque de Tremp, d'où il faisoit contribuer le pays; il avoit avec lui un fameux capitaine de miquelets, qui avoit fait tant de désordres que le Roi avoit mis sa tête à prix. Un jour nous sûmes qu'il étoit avec soixante miquelets à une lieue de nous; M\ de Graffeton, qui commandoit alors à Benavari, envoya un colonel réformé de mon régiment avec deux

---

[1] Antoine de Pardaillan de Gondrin, marquis de Bonas, était fils d'Antoine de Pardaillan, baron de Dufort et de Bonas, et de Françoise de Cous; il entra au service comme mousquetaire en 1688, se trouva en 1697 au siège de Barcelone, en 1701 en Italie, où il fut nommé lieutenant-colonel du régiment de Bains. Il obtint en 1705 le rang de mestre de camp réformé de cavalerie, brigadier en 1709, maréchal de camp en 1719, il fut employé cette année-là aux sièges et prises de Fontarabie, Saint-Sébastien, Castelléon, Urgel, Rosas; commandeur de Saint-Louis en 1724, lieutenant général en 1734, il commanda un corps de réserve en Italie, obtint l'année suivante (1735) la grand-croix de Saint-Louis et se retira définitivement du service. Il mourut le 6 avril 1751, âgé de quatre-vingts ans; il n'avait point contracté d'alliance et cette branche des Pardaillan, sur laquelle il avait jeté quelque éclat, s'éteignit avec lui. Sur sa campagne de 1719, on trouve de nombreux et intéressants détails dans l'ouvrage du baron de Lassus : *Les guerres du dix-huitième siècle sur les frontières du Comminges, du Couserans et des Quatre-Vallées.* Saint-Gaudens, 1894.

cent cinquante hommes, grenadiers et dragons, pour l'envelopper. Il le suivit et le força à se retirer dans un couvent; nos grenadiers mettoient déjà le feu à la porte, lorsque le bruit courut dans le village que Mʳ de Bonas approchoit. Le commandant de la troupe nous envoya dire qu'il tenoit ces miquelets bloqués, mais que Mʳ de Bonas venoit à leurs secours et il nous engageoit à sortir au plus vite, Mʳ de Graffeton et moi, pour le soutenir. Il n'étoit qu'à deux lieues de nous, mais, sans nous attendre, il prit sur ce faux bruit le parti de la retraite; nous le trouvâmes à une lieue; nous étions au désespoir. Mʳ de Graffeton lui dit : « Quoi! n'aviez-vous pas des dragons pour reconnoître les mouvemens de Mʳ de Bonas? » — « Monsieur, lui dis-je alors, vous avez manqué un bien beau coup. » Un de mes grenadiers, nommé La Ramée, s'écria : « Monsieur, c'est pour vous apprendre, quand vous voudrez faire quelque chose, à y venir vous-même. »

Ce même officier avoit écrit du camp devant Fontarabie au lieutenant-colonel de Navarre pour l'engager à passer à l'armée du roi d'Espagne avec son régiment; un lieutenant, de ceux qui nous étoient venus de l'armée de France, fut assez sot pour aller en habit de soldat, comme déserteur, porter cette lettre; le lieutenant-colonel de Navarre le fit arrêter, il fut mis au Conseil de guerre où il déclara celui qui l'avoit envoyé, dont le nom fut inséré dans le procès. Ce lieutenant fut pendu[1], et cependant la Cour de France a donné depuis des distinctions honorables à ce colonel réformé, qui est aujourd'hui lieutenant général dans les troupes d'Espagne, tant il est vrai qu'il y a des gens à qui rien ne tourne mal. Quant à moi, on ne m'auroit jamais persuadé d'écrire de pareilles lettres, et LL. MM. Catholiques ne purent l'obtenir de moi quand elles me le proposèrent, comme je l'ai dit ci-devant. Je ne nomme point cet officier, c'est un fort honnête homme, il m'a toujours fait beaucoup d'amitiés, et quand j'étois à mon régiment

---

[1] « Il apportait une lettre d'un réfugié appelé de Seyre, pour Mʳ Dumetral, « lieutenant-colonel du régiment de Navarre, qui le fit sur-le-champ arrêter ». (LÉMONTEY, *Histoire de la Régence*, I, 265, note.) Ce colonel réformé, dont il s'agit ici, et dont Lémontey a estropié le nom, est évidemment le chevalier de Sayve, que nous retrouverons plus tard et qui conserva toujours des sentiments de vive amitié pour M. de Franclieu, ainsi qu'en témoignent de nombreuses lettres conservées aux archives du château de Lascazères.

il n'avoit pas d'autre table que la mienne. Mʳ de Graffeton et moi chassâmes les miquelets d'une petite ville bien fermée dont le nom ne me revient pas dans ce moment, nous fîmes deux attaques, la mienne réussit par une escalade, que je dressai à une fenêtre que je fis enfoncer à coups de hache ; je n'y perdis que cinq hommes et les ennemis en eurent quinze de tués, le reste se sauva.

Vers le 15 décembre, je partis de Benavari avec mes deux bataillons, je joignis le prince Pio et son armée qui s'acheminoit pour faire sortir Mʳ de Bonas de la Conque de Tremp[1]. Un jour que nous venions de la messe où étoient tous les officiers généraux, je dis à Mʳ de Patino qu'il laissoit mourir de faim tous ces officiers réformés que le Roi avoit mis à la suite de mon régiment, que je tenois la plus grande table que je pouvois pour les faire subsister, mais que ma bourse n'y pouvoit plus suffire. « Monsieur, me dit-il, tout ce que vous êtes de colonels, n'êtes-vous pas convenus avec moi que l'on vous donneroit vingt-deux mille réaux de *veillon*[2] par mois, moyennant lesquels vous feriez subsister vos officiers et soldats, et que dans l'hiver on vous feroit vos décomptes ? » — « Oui, Monsieur, lui répondis-je, mais si depuis cette convention il a plu au Roi d'attacher soixante-deux officiers de tout grade à mon régiment, comment puis-je faire ? » Comme ces officiers étoient tous les jours après lui, qu'il les renvoyoit à moi et moi à lui : « Monsieur, me dit-il, votre régiment me donne plus de peine que toute l'armée. » — « Monsieur, lui répliquai-je, c'est le devoir de votre état, et je suis, moi, si peu accoutumé à de tels discours que j'irai chez vous, Monsieur, » dis-je en m'adressant à Mʳ le prince Pio, « dès que vous y serez rentré, vous faire démission de mes emplois. » J'y fus effectivement, mais le prince Pio me dit qu'il n'étoit pas autorisé à recevoir de telles démissions, il me conseilla de finir la campagne et il me promit qu'aussitôt qu'il dissoudroit l'armée, il me donneroit un congé pour me rendre à la Cour ; il m'ajouta que, comme j'étois françois, on ne manqueroit pas de dire que je

---

[1] *La conca de Tremp.* Tremp est un bourg de Catalogne, entre Urgel et Balaguer, sur la Noguera Pallarassa, affluent de la Segra.

[2] *Vellon*, monnaie de billon.

me servois de ce prétexte pour quitter le service d'Espagne. Il semble qu'il lisoit ce que j'avois dans le cœur.

Jamais on n'a eu plus de froid que nous n'en eûmes dans cette marche, beaucoup de soldats espagnols y périrent; les nôtres, la hache à la main, firent de grands abatis de bois et d'énormes feux qui, formant un enfoncement dans la neige, nous mettoient à l'abri du vent et absorboient l'eau de la neige fondue. J'étois campé avec la brigade des gardes espagnoles, il n'y avoit qu'une fontaine derrière nos deux corps, ils y mirent une garde de quinze hommes, avec défense de laisser prendre de l'eau à ma brigade. J'envoyai mon major dire à leur commandant que je le priois de donner des ordres contraires, il répondit qu'il avoit besoin de toute l'eau; je lui renvoyai dire par mon aide-major que je marchois moi-même avec quinze hommes pour les porter à la même fontaine, qu'il vît s'il vouloit soutenir l'ordre qu'il avoit donné aux siens. Il fit retirer sa troupe, monta à cheval et fut porter plainte au général qui lui dit qu'il avoit tort; quant à moi, je laissai ma garde avec ordre de laisser prendre de l'eau aux deux brigades, mais d'empêcher que personne ne mît des marmites sales dans l'eau.

Quand nous fûmes à deux lieues de Castel-Ciudad[1], M[r] le prince Pio me fit appeler et me dit qu'il marchoit à M[r] le marquis de Bonas, qu'il falloit masquer sa marche et faire le siège de ce château, qu'il m'avoit choisi pour cela, que Mr de Rambron y commandoit et avoit à ses ordres trois cents hommes[2], que je pouvois prendre toute l'artillerie dont je croirois avoir besoin, mais qu'il ne savoit pas si je trouverois le moyen de l'y conduire; il me dit encore de lui demander le monde que je voudrois. Je lui répondis que ma brigade suffisoit avec deux escadrons de dragons, il y joignit deux compagnies des gardes, parce qu'il falloit que je fisse escorter des convois. Nous nous séparâmes, je fis halte,

---

[1] Château-fort, à une petite distance d'Urgel. L'histoire du siège de Castel-Ciudad et de sa prise par l'armée française se trouve assez détaillée dans l'ouvrage du général comte Pajol. Castel-Ciudad s'était rendu aux Français le 11 octobre 1719.

[2] La garnison française de Castel-Ciudad se composait de trois cent soixante-quinze hommes des régiments La Gervaisis, Saillant, Orléans, Louvigny et Flandre. (Général comte PAJOL, *Les guerres sous Louis XV*, I, 104.)

je chargeai quatre ou cinq cavaliers de reconnoître par où je passerois de l'artillerie; il me parut que le lit de la rivière, où il n'y avoit presque pas d'eau, convenoit. Je fis venir tous les paysans des villages voisins et, sans m'amuser à briser de grosses élévations de pierres et de rochers, je les fis entourer de terre pour faire rampe. Je fis mettre vingt mules à chaque pièce, laissant à un colonel d'artillerie le soin de la conduire, et je fus le même jour bloquer Castel-Ciudad et un ouvrage détaché; j'établis des batteries sur la pente de la montagne pour neuf pièces de dix-huit livres de balles que je faisois venir et, dans la première nuit, j'eus le bonheur d'avoir mis le tout en état de tirer à la pointe du jour. Mr de Rambron ne s'attendoit à rien moins, il ne croyoit pas que l'on pût mener du canon du côté de l'Espagne. Je dis au commandant de l'artillerie de faire feu dès la petite pointe du jour, cet officier me demanda mille pardons et me dit qu'il n'avoit pas de boulets, que M^r le prince Pio avoit ordonné que les pièces fussent suivies de boîtes pour déloger des hauteurs ceux qui pourroient les occuper et que l'on ne s'étoit pas souvenu de changer les charrettes. Je fus bien piqué, comme on peut croire, je lui donnai du monde, des mules, et je lui dis que s'il n'étoit pas le lendemain à midi à ses batteries avec des boulets, certainement j'en ferois mes plaintes, et que je n'en ferois aucune s'il exécutoit ce que je lui disois. Le jour ne parut pas encore de deux heures et dès qu'il parut je fis charger à cartouches et faire feu, mais toutes les pièces donnèrent à la fois, tellement qu'on n'entendoit qu'un seul coup; j'allai moi-même à chaque canonnier, ordonner de tirer pièce par pièce, en commençant par la droite, afin que M^r le prince Pio pût les compter, ce que l'on fit. J'envoyai un lieutenant et trente dragons lui dire où j'en étois; il avoit été surpris du bruit de l'artillerie, ne croyant pas que j'eusse pu avoir placé mon canon et il avoit envoyé de son côté vers moi. Les deux troupes se croisèrent, chacune voulant remplir sa commission. Mes boulets arrivèrent et je fis tirer dans les formes.

Je fis demander à parler sur parole à des officiers françois que je vis, je les priai de me laisser battre leurs murailles, sans se montrer à découvert comme ils le faisoient, leur disant que je pouvois bien, là ou j'étois, empêcher les soldats de tirer mais que ceux de qui j'étois éloigné faisoient feu sur eux malgré moi, que je les engageois à se conserver dans une guerre comme celle que nous nous faisions, afin que réunis, comme il ne pouvoit manquer d'arriver bientôt, nous pussions ensemble attaquer les ennemis des deux couronnes. « Vous me paroissez François, Monsieur, me dit l'un d'eux, il est bien désagréable d'être attaqué par des gens de sa nation. » — « Messieurs, leur dis-je, nous avons tous travaillé à mettre un petit-fils de France sur le trône d'Espagne, combien en a-t-il coûté de sang et d'argent à la France! Aujourd'hui vous voulez le détrôner et moi je le soutiens avec constance. » — « Oh! pour le détrôner, non! » dirent-ils. « Je sais bien, repris-je, que c'est à contre-cœur que vous lui faites la guerre, mais il faut obéir à ses maîtres. » — « Peut-on savoir, Monsieur, me dirent-ils, qui commande ici le siège? » — « Moi, Messieurs, leur répondis-je, qui suis le marquis de Franclieu et fort des amis de Mr de Rambron, votre commandant. Obligez-moi de lui dire qu'il ne se laisse manquer de rien, ni pour lui, ni pour ses malades et blessés, ni même pour vous. Je ne vise point à vous affamer, je n'en veux qu'aux murailles qui vous renferment, pour boire ensemble sans cet obstacle. » Ils le dirent à Mr de Rambron qui me fit remercier, je lui envoyai un veau, du vin, de la volaille et je continuai de même. Mr de Posalveno, lieutenant général, étoit à deux lieues de moi où M^r le prince Pio l'avoit laissé pour couvrir ses convois, il m'écrivit une belle lettre (que j'ai encore avec la copie de ma réponse) par laquelle il me mandoit que si la Cour et M^r le prince Pio savoient que j'envoyasse des vivres dans la place que j'assiégeois, il pourroit m'en arriver du désagrément, qu'il m'avertissoit pour que je ne retombasse plus dans cette faute. Ma réponse fut que quand le prince m'avoit choisi pour faire le siège de cette place, il avoit eu en moi toute la confiance qu'il devoit avoir. J'envoyai nos deux lettres au général, qui me manda d'aller mon chemin et de laisser dire les gens qui ne savoient pas faire la guerre poliment[1].

---

[1] La reine Élisabeth, qui avait accompagné Philippe V à l'armée, « passait « des revues à cheval, avec des pistolets à l'arçon de sa selle, « et une robe dont « les broderies d'argent éclataient sur un fond d'azur ». Ses riches parures se « fabriquaient toutes à Paris. Les hostilités n'interrompaient pas ce léger

M^r le marquis de Bonas se retira sans coup férir, et il étoit aisé de voir que tout se faisoit d'accord entre les deux Cours, pour empêcher les Anglois et les Hollandois de nous faire la guerre, car si la France [ne] leur avoit fourni le contingent de troupes auquel elle étoit engagée par un traité et qu'ils se fussent emparés de Fontarabie et de Saint-Sébastien, ils les tiendroient encore comme Gibraltar, et c'est ce que la France ne vouloit pas. On se souvient bien qu'afin de voir si la France nous attaquoit tout de bon, elle avoit deux envoyés dans l'armée de M^r le maréchal de Berwick [1].

M^r le marquis de Bonas s'étant retiré [2], M^r le prince Pio m'envoya un ordre, que j'ai encore, pour en informer Mr de Rambron. J'envoyai dire à celui-ci, par un colonel, capitaine aux gardes, que s'il ne se rendoit prisonnier de guerre, à présent qu'il n'avoit aucune espérance de secours et qu'il attendit la dernière extrémité, il n'auroit point de quartier. Je lui fis dire ce qui m'étoit ordonné, mais je lui fis ajouter de ma part que je m'intéresserois pour qu'il eût tous les honneurs de la guerre. M^r le prince Pio revint avec son armée à la Seu d'Urgel, à une demi-lieue de moi, il vint un matin avec tous ses généraux voir mes attaques et mes progrès ; j'avois un grand déjeuner sur des madriers et des planches de l'artillerie élevés sur des caisses, je demandai à M^r le prince Pio la permission de faire manger des gens qui avoient travaillé toute la nuit, il y avoit plus de soixante officiers; ma halte étoit bien fournie, mais elle n'étoit masquée que par des fascines que le canon de la place perçoit en nous couvrant de fagotages; tous les officiers qui accompagnoient le prince se mettoient de leur long par terre, lui seul et Mr de Verboon, ingénieur

« commerce ; les envois pour la toilette de la Reine s'échangeaient fidèlement « aux avant-postes. » (A. BAUDRILLART, *Philippe V et la Cour de France*, II, 364.)

[1] Le colonel Stanhope avait été envoyé par le roi d'Angleterre pour être témoin des opérations de l'armée française, et son influence détermina Berwick à brûler et anéantir les ports du Passage et de Santogna, avec tous leurs magasins et seize vaisseaux de guerre encore sur les chantiers, ce qui ne pouvait profiter qu'à l'Angleterre.

[2] Menacé par les forces supérieures du prince Pio, Bonas abandonna la conque de Tremp où il hivernait, ne laissant de garnison française qu'à Urgel et à Castel-Ciudad.

en chef, examinoient debout la place et les attaques. Je proposai à tous ses généraux de faire l'honneur à un brigadier de goûter de sa halte. « Monsieur, me dit mon maître d'équipage, si vous voulez qu'ils mangent quelque chose, il faut le leur porter à leur place, car il n'y en a pas un qui lève la tête. » Le prince et M⁰ de Verboon m'ont redit bien des fois depuis ce propos de mon domestique, dont ils faisoient grand cas.

Le septième jour de siège, la garnison sortit avec les honneurs de la guerre [1]. M⁰ de Rambron, quelques officiers et M⁰ Fastet, commissaire des guerres, vinrent dîner chez moi ; ce dernier n'avoit point d'épée, je lui en demandai la raison, il me répondit que ses gens avoient emporté si précipitamment ses équipages quand notre armée avoit paru, qu'ils avoient aussi emporté son épée ; je lui dis que je ne souffrirois pas qu'il fût ainsi chez moi, j'ôtai celle que j'avois à mon côté et je l'engageai à la mettre au sien. M⁰ de Rambron me demanda pourquoi j'avois fait d'abord un feu de mitraille à ses murs, quand je lui en eus dit la raison, nous en rîmes beaucoup.

Pour avancer en besogne, lorsque je faisois les tranchées et les batteries du siège de Castel-Ciudad, je ne laissois que deux compagnies de grenadiers ventre à terre devant la porte, pour contenir les sorties et me donner le tems d'être alerte ; je faisois travailler tout mon monde armé et je leur donnois, comme c'est d'usage, des billets de travailleurs. Après le siège, les officiers majors les portèrent à M⁰ de Patino pour les faire payer ; piqué sans doute de la scène que nous avions eue quelques jours auparavant, il dit aux officiers majors que si j'avois donné des billets, je n'avois qu'à les acquitter. Ils vinrent me rendre cette réponse, je les menai à M⁰ le prince Pio à qui je la leur fis répéter ; il envoya aussitôt un de ses aides de camp dire à M⁰ de Patino que si dans la journée tous mes billets de travailleurs n'étoient pas payés, il savoit le parti qu'il auroit à prendre ; M⁰ de Patino obéit.

L'armée ayant été dissoute [2] quelques jours après, je rappelai à M⁰ le prince Pio qu'il m'avoit promis un congé pour aller à la Cour, il me l'accorda, avec une de mes compagnies de grenadiers

---

[1] Le château fut obligé de capituler le 29 janvier 1720.
[2] La paix avait été signée à Londres le 17 février 1720.

pour m'escorter. Je me souviens d'un trait qui mérite d'être conté, de la part du capitaine qui la commandoit. Il étoit d'une avarice sordide et, par conséquent, il avoit beaucoup d'argent; un mois avant la fin de la campagne, il m'entendit dire dans un cercle d'officiers que si elle ne finissoit pas bientôt, j'allois me trouver sans argent. Le lendemain, il vint chez moi et me dit : « Monsieur, je ne sais où mettre quatre cents piastres que j'ai, parce que je n'ai point de coffre ; voudriez-vous bien les mettre dans le vôtre ? » Je lui répondis que je le ferois volontiers ; il m'apporta sur-le-champ un sac que je mis dans un coffre dont je gardois toujours la clef, parce qu'il n'y avoit que des papiers et des livres. La veille de mon départ, je lui dis de reprendre son argent. « Mon argent ! Monsieur, me répondit-il, je ne l'ai point mis dans votre coffre pour le faire porter, mais enfin que vous vous en servissiez, vous ayant ouï dire que vous commenciez à en manquer. » Je lui dis que je m'étois trouvé dans ce cas-là et que j'avois été obligé d'en emprunter, mais que, de la façon dont il avoit mis le sien dans mes mains, je n'avois garde de m'en servir, le regardant comme un dépôt. Il me pressa beaucoup pour me le faire garder, mais comme j'en avois pour me rendre à Madrid, je le remerciai fort.

Mr de Patino quittoit aussi l'armée, Mr le prince Pio dit qu'il ne pouvoit lui donner pour escorte que de la cavalerie, parce qu'il m'avoit permis de mener avec moi une de mes compagnies de grenadiers et qu'il lui restoit trop peu de monde pour se dégarnir davantage; il avoit déjà dispersé l'armée. Je fus fort surpris de voir venir chez moi le maître d'équipage de Mr de Patino pour me prier de vouloir bien l'attendre un jour, que nous réunirions nos escortes et que nous en serions plus forts; je répondis que, quant à moi, j'en avois assez avec ce que le général m'avoit donné, que cependant je ne voulois pas lui refuser de l'attendre un jour. Le lendemain je me mis en marche, il ne fut pas sitôt prêt que moi, mais il vint au grand trot et il m'atteignit; nous entrâmes en conversation, comme s'il ne s'étoit rien passé entre nous, il me fit tant de caresses et tant d'amitiés dans notre voyage jusqu'à Saragosse que moi, François, j'oubliai tout; mais lui, Italien, s'en est toujours souvenu. Des affaires le retinrent à Saragosse, il fit tout ce qu'il put pour m'y retenir, en me disant que mon carosse étant à Madrid, il me donneroit une place dans le sien pour y aller ensemble dans huit jours. Je le remerciai fort et je me rendis avec une chaise à la Cour.

J'y arrivai le 25 mars 1720, il y eut une promotion d'officiers généraux, et trois brigadiers de celle de Pampelune, qui n'avoient que quatre ou cinq mois d'ancienneté, y furent faits maréchaux de camp. Le comte de Cicille et moi, qui ne fûmes pas honorés de ce grade, fûmes très piqués de voir de nos cadets passer devant nous, nous en parlâmes au secrétaire de la Guerre qui nous dit que les trois messieurs dont il s'agissoit n'étoient pas une règle pour les autres, que c'étoit trois colonels françois qui avoient fait leur marché en France avec le prince de Cellamare [1] et que la condition étoit qu'on les feroit brigadiers et maréchaux de camp dans l'année. Je dis au comte de Cicille que, quant à moi, je voulois en parler à la Reine (le Roi étant alors un peu indisposé) et je lui demandai s'il vouloit m'accompagner; il me répondit qu'il le vouloit bien mais malheureusement je fus le porteur de parole. Je dis à la Reine que notre malheur venoit de ce que notre zèle pour le service du Roi avoit commencé dix ans trop tôt, que nous étions venus en Espagne l'année 1710, lorsque tout y étoit si désespéré qu'on croyoit que le Roi seroit obligé de repasser en France, que si nous n'y étions venus que dans ce dernier tems, comme ces messieurs, nous aurions eu sans doute la même récompense, sans avoir tant exposé nos vies que nous l'avions fait. Elle me répondit à peu près comme le secrétaire de la Guerre, mais en termes plus courts. Je lui dis alors : « Il semble, Madame, que les princes de l'Europe entendent si mal leurs intérêts, qu'ils paroissent établir que les militaires n'ont qu'à voltiger d'un service à l'autre pour y trouver de l'avancement »; et je lui demandai pardon si je m'énonçois mal, parce qu'il étoit difficile à un petit sujet comme moi de

---

[1] Don Antonio del Giudice, prince de Cellamare, duc de Giovenazzo (1657-1733), grand écuyer de la reine d'Espagne, fut nommé en 1719 gouverneur et capitaine général de la Vieille-Castille, grand d'Espagne de la première classe en 1720, et reçut en 1728 le collier de l'ordre du Saint-Esprit, à la demande expresse de Philippe V. Cellamare ne s'était engagé qu'avec répugnance, et seulement pour obéir aux injonctions d'Alberoni, dans la conspiration qui a rendu son nom fameux; et plus tard il témoigna, en mainte occasion, d'un dévouement sincère à la France et à la maison d'Orléans.

parler à une grande Reine. « Vous ne vous expliquez que trop bien, Monsieur, » me dit-elle. Nous lui baisâmes la main et nous nous retirâmes. Je crois que, quant à moi, elle s'est toujours souvenue de ce qui se passa à cette occasion, mais pour Cicille, il a su regagner ses bontés et il est mort lieutenant général.

Malgré la scène que j'avois eue en Navarre avec le secrétaire d'État de la Guerre, il me fit des amitiés ; ce n'étoit plus toutefois avec cette ouverture accoutumée, mais il vouloit se servir de moi. Il ne tarda pas, après bien des détours, à me le faire connoître : il craignoit extrêmement Mr de Patino et avec raison, puisqu'il fut supplanté par lui. Voyant que je ne lui en parlois point, il me dit enfin qu'il avoit su ce qui s'étoit passé entre nous deux et que j'avois même voulu faire la démission de mes emplois ; il me demanda s'il étoit vrai que je voulusse en parler au Roi, ajoutant qu'il me conseilloit, en faisant ma plainte contre lui, de ne pas parler de quitter pour cela le service de S. M., que je pouvois espérer d'elle toute satisfaction, qu'il n'y avoit nul doute que le Roi ne fît une réprimande à Mr de Patino sur sa façon de parler aux officiers de ses troupes en grade. Il me fit sentir qu'il avoit déjà eu d'autres plaintes et que le Roi étoit prévenu contre Patino. Il étoit vrai que, dans ce tems-là, le Roi ne paroissoit pas en faire un grand cas, il l'avoit nommé son agent auprès de l'archiduchesse, gouvernante des Pays-Bas, dont il n'étoit pas content ; ceux qui craignoient sa capacité, tâchoient de l'éloigner. Je répondis à don Miguel Durant que j'avois oublié tout ce qui s'étoit passé entre nous deux, que nous avions voyagé ensemble et vécu fort cordialement et que mon caractère n'étoit pas de garder rancune. « Il n'en agira pas de même à votre égard, me dit-il, car je sais qu'il ne vous aime pas. » — « Tant pis pour lui, répondis-je, mais que pourra-t-il me faire ? » En cela je me trompois bien, comme on le verra dans la suite. Lorsque ce ministre vit que je ne voulois pas nuire à Patino, il reprit son sérieux avec moi, et, de mon côté, je me contentai de lui faire une cour qui n'avoit rien de rampant.

CHAPITRE V.

1720-1723.

Nouveau séjour à Bagnères-de-Bigorre. — Le cuisinier du duc d'Ormond. — Mlle de Busca-Lascazères. — Mme de Noguès. — Mariage de l'auteur. — Quarantaine à Camfranc. — Voleurs de grand chemin. — Une religieuse désespérée. — Soldat passé par les armes pour vol d'un havre-sac. — Divertissements à l'occasion du mariage du prince des Asturies. — M. de Franclieu dénoncé à la Cour. — Le marquis de Leede. — Mme de Franclieu vient rejoindre son mari en Espagne. — La princesse de Campoflorido. — Bals et divertissements à Valence et à Alicante. — Bains de Fortuna. — Le miracle de Moïse. — Grave accident. — L'Alhambra. — La Fête-Dieu, à Grenade. — Un auto-da-fé. — Peralta. — Un voyage périlleux.

Je partis de Madrid le 22 de juillet, je passai par Saragosse, Pau et je me rendis à Bagnères, le 29 août. Mademoiselle de Busca, aujourd'hui ma femme, y étoit avec son frère et sa sœur; je fus assez de leur société, je mangeois chez eux et eux chez moi. J'avois, sans contredit, le meilleur cuisinier qui fût à Bagnères, il avoit été à M^r le duc d'Ormond et il se plaignoit beaucoup de ce qu'il ne lui avoit pas donné dix mille livres. Comme je lui demandai d'où il pouvoit les lui devoir: « C'est, Monsieur, me dit-il, qu'on a voulu m'en donner autant pour l'empoisonner et, comme je n'en ai rien voulu faire, il devoit me donner pareille somme pour récompense. » Si j'avois été un homme assez considérable dans le monde pour qu'il pût importer de m'en faire sortir, je n'aurois pas voulu me mettre au hasard que ce cuisinier fût un jour plus avisé, de crainte que les marques de reconnoissance qu'il paroissoit exiger ne lui manquassent. J'avois tous les jours une bisque d'écrevisses, ce qu'il faisoit si bien que plusieurs dames en envoyoient chercher à l'heure de mon dîner, quand elles ne mangeoient pas chez moi.

Mes soins pour Mademoiselle de Busca étoient fort distraits, je les partageois entre une de mes anciennes connoissances dont j'avois besoin et une très aimable dame mariée qui prenoit les eaux dans cette ville, parce qu'une dame se livre plus facilement qu'une demoiselle. Mais enfin, au bout de quelque tems, Mademoiselle de Busca me fixa, je quittois toutes les compagnies pour la sienne, que je préférois, nous jouions ensemble au *briscambille*[1] et toujours le ruban de sa coiffure contre une autre garniture, j'étois sans miséricorde et je la faisois dégarnir sa coiffure sur-le-champ. C'étoit pour moi des triomphes qui me satisfaisoient plus que des choses plus réelles que je pouvois obtenir ailleurs. On proposa un jour d'aller voir la chasse aux palomes[2], on ne pouvoit y aller qu'à cheval, j'étois bien monté et je fis si bien que j'eus pour ma part Mademoiselle de Busca en croupe, je me tins toujours fort écarté des autres, préférant son entretien. Je ne pensois pas du tout alors à me marier et, tout hardi que j'aie toujours été, je n'osois lui tenir aucun propos qui tendît à la séduire; elle m'avoit inspiré des sentimens que je n'avois pas encore sentis, je la cherchois toujours, elle ne me fuyoit pas et, sans former de prétentions, j'avois toutefois avec elle des entretiens qui me satisfaisoient le cœur.

Elle avoit une fort proche parente, nommée Mme de Noguès[3], veuve d'un conseiller au Parlement de Navarre; cette dame, qui étoit à Bagnères, ne pouvoit supporter que Mlle de Busca me vît; elle lui disoit que j'avois perdu de réputation toutes les femmes et filles que j'avois fréquentées, qu'il lui en arriveroit autant, quand même elle ne manqueroit pas à ce qu'elle se devoit, comme elle

---

[1] Le *briscambille* ou la *brusquembille*, jeu qui se joue avec trente-deux cartes; le *Dictionnaire de Trévoux* en donne une description fort détaillée.

[2] La *palombe* ou, selon la prononciation usitée en Bigorre, la *palome*, est le nom que l'on donne dans certaines régions au colombin ou petit ramier (*columba œnas*), qui, en octobre, arrive de la plaine en compagnies nombreuses, pour traverser les Pyrénées; on les chasse dans les montagnes qui avoisinent Bagnères-de-Bigorre et Saint-Pé, avec de grands filets tendus obliquement à l'entrée de certains cols, et que l'on nomme *paloumeras*, en français *palomières*.

[3] Claire-Angélique Duplaa, fille de Jean Duplaa, seigneur d'Escout et de Herrère, conseiller au Parlement de Navarre, et de Jeanne de Fréchou, avait épousé, par contrat du 15 octobre 1703, Jean de Noguès, baron de Gerderest, conseiller au Parlement de Navarre, mort à Pau, le 9 avril 1714, âgé d'environ 58 ans. Parmi les personnages assistant à ce mariage, figure, du côté de la mariée, messire de Busca, baron de Lascazères, son oncle, qui avait épousé une demoiselle Duplaa. (Cf. de DUFAU DE MALUQUER et DE JAURGAIN, *Armorial de Béarn*, I, 240.)

n'en doutoit point, et qu'elle pourroit le savoir de Mlle C...[1], (c'est la même de qui j'ai parlé, à qui un président de Pau rendoit des soins). Cette demoiselle n'attendit pas que Mlle de Busca lui parlât, elle lui dit le diable de moi et entr'autres choses que je lui avois promis mariage, que, si elle vouloit, elle me forceroit à l'épouser, mais qu'elle ne vouloit pas de moi parce que j'étois un libertin qu'une femme ne fixeroit jamais. Après avoir fait ce personnage avec Mlle de Busca, elle en jouoit un autre avec moi, m'assurant que cette demoiselle n'avoit pas de bien, qu'elle n'étoit pas de condition, comme je le croyois, et qu'elle étoit promise à un garçon qu'elle me nomma, qui n'étoit pas grand'chose; mais pendant qu'elle pensoit nous jouer, c'étoit nous qui la jouions, car nous nous rendions tout ce qu'elle disoit de l'un à l'autre et cela servoit à nous réjouir un peu.

Mr de Busca se retira de Bagnères avec ses deux sœurs. Si l'aînée avoit des attentions pour moi, la cadette me voyoit impatiemment auprès de sa sœur, elle ne fut pas trop contente de voir que son frère me fit tant d'instances pour aller passer quelques jours à sa campagne, que j'y consentis. Nous y fûmes le 30 septembre, je me plaisois fort avec cette bonne compagnie, mais je ne pensois pas encore au mariage. J'avois envoyé le gros de mes gens à Pau où j'allai le 8 octobre, j'engageai à mon tour Mr de Busca à y venir avec moi. J'y fus malade, il fallut me saigner, je livrai mon bras gauche pour cette opération au plus grand saigneur de Pau, qui me piqua l'artère et y fit une si grande ouverture qu'il fut impossible d'étancher le sang, il en prit l'épouvante et ne put plus rien faire; heureusement, mon valet de chambre étoit un peu chirurgien, on me banda le bras, après avoir appliqué une pièce de monnoie sur la piqûre et il fallut le serrer si fort qu'il devint absolument noir. Je pensai le perdre et, comme je suis estropié du droit, je me serois trouvé sans bras; aussi, depuis, je n'ai jamais voulu courir un tel risque et, quand j'ai besoin d'être saigné, je ne livre que les pieds. Mon valet de chambre fit si bien le fâché de ce que je m'étois fait saigner par un autre, qu'il s'en fut avec un palefrenier qui étoit Allemand ainsi que lui, ils me volèrent un sac

---

[1] En blanc dans le manuscrit.

dans mon coffre, où je n'avois heureusement qu'une cinquantaine d'écus en argent blanc pour la dépense ; ils crurent bien emporter aussi l'or que j'avois, mais je le tenois toujours dans un endroit qui n'étoit connu que de moi.

Le 20 octobre 1720, nous retournâmes à Lascazères, j'y étois attiré par un penchant que je ne démêlois pas bien encore, mais enfin je sentis que je ne pouvois plus le quitter ; je parlai mariage à Mlle de Busca, charmé par là de me fixer et de mettre fin à mon libertinage ; elle me répondit qu'elle ne croyoit pas que j'eusse une telle intention, mais je l'en assurai si bien qu'elle n'en douta plus ; elle me dit que je pouvois en parler à son frère, il reçut fort bien ma proposition et, sans perdre de tems, je fus à Tarbe acheter quelques nippes pour elle et deux bans, pour n'en publier qu'un. J'en revins le 2 novembre et le 4 du même mois 1720, nous nous mariâmes, j'avois alors 40 ans et ma femme en avoit 20. Nous fûmes bien tard à l'église ; quand j'en sortis, on m'assura que des gentilshommes du voisinage, cachés dans la tribune, m'avoient noué l'aiguillette ; cela ne m'embarrassa guère et ma femme ne trouva rien en moi de cela la première nuit de nos noces, ni les suivantes.

J'avois écrit en Espagne au secrétaire d'État de la Guerre pour avoir la permission de me marier, il n'en parla jamais au Roi et ne me fit aucune réponse, cela me fit prendre le parti d'en écrire au marquis de la Roche[1], François, qui étoit secrétaire du cabinet du Roi. Il me répondit que le Roi me permettoit de me marier. Lorsque mon mariage fut ébruité en Espagne, le secrétaire d'État proposa au Roi un autre colonel pour mon régiment, S. M. lui demanda si j'avois quitté, il lui répondit qu'il y avoit apparence, puisque je m'étois marié sans sa permission. On m'a assuré que le

---

[1] Claude-Étienne de La Roche, premier valet de chambre du duc d'Anjou et premier valet de la garde-robe du Roi en survivance, suivit son maître en Espagne, où il remplit les fonctions de premier valet de chambre et de garde de l'Estampille, c'est-à-dire secrétaire du cabinet du Roi ; il mourut en 1735, dans l'exercice de sa charge, âgé de 75 ans. « Doux, poli, plein de respect pour les « Espagnols, aimé d'eux par là même, mais timide, borné et parfaitement inutile. » (BAUDRILLART, [d'après Saint-Simon et Maulevrier], *loc. cit.*, 420.) Il avait dû ses premières charges à la protection du valet de chambre Bontemps, devenu l'ami intime de sa mère, Jeanne Bosc, veuve d'un premier commis du Trésor royal.

Roi en fut tout à fait indigné et qu'il lui répondit durement : « Non, il ne s'est point marié sans ma permission ; je la lui ai donnée par une autre voie que la vôtre, puisque vous ne m'avez pas rendu compte de la demande qu'il m'en faisoit par vous et que vous n'avez pas daigné répondre à ses lettres. » Retiré chez lui, il m'en envoya une antidatée. J'avois eu la précaution, en prenant congé du Roi, de lui dire que son ministre étoit fort mon ennemi, à cause de ma commission de brigadier que je m'étois fait remettre par lui après qu'il me l'avoit ôtée. Ce don Miguel Durant, marquis de Tolose, perdit sa place bientôt après et beaucoup ont cru que ce qu'il avoit fait à mon égard en avoit été la principale cause, je ne dis pas à ma considération, mais parce que le Roi fut indigné que son ministre fût capable d'une telle action.

Je pris ma femme avec ses droits, sans demander les moindres nippes, et tout le monde sait que je ne fus guidé en rien par l'intérêt ; au contraire, je fis présent à son frère d'un beau cheval d'Espagne. Dieu m'a récompensé de mon désintéressement, car elle est devenue l'héritière de tous les biens de sa maison par la mort de son frère unique.

Je ne pus être longtems avec ma femme, mon régiment s'étoit embarqué à Barcelone pour aller à Ceuta, aux ordres du marquis de Leede[1]. Je partis de Lascazères le 8 décembre, n'ayant resté avec ma femme qu'un mois et quatre jours, mais comme la peste étoit en Provence, je fus détenu à Camfranc[2], lorsque je voulois y passer pour entrer en Espagne par Jacca. On m'y fit faire une rude quarantaine, dans une ancienne chapelle où il pleuvoit partout. Le gouverneur de Camfranc venoit tous les jours voir de loin si nous nous portions bien ; je menois avec moi le chevalier de

---

[1] Jean-François de Bett, marquis de Leede (on a souvent écrit ce nom Leyde ou Lède), d'une ancienne famille flamande, capitaine général des armées d'Espagne, commanda en chef (en 1718) l'expédition de Sicile, où il fit preuve de brillants talents militaires ; à son retour, il fut nommé grand d'Espagne et chevalier de la Toison d'Or. Il commanda encore avec distinction l'expédition de 1720 contre les Maures et devint président du Conseil de guerre. Il mourut en 1725, à l'âge de 57 ans.

[2] Camfranc, Canfranc, petite ville d'Aragon, à 16 kil. N. de Jacca. Le col de Camfranc, que traverse la route qui va d'Aragon à la vallée d'Aspe (Basses-Pyrénées), est un passage encore très fréquenté pour aller de France en Espagne.

Perron, parent de ma femme, avec la permission que m'en avoit donnée Mr le maréchal de Berwick. Ce gouverneur étoit si épouvanté de la peste, qu'il ne s'approchoit de nous qu'à vingt pas, prenoit le haut du vent, éloignant l'air qui pouvoit venir de notre côté en éventant avec son chapeau et se retournoit pour respirer, il menoit avec lui médecins et chirurgiens pour juger de notre santé à nos physionomies, car ils se gardoient bien de nous approcher. Ces cérémonies, la mauvaise nourriture qu'il falloit aller chercher à trente pas de nous, où on venoit la déposer, le mauvais gîte qui suffisoit pour me faire tomber malade au milieu des neiges, m'impatientèrent au point qu'après y avoir resté dix jours je m'en retournai à Lascazères, où j'arrivais le 22 décembre.

Jamais je n'ai préféré mes goûts et mes satisfactions à mes devoirs; je n'étois pas content entre les bras d'une femme que j'aimois, sachant mon régiment vis-à-vis les ennemis du Roi. J'écrivis de tous côtés pour pouvoir entrer en Espagne; M. d'Adoncourt[1], un de mes anciens amis, qui commandoit à Bayonne, me manda que sur les certificats qu'il donnoit et sur ceux du médecin, on laissoit entrer par la Biscaye et la Navarre sans opposition. Je partis aussitôt que je reçus cette lettre, le 15 janvier 1721, je pénétrai ainsi, sans être détenu nulle part, en Espagne, et j'arrivai le 29 dudit mois à Madrid.

J'aurois été volé à cinq lieues de Pampelune sans les mesures que je pris; il est bon que je les détaille pour montrer comme on doit se comporter en pareil cas. Je n'avois pas voulu d'escorte, me croyant assez fort; j'avois avec moi le chevalier de Perron et cinq valets assez bien armés, j'avois deux chaises de voiture et un valet à cheval. Il parut assez loin devant nous un homme monté qui entra dans une maison abandonnée, le conducteur de ma chaise vint me dire bien bas : « Monsieur, vous allez être attaqué, l'homme qui vient de passer là est un de la bande de voleurs qui court le pays, je le connois parce qu'ils nous ont attaqués une

---

[1] Dominique d'Adoncour, brigadier des armées du Roi, son lieutenant de la ville, citadelle et château de Bayonne, mourut fort âgé dans cette ville, le 14 septembre 1740. (Arch. mun. de Bayonne, Reg. de la Cathéd.) Il avait succédé vers 1715 à M. de Colins et fut remplacé par M. de Lamberval, capitaine aux gardes-françaises.

autre fois. » Aussitôt, je fis faire halte, nous mîmes tous pied à terre, bien munis de nos armes ; je mis ma troupe entre les deux chaises, avec ordre de se jeter du côté opposé à celui par lequel on viendroit à nous, afin que les deux chaises nous servissent de retranchement contre des gens à cheval. Ces dispositions faites, je marchai hardiment; il falloit passer devant cette maison, ceux qui y étoient ne se crurent pas en sûreté, car avant que je ne fusse à la portée du fusil, il en sortit neuf hommes à cheval qui, à bride abattue, traversèrent le chemin et s'enfuirent vers un bois qui étoit très loin de nous. Lorsque je fus dans un pays découvert, nous remontâmes dans nos chaises bien ouvertes, nos armes à la main, avec ordre, à la première alarme, de nous reporter comme nous étions et je fis voltiger le valet que j'avois à cheval d'une hauteur à l'autre pour découvrir. Mes deux conducteurs de chaises me dirent que certainement c'étoit une bande de voleurs. J'en donnai avis au gouverneur de Pampelune ainsi qu'à la Cour de Madrid; on m'a dit qu'on en avoit pris quelques-uns.

Je voulois, sans faire aucun séjour à Madrid, aller joindre mon régiment à Ceuta; M^r le marquis de Castellar, alors secrétaire d'État de la Guerre, me dit que cela étoit inutile parce que M^r le marquis de Leede avoit reçu l'ordre de revenir avec les troupes qu'il commandoit. Je dis au Roi ce que je tenois de son ministre, et que, si l'on ne m'avoit point détenu si mal à propos à Jacca, pour une quarantaine inutile, puisque je n'avois pas approché des pays infectés de la peste, j'aurois eu l'agrément de me trouver avec mes drapeaux en Afrique. Le Roi me répondit qu'il ne doutoit point de ma bonne volonté. J'envoyai de Madrid le chevalier de Perron à mon régiment qui, au retour d'Afrique, fut laissé en garnison à Carthagène. Je ne partis de Madrid que le 26 de juillet, je fus aux bains de Fortuna, je passai à Valence et je joignis mon régiment le 13 octobre, à Carthagène. M^r le marquis de Leede, directeur général de l'Infanterie, y vint et il descendit chez moi en me disant que quoique ce ne fût pas sa coutume, il n'hésitoit pas à en agir ainsi parce qu'il savoit que, de la manière dont je vivois, il ne pouvoit me causer aucune dépense. Il réforma mon second bataillon, d'après l'ordre qu'il en avoit de la Cour et, comme avant de savoir la réforme, je lui avois présenté le chevalier de Perron comme mon parent, en demandant de l'emploi pour lui, il voulut le mettre sous-lieutenant dans le premier bataillon. Je m'y opposai, en disant que la moitié des officiers étant réformés, il n'étoit pas juste qu'il prît une place due à un ancien officier; il me répondit qu'il ne faisoit en cela que suivre les ordres qu'il avoit de la Cour, d'avoir des égards pour les parens des colonels.

Il m'arriva dans cette ville une aventure des plus extraordinaires que j'aie eues de ma vie. Il y avoit un couvent de religieuses dont les fenêtres donnoient sur la grand place où nous nous promenions souvent. Elles pouvoient nous voir sans être vues; on me porta un jour une lettre d'une d'elles qui me disoit qu'elle m'avoit souvent vu, qu'elle ne doutoit point que je ne fusse un *gran cavallero*, mais que si je voulois qu'elle me crût tel il falloit que je l'enlevasse de son couvent et la tirasse d'un malheureux état où ses parens l'avoient mise malgré elle, que par conséquent ces vœux forcés étoient nuls, que si je ne le faisois pas, j'étois un *mal cavallero* et qu'elle se précipiteroit du haut en bas du couvent. Cette dernière résolution m'épouvanta, j'allai trouver le prieur et curé de Carthagène qui dirigeoit ce couvent, je lui communiquai cette lettre et je lui demandai ce qu'il convenoit de faire pour arrêter une telle fureur. D'après ce que nous convînmes, je fis devant lui une réponse dont il se chargea, je disois à cette religieuse que j'étois marié, que mes emplois ne me permettoient pas de faire des fautes que je châtierois sévèrement dans les autres, que son état étoit des plus heureux de ce monde et que si malheureusement elle s'étoit livrée à quelque étourdi qui eût donné dans ses vues, il en auroit fait ses plaisirs pendant quelques jours, puis l'auroit abandonnée, sans qu'elle eût su où donner de la tête. Le prieur sans doute la fit enfermer, car je n'ai plus reçu de ses lettres, mais il est vraisemblable que j'aurai passé dans son esprit pour un fort *mal cavallero*. Cette affaire eut des suites désagréables pour moi, que je dirai en son tems, mais j'en sortis bien.

Il se fit dans une chambrée de mon régiment un vol d'un havre-sac, où il n'y avoit qu'une chemise tout en pièces, une paire de bas dont les pieds étoient tout percés, un mauvais peigne et quelques autres guenilles. On sait avec quelle sévérité ces vols sont punis dans les troupes, je fis faire la recherche exactement et le voleur fut arrêté. C'étoit un jeune homme de dix-huit à dix-neuf ans, bien fait, des cheveux jusqu'à la ceinture, un beau visage de fille, le teint blanc; il fallut le mettre au Conseil de guerre et le lendemain il eut la tête cassée. Comme je me retirois de cette expédition, avec quelques officiers de mon régiment que je menois dîner chez moi, je vis à ma porte un capitaine de dragons de mes amis, de nation irlandoise, qui regardoit son cheval expirant. Il venoit de quatre lieues et il avoit si fort poussé son cheval qu'il n'en revint pas. En l'embrassant, je lui vis les yeux remplis de larmes, il me tira à part dans mon cabinet et me dit : « Hélas ! Monsieur, je ne suis pas arrivé à tems et en entrant dans la ville j'ai entendu les malheureux coups de fusil qui ont fait mourir un jeune homme qui étoit soldat dans votre régiment. C'étoit le fils d'un tel, » (et il me nomma un homme considérable en France) « sa mauvaise conduite l'a forcé de quitter un emploi qu'il avoit dans le régiment de son père; nous avons recherché de toutes parts où il pouvoit être, sans le découvrir, jusqu'à hier qu'il m'envoya dire dans quel cas il se trouvoit. L'exprès a tardé car vous voyez que, sur l'avis, je n'ai pas perdu un moment. » On peut comprendre combien je fus mortifié, d'autant que ce soldat étoit parent de celui qui me parloit et de plusieurs personnes qui étoient considérables en Espagne. Je lui dis que la chose étant faite, le mieux étoit de n'en point parler du tout et de mander à son père qu'il étoit mort de toute autre manière.

Il arriva aussi un cas singulier à un officier de mon régiment, nommé Marsan. On sait que Carthagène est un port où se tiennent les galères d'Espagne, ainsi que le général qui les commande. Les soldats des galères et les forçats à qui on permet de rester à terre font toujours de grands désordres et ils ont très souvent des affaires avec les soldats des troupes de terre. Pour les empêcher, on fait faire des patrouilles des uns et des autres. L'officier dont j'ai parlé, faisant la sienne avec six grenadiers, vit un de ces soldats des galères qui couroit le sabre nu, il lui cria, *Arrête!* plusieurs fois sans qu'il voulût obéir et, comme il ne pouvoit l'atteindre, il fit tirer un de ses grenadiers, qui le tua. Le général des galères s'en plaignit au commandant de la place qui fit mettre mon officier dans le château; comme il ne voulut pas le relâcher à ma demande, j'en écrivis à la Cour, on me manda qu'il falloit arrêter mais non tuer. Je répondis que cela étoit bon lorsqu'on pouvoit attraper ceux qui fuyoient mais que lorsqu'on n'y pouvoit parvenir et qu'ils refusoient d'obéir à une troupe armée, je croyois que l'on pouvoit tirer, que ce n'étoit que pour cela que le Roi donnoit des armes à ceux qui faisoient le service dans les places et que dorénavant, puisque cela n'étoit pas permis, il ne falloit faire de patrouilles qu'avec des gens non armés. A cette réplique, on rendit la liberté à cet officier.

M^r le prince des Asturies devoit épouser bientôt Mlle de Montpensier[1], fille de M^r le duc d'Orléans. Pour en marquer ma joie, je donnai quelques grands bals pendant le carnaval; les officiers de mon régiment me dirent qu'il falloit faire ces plaisirs-là pendant tout le carnaval, dont on laisseroit encore pour moi le dernier jour. Des capitaines voulurent donner des bals, chacun à leur tour, les miens me coûtoient cher, mais je leur dis que, s'ils vouloient en donner, il falloit fixer un prix, afin que l'un ne se piquât pas plus que l'autre et qu'ils ne se trouvassent point engagés par là à trop de dépenses. Ils choisirent un entrepreneur à qui ils donnoient cinq piastres pour chaque bal. Apparemment que quelqu'un d'eux, mécontent de cette dépense, ou bien quelqu'un de ceux qui n'avoient pas voulu la faire et dont les dames se moquoient un peu, imagina pour se venger d'écrire à la Cour contre moi des lettres anonymes, dans lesquelles on disoit que j'avois forcé les officiers à faire cette dépense et que, comme j'en faisois beaucoup moi-même, pour y subvenir j'avois pris le prêt de mon régiment, on ajouta dans ces lettres que j'avois voulu enlever une religieuse. Pourroit-on croire qu'à la Cour on ajouta foi à des lettres anonymes? ou du moins ne devoit-on pas s'informer de ce qui en étoit? Point du tout. M^r le marquis de Castellar, ministre de la Guerre, qui pour certaines affaires arrivées à Saragosse, dont je pourrois avoir parlé précé-

---

[1] Louise-Élisabeth d'Orléans, née le 11 décembre 1709, mariée le 22 janvier 1722 au prince des Asturies, depuis Louis Ier, en même temps qu'on arrêtait le mariage de Louis XV avec l'infante Victoire. Après deux ans d'une union agitée, Louise-Élisabeth devint veuve et se retira en France; elle mourut au palais du Luxembourg, en 1742.

demment, ne m'aimoit point, remit ces lettres à M^r le marquis de Leede et me fit écrire par lui une lettre fulminante sur ces trois articles. Celui qui me piqua le plus fut le prêt, qu'il m'ordonnoit de restituer au régiment. On peut comprendre que je ne restai pas court, je lui dis qu'à l'égard des bals qu'avoient donnés les officiers, il pouvoit s'informer d'eux si je les y avois forcés et si, au contraire, lorsque je les avois vus déterminés à en donner, ce n'étoit pas moi qui les avois tous fixés à un prix fort bas, qu'il pourroit savoir d'eux-mêmes que ce n'étoit pas leur ruine; que, pour la religieuse, j'étois surpris que d'une bonne action on me fît un crime, que le curé de Carthagène lui diroit comment cela s'étoit passé; et que, quant au prêt que je devois avoir pris, je défiois le Roi, Mr de Castellar et lui de me faire faire là dessus aucune restitution, parce que pour restituer il falloit avoir pris.

On me laissa sans réponse et l'on crut qu'apparemment j'en demeurerois là, mais il s'en fallut bien : j'en écrivis au Roi dix lettres, que je lui fis remettre par son confesseur et par d'autres personnes de ma confiance, à qui j'écrivois fortement aussi; on eut beau me mander que le Roi n'en croyoit rien et que je devois me tranquilliser, je n'en voulus rien faire; je demandai un congé, je fus à la Cour, j'en parlai plusieurs fois au Roi, je lui demandai un Conseil de guerre, je le priai de me faire remettre ces lettres anonymes pour tâcher de découvrir par elles qui étoit l'indigne qui les avoit écrites. Le Roi eut la bonté de me dire qu'il n'avoit rien cru de tout cela et il me fit dire par son confesseur de laisser cette affaire, d'autant que ces lettres anonymes avoient été brûlées. Il fallut m'en tenir là, mais je ne voulus plus mettre les pieds chez le marquis de Leede que très longtems après qu'il dit devant plus de cent officiers qu'il seroit à souhaiter que le Roi eût beaucoup de colonels comme moi, qu'il ne pouvoit en avoir un meilleur, et il parla longtems sur mon compte fort avantageusement. Tous les officiers vinrent me le redire, la Cour étoit pour lors à Aranjuez; enfin le chevalier de Sève[1], colonel à la suite de mon régiment et

---

[1] Pierre-Félix de la Croix de Chevrières, dit le chevalier et plus tard le comte de Sayve (1686-1775), était colonel d'infanterie en France quand il passa au service de l'Espagne (1719), où il se maria et devint lieutenant général des armées du Roi en 1740. Il a été question de lui précédemment, à propos de la campagne de Navarre, en 1719.

Desessarts, qui en étoit major, me dirent que je ne pouvois plus laisser de voir le marquis de Leede, ils m'entraînèrent chez lui, j'en reçus mille amitiés, il me tira à part et me dit qu'il n'avoit jamais pensé sur mon compte comme il m'avoit écrit, que c'étoit Mr de Castellar qui l'avoit obligé à m'écrire ainsi et que, malgré tous les efforts qu'il avoit faits pour s'y refuser, il n'avoit jamais voulu l'en dispenser. J'allai aussitôt dire au Roi ce que je venois d'apprendre, S. M. ne me répondit rien, mais j'eus du moins la satisfaction de l'en avoir instruit.

Je retournai à Carthagène où étoit mon régiment; ma femme m'écrivoit toujours qu'elle vouloit venir me joindre. Elle étoit, je crois, bien impatiente aussi de faire cesser les bruits que l'on faisoit courir dans son pays, où l'on disoit que j'avois sept femmes, pas moins d'une dans chaque pays où j'allois; une dame lui en ayant fait confidence en pleine table, sur ce qu'elle paroissoit étonnée que l'on s'entretînt tout bas en la regardant, elle répondit qu'elle étoit charmée d'être la huitième. Comme nous jouissions d'une paix tranquille, je me déterminai en satisfaisant ma femme à me satisfaire beaucoup aussi moi-même. Je lui donnai rendez-vous à Urdax[1]; je partis de Carthagène le 28 février, je m'arrêtai quelque tems à Valence et à Saragosse et je la joignis dans ce village le 16 avril. Son frère et Mr de Perron[2], son cousin, l'accompagnèrent; Mr d'Adoncourt lui fit mille politesses en passant à Bayonne; du côté de la France et du côté de l'Espagne, on lui donna toutes sortes de facilités pour entrer sans faire de quarantaine. Je donnai à souper avec elle à des officiers espagnols qui se trouvoient là; comme je parlois leur langue pour les entretenir, je fus fort surpris de voir que, dès le premier jour, ma femme me redisoit tout ce que nous avions dit.

Il y a dans ce village d'Urdax un soleil pour le Saint-Sacrement, fort grand et tout garni de diamants. L'église est d'ailleurs fort belle, ma femme et les messieurs qui l'accompagnoient,

---

[1] Village de la Navarre espagnole, à peu de distance de la frontière.

[2] Simon de Crotte, seigneur de Perron et de Saint-Lane, fils de Jean de Crotte de Perron et de Louise-Philippe de Busca-Lascazères, était le cousin germain de Mme de Franclieu, dont il épousa en 1728 la sœur cadette, nommée Françoise. (Arch. du chât. de Lascazères.)

accoutumés aux églises de France, ne furent pas peu étonnés de la différence qu'il y a entre les maisons de Dieu dans ce pays-là et celles du nôtre. Ils le furent beaucoup aussi de voir la gaieté du peuple ; celui de France est morne, taciturne, il ne songe qu'à accumuler sou sur sou pour acheter le bien de son voisin ; le peuple d'Espagne, au contraire, se contente de ce qu'il a, s'en entretient le mieux qu'il peut et, dans ses momens de loisir, ne songe qu'à se divertir. Pendant six jours que nous fûmes à Urdax, toutes les jeunes filles et tous les garçons du village venoient, devant la porte où je logeois, avec des tambours de basque et ne faisoient que danser et nous réjouir, ma femme se mêloit à leurs danses et ils étoient bien contens de voir qu'elle savoit les sauts basques aussi bien qu'eux.

Nous nous séparâmes enfin le 22 avril des messieurs qui avoient accompagné ma femme. Je passai à Pampelune, dont la gouvernante, Mme de Gonzalès, qui étoit ma fort bonne amie, lui fit beaucoup d'amitiés ; elle alla voir la citadelle où M^r d'Albigni, qui y commandoit, la reçut fort bien ; elle fut à cheval à Pampelune où j'avois mon carrosse. Notre route jusqu'à Valence n'eut rien d'extraordinaire.

Le 8 de mai, j'arrivai à Valence ; comme c'est une belle ville, j'y restai deux mois avant de me rendre à mon régiment qui étoit à Alicante. La blessure de mon bras droit s'y rouvrit par un abcès qui me fit extrêmement souffrir. M^r le prince de Campoflorido[1] étoit vice-roi d'Alicante, Mme la princesse et sa fille prirent beaucoup d'amitié pour ma femme, elles venoient la prendre tous les jours dans leur carrosse et la menoient à une dévotion à Saint-Antoine de Padoue, où toutes les trois firent une neuvaine pour demander

---

[1] Don Louis Reggio (*aliàs* Riggio) Branciforte Saladino et Colonna, prince de Campoflorido, d'une famille sicilienne, devint capitaine général des armées d'Espagne, fut capitaine général du Guipuscoa, puis, pendant plus de quinze ans, du royaume de Valence ; nommé ambassadeur d'Espagne à Venise, puis à Paris, de 1740 à 1746, il revint en Espagne à la mort de Philippe V, mais, disgrâcié par son successeur, il se retira en Sicile et entra dans la compagnie de Jésus, où il passa ses dernières années. Il était grand d'Espagne, chevalier des Ordres du Roi de France (1745), de ceux de Saint-Janvier de Naples et de Saint-Jacques de Calatrava. Sa femme, dona Catarina, était fille de don Carlo de Gravina, seigneur napolitain.

à Dieu le rétablissement de ma santé, qu'il voulut bien me rendre. Il y eut un carrousel magnifique pour célébrer les nouvelles alliances entre les maisons royales de France et d'Espagne, les officiers les plus distingués et la première noblesse le composèrent par quadrilles, ils étoient magnifiquement habillés, eux et leurs chevaux étoient couverts de perles et de diamants. Ils coururent la bague, les têtes et un soleil à coups de dards, puis ils combattirent les uns contre les autres avec des flèches et de grosses balles de cire remplies d'eau de fleur d'orange. C'étoit à la jeune princesse que ceux qui remportoient le prix venoient l'offrir; il n'y avoit que ma femme avec elles dans leur loge qui étoit magnifiquement décorée. On passa de là au palais où il y eut un fort beau bal, la jeune princesse l'ouvrit avec don Tiberio Caraffe, lieutenant général. Après le premier menuet, il alla demander à la princesse sa mère qui il prendroit, elle lui fit prendre ma femme, ce qui causa beaucoup de jalousie, mais la princesse dit qu'elle connoissoit la dame qu'elle avoit fait prendre et savoit que le pas lui étoit dû, il fallut que les autres prissent patience, aucune n'auroit osé sortir.

J'étois convalescent et assis auprès des princesses, un gentilhomme de Valence s'approcha de moi et me dit : « Sûrement, Monsieur, vous aviez vu danser madame votre femme quand vous l'avez épousée ». — « Ne lui trouvez-vous, Monsieur, repartis-je, que cela d'avantageux ? » Les princesses rirent beaucoup de ma réponse et il en fut si étonné qu'il ne sut plus trop que dire pour racommoder son premier compliment, mais je pris la parole et je le remerciai fort de tout ce qu'il vouloit bien me dire de gracieux d'elle. Ma femme étoit enchantée de voir des arbres chargés d'oranges douces, je lui achetai le fruit d'un oranger grand comme un pommier qui étoit couvert d'oranges, et elle avoit un grand plaisir à aller tous les jours en faire cueillir deux ou trois douzaines devant elle, il étoit même bon de la satisfaire, car elle devint grosse dans cette ville d'une fille que nous avons perdue à l'âge de onze à douze ans. Dieu la voulut pour lui et, quoique père, je puis dire qu'il y avoit peu d'enfant plus parfait.

Nous partimes de Valence le 4 de juillet et nous arrivâmes le 8 à Alicante. Toutes les dames de la ville visitèrent ma femme et lui firent bien des honneurs. Je ne m'accommodois pas trop de ces visites qui me coûtoient fort cher : il falloit, à l'imitation des dames espagnoles, donner des *refrescos* d'eau glacée, chocolat, biscuits et confitures sèches ; chacun me coûtoit jusqu'à deux pistoles. Les Espagnols peuvent mieux soutenir cette dépense que nous autres étrangers, parce qu'ils n'en font pas d'autre, mais nous tenions outre cela table soir et matin, j'avois les officiers de la garnison, sans compter bien des occasions de donner à manger, causées par des vaisseaux de toutes nations qui viennent mouiller dans cette rade. Il y vint une escadre espagnole de cinq vaisseaux et quelques frégates ; un des capitaines étoit Mr de Riggio[1], frère de M^r le prince de Campoflorido. Après avoir mangé souvent chez moi, lui et plusieurs officiers, il voulut donner une fête à ma femme sur son bord, nous y fûmes et plusieurs autres dames furent de la partie, il nous fit bonne chère et l'on dansa beaucoup. Ma femme ne fut point du tout incommodée ; quant à moi, je n'ai jamais pu soutenir sans l'être le mouvement doux des vaisseaux, tandis que dans les chaloupes où le mouvement est brusque, je me porte à merveille. Nous revînmes à terre fort heureusement, quoique la mer fût assez agitée. Nous aurions pu éprouver le même sort qu'un lieutenant-colonel irlandois, il fut dîner à bord d'un vaisseau anglois, qu'un mauvais tems qui survint obligea de céder au vent, il fut plus de huit mois à rejoindre son régiment, on le débarqua en Italie, il passa à Rome et revint par terre en Espagne, moyennant les secours que l'ambassadeur du Roi auprès du Pape lui donna pour faire route.

La Cour m'envoya dans cette ville un capitaine et un lieutenant à la suite de mon régiment. Le dernier dit à des officiers qu'il avoit donné des coups de bâton à l'autre. Ils vinrent me dire qu'ils ne vouloient pas faire le service avec eux, à cause de l'aveu du lieutenant et que le capitaine disoit qu'il en avoit menti. Je leur répondis que je les trouvois assez fondés mais qu'il falloit attendre quelques jours, jusqu'à ce qu'on fût mieux informé. Je parlai ainsi en général, mais je pris en particulier quelques officiers

---

[1] Don André Riggio, chevalier de Malte, devint lieutenant général des armées navales du roi d'Espagne. Un autre frère, don Michel, également chevalier de Malte, fut chevalier de la Toison d'Or et général des Galères du roi des Deux-Siciles.

à qui je dis qu'il falloit qu'ils instruisissent ces deux officiers de leur devoir. On eut beau faire, ils se chantoient pouille l'un à l'autre devant tout le monde et ils en restoient là. Je laissai comprendre que l'on feroit bien de les chasser, ce que l'on fit quant au lieutenant, mais le capitaine fit le malade et l'insensé. Il n'en fallut pas davantage, je le fis lier sur une bourrique et je l'envoyai aux Petites-Maisons à Valence, il écrivit alors de fort bon sens à ses protecteurs et dit que je le traitois ainsi parce qu'il n'avoit pas voulu se battre en duel, on le fit élargir et on le renvoya à mon régiment. J'aurai occasion de dire ce que devinrent ces deux hommes dans la suite.

Mon régiment sortit d'Alicante le 28 mars, ma femme étoit au moment de ses couches, comme il n'étoit pas question de guerre, je restai avec elle et j'en fis part à la Cour. Ses couches furent assez difficiles, enfin elle s'en tira heureusement et me donna le 9 mars une fille, qui est celle dont j'ai déjà parlé. Le 25 avril je partis d'Alicante avec ma famille pour aller joindre mon régiment en Andalousie. Je voulus, en passant, prendre les bains de Fortuna où je demeurai onze ou douze jours, j'y trouvai un Père cordelier qui avoit beaucoup d'esprit, il étoit grand ennemi de l'Inquisition dont il disoit publiquement le diable. Je lui demandai s'il n'avoit pas peur d'y être mis. « Si elle osoit prendre un Cordelier, répondit-il, il en resteroit cent mille qui les chasseroient d'Espagne. »

Un jeune homme qui avoit 26 ans, d'assez bonne famille d'un village voisin, venoit souvent nous voir, monté sur un mouton, il n'avoit pas trois coudées de haut, mais joli et parfaitement bien pris dans toute sa petite taille; je fis tout ce que je pus pour l'emmener avec moi et le présenter au Roi, il me dit qu'il avoit de quoi vivre chez lui, sans se donner en spectacle.

Les bains de Fortuna sont sous une grande voûte souterraine, des murailles font des divisions dans l'eau pour séparer ceux qui s'y baignent. Il n'y a point de baigneurs, les femmes de chambre de ma femme en faisoient les fonctions pour moi et quoique l'eau soit extrêmement chaude, l'une nommée Suzon, qui est à présent au service de Mme la première présidente de Pau, y entroit avec moi pour me frotter (et observez que je m'y trouvois assez bien).

On n'a que des baraques où on est mal, je suois dans le lit des femmes de chambre et, lorsque j'étois bien essuyé et que j'avois changé de linge, j'allois me rafraîchir dans le nôtre. J'avois pris d'autres baraques pour mes gens et, pour faire ma cuisine, il falloit aller au village, à demi-lieue de là sur la hauteur, pour chercher des vivres et l'eau pour boire. Cependant nous en eûmes bien près de nous, par une espèce de miracle qui n'est pas cependant comme celui de Moïse. Ma femme en se promenant dans les rochers, en vit un qui paraissoit humide, elle gratta avec un petit couteau et, après y avoir fait un creux, elle vit qu'aussitôt il se remplissoit d'eau, elle la goûta, la trouva fraîche et bonne, elle se fit aider et on fit un trou à y entrer une cruche, qui se remplissoit si promptement que tous ceux qui étoient au bain n'eurent plus besoin de faire venir de l'eau du village avec des bêtes de somme, comme on faisoit. Tous les gens du village vinrent voir cette merveille et dirent qu'ils vouloient donner à la fontaine le nom de Franclieu. Je ne sais ce qu'ils auront fait, mais il est sûr que si nous avions été capables d'en imposer et de dire que ma femme, ayant soif, avoit par de ferventes prières demandé à Dieu de lui donner de l'eau et, qu'en grattant avec son couteau, elle en avoit fait sortir de ce rocher, les Espagnols sont assez portés à croire au miracle pour s'être fermement persuadés que c'en étoit un. Il y en avoit même qui y croyoient, mais nous leur fîmes comprendre que c'étoit une chose très simple et très naturelle; puisque le bas de ce rocher paroissoit humide, on pouvoit espérer qu'il en sortiroit de l'eau. Enfin nous laissâmes cette fontaine très claire et très abondante en quittant cet endroit.

Le 6 de mai, nous partîmes de Fortuna, et le 16, jour de la Pentecôte, comme je faisois marcher grand train, pour arriver au premier village assez à tems pour entendre la messe, mon cocher enfourna une descente fort rude sans avoir enrayé. Les mulets de de derrière n'eurent jamais la force de retenir le carrosse qui étoit fort pesant, nous fûmes portés hors du chemin, versant sur une pente fort roide, nous roulâmes sept fois sur les côtés, l'impériale et le fond; heureusement, le carrosse, en se brisant, s'enclava dans une pointe de rocher, sans quoi nous avions encore bien des tours à faire. La cheville ouvrière sauta au premier tour et le train de devant resta là avec tous les mulets. On peut juger de l'état où nous étions, tout froissés, couverts de blessures de nos glaces et de plusieurs bouteilles de vin qui étoient sous nos pieds, lesquelles toutes brisées nous firent quantité de plaies. Ma femme en eut sept pour sa part, mon fusil étoit à côté d'elle et la platine lui pressa tellement le côté que la marque lui en reste encore. J'eus plusieurs blessures, dont l'une me découvroit l'os de la jambe et on me tira de la cuisse un morceau de verre qui y étoit enfoncé de quatre travers de doigt. Mme de Wilmot, femme d'un capitaine du régiment[1], qui étoit avec nous, dans notre carrosse, eut le bras cassé et la joue fendue depuis l'oreille jusqu'à la bouche, au point qu'en ouvrant les deux côtés on lui voyoit les dents. Une nourrice eut le bras abîmé, et ma fille, qui n'avoit que deux mois et quelques jours, étant tombée hors du carrosse au dernier tour que nous fîmes, se trouva sous la roue, sans en être écrasée, parce que le moyeu la tenoit un peu élevée ; on me la porta pour me consoler, en me disant qu'elle dormoit, je soutenois qu'elle étoit morte, mais un moment après elle se mit à pleurer. Mon cocher fut heureux que je ne pusse pas me remuer. Quand je pense à cette chute, je craindrois plus d'en faire une pareille que de me trouver à dix batailles ; si je l'ai tant détaillée, c'est afin que l'on se précautionne mieux que nous dans les descentes. On nous porta au *cortijo*[2] (ce qui veut dire hameau) de Bara, qui étoit près de cet endroit, on alla au village voisin chercher le barbier qui piqua trois fois ma femme sans pouvoir lui faire une saignée, il nous pansa comme il put avec de l'eau et du vinaigre pour ôter, disoit-il, l'inflammation. Un jour plus tard, la gangrène étoit à ma jambe ; mais j'avois envoyé à toutes jambes à sept lieues de là, à Almunejar où étoit mon régiment, chercher mon chirurgien qui étoit fort habile. Il se nomme Dubreuil et est aujourd'hui chirurgien-major de Saint-Sébastien ; il fit grande diligence et il arriva le surlendemain de bonne heure. Ce fut notre salut, car nous étions tous perdus si nous étions restés plus longtems entre les mains de ce barbier.

[1] On conserve dans les archives du château de Lascazères plusieurs de ses lettres où elle signe « Bourgia de Wilmot ».

[2] *Cortijo*, une maison seule au champ pour y nourrir le bétail. (*Dict.* de Sobrino.)

On racommoda le carrosse du mieux que l'on put et nous nous remîmes dedans quatre jours après, pour aller à Grenade, où nous arrivâmes le 21 de mai.

Nous gardâmes tous le lit longtems; enfin, rétablis et mon carrosse bien raccommodé au dépens de trente pistoles d'or qu'il m'en coûta, nous pûmes nous promener dans cette belle ville; nous allâmes plusieurs fois à l'Alhambra qui en est le château, il y en a un du tems des Maures qui est magnifique, tous les appartemens en sont très frais et remplis de fontaines, il y a pour se baigner quatre grandes pièces d'eau où l'on descend des quatre côtés par des marches de marbre. La fontaine qui est au milieu est soutenue par huit lions de marbre blanc magnifique, tout est rempli de mosaïques et de statues parfaites. Auprès, est un autre palais charmant, dont je ne me rappelle pas le nom, il y a plusieurs jets d'eau. Je ne voudrois point d'autre demeure pour toute ma vie, j'y faisois souvent porter mon diner où j'invitois des dames de la ville et des officiers de mon régiment qui tour à tour venoient d'Almunejar pour me voir.

Nous vîmes dans cette ville la plus belle chose possible, qui marque bien la dévotion des Andalous; ce fut le jour de la Fête-Dieu. On avoit orné une grande place, qui est devant la plus [belle] église que j'aie vue de ma vie, de portiques en fort belles peintures, bien couverts de l'un à l'autre, d'où il sortoit des jets d'eau de distance en distance. La procession passe dessous et va par toute la ville qui est très ornée, tous les ordres religieux et autres l'accompagnent, il y a un nombre de flambeaux extraordinaire; on voit des troupes de danseurs qui s'acquittent fort bien de leur rôle, tous habillés en damas, chargés de galons d'or. Plusieurs images de saints sont portées dans des niches magnifiques, le Saint-Sacrement est placé sur une grande pièce d'orfèvrerie, parfaitement travaillée et ornée de pierreries, le tout posé sur un grand chariot, couvert d'un tapis de velours cramoisi, chargé de galons et de franges d'or qui pendent jusqu'à terre. Il y a seize hommes sous ce tapis pour faire rouler cette superbe représentation, les quatre roues sont cachées par le grand tapis et enveloppées d'étoffes afin qu'elles ne fassent point de bruit, le timon est d'argent massif, fait en cou de cygne. Le prêtre qui officie tient la main sur le bout de ce timon et conduit. Les ornemens des prêtres, la musique, le nombre d'enfans habillés en anges, tout cela ne peut se détailler, il faut le voir. L'après-dîner, tous ceux qui ont des carrosses vont se promener sous ces portiques; le premier président du Parlement, voulant y entrer, chercha à passer devant mon carrosse et à me couper, cela ne se fait point en Espagne; mon cocher, qui ne l'ignoroit point et qui ne connoissoit point le premier président (qui, m'a-t-on dit depuis, a le droit de couper les autres), fouetta, fit avancer mon postillon, abattit les deux mulets de devant du carrosse du premier président et passa par-dessus. Heureusement, ce premier président n'étoit pas fort aimé et tout le monde en rit beaucoup; d'ailleurs, mon train, ma dépense et une suite d'officiers que j'avois toujours, me faisoient regarder à Grenade comme un homme respectable, même pour un premier président : il me fit lui-même des excuses de l'insolence de son cocher, et je lui en fis à mon tour de la méprise du mien, qui ne l'avoit pas connu.

On ne trouvera peut-être pas extraordinaires les magnificences dont j'ai parlé dans ces différentes décorations, ces riches habits des danseurs et tout ce que l'on fait ce jour-là : ce ne seroit effectivement pas grand chose, si c'étoit une dépense une fois faite pour toujours, mais croiroit-on que tout est brûlé à la fin de ce grand jour? Que même on ne veut rien laisser subsister pendant l'Octave? Cependant ce n'est pas une petite dépense. Voici comment elle se fait : il y a dans la ville ce qu'ils appellent les Vingt-quatre, ce sont les Messieurs de Ville, ils nomment deux d'entre eux pour faire ces dispositions, la ville donne deux mille pistoles d'or, mais comme ce n'est pas assez pour suffire à cette dépense, ils en mettent souvent autant du leur et ils sont fort glorieux de s'être mis très mal à leur aise pour une si belle et si grande occasion. Nous ne trouverions pas, je crois, beaucoup de gens en France qui en fissent autant; nos plus riches prélats eux-mêmes voudroient-ils rendre à Dieu une partie des grands revenus que leur donnent les biens de l'Église, pour glorifier le Seigneur aussi grandement?

Le lieutenant dont j'ai parlé, qui avoit été chassé de mon régiment, engagea un des capitaines à me prier de lui permettre de me voir. Je le reçus, il me demanda de suspendre la mauvaise opinion que j'avois de lui, m'assurant qu'avant quinze jours je verrois qu'il méritoit mon estime. Je lui répondis qu'il n'étoit pas nécessaire qu'il me vit, ni que je susse ce qu'il projetoit, mais que je serois charmé d'apprendre que ses camarades étoient contens de lui. Il alla aux environs du régiment, y demeura un mois et n'eut jamais le courage de faire mieux qu'auparavant; il s'en fut à Madrid, où il se plaignit beaucoup de moi; je l'y entrevis un jour dans une rue où il y avoit embarras de carrosses, je sortis du mien pour le bâtonner un peu, il se sauva avec tant de précipitation que, pour m'éviter, il passa à quatre pattes sous des carrosses; je ne l'ai plus vu.

Pendant que nous étions à Grenade, il y eut un *auto-da-fé*, ce qui veut dire un jugement rendu par Messieurs de l'Inquisition et ils appellent ce jugement acte de foi. Cet acte condamnoit plusieurs Juifs au fouet par la main du bourreau; nous les vîmes passer, nus, hommes et femmes, jusqu'à la ceinture, liés et garrottés sur des bourriques et fouettés par le bourreau. L'Inquisition condamne les Juifs de trois manières : ceux qui ne veulent pas renoncer à leurs croyances sont brûlés vifs; ceux qui ont été pris comme tels et qui, ayant renoncé à leur religion, retombent à judaïser une seconde fois et s'en dédisent encore, sont condamnés au fouet et à porter les marques que je dirai bientôt; ceux qui, surpris professant la religion juive, y renoncent une première fois et promettent de suivre la religion catholique, perdent tous leurs biens et sont réduits à demander l'aumône, couverts depuis les épaules jusqu'à demi-cuisses de deux grands scapulaires d'un drap jaune croisé d'une croix de Saint-André de drap rouge. Ces actes paroissent cruels mais sont fondés sur une raison plausible, on ne veut point de Juifs en Espagne, qu'ils aillent s'établir ailleurs, car en vertu de quoi veulent-ils rester dans un royaume où on ne veut pas d'eux? Nous vîmes une pareille cérémonie lorsque nous fûmes à Madrid, mais ceux-ci furent brûlés, entr'autres une jeune fille; elle dit à un dominicain qui la conduisoit au bûcher de lui dire le *Credo* et il le fit, lorsqu'il prononça les paroles : *et il viendra juger les vivans et les morts;* « Ah! s'écria-t-elle, il viendra! il n'est donc pas venu encore! en attendant, je vais être adorée dans nos synagogues de Livourne. » Et en même tems, elle se jeta dans le feu ; comme elle étoit fort jolie, tout le monde en eut pitié. Je ne fus pas à cette triste cérémonie, mais tous nos domestiques y furent.

Malgré l'aversion que les Espagnols ont pour les Juifs, ils n'ont pas moins recours à leur habileté lorsqu'ils en ont besoin. Il y avoit à Madrid un médecin nommé Peralta qui fut même trouvé très habile à Paris, où M[r] le duc d'Ossuna le mena; tout le monde se servoit de lui, deux fois il fut pris comme juif par l'Inquisition, il s'en tira toujours, mais il lui en coûta beaucoup d'argent. La seconde fois qu'il fut pris mérite d'être contée, si ce que l'on m'en a dit est vrai. On prétend qu'un religieux, désespérant de guérir d'une maladie, pria son supérieur de lui faire venir Peralta, disant qu'il n'avoit nulle confiance aux médecins du couvent. On le lui fit venir, Peralta n'en espéroit rien de bon ; le religieux lui dit que, s'il ne pouvoit pas revenir, il le prioit de ne pas le lui cacher, parce qu'en ce cas-là il vouloit faire sa profession de foi, qu'il étoit juif et qu'il vouloit se déclarer tel en mourant; l'histoire rapporte que là-dessus Peralta en eut tant de soin qu'il le tira d'affaire, en lui disant qu'étant de la même religion, il le guériroit, et que le bon religieux bien guéri le dénonça à l'Inquisition. Je ne donne pas cela pour une vérité, mais il est sûr qu'on me l'a conté ainsi.

J'obtins un congé de la Cour pour me rendre à Madrid, je partis de Grenade avec toute ma famille le 12 juillet et j'arrivai à Madrid le 23 au matin. Je ne marchois que la nuit, pour éviter les grandes chaleurs; outre mon carrosse, j'avois trois chaises pour tout mon monde. Averti qu'il y avoit une bande de voleurs qui commettoient beaucoup de désordres dans la Sierra-Morena, par où il falloit passer, je fis venir, pour m'escorter jusqu'à Madrid, un sergent et quatre grenadiers de mon régiment que je choisis, gens sur la valeur de qui je pouvois compter. Dans une *venta* où nous étions, on ôta, pendant qu'ils mangeoient, l'amorce de leurs fusils et on boucha avec un morceau de bois le trou de la lumière ; quant à moi, toutes mes armes étoient en état, parce que j'ai observé toute ma vie de faire entrer mes armes en même tems que moi dans la chambre où l'on me met et d'y laisser toujours quelqu'un. Le sergent fit visiter les armes en sortant; tout son colonel que j'étois, j'eus bien de la peine à l'empêcher de tuer l'hôte ; il prétendoit qu'il n'y avoit que lui qui eût pu ainsi déranger ses armes, il lui donna vingt bourrades ; enfin nous marchâmes. Pour moi, je m'endormis en carrosse, ma femme causoit avec le sergent et les grenadiers ; on entendit du bruit derrière une haie, on fut y reconnoître, on y trouva un homme qui fit l'endormi et le mendiant ; on entendit en même tems quelques coups de sifflet, le sergent vouloit emmener cet homme, on m'éveilla et je dis de le laisser, d'autant qu'il faisoit le boiteux ; mais, un peu éloigné de nous, il prit la fuite à toute course et les sifflets redoublèrent. Nous prîmes bien nos mesures et en chemin et dans la *venta* où nous reposâmes une partie de la nuit. On nous dit qu'ils étoient une bande de quinze hommes avec une femme et que c'étoit la femme qui faisoit tous les meurtres. Je passai dans la commanderie du comte d'Aguilar, qui étoit au lit avec la goutte, je fus le voir ; à mon retour dans mon cabaret, je reçus de lui toutes sortes de vivres et de rafraîchissemens.

CHAPITRE VI.

1723-1732.

Installation à Madrid. — Générosité des Espagnols. — M. de Camock. — Le comte de Marcillac. — La Reine et Mme de Franclieu. — M. de Franclieu est nommé gouverneur de Fraga. — Orage du 15 septembre 1723. — Abdication de Philippe V. — Le marquis de Risbourg passe à Fraga. — Naissance du fils aîné de l'auteur. — Fête de la Madeleine à Fraga. — Sermons d'un moine espagnol. — Ripperda. — Mort de M. de Busca. — M. et Mme de Franclieu vont à Lascazères. — M. de Lesville, intendant d'Auch. — M. de Saint-Arroman. — L'intendant Le Gendre. — M. de Cambout, évêque de Tarbes. — M. de Franclieu fait libérer du service les deux fils de M. de Sombrun. — Il est invité à sortir de France et n'obtient pas sans peine la permission d'y rentrer. — L'archevêque de Saragosse. — Naissance du second fils de l'auteur. — Mme Dallouyse. — M. de Franclieu demande son congé définitif à la Cour d'Espagne.

J'avois fait louer à Madrid un bel appartement qui coûtoit fort cher, à côté de la maison de Mr Duché, capitaine aux gardes wallonnes. Il étoit aux arrêts, pour avoir bien battu un cocher du Roi qui avoit dérangé sa troupe en marchant. Ce capitaine, ayant appris mon arrivée par ses gens, m'envoya prier de prendre sa maison qui étoit vide, j'hésitai quelque tems, je fus le voir et il m'y contraignit. Ma femme fut bien aise de sortir de celle que nous occupions, à cause d'une aventure assez ordinaire dans ce pays-là. Comme nous avions marché toute la nuit et qu'elle ne pouvoit pas dormir en carrosse, elle n'eut pas la patience d'attendre que l'on eût tendu notre lit, elle en vit un du logis qui étoit en beau damas cramoisi et dont le bois étoit doré, elle me dit que ce lit étoit fort propre et qu'elle alloit s'y coucher, j'eus beau lui dire qu'elle s'en repentiroit, elle s'y mit ; au bout d'un quart d'heure elle appela, on ouvrit les fenêtres, nous la trouvâmes toute couverte de punaises qui lui avoient fait de grosses ampoules par tout le corps, elle étoit toute en feu, elle changea de tout, se lava bien et depuis elle s'est bien gardée de coucher dans d'autres lits que celui que nous portions.

Nous acceptâmes la maison du capitaine aux gardes, où nous restâmes quelques jours; le comte de Rohan[1], exempt des gardes du corps, qui s'absenta, me fit prendre la sienne qui étoit grande et commode; il y avoit dans l'appartement que nous occupions une bonne cheminée qu'il avoit fait faire, car il n'y en a en Espagne que pour les cuisines, et avec raison, puisque la cheminée de ma chambre me coûta en bois, par jour, pendant l'hiver, plus d'une piastre qui vaut cinq livres. Je dépensai plus de sept cents pistoles d'or pendant sept mois que je passai à Madrid, aussi avois-je seize domestiques et huit chevaux ou mulets. J'eus bien de la peine à avoir l'argent du Trésor, je dis à ma femme de demander en attendant du crédit à ceux qui nous fournissoient, elle fit appeler, en conséquence, la boulangère qui non seulement lui dit qu'elle y consentoit avec grand plaisir, mais lui porta le lendemain cinquante pistoles d'or qu'elle l'obligea absolument de prendre, quoiqu'elle ne nous connût point. On ne trouveroit pas en France des gens si avenans et si gracieux, j'ai éprouvé souvent de semblables procédés en Espagne.

Cela me rappelle celui d'un Espagnol, qu'il faut que je conte, quoiqu'il ne me regarde pas. Nous étions à Alicante, assemblés en un grand cercle d'officiers et de messieurs de la ville sur une place, on lisoit les nouvelles, nous apprîmes qu'un régiment wallon étoit vacant. Le marquis de L... B...[2], aujourd'hui colonel réformé en France, servoit alors en cette qualité dans mon régiment. « Ah, s'écria-t-il, si j'avois à présent cinquante pistoles pour aller à la Cour, j'obtiendrois sûrement ce régiment ! » Nous nous séparâmes, un de ces messieurs espagnols tira par la manche le marquis de L... B... et lui dit tête à tête : « Monsieur, je me trouve bien heureux d'être en état d'aider à la fortune d'un galant homme comme

---

[1] Jean-Baptiste de Rohan, comte du Poulduc (1691-1755), était passé en Espagne en 1718 avec son frère le chevalier de Rohan-Poulduc et les gentilshommes bretons compromis dans la tentative de rebellion de la Bretagne; il fut condamné à mort par contumace en France (1720). Il devint exempt des gardes du corps de S. M. C. et brigadier de ses armées. Son fils aîné, François-Marie des Neiges-Emmanuel, fut grand-maître de l'Ordre de Malte de 1775 à 1797.

[2] En blanc dans le manuscrit.

vous, préparez-vous pour votre départ et soyez chez vous cette après-dîner, » (car il savoit qu'il mangeoit toujours chez moi) « je vous y porterai les cinquante pistoles qui vous manquent pour trouver votre avancement. » L... B... en profita, n'obtint point le régiment et, de dépit, passa en Portugal, où il s'embarqua pour retourner en France. Cet Espagnol est devenu pauvre à force de faire de pareilles générosités, ce qui l'a obligé d'avoir recours à Mr de L... B... et de lui écrire plusieurs lettres pour son remboursement, et il m'a dit qu'il n'en avoit jamais pu avoir de réponse.

Mr de Camock[1], anglois et chef d'escadre des armées navales du Roi, vint me voir d'abord que j'arrivai à Madrid. Je ne le connoissois pas du tout mais je lui avois obligation ; quelque temps auparavant, il avoit donné au Roi un projet pour lequel il lui demandoit trois vaisseaux et trois mille grenadiers de débarquement commandés par moi, se faisant fort de se rendre maître d'Oran, en Afrique. On n'accepta pas sa proposition, dont un de mes amis, employé au bureau, m'informa. Je fus fort sensible à cette préférence et je l'en remerciai, en lui demandant comment il m'avoit choisi, n'ayant pas l'honneur d'être connu de lui. Il me dit que c'étoit sur ma réputation, je répondis comme on peut juger à sa politesse, nous nous liâmes et nos femmes aussi, au point qu'il lui naquit un enfant dont je fus parrain. Je continuois à voir cet homme, sans rien savoir de ce qui se passoit et, un jour que je fus chez lui, je fus fort surpris de trouver sa femme tout éplorée, on venoit d'enlever son mari, que l'on fit conduire à Ceuta, et l'on prit tous ses papiers. Comme j'ignorois de quoi il s'agissoit, je voyois toujours sa femme, je parlai aux ministres sans pouvoir rien découvrir de ce dont il étoit accusé. J'ai su depuis qu'il cherchoit à faire quelque coup contre le roi Jacques ; on peut croire qu'attaché comme je l'étois à ce prince, je n'aurois pas fréquenté cet homme ni sa femme, si j'eusse été au fait, mais je ne savois rien. M^r le duc d'Ormond, chez qui j'allois pour ainsi dire tous les jours et qui l'avoit fait arrêter, ne m'en témoigna jamais rien ; il dut bien

---

[1] Ce Camock avait proposé en 1718 à Alberoni un projet tendant à acheter l'amiral Byng, commandant la flotte anglaise dans la Méditerranée, pour le faire se joindre à la flotte espagnole. (*Mém. de Saint-Simon*, éd. Chéruel, X, 150.) Camock agissait alors pour le compte et sous le patronage de Jacques III.

connoître que je n'avois nulle part aux menées de cet officier, car je le priois souvent de s'intéresser auprès du Roi pour le mettre en liberté. Je n'en ai pas moins éprouvé depuis les bontés du roi Jacques et les attentions de Mr le duc d'Ormond, aussi je désire plus que personne de donner à ce prince des preuves de mon zèle pour lui.

Il y avoit à Madrid beaucoup d'officiers en grade ; comme ils étoient garçons, ils venoient souvent manger chez moi. Le comte de Marcillac en étoit un, il entretenoit beaucoup ma femme de ses bonnes fortunes passées et lui montroit toutes les lettres de dames qui lui avoient écrit. J'étois témoin de tout cela, mais occupé à mes écritures, mon régiment voyageant d'une province à l'autre pendant que j'étois à Madrid ; il me fâchoit fort d'en faire autant avec tout mon attirail, tellement que je demandai un congé pour ramener ma femme en France. Elle alla à l'Escurial prendre congé de la Reine qui, quoiqu'elle ne vit personne, eût la bonté de la recevoir toute une après-dîner dans son apppartement où étoit aussi le Roi ; elle la gracieusa fort et lui demanda pourquoi je la ramenois en France. Elle lui en dit la raison que je viens de dire, ajoutant que si LL. MM. vouloient bien me placer pendant l'inaction de la paix, ce qui d'ailleurs me convenoit, étant criblé de blessures comme je l'étois, je ne la ramènerois pas chez elle. On ne lui dit rien, seulement j'ai su par MMmes la princesse de Robecque, la duchesse de Saint-Pierre[1] et la marquise del Surco[2], que quand ma femme fut sortie, la Reine dit : « J'aime bien cette femme, elle ne dit que ce qu'il faut. » Le Roi parla aussi avantageusement d'elle :

---

[1] Marguerite-Marie Colbert, fille du marquis de Croissy, née le 7 juin 1682, avait épousé en premières noces Louis de Clermont-d'Amboise, marquis de Resnel, dont elle devint veuve en 1702 ; elle se remaria en 1704 avec François-Marie Spinola, duc de Saint-Pierre, prince de Sabioneta, grand d'Espagne, (1659-1727). Elle fut plusieurs années attachée à la reine douairière d'Espagne, veuve de Charles II, devint dame du palais d'Élisabeth Farnèse et finit par se retirer à Paris, où elle mourut le 27 janvier 1769.

[2] La marquise del Surco était *senora de honor* d'Élisabeth Farnèse. Son mari, N. Figueroa, marquis del Surco, d'origine milanaise, ancien capitaine des gardes du prince de Vaudemont, devint sous-gouverneur du prince des Asturies (depuis Louis Ier) et gentilhomme de la Chambre, « sa femme, faite exprès pour « lui, grande, bien faite comme lui, et de bon air, avoit aussi beaucoup d'esprit « et d'intrigue. » (*Mém. de Saint-Simon*, éd. Chéruel, XII, 199.).

enfin Mr de Castellar, ministre de la Guerre, me dit quelques jours après, que le Roi m'avoit donné le gouvernement de Fraga[1] et il me le vanta beaucoup. Je ne le connoissois point et remerciai LL. MM. comme si elles m'avoient donné quelque chose de bon.

Pendant que nous fûmes à Madrid, nous vîmes deux événemens bien tristes, arrivés par deux causes contraires, à huit jours de distance. Le feu prit à la magnifique maison qu'habitoit Mr le duc d'Ossuna[2] et la consuma entièrement. Puis un orage, pendant lequel le tonnerre tomba en bien des endroits, causa une inondation qui renversa la muraille du jardin de la maison où logeoit Mr le duc de la Mirandole[3]. L'eau entra dans tous les appartemens du bas à la hauteur de deux hommes, la duchesse et plusieurs de de ses demoiselles furent noyées, le duc étoit sorti un moment avant avec le nonce du Pape. On jouoit; don Tiberio Caraffe voulut se sauver dans son carrosse, mais il se renversa sur lui et le fit noyer; le duc de Liria[4] se prit à une grille de fer sur laquelle il grimpa; l'ambassadeur de Venise qui, à genoux sur un fauteuil, voyoit jouer, se tint aux deux bras de ce fauteuil qui flotta et

---

[1] Fraga, ville d'Aragon, dans l'intendance de Saragosse, sur les bords de la Cinca, ancienne place forte dont le château tombait déjà en ruines au XVIIIe siècle. Le brevet de gouverneur de Fraga pour le sieur marquis de Franclieu, brigadier des armées du Roi, colonel du régiment de Luxembourg, est daté de Saint-Ildefonse, le 18 décembre 1723. (Arch. du chât. de Lascazères, Inv. des titres.)

[2] N. d'Acunha y Tellez Giron se distingua dans la guerre de succession d'Espagne sous le nom de comte de Pinto, il devint VIIme duc d'Ossuna en 1716, à la mort de son frère aîné, fut ambassadeur extraordinaire en France (1721), à l'occasion des mariages de Mlle de Montpensier avec le prince des Asturies et de Louis XV avec l'infante, et déploya un grand faste pendant son ambassade, qui lui valut le cordon du Saint-Esprit.

[3] François-Marie Pic, duc de la Mirandole, né en 1688, avait succédé en 1691 à son grand-père dans le duché de la Mirandole, sous la tutelle de sa grand'tante, la princesse Brigitte. Dépouillé de ses États par l'Empereur, il passa en 1704 en Espagne où il devint grand écuyer de Philippe V. Il avait épousé en 1716 Marie-Thérèse Spinola, fille du marquis de los Balbases.

[4] Jacques-François Fitz-James (1696-1738), fils du maréchal de Berwick et de sa première femme Honorée Burke, fut d'abord appelé comte de Tinmouth; en 1716 son père se démit en sa faveur des duchés de Liria et de Xerica, ainsi que de la grandesse et l'établit en Espagne, où il devint lieutenant général des armées du Roi (1732) et fut employé à des missions à l'étranger, notamment en Russie (1726) et à Naples où il mourut. Il avait été fait, dès 1714, chevalier de la Toison d'Or, au siège de Barcelone.

comme il passoit par la porte, il s'y cramponna et se mit à cheval dessus. Il y eut beaucoup d'autres de noyés dont je ne me souviens pas ; le lendemain tout Madrid alla voir ce désastre, nous y fûmes comme les autres. On retrouva hors de Madrid le corps du prince Pio qui avoit passé par les égouts, des lambeaux de ses habits étoient restés accrochés aux grilles de fer ainsi que sa Toison[1].

Je partis de Madrid le 8 janvier [1724] pour me rendre à mon gouvernement de Fraga, où j'arrivai le 19. En passant par Saragosse, il fallut que je prêtasse serment entre les mains de Mr de Spinola[2], qui étoit gouverneur de la province. Comme je savois déjà que toutes les fortifications étoient fort en désordre, je lui dis en prêtant serment : *in quantum possem;* cela le fit rire. J'appris à Saragosse que Philippe V avoit abdiqué la couronne en faveur du prince Louis, son fils aîné, et qu'il s'étoit retiré avec la Reine au château de Saint-Ildefonse[3], qu'il avoit fait bâtir. Quelques jours après mon arrivée à Fraga, les messieurs de la ville jouèrent une comédie et il y eut une fête de taureaux en réjouissance de l'avènement de Louis Ier au trône. Je donnai le soir un grand souper et un bal auquel j'invitai tous les officiers, leurs femmes et les principaux de la ville des deux sexes.

Peu de tems après, le marquis de Risbourg passant pour se

[1] Tous les mémoires du temps racontent cet orage du 15 septembre 1723. « Le 15 du mois passé, il y eut à Madrid un orage pendant lequel la pluie « tomba si fort qu'elle forma un torrent qui emporta plusieurs maisons du « faubourg Sainte-Barbe. Mais la plus grande désolation fut dans la maison du « comte Donati, occupée par le duc de la Mirandole, qui régaloit ces jours-là « plusieurs personnes de distinction. L'eau ayant emporté un petit mur de « la ville qui fermoit le jardin de cette maison, les appartements, qui sont « beaucoup plus bas, furent remplis d'eau. La duchesse de la Mirandole, qui « s'étoit sauvée dans la chapelle, avec don Tibère Caraffe et une femme de « chambre furent noyés sans qu'on pût leur porter secours, et le marquis « de Castel-Rodrigo [*prince Pio*] fut emporté par le torrent à trois lieues de la « ville, où l'on retrouva son corps le lendemain. » (E. de BARTHÉLEMY. *Les correspondants de la marquise de Balleroy*, II, 542.)

[2] Don Lucas Spinola, comte de Balberde, marquis de Santa-Cara, chevalier et commandeur de l'ordre de Saint-Jacques, capitaine général des armées du Roi et directeur général de l'infanterie.

[3] Château bâti dans la vallée de Balsaïn, à une lieue au sud de Ségovie, au pied de la Sierra-Guadarrama, sur l'emplacement d'une grange appartenant aux religieux Hiéronymites de Ségovie ; aussi le château a-t-il souvent porté le nom de *La Granja*.

rendre en Catalogne, dont il avoit été nommé gouverneur, vint dîner chez moi; il avoit donné ordre à tout son monde pour partir après le dîner, ils étoient tous à cheval, mais nous disputâmes si longtems et nous fîmes tant de paris qu'il faisoit écrire et ne vouloit jamais signer, que la nuit vint; il coucha chez moi, il étoit presque jour que nous disputions encore; enfin il ne partit que le lendemain fort tard, faisant gâter bien des repas qu'on lui tenoit prêts sur la route, où on l'attendoit un jour plus tôt, comme il l'avoit mandé. Je savois que son grand plaisir étoit de disputer, parce qu'un jour à la Corogne, en me parlant d'une personne en grade, il me dit qu'il n'avoit jamais vu un plus ennuyeux personnage parce qu'il disoit *Amen* à tout. Quelque tems après qu'il fut en Catalogne, il manda que l'air ne lui convenoit point et qu'on le fît relever, on y envoya le comte de Montemar[1], qui fit passer devant lui son secrétaire pour prendre possession des papiers de la secrétairerie, et lui se tint à quelques lieues de Barcelone. Le marquis de Risbourg renvoya ce secrétaire, en le chargeant de dire à son maître qu'il avoit changé d'avis, sa santé étant meilleure, et qu'il ne vouloit plus quitter le commandement de la Catalogne. C'étoit là des tours que le marquis de Risbourg se plaisoit à faire. Le comte de Montemar repassa par Fraga, bien piqué; il se fâcha aussi pour moi, de voir qu'on me laissoit dans un poste aussi inutile et il me dit que je ferois fort bien de quitter le service si on ne me plaçoit pas mieux. Ce général m'a toujours témoigné beaucoup d'amitié et dans toutes ses expéditions (depuis même que je suis retiré chez moi) il me mandoit qu'il sollicitoit beaucoup pour m'avoir avec lui.

Le 4 avril, mon fils aîné[2] naquit, sa mère fut toute la nuit en travail; le clergé et tous les religieux du couvent des Augustins

---

[1] Don José Carillo y Albornoz, comte, puis duc de Montemar, commanda en 1731 l'armée et le siège d'Oran; capitaine général des armées du Roi, il commanda en 1734 l'armée de don Carlos au royaume de Naples. La victoire de Bitonto lui valut la grandesse et le titre de duc. Après la mort de Patinho, il fut ministre de la Guerre en Espagne, eut le commandement de l'armée napolitaine (1741) au commencement de la guerre de Sept-Ans, fut disgrâcié et mourut en 1747.

[2] Jean-Baptiste-Magdeleine-Isidore-Charles Laurent......, baptisé le 5 avril « dans l'église de Saint-Michel de Fraga, ayant pour parrain messire Jean-« Baptiste de La Balme, représenté par messire Jean-Baptiste de Cardenas,

vinrent chez moi et apportèrent toutes leurs reliques et leurs étoles. On dressa dans sa chambre une table où on mit les reliques avec des cierges et on lui couvrit le corps d'étoles, qui étoient en si grand nombre, qu'en marchant elle plioit sous le poids. Nous étions tous dans une grande antichambre, les prêtres se placèrent d'un côté, les religieux de l'autre et ils psalmodièrent toute la nuit, se répondant les uns aux autres, et ils ne voulurent se retirer qu'après que l'on vint nous dire que l'enfant étoit heureusement né. Un gouverneur en France ne recevroit pas de ces deux ordres de telles marques de distinction. Ma fille aînée devint si malade et les chaleurs de Fraga étoient si grandes, que j'allai passer celles de juillet et août sur une hauteur où il y avoit toujours un bon air, dans le couvent du Salvador. J'y étois fort bien logé et je ne manquois pas de compagnie, tant de la ville que du régiment de Parme qui y étoit en garnison. Le marquis de Gravina, frère de Mme la princesse de Campoflorido, étoit colonel de ce régiment, et le prince Diachy[1], fils de cette princesse, y étoit capitaine. Le premier tourmentoit beaucoup son régiment, tous les jours il mettoit des officiers aux arrêts et me demandoit de faire passer des soldats par les baguettes; enfin, je le lui refusai et je me fâchai même au point que je m'enfermai avec lui dans ma chambre, mais il convint de tout ce que je voulus et je ne voulois rien que de très raisonnable.

Pendant que nous étions dans ce couvent, il vint le jour de la Madeleine, comme cela se pratique tous les ans, une grande procession de Fraga : toutes les filles habillées de blanc, pieds nus et un cierge à la main. Un moine prêcha, il s'étendit beaucoup sur les grandes pénitences qu'avoient faites la sainte que l'on fêtoit et finit son sermon en disant : « Vous êtes surprises, sans doute, jeunes filles, de ce que je vous parle seulement des pénitences de la sainte, sans vous dire les péchés qui l'y engagèrent, je n'en

« colonel du régiment de Brabant, et pour marraine dame Magdeleine Portas », suivant un extrait expédié par dom José Radigaly, vicaire, en 1752. (Arch. du chât. de Lascazère, Inv. des titres.)

[1] Don Michel Reggio, prince d'Yacci et plus tard de Campoflorido, suivit don Carlos à Naples et devint lieutenant général de ses armées et son ambassadeur à la Cour du roi d'Espagne. Il avait épousé la fille aînée de Laura Pescatori, nourrice et *assafeta* d'Elisabeth Farnèse, ce qui lui valut, à lui et à ses parents, la constante faveur de cette Reine.

ferai rien, l'eau vous en viendroit à la bouche. » Ces moines aiment assez à badiner dans leurs sermons; un autre prêchant à Fraga, à la fin du carême, dit dans son dernier sermon à son auditoire: « Vous ne savez pas pourquoi Dieu choisit les femmes et non les hommes pour publier sa Résurrection; c'est parce qu'elles ont la voix plus sonore, à cause qu'elles ont été fabriquées d'une matière qui résonne et non les hommes. Mettez dans un sac de la terre dont ceux-ci furent faits, remuez le sac tant que vous voudrez, rien ne fera du bruit, mettez dans un autre sac des os, dont les femmes sont formées, il en fera beaucoup. » Ce moine me dit, en venant prendre congé de moi, qu'il falloit toujours égayer son auditoire à la fin et surtout plaire aux femmes, parce que c'étoit elles qui fournissoient aux prédicateurs du chocolat, du sucre et du tabac pour toute l'année.

Je partis de Fraga le 5 décembre pour aller à la Cour, j'y laissai toute ma famille. A ma première couchée, le duc de Riperda[1], qui revenoit de Vienne, me joignit, nous fûmes ensemble à Saragosse et il mangeoit toujours avec moi, n'ayant pas de cuisinier. Il disoit cent pauvretés au peuple sur la paix qu'il venoit de faire avec l'Empereur. Un soir que nous étions seuls à Villafranca, après le souper : « Pour le coup, me dit-il, les mesures sont prises si justes que nous ne tarderons guère à voir tomber la France, mais, pour cela, il faut la tenir quelque tems encore en paix, pour que ses vieux officiers et soldats finissent; après, il sera aisé de la battre. » — « Mais, lui dis-je, si elle est en paix, les autres y seront aussi et se trouveront dans le même cas. » — « Point du tout, reprit-il, les Allemands peuvent s'aguerrir contre les Turcs, les Espagnols contre les Maures; le commerce tient toujours en action les Anglois et les Hollandois,

[1] Guillaume, baron, puis duc de Ripperda (1690-1737), né à Groningue, commanda à 22 ans un régiment au service de la Hollande; les États l'envoyèrent en Espagne en 1715, il s'attacha à ce pays (1718), abjura le protestantisme et fut créé duc par Philippe V, qui le nomma son ambassadeur à Vienne (1725); le traité d'alliance qu'il négocia avec l'Empereur lui valut la grandesse et, à son retour, le poste de premier ministre (1726); il ne put garder le pouvoir un an et à sa chute fut emprisonné au château de Ségovie, il s'en évada (1728), passa au Maroc, se fit musulman sous le nom d'Osman-Pacha et devint commandant en chef des troupes marocaines, mais, battu par les Espagnols devant Ceuta, il fu emprisonné à Tetuan et mourut dans sa prison.

mais les François ne sont déjà plus que des damerets qui ne songent qu'à galantiser les femmes. » — « Ah! Monsieur, m'écriai-je, voilà le malheur! Cette nation est si désireuse de plaire aux dames et les Françoises font tant de cas des braves gens que, pour cette seule raison, ils se battront partout comme des enragés et seront toujours vainqueurs. » — « Il semble, à vous entendre, me dit-il, que vous soyez François. » — « Oui, Monsieur, répondis-je, est-ce que vous l'ignoriez? » — « Je vous croyois Wallon, reprit-il, mais n'importe; si vous êtes honnête homme, vous me garderez le secret. » Je n'eus pas de peine à le garder, ce que je n'aurois certainement pas fait, s'il m'avoit appris des choses qui effectivement eussent pu nuire à ma nation, surtout lorsque nos deux couronnes se raccommodèrent; mais je me serois exposé à de belles risées, si j'avois donné cet avis comme quelque chose d'important. J'en ai bien fait le conte à plusieurs François, qui en ont bien ri avec moi; cependant, au train que vont les choses en cette année 1743, il sembleroit que c'est un problème sur lequel nos voisins comptent.

Ce duc de Riperda fut fait premier ministre en arrivant à la Cour, je fus le voir et lui rappeler que, dans notre petite route, il avoit beaucoup blâmé ses prédécesseurs de me laisser dans un gouvernement de si peu de conséquence. Il m'interrompit et, assez haut pour être entendu de tous les officiers du bureau, il me conta toutes les fautes de l'ancien ministère et tous ses projets pour faire les plus belles choses du monde; il me tint ainsi plus d'une heure, me contant des affaires générales dont je n'avois que faire et ne me laissant rien lui dire de celles qui me regardoient. Je me levai deux ou trois fois pour sortir, lui disant qu'il y avoit plus de cent personnes qui vouloient lui parler et qui avoient pensé m'étouffer en entrant. « Qu'ils attendent! » me dit-il, et il me faisoit rasseoir pour me parler toujours de ses arrangemens. Conclusion : il ne fit pas plus pour moi que les autres.

J'étois arrivé à Madrid le 17 décembre, je m'ennuyois fort de n'y recevoir que des espérances, je les abandonnai, ayant appris la mort de mon beau-frère. Je demandai à la Cour et j'obtins un congé pour aller mettre ordre à cette nouvelle succession arrivée à ma femme; je partis de Madrid le 15 de mars et ma femme, avec toute notre famille, le 23 de Fraga, nous nous joignîmes en Aragon le 26, à un village nommé Aierbé[1], où nous laissâmes nos voitures. Nous fûmes obligés, en passant par les montagnes de Jacca, de continuer notre route à cheval, j'avois de fort beaux chevaux dont un petit que ma femme montoit. Elle me compta en route les folles dépenses qu'elle avoit faites au passage de M^r et Mme Konigsec[2], ambassadeur de l'Empereur, qui alloit à Madrid ; elle leur avoit donné un grand souper avec des officiers de la garnison. Passe encore pour cela, mais elle avoit nourri tous les équipages, tant personnes que bêtes et il lui en avoit coûté au moins cinquante pistoles d'or, bien mal à propos. La ville leur avoit porté beaucoup de présens de gibier, vin et volaille, et ils avoient tout emporté. Il y avoit à Jacca un régiment irlandois dont le colonel et beaucoup d'officiers nous vinrent accompagner jusqu'à Camfranc, où je pris plusieurs hommes pour porter mes deux enfans à bras ; encore eûmes-nous bien de la peine à passer ; il fallut laisser nos bagages, que nous fûmes forcés d'attendre à Urdos[3], premier village de France et, au bout de cinq ou six jours, nous continuâmes notre route par un très mauvais tems.

Nous arrivâmes à Lascazères le 5 avril 1726, nous y trouvâmes une maison bien délabrée, sans aucun linge : heureusement nous en portions avec nous. Je ne fus pas longtems sans y employer le maçon et y agrandir nos jardins ; il fallut pour cela déloger des habitans et les faire bâtir ailleurs, je fis aussi beaucoup d'échanges en donnant trois fois plus de terrain pour avoir les convenances, je prolongeai les écuries et je fis une mansarde au dessus de la maison, que j'agrandis de deux gros pavillons, dont l'un est achevé et l'autre n'est élevé de terre-plein que jusqu'à l'accoudoir. Cela

---

[1] Ayerbe, petite ville d'Aragon, entre Saragosse et Jacca, sur le Gallego.

[2] Lothaire, comte de Kœnigsegg (1673-1751), fit toutes les campagnes de la guerre de succession d'Espagne et parvint en 1723 au grade de feld-maréchal ; il avait été ambassadeur en France en 1717, il le fut ensuite à La Haye en 1724, à Madrid en 1725. Lorsque les hostilités recommencèrent, il commanda les troupes impériales en Italie et fut battu à Guastalla (1733) ; à Fontenoy (1745) il commandait le corps autrichien. Il termina sa carrière à Vienne, comme *conferenz-minister*. Sa femme était Claire-Philippine-Marie-Félicité, née comtesse de Manderscheid-Blanckenheim.

[3] Urdos, canton d'Accous, arr. d'Oloron, Basses-Pyrénées.

ne se fit pas la première année, mais peu à peu, dans les suivantes.

Nous eûmes beaucoup de visites du voisinage, que nous rendîmes, et j'en fis beaucoup de mon côté aux principaux de la province. Mr de Lesville[1], notre intendant, m'engagea à aller passer quelques jours avec lui à Mirande; nous fûmes dîner avec Mme sa femme chez les moines de l'abbaye de Berdous[2], qui nous firent fort bonne chère. Il se passa chez Mr de Lesville une scène que j'eus bien de la peine à calmer. Le commandant d'un bataillon françois, le capitaine de grenadiers et le frère de ce dernier, qui étoit son lieutenant, furent voir Mr de Lesville; son portier fit entrer les deux premiers et repoussa de la main sur l'estomac le troisième assez rudement, puisqu'il s'en fâcha si bien qu'il lui donna vingt coups de canne et sortit. Mr de Saint-Arroman, subdélégué de M^r l'Intendant qui logeoit chez lui, crut que c'étoit lui qui étoit l'offensé, parce que ce désordre s'étoit passé chez lui. Il fut prendre une vieille rapière, qu'il n'avoit peut-être jamais mise à son côté (sa profession étant d'être médecin) et il disoit qu'il vouloit en tirer satisfaction. J'eus bien de la peine d'empêcher le lieutenant de grenadiers de lui tomber sur le corps et de le traiter comme le portier, mais à force de lui représenter qu'un homme de cet âge ne pouvoit pas l'insulter, aidé de quelques officiers qui arrivèrent, je parvins à le faire

---

[1] Claude-Nicolas Le Clerc de Lesseville, seigneur de Saint-Leu et Saint-Prix, baron d'Authon (1679-1749), conseiller au Parlement de Paris (1702), maître des requêtes (1711), intendant de Limoges (1716), d'Auch (1718), de Tours (1731). Il était fils de Charles Le Clerc de Lesseville, conseiller à la Cour des Aides, et de Marguerite Prevost, et avait en 1708 épousé sa parente Charlotte-Françoise Le Clerc de Lesseville, morte en 1765, à l'âge de quatre-vingts ans. M. de Lesseville descendait d'un Le Clerc, conseiller au Parlement de Paris, anobli par Henri IV, parce que sa mère, veuve d'un meunier des environs d'Ivry, avait, en 1690, donné au Roi une forte somme avec laquelle il put payer les Suisses qui menaçaient de s'éloigner, et gagner cette bataille décisive. (*Journal de Jean Héroard*, publié par E. SOULIÉ et E. de BARTHÉLEMY, II, 168, note.)

[2] Berdoues, actuellement section de la commune de Lasserre-Berdoues, canton et arrondissement de Mirande. L'abbaye de Berdoues, de la filiation de Morimond (ordre de Cîteaux), avait été fondée en 1134 par les comtes Bernard Ier et Sanche II d'Astarac. (MONLEZUN, *Histoire de la Gascogne*, II, 164.)

retirer. Mme de Lesville m'envoya prier de monter dans son appartement, je la trouvai fort animée, contre son naturel; elle me dit que Mr de Lesville écrivoit à la Cour pour avoir raison de l'offense qu'on lui avoit faite. « Madame, lui répondis-je, ne seroit-il pas mieux d'arranger cette affaire-là ici, de manière que Mr de Lesville fût satisfait, sans attendre la décision de la Cour? car cet officier écrira aussi et il est à craindre que Mr de Lesville n'ait point de réponse : j'ai vu de pareils exemples. » — « Voulez-vous, reprit-elle, que nous allions trouver Mr de Lesville? » — « Très volontiers, » lui dis-je et nous y fûmes. Je lui répétai ce que j'avois dit à sa femme, j'ajoutai que l'officier avoit été vif mais que son portier avoit été insolent, qu'en nulle occasion il ne pouvoit repousser de la main un officier. Mr de Lesville m'écouta avec attention et me dit ; « Comment voulez-vous donc, Monsieur, arranger ce qui s'est passé? » — « Le voici, Monsieur, lui répondis-je, j'amènerai chez vous le capitaine de grenadiers, frère de celui qui a battu votre portier, vous lui direz que vous êtes bien fâché de l'insolence de votre domestique, mais que son frère, sans se venger, pouvoit s'adresser à vous, que non seulement vous auriez chassé votre portier mais que vous le lui auriez remis pour le châtier, s'il l'avoit voulu. Cela fait de votre part, le capitaine amènera son frère chez vous, pour vous faire une honnêteté sur la vivacité qu'il a eue de châtier un de vos valets. » Mr de Lesville parut répugner à cet arrangement, ce qui m'obligea à lui citer un exemple, que je vais répéter ici, parce que les exemples sont toujours bons.

« Mr Le Gendre,[1] votre prédécesseur, lui dis-je, donnoit un grand dîner à Montauban; un capitaine de cette même ville, qui s'y trouvoit en semestre, étoit de ce repas. Mr Le Gendre aimoit à boire et le capitaine aussi; ils restèrent tous deux les derniers à table pour boire ensemble. Mr Le Gendre se leva et fut pisser

---

[1] Gaspard-François Le Gendre de Lormoy, vicomte de Monclar, conseiller du Roi, puis maître des requêtes, fut intendant de Montauban de 1699 à 1713; disgrâcié à cette époque, il fut nommé en 1716 « intendant de police, justice et « finances de Béarn, Basse-Navarre et généralité d'Auch », par suite de la suppression de l'intendance de Pau et du dédoublement de celle de Guyenne. Il occupa ce poste jusqu'en 1718 et fut alors nommé intendant de Tours, puis conseiller d'État.

dans son timbre, il en prit envie au capitaine qui, à son imitation, en fit autant; Mʳ Le Gendre s'en scandalisa, il lui dit qu'il lui manquoit de respect et alla sur lui pour l'en empêcher, l'autre continua, un peu dans le timbre, un peu dans la chambre et, lorsqu'il se fut rhabillé, piqué des poussades qu'il avoit reçues de Mʳ Le Gendre, comme il étoit fort, il se saisit de lui et lui plongea dix fois la tête dans le timbre où ils avoient pissé tous deux. Mʳ Le Gendre appela, ses domestiques vinrent, le capitaine mit la main sur la garde de son épée et dit qu'il la passeroit dans le ventre au premier qui s'approcheroit; ils furent assez sages pour n'en rien faire. Mʳ Le Gendre en écrivit à la Cour et s'en vanta, le capitaine le sut, il écrivit aussi et fit un détail fort exact de ce qui s'étoit passé, ni l'un ni l'autre ne reçut jamais aucune réponse. Ne pourriez-vous pas craindre, » ajoutai-je à Mʳ de Lesville, « qu'il ne vous en arrivât autant? » Après y avoir un moment réfléchi : « Voyez donc, Monsieur, me dit-il, comment vous accommoderez ce qui s'est passé. » Je me mis en mouvement, j'entrepris la chose de la manière que je l'ai détaillée et je parvins, non sans difficulté, à la terminer ainsi.

Je fus à Tarbe voir Mʳ de Cambout[1], notre très illustre prélat, l'homme du monde le plus gracieux et le plus aimable. Je fus très bien reçu de lui, il vint me voir à mon hôtellerie; j'étois sur la porte pour en sortir, dès qu'on eut ouvert la portière de son carrosse, je m'élançai dedans et je lui dis que cet appartement étoit plus propre que celui où je pourrois le recevoir. Nous causâmes ainsi quelques momens, il se mit à rire avec de tels éclats que tous les passans s'arrêtoient et cela, parce que m'ayant dit qu'il ne tarderoit guère à me venir voir à ma campagne, je le priai fort de n'en rien faire, parce qu'ayant découvert ma maison pour y faire une mansarde, il n'y restoit qu'une seule chambre couverte où ma femme et moi avions nos deux lits, et que le soir on y mettoit des matelas par terre pour y coucher les femmes de

---

[1] Anne-François-Guillaume du Cambout de Carheil, fils de Jacques, marquis du Cambout, et de Marie Le Marchand, fut nommé en 1711 aumônier du Roi, abbé de Saint-Memmy-lès-Châlons en 1712, agent général du clergé en 1719, et sacré la même année évêque de Tarbes, où il mourut le 8 juillet 1729, à l'âge de quarante-trois ans.

chambre; que j'étois tellement resserré que l'abbé de Preichac[1] étant venu passer quelques jours avec moi, il m'avoit fallu coucher avec ma femme et lui donner mon lit, que par conséquent il ne seroit pas décent que je fisse coucher un évêque, jeune comme lui, dans une chambre où couchoient quatre femmes, d'autant que j'avois le sommeil fort dur. « Voilà une double raison qui me pressera d'y aller ; » me dit-il fort agréablement, en accompagnant cela de ces grands ris dont je viens de parler. Il vouloit absolument descendre pour me faire sa visite dans les règles, je m'y opposai et enfin je le priai de me mener au couvent des religieuses où ma femme avoit deux tantes qu'elle avoit été voir. Il le fit et me renvoya son carrosse pour aller dîner chez lui, quoiqu'il n'y eût que trente pas.

Mr de Sombrun[2], gentilhomme et mon proche voisin, avec qui j'étois en procès, m'écrivit qu'il venoit d'apprendre que ses deux fils s'étoient enrôlés comme soldats dans le régiment de la Reine-Infanterie; que le régiment passoit le lendemain à Lembeye[3], qu'étant malade il ne pouvoit y aller lui-même, que d'ailleurs il n'espéroit retirer ses fils qu'autant que je voudrois bien m'en mêler. La proposition me parut si déplacée que, si je n'avois pas plaidé avec lui, je n'y aurois pas été; mais je ne voulus pas qu'on pût croire que je refusois pour cette raison de lui rendre service. Je fis mettre mes chevaux à mon carrosse et je fus à Lembeye; le major commandoit le régiment, je lui dis le sujet de ma venue, que le père de ces deux jeunes gens étoit vieux, chargé d'infirmités et d'affaires et que, si le secours de ses fils lui manquoit, la maison

---

[1] Clément de Montesquiou-Préchac, abbé de Berdoues et de Valbonne, prieur de Saint-Félicien (Roussillon) et chanoine d'Oloron, second fils de Jean-Paul de Montesquiou, seigneur de Préchac et de Galiax, et de Catherine de Lurbe. Il avait été nommé abbé de Berdoues en 1696, et mourut à Mauhic, le 3 novembre 1732, fort âgé et le dernier de sa branche.

[2] Louis de Monet, seigneur de Sombrun, fils d'Antoine de Monet de Sombrun, eut de nombreux enfants de son mariage avec Gabrielle de Médrano. L'aîné des fils, Bernard, épousa par contrat du 15 mars 1742, retenu par Me La Motte, notaire de Maubourguet, demoiselle Louise de Maigné de Salanauve (Sallenave), en présence des frères de l'épouse, Germain et Jacques-Paul, des autres enfants du seigneur de Sombrun, Frédéric, Louis, Marie, Élisabeth, Anne, Françoise, Angélique, Louise,... et de noble Antoine de Médrano, seigneur de Mont et de Baulat, oncle du marié. (LARCHER, *Glanages*, XIV, n° 84.)

[3] Chef-lieu de canton de l'arrondissement de Pau.

tomberoit. Le major me reçut très poliment, goûta mes raisons et me dit d'en parler aussi au capitaine. Je le trouvai sur la place, c'étoit un breton, par conséquent difficile à vaincre; toutes mes raisons ne le touchèrent pas, malgré tous ses camarades qui lui disoient qu'il ne pouvoit me refuser ce que je lui demandois pour un gentilhomme avec d'aussi bonnes raisons que celles que je lui donnois. Le major vint à mon secours et lui dit qu'il devoit faire de bonne grâce ce que peut-être il faudroit qu'il fît par force, d'autant qu'il l'y obligeroit. Le capitaine lui nia son pouvoir là-dessus et ajouta qu'il l'écriroit à la Cour. Ce fut un autre embarras pour moi, je dis à ces Messieurs que si cela devoit les engager à en venir à des explications à la Cour, je ne voulois plus redemander ces jeunes gens, que je serois même bien mortifié que cela altérât la bonne intelligence qui étoit entre eux. Le capitaine se retira, disant qu'il n'en feroit rien, et le major qu'il les relâcheroit; enfin je fus chez le capitaine, je lui parlai longtems raison, ma plus grande peine fut de l'adoucir sur ce que le major vouloit. Je lui dis cependant qu'il seroit écouté à la Cour, qu'en tems de paix il n'étoit pas nécessaire de priver un vieux gentilhomme de ses enfans, qu'il se mît pour un moment à sa place, pour savoir si, retiré chez lui, il ne seroit pas fâché qu'on lui en fît autant, qu'enfin le major avoit au moins raison en ce que ces deux gentilshommes n'avoient point la taille que le Roi exigeoit dans ses troupes. Je voulus lui parler d'argent, cela l'offensa; enfin j'obtins de lui le congé de ces Messieurs. Les officiers m'engagèrent à dîner dans leur auberge, je ne le pus point, parce qu'un gentilhomme de la ville m'avoit prié; je pressai mon dîner et je fus voir ces Messieurs avant qu'ils fussent sortis de table; leurs valets étoient déjà sortis, le plus jeune capitaine fut nommé pour me porter un verre, il le fit très poliment; nous bûmes assez longtems, souvent le major, le capitaine breton et moi ensemble, et j'eus le plaisir de les voir tous deux bons amis. Je me retirai, emmenant les deux jeunes gens avec moi; les officiers me firent l'honneur de venir en corps me voir avant mon départ chez le gentilhomme chez qui j'étois logé.

Le 14 février [1727] je fus obligé de partir de Lascazères par ordre de la Cour de France; cet ordre me fut envoyé par M^r le marquis de Gassion[1], qui m'écrivit combien il étoit fâché de me le donner et qui me fit, à ce sujet, toutes les politesses du monde. Il me donna à dîner en passant à Pau, il me demanda beaucoup ce qui pouvoit avoir donné lieu à un tel ordre; je n'avois garde de lui en rien dire, car je ne me sentois et je ne me sens encore, grâce à Dieu, coupable en rien. J'écrivis, comme on peut croire, à la Cour de France, en sortant de ce royaume; j'écrivis encore quand je fus en Espagne, je demandai à repasser en France, pour y porter ma tête si jamais j'avois rien fait contre mon Roi et ma patrie; je dis qu'on n'avoit pas ignoré que j'avois fait la campagne de Navarre en 1719, mais que j'avois informé des raisons pour lesquelles j'étois resté attaché au service du roi d'Espagne (ce sont les mêmes raisons que j'ai dites ci-devant). Enfin, à force d'écrire, j'obtins la permission de revenir en France, que Mr de Gassion me communiqua avec des expressions très gracieuses. Le 15 août, dès que je fus chez moi, j'insistai de nouveau pour que l'on examinât ma conduite, on me manda que la Cour ne rendoit point compte de ses actions, mais que cela n'arriveroit plus. Il fallut m'en contenter. Des amis, que j'ai eus dans ce pays-ci, m'ont dit qu'ils croyoient que deux hommes d'espèce assez ordinaire, l'un de Lembeye en Béarn, l'autre de Vic en Bigorre[2], étoient cause de l'ordre que j'avois reçu de sortir de France, parce qu'ils avoient été chargés de surveiller ma conduite. J'ai toujours douté que la Cour eût pu donner à des gens de cette espèce une pareille commission, qu'elle pouvoit confier à des personnes distinguées en naissance, en emploi et en mérite. J'avois et j'ai encore pour proches voisins les marquis de Bonas, de Gassion, le comte de Barbazan[3]; voilà de ces hommes en qui

---

[1] Pierre-Armand de Gassion, troisième fils de Pierre, marquis de Gassion, président à mortier au Parlement de Navarre, et de Magdeleine Colbert du Terron, porta le titre de vicomte de Montboyer jusqu'à la mort de son frère aîné, tué à Hœchstædt (1704); il devint en 1710 brigadier des armées du Roi, maréchal de camp en 1719, lieutenant général en 1734, chevalier des Ordres en 1743, gouverneur de Dax et de Saint-Sever.

[2] Chef-lieu de canton de l'arrondissement de Tarbes.

[3] Jean-Augustin de Mua, baron de Barbazan, fils de Jean de Mua, baron de Barbazan, conseiller au Parlement de Toulouse, et de Marie de Papus, était major du régiment Mestre-de-camp général de dragons quand (1700) il succéda

le gouvernement peut et doit, ce me semble, mettre sa confiance. Je me suis bien aperçu que des hommes indignes ont cherché à me faire tomber en faute; quand j'aurois été capable de manquer à mon devoir, j'étois, ma foi, plus habile qu'eux; mais je n'avois aucun soin à me donner pour cela, mon caractère et mes sentimens me suffisoient pour ma sûreté. On engageoit des parens de ma femme et des amis de la maison à obtenir des lettres de moi pour procurer de l'emploi à des François qui vouloient passer en Espagne, jamais on n'a pu en avoir aucune et, comme on revenoit souvent à la charge sur cela, j'avois fait pour une fois une lettre qui devint circulaire pour tous ceux qui me faisoient une telle demande, il m'en coûtoit de la faire copier et de la signer. Un lieutenant-colonel de cavalerie, qui étoit dans ces environs avec son régiment, m'adressa, par les parens de ma femme, un cavalier qui, me dit-on, avoit mérité la mort, pour qu'avec une de mes lettres il pût passer en Espagne; j'étois dans mon jardin lorsque l'on m'apporta ses recommandations et on me dit que l'homme m'attendoit dans la maison, je répondis au porteur de lui dire d'en sortir bien vite, sans quoi j'allois le faire lier et conduire à son commandant, qu'il profitât de l'avis. Je n'ai jamais su si cela se fit avec mauvaise intention, mais bien que le cavalier étoit à son régiment, fort tranquille. Cela dénoteroit un procédé bien indigne de ce lieutenant-colonel, mais j'ai de la peine à croire qu'un homme parvenu à ce poste pût avoir l'âme aussi noire.

J'étois arrivé le 8 août à Lascazères, où j'avois trouvé ma famille augmentée de deux filles jumelles que ma femme avoit mises au monde le 9 de mai[1]. On me dit que peu s'en étoit fallu

à son père dans la charge de sénéchal de Bigorre, rendue héréditaire dans la famille de Mua-Barbazan par un brevet de Louis XIV (octobre 1695); nommé brigadier des armées du Roi en 1719, il mourut probablement vers 1759. Son fils Jean-Jacques, qui avait été installé en 1720 comme sénéchal et gouverneur de Bigorre (en survivance), remplaça son père en 1759 comme commandant de la province, charge jointe jusqu'en 1766 à celle de sénéchal et qu'il perdit à cette époque. La terre de Barbazan-Debat était une des onze baronnies de Bigorre.

[1] Marguerite-Louise, dite *Mademoiselle de Franclieu*, et Marie-Françoise, dite *Mademoiselle de Lascazères*, nées le 9 mai 1727, ne prirent point d'alliance.

qu'il ne lui en coûtât la vie, et pendant sa grossesse, et à ses couches. Ces deux enfans ont le bonheur d'être nées quelques mois avant Mesdames de France[1], jumelles aussi; je souhaiterois fort que cette conformité d'âge pût les placer un jour auprès de ces grandes princesses. Je trouvai que nous avions été très grêlés, cela ne m'empêcha pas de faire travailler à ma maison et à mes jardins; c'étoit, avec le soin d'augmenter ma famille, ce qui réussissoit à merveille, car, le 9 juin 1728, ma femme accoucha encore d'une fille, née aussi un mois avant une de nos princesses de France[2]. Ces ouvrages trop précipités, ainsi que le devoir de me rendre à mes emplois, me firent repasser en Espagne.

Je partis de chez moi le 26 avril 1729 et j'arrivai le 4 mai à Saragosse, où je passai quatre mois, sans vouloir me rendre à mon gouvernement. J'y voyois beaucoup l'archevêque[3], qui prit de l'amitié pour moi; il me pria un jour d'envoyer chez lui mon cuisinier pour me donner un dîner à la françoise. Je voulois lui en donner un chez moi, mais il me dit que ce n'étoit pas la coutume et que cela sonneroit mal dans la ville. Je fis ce qu'il désira et je dînai chez lui. Nous ne fûmes servis que par de grands pages, habillés en prêtres. Je me divertis beaucoup pendant le repas; mon cuisinier donna trois services, non compris le dessert; quand on eut levé le premier, composé du bouilli et de quatre entrées dont il mangea bien, il crut le dîner fini et, tortillant sa serviette, il la jeta sur la table; lorsqu'il vit porter des rôtis et des salades, il regardoit avec étonnement, mais il reprit sa serviette et mangea encore fort bien; il la rejeta encore quand on ôta ce second service et il joua le même jeu de serviette pour l'entremets, mais il la garda au dessert parce que son maître d'hôtel, servant sur table et habillé aussi en prêtre, lui dit: « Que Votre Seigneurie illustrissime garde sa serviette, il y a encore

---

[1] De ces deux jumelles, nées le 14 août 1727, l'une, Louise-Élisabeth, épousa en 1739 don Philippe, infant d'Espagne et duc de Parme; l'autre, Anne-Henriette, mourut sans alliance le 20 février 1752.

[2] Louise-Marie, née le 28 juillet 1728, morte le 17 février 1733. Sa contemporaine, Charlotte-Marguerite de Franclieu, née le 9 juin, épousa plus tard M. de Cassagnère, seigneur de Bassillon.

[3] Don Thomas de Aguero, nommé évêque de Ceuta en 1721, transféré en 1727 à l'archevêché de Saragosse, où il mourut le 3 mars 1742.

bien des plats. » — « Encore ? dit l'archevêque, cela ne finira donc jamais. » — « Ma foi », lui répondit le maître d'hôtel qui s'ennuyoit de tant servir et desservir, « je le crois. » J'avois fait des efforts pour m'empêcher de rire, mais alors il me fallut éclater; cependant notre illustre archevêque mangea fort de tout, qu'il trouva fort bon ; mais il ne voulut plus de tels repas, disant qu'un service suffisoit et qu'il falloit employer l'inutile des autres pour nourrir les pauvres.

Il avoit hors la ville une maison de campagne où il alloit souvent ; j'allois l'y voir. Un jour que nous nous promenions seuls dans son jardin, un page vint lui dire qu'un lieutenant de cavalerie, agrégé à la place, demandoit à lui parler. « Voilà qui est bien », répondit-il, et nous restâmes plus de deux heures à nous promener ; j'avois beau vouloir le mener vers la porte, où le lieutenant l'attendoit avec un prêtre, il coupoit court en s'en éloignant toujours. « Monsieur, lui dis-je enfin, je ne vous reconnois pas, vous aimez les militaires et en voilà un qui vous a fait demander audience, il y a plus de deux heures, sans que vous veuilliez l'aborder. » — « C'est un sot, me dit-il, qui me demande une chose que je ne veux pas faire. Il a cent pistoles d'or, qu'il a épargnées dans tout le cours de sa vie, et un prêtre qui est là avec lui, lui a mis dans la tête d'en fonder une chapellenie ; ils sont tous les jours après moi pour la faire spiritualiser. L'Église est assez riche, ce pauvre malheureux peut se trouver un jour sans paye et vous n'ignorez pas que le Roi est quelquefois des deux ans sans payer. Je veux qu'il garde ce qu'il a, pour se secourir au besoin dans ses vieux jours, je n'ose pas lui dire cela devant des prêtres, ni même à lui en particulier, de crainte qu'il ne le leur répète, car ils me lapideroient ; mais faites-moi le plaisir de dire tout bas à cet officier de vous aller trouver demain et vous tâcherez de raccommoder cette cervelle dérangée. » Là-dessus nous les abordâmes, il lui dit qu'il venoit à sa campagne pour se promener, que quand on vouloit lui parler d'affaires, il falloit l'aller trouver à son palais épiscopal et il les quitta. J'engageai cet officier à venir le lendemain dîner chez moi, je lui parlai et enfin je le déterminai à fonder ce bénéfice de l'argent qui lui resteroit à sa mort, de crainte que les appointemens du Roi ne lui manquassent pendant sa vie. J'en rendis compte à l'archevêque, qui m'en sut bon gré, et j'avoue que je fis beaucoup plus de cas de lui depuis ce trait, qui est rare dans un ecclésiastique espagnol.

Je partis de Saragosse le 6 août et j'arrivai à Madrid le 13, je fis ma cour, je sollicitai de l'avancement, sans réussir. On y reçut la nouvelle que la Reine de France étoit accouchée d'un prince le 4 septembre, à trois heures et demie du matin ; j'eus une double joie, car j'appris en même tems que ma femme venoit de me donner un fils, né le même jour, à la même heure, au même moment ; cette particularité me plut beaucoup, d'autant qu'il reçut au baptême le nom de Louis[1], le même que l'on donna à Mgr le Dauphin[2]. Je mandai à ma femme de prendre de bons certificats, signés du curé, des vicaires généraux et juges royaux, pour attester cette époque avantageuse de la naissance de son fils, ce qu'elle fit et je les garde bien, tant je me flatte qu'un jour ce grand prince aura des bontés pour celui qui a le bonheur d'être né au même moment que lui. Je me fonde sur ce que j'ai lu d'un cas pareil arrivé en Perse, pour l'enfant d'un artisan qui naquit en même tems que le prince héréditaire. Tous les courtisans rirent beaucoup de l'astrologie et du pronostic des astres relativement à ces deux naissances si différentes, cependant il arriva que le fils de cet artisan fut d'un esprit si supérieur et d'une capacité si grande, que ses talens le firent parvenir à être le favori et le ministre du prince. Mon fils n'est pas si éloigné que cet artisan de pouvoir approcher un jour du trône de son prince, et, s'il sait s'en rendre digne, pourquoi n'auroit-il pas la confiance de son maître, aussi bien que tous les autres sujets de son royaume? J'écrivis à Mr de Chauvelin[3], alors ministre, cette particularité de la naissance de

---

[1] Louis-François-Catherine Pasquier, dit le baron de Franclieu, servit quelque temps dans les mousquetaires et mourut sans alliance, en 1804.

[2] Louis, dauphin de France, fils aîné de Louis XV, né à Versailles le 4 septembre 1729, mort à Fontainebleau le 20 décembre 1765.

[3] Germain Chauvelin (1685-1762), conseiller (1706), puis président à mortier au Parlement de Paris, fut nommé, en 1727, garde des sceaux et ministre secrétaire d'État au département des Affaires étrangères ; il y déploya une grande activité qui excita contre lui la jalousie du cardinal de Fleury, premier ministre, et il perdit ses fonctions en 1737. A la mort du cardinal, ses amis tentèrent vainement de le faire revenir aux affaires.

mon fils, ainsi que celle de mes filles, dont deux jumelles, et qui toutes étoient nées à peu près en même tems que Mesdames de France ; il me répondit, et je garde sa lettre, qu'il n'avoit pu s'empêcher d'en rendre compte au Roi. J'ai l'honneur d'appartenir à Mr de Chauvelin, et je perds beaucoup par le malheur qu'il a eu de déplaire à son maître.

Je quittai le 10 novembre 1729 la Cour d'Espagne, où je me morfondois en prétentions inutiles, et j'arrivai chez moi à Lascazères, le 1er décembre, n'ayant pu marcher une heure sans avoir la pluie sur le corps. Heureusement, j'avois un bon carrosse attelé de six bonnes mules, et dans tout le chemin il ne fallut leur remettre que trois clous. En arrivant près de Pau, je trouvai le Gave si débordé que je ne pus le passer au bac et j'osai le cotoyer dans le chemin étroit qui est au pied de la montagne de Jurançon[1], au grand étonnement de cette ville, qui ne put comprendre comment je ne m'étois pas abîmé dans la rivière. De retour chez moi, je m'amusai à mon ordinaire à bâtir et à me donner quelques commodités, j'embellis mes jardins en observant de réunir toujours l'agréable et l'utile. Cependant mes enfans croissoient, augmentoient, car ma femme devint grosse et accoucha le 2 octobre 1730 encore d'une fille[2]. Je louai un appartement à Pau, où j'allai avec toute ma famille, mais comme je fus obligé de passer en Espagne, ma femme voulut s'en retourner à Lascazères. Je fis deux voyages en Espagne, l'un de vingt-deux jours et l'autre de trois mois, je restai peu à ma campagne et enfin j'allai habiter Pau.

J'y arrivai le dernier janvier 1732 afin d'envoyer mes filles au couvent, j'avois un précepteur pour mon fils que j'y menai aussi. Je fus obligé le 2 mars de repasser en Espagne, mon congé étant expiré. Je me tins à Saragosse, où je me serois fort ennuyé si je n'avois trouvé une veuve, fille de Mr Dallouyse, de nation

[1] Jurançon, commune du canton ouest de Pau, à 2 kil. de cette ville, au confluent du Gave et du Nès ou Néez.

[2] Thérèse-Angélique, religieuse bénédictine à l'abbaye de Chelles, devint, en 1770, abbesse d'Hières, et mourut le 10 décembre 1814. L'abbaye d'Hières ou Yerres, dans le diocèse de Paris (village sur la petite rivière du même nom, canton de Boissy-Saint-Léger, arrondissement de Corbeil, Seine-et-Oise), avait été fondée, en 1122, par une sœur de Louis le Gros ; l'*Almanach royal* de 1787 lui attribue un revenu de 10,000 livres.

wallonne, lieutenant de Roi de cette ville. Cette dame est tout à fait aimable par sa figure et son esprit; nous fûmes d'une grande liaison, il fallut son état de veuve et mes idées entièrement revenues de la bagatelle pour que nous en demeurassions au seul commerce d'amitié. Si je n'avois pas éprouvé par moi-même ce genre d'union, je serois resté dans l'opiniâtreté où j'ai été toute ma vie, qu'il ne pouvoit y avoir une parfaite liaison entre deux personnes de sexe différent, sans qu'on en vînt aux fins que demande l'amour. Nous nous convenions cependant, de manière que nous nous voyions toutes les après-midi, nous jouions toujours ensemble; son père, ses deux sœurs chez qui elle logeoit et d'autres compagnies venoient chez elle, ou nous allions chez eux; mais, aux termes où nous en étions, aucun ne nous étoit incommode. Cependant, à voir l'empressement avec lequel nous nous recherchions pour nous entretenir et nous promener sans cesse ensemble, je suis persuadé que tous ceux qui en étoient témoins pensoient ce que je viens de dire, que j'ai pensé moi-même, d'une parfaite liaison entre un homme et une femme.

Pendant que j'étois à Saragosse, on fit une promotion où je fus bien surpris de me voir oublié. J'y aurois certainement remédié si j'avois été à la Cour, mais le Roi étoit malade et on ne permettoit à qui que ce fût de lui parler. Je me contentai de faire mes représentations par écrit, je les adressai à Mr de Patino, alors tout puissant et gouvernant tout. Je lui écrivis trois fois, sans avoir de réponse; il auroit dû répondre à mes deux premières lettres, elles étoient dans les termes le plus en règle pour représenter tout le tort que l'on me faisoit. Je conviens que la troisième ne ressembloit plus aux autres, j'avoue même que les expressions en ont paru trop fortes à tout le monde. Je disois dans cette lettre à Mr de Patino que je lui avois détaillé une et deux fois mes raisons, sans qu'il eût daigné me répondre, que cette troisième étoit pour lui dire que c'étoit la dernière qu'il recevroit de moi et pour lui demander un congé absolu, voulant me retirer d'un service où j'étois si maltraité. Que l'on ne soit pas surpris de ma façon d'écrire à ce ministre, il m'y avoit autorisé en ne répondant point à mes lettres et me faisant juger par là qu'il n'avoit pas oublié les scènes que nous avions eues ensemble pendant la campagne de

1719, enfin je savois que sa famille me soupçonnoit de choses qu'elle croyoit s'être passées à Saragosse et que, d'après ces soupçons, cet homme me persécuteroit jusqu'à me perdre, tellement que je crus faire sagement de me retirer avec honneur. J'avouerai que je ne fus pas fâché d'en trouver un prétexte plausible, ne me trouvant plus à mon aise au service d'Espagne depuis cette campagne de 1719, dans laquelle je m'étois vu forcé de faire la guerre à ma patrie; je craignois de me retrouver dans le même cas et ce fut avec joie que je profitai de cette occasion. Le ministre ne fit pas réponse à ma troisième lettre, il n'auroit pas osé montrer à Leurs Majestés les termes qu'elle contenoit, parce qu'ils expliquoient son tort; mais, piqué au vif, je fis la démission de tous mes emplois, je la remis à Mr de Spinola, capitaine général de l'Aragon, en le priant de l'envoyer à la Cour et de demander mon congé absolu. On le lui envoya et on me le remit le 30 août. Avant d'en profiter, je fis faire deux imprimés, dont l'un contenoit mes grades et mes services, et l'autre les justes raisons que j'avois eues pour me retirer; il reste encore parmi mes papiers de ces imprimés que l'on peut voir. J'en envoyai à tous les généraux et seigneurs espagnols, dans une lettre que j'écrivis à chacun d'eux, j'attendis leur réponse, tous me plaignirent, quelques-uns me dirent que j'aurois dû patienter et qu'il étoit impossible que S. M. ne récompensât pas dans la suite mes services. Ces lettres valoient pour moi un brevet de maréchal de camp que j'aurois dû avoir, mais malgré tout le cas que j'en faisois, j'ai eu le malheur de les perdre. Je fus payé des appointemens qui m'étoient dus, du tems que je venois de passer à Saragosse, mais je puis dire qu'il m'est redu de celui que j'ai servi dans ce royaume, au moins trois ou quatre mois de chaque année, et tous les appointemens dont je devois jouir, en qualité d'aide de camp du Roi et dont je n'ai jamais reçu un sou. J'espère toujours que ce grand Roi, me dédommagera un jour, moi ou mes enfans, des grosses sommes qui me sont dues par son Trésor, puisque je l'ai bien servi, que j'ai versé beaucoup de sang pour lui, que je suis estropié des deux mains, que je lui ai donné les vingt-deux plus belles années de ma vie, que j'ai passé à son service en 1710, lorsque toute l'Europe croyoit qu'il seroit obligé de repasser en France, que je lui ait fait deux bataillons, que je lui ai fourni pour son infanterie des projets dont on s'est servi même pour la cavalerie, et qu'enfin, lorsque l'infant don Carlos [1], passa à Parme et à Naples, dont il est Roi aujourd'hui, je lui ai offert de nouveau mes services par Mr de Scotti [2], qui, dans sa réponse que j'ai encore, y mit une condition trop chère, celle de lui envoyer une lettre pour Mr de Patino, à qui je devois faire ma demande. Je répondis que je n'achèterois jamais cette grâce à ce prix-là.

---

[1] Don Carlos, infant d'Espagne (1716-1788), fils aîné de Philippe V et de Élisabeth Farnèse, reconnu duc de Parme et de Plaisance en 1731, devint en 1734 roi de Naples et de Sicile, et succéda sur le trône d'Espagne à son frère Ferdinand, le 10 août 1759, sous le nom de Charles III.

[2] Annibale, marquis Scotti di Castelbocco, gentilhomme de la chambre du duc de Parme, accompagna comme majordome Élisabeth Farnèse en Espagne ; il remplaça Alberoni comme résident de Parme à Madrid, et contribua beaucoup à sa chute. D'une capacité médiocre, « plus propre à divertir la foule sur les tréteaux d'un empirique, qu'à tenir les fils d'une négociation » (LÉMONTEY, *Histoire de la Régence*, I, 278), il dut à son origine parmesane, non moins qu'à un dévoûment sans bornes pour la Reine, la bienveillance constante de cette princesse et par là, successivement, la place de gouverneur du dernier des Infants, la Toison d'or, la Grandesse et, finalement, le cordon de l'Ordre du Saint-Esprit.

TROISIÈME PARTIE.

LASCAZÈRES.

CHAPITRE Ier.

1732-1743.

Mort de la fille aînée et de la mère de l'auteur. — Il offre vainement ses services à la Cour de France. — M. Alexandre, premier commis du bureau de la guerre. — Les conversations de province. — La présidente de Gassion. — Description du château de Lascazères. — Éducation du fils aîné de l'auteur. — Un coquin de précepteur. — Collèges de province. — Procès et frais de justice. — M. de Sérilly. — M. de la Roche-Aymon, évêque de Tarbes. — Sermons gascons du curé de Lascazères. — Dom de La Salle, prieur de Larreule. — Ses dissensions avec l'évêque, il est obligé de se retirer à Rome. — M. de Sainte-Aulaire, évêque de Tarbes. — L'auteur offre ses services à l'infant don Philippe. — Il prépare ses équipages. — Il lève une compagnie de cavalerie pour son fils aîné. — Embarras financiers. — Un gentilhomme franc-maçon. — Mme de Mondégourat.

(1732). Avec mon congé absolu je partis de Saragosse et j'arrivai le 8 octobre à Lascazères, où je trouvai ma famille augmentée encore d'une fille qui étoit née le 15 juillet[1]. Ma femme n'avoit pas voulu se tenir à Pau pendant mon absence, elle en étoit partie le 1er juin pour sa campagne, nous y passâmes ensemble quatre mois. Au commencement de décembre, on nous manda de Pau, où ma fille aînée étoit restée au couvent de Sainte-Ursule, qu'elle étoit fort malade ; je n'ai su qu'en 1743 qu'elle mourut d'un contre-coup après une chute qu'elle fit sur un escalier de pierre, si on l'eût trépanée, on l'auroit sauvée. Ma femme alla sur-le-champ à Pau, mais ce ne fut que pour la voir expirer, le 6 décembre. J'envoyai chercher ma fille, que je fis enterrer dans le chœur de l'église de

---

[1] Marie-Marguerite devint religieuse Ursuline à Tarbes.

Lascazères, à main droite en entrant. Tous les malheurs m'arrivoient en même tems : je reçus la nouvelle de la mort de ma mère, qui mourut à Buel[1] en Normandie, le 29 janvier 1733. Pendant que je servois en Espagne, elle m'avoit beaucoup sollicité pour me retirer auprès d'elle ; voyant que je n'en voulois rien faire, elle me manda qu'elle s'ennuyoit toute seule et qu'elle s'en alloit demeurer avec une dame de son pays et de ses amies ; elle y fit connoissance avec M^r de La Balme[2], gentilhomme du Dauphiné, qui avoit servi dans les gardes du corps et y avoit été colonel et brigadier. Il étoit veuf d'une femme qu'il avait épousée à Buel, ils se marièrent, cela m'a fait perdre bien des effets que ma mère avoit portés et dont on m'a rendu fort peu de chose. Heureusement, quand je me mariai, elle avoit envoyé ses diamans et ses perles à à ma femme ; beaucoup de billet de banque qu'elle avoit sont devenus à rien.

Dès que je fus de retour en France, j'adressai à S. M. T. C. un placet par lequel je lui offrois mes services, j'y joignis toutes les lettres de compliment que j'avois reçues de tant de généraux et seigneurs espagnols, afin que l'on pût juger par elles que j'avois bien servi dans ce pays-là. J'envoyai le tout à Mr de Chauvelin, qui me renvoya ces lettres avec une très gracieuse de lui, que j'ai encore, par laquelle il me mandoit d'adresser ces pièces à M^r d'Angervilliers[3], secrétaire d'État de la guerre, m'assurant que, dès qu'il lui en parleroit, il feroit tout ce qui pourroit dépendre de lui pour appuyer et faire valoir mes droits et la distinction de mes services, (je rends mot pour mot les termes de sa lettre, qui est du 21 octobre 1732). J'envoyai le tout à M^r d'Angervilliers, comme Mr de Chauvelin me le disoit, mais je n'ai jamais pu avoir de réponse, ce que je ne puis attribuer qu'au mauvais office que m'aura rendu dans cette Cour M^r le marquis de Castellar, qui y étoit alors en qualité d'ambassadeur du Roi d'Espagne. M^r de

---

[1] Buel, Bueil, canton de Pacy-sur-Eure, arr. d'Evreux, Eure.

[2] *L'état de la France en 1699* (Paris, Besoigne), contient le nom de Jean-Baptiste de La Balme, sieur de Riché, sous-brigadier des gardes du corps, compagnie de Duras.

[3] Nicolas-Prosper Bauyn, seigneur d'Angervilliers (1675-1740), ministre et secrétaire d'État ayant le département de la guerre à la mort de Le Blanc (1728).

Patino, son frère, et lui, étoient mes mortels ennemis, comme on l'aura vu dans le cours de ces mémoires, quoique j'en aie laissé une partie à deviner, n'ayant voulu nommer personne en écrivant certaines anecdotes qui me sont arrivées en Espagne. Peut-être aussi ai-je été mal noté au bureau de la guerre par feu Mr de Voisin, tant pour avoir quitté le service de France, que pour la manière dont je vendis mon régiment. Mr Alexandre[1], premier commis du bureau de la guerre, aura été bien aise aussi de donner de son vivant, peut-être même de laisser après lui par écrit de mauvaises impressions contre moi, car les hommes aiment à porter leur vengeance au-delà du tombeau. Ceci m'oblige à dire les raisons qui ont pu engager ce premier commis à me vouloir tant de mal.

Je crois avoir dit ci-devant que j'étois parent de Mr de Chamillard; je lui demandai bien des choses qu'il me falloit pour le régiment que je commandois en France, il me dit de m'adresser à Mr Alexandre, qui étoit alors fort jeune. Je trouvai son bureau si rempli d'officiers que l'on ne pouvoit se remuer; je lui en entendis brusquer extraordinairement cinq ou six qui venoient de lui parler avant moi; quand mon tour vint, je voulus lui dire mes raisons; mais, sans me donner le tems de les achever, il me demanda de ce même ton brusque, si j'étois si pressé. « Non, Monsieur, lui répondis-je ; une preuve que je ne le suis pas, c'est que je ne vous en parlerai plus, » et je me retirai. On a déjà vu que Mme la duchesse de Lafeuillade, fille de Mr de Chamillard, se réjouissoit fort des aventures que je lui racontois ; j'entrois à toute heure chez elle, j'y allai, je la trouvai à sa toilette. Elle s'attendoit que j'allois l'amuser comme de coutume, mais comme je ne faisois que me promener en long et en large dans sa chambre. « Vous m'avez l'air fâché, me dit-elle, que vous est-il arrivé ? » J'avois véritablement le cœur si serré, que je le soulageai en lui contant ce qui venoit de se passer entre Mr Alexandre et moi; elle alla, dès qu'elle fut coiffée et avant de s'habiller, donner le bonjour à M^r son père et sans doute elle l'informa du procédé de Mr Alexandre. Celui-ci, avant le dîner, alloit travailler avec Mr de Cha-

---

[1] Gilbert-François Alexandre débuta dans les bureaux de la guerre, sous les ordres de Colbert de Saint-Pouange; il fut nommé chevalier des ordres de Saint-Lazare et du Mont-Carmel, en 1716.

millard, je ne mangeois jamais ailleurs pendant que j'étois à Versailles ; le dîner fini, M⁽ʳ⁾ de Chamillard me tira dans une embrasure de fenêtre et me demanda si M⁽ʳ⁾ Alexandre m'avoit expédié. « Non, Monsieur, lui dis-je, et, suivant les apparences, je ne le serai pas de longtems, car je ne lui en parlerai plus. » « Allez-y cependant, repartit-il, sur les huit heures du soir et, sans que vous lui en parliez, vous trouverez tout dépêché. » J'y fus, il avoit sur son bureau, en un tas de papiers, tous les ordres qu'il me falloit ; dès qu'il me vit, il me les donna, je les pris, sans un mot dit de part ni d'autre, et je sortis. Je montai chez M⁽ᵐᵉ⁾ de Lafeuillade, il y avoit du monde, elle me prit à part, je lui montrai mes papiers, je lui dis que nous avions eu une scène muette et nous en rîmes beaucoup tous deux. On peut croire qu'un homme puissant, comme il l'a été longtems, n'oublie pas de ces traits-là, et je suis persuadé que je dois ma sortie de France aux dégoûts que j'éprouvai aux bureaux de la guerre, depuis que M⁽ʳ⁾ de Chamillard n'en eut plus l'administration. Il faut que j'y sois bien gravement noté, pour n'avoir jamais pu en retirer ces lettres espagnoles, quelques sollicitations que j'aie faites pour les recevoir, même auprès de M⁽ʳ⁾ le marquis de Breteuil[1]. Il est cependant bien injuste de retenir un bien qui m'appartient et qui est honorable à ma réputation.

Le 14 mars 1733 je repassai à Pau avec toute ma famille, mais je m'y ennuyai tellement que je la ramenai toute à ma campagne le 7 de mai. Quand on a passé sa vie à la Cour ou à l'armée, on ne peut plus tenir dans des villes où les conversations ne roulent que sur ce que font ceux ou celles qui l'habitent et se passent en récit de maladies que l'on détaille, sans oublier une saignée, une médecine où un lavement, encore faut-il entendre les effets de ces deux derniers remèdes. J'ai essuyé de ces discours qui duroient des heures entières, c'étoit la maladie d'un petit laquais, quelquefois même d'une petite chienne. Si on étoit le maître de ne fréquenter que ceux que l'on veut voir, comme dans les grandes villes, on pourroit très bien se satisfaire à Pau, M⁽ᵐᵉ⁾ la

---

[1] François-Victor Le Tonnelier, marquis de Breteuil et de Fontenay (1686-1743).

présidente de Gassion¹, par exemple, est la dame la plus accomplie que j'aie vue; j'allois souvent chez elle, les entretiens y rouloient sur l'histoire, sur les nouvelles générales et sur ce qui pouvoit regarder les personnes qui méritoient son estime. Il faut bien prendre garde de ne pas ennuyer toute une compagnie de ces récits dont j'ai parlé plus haut, auxquels personne ne s'intéresse; si on vous demande des nouvelles de quelque malade de votre maison, on répond en peu de mots; *il a été mal, mais il est mieux à présent..... l'habileté d'un tel médecin l'a tiré d'affaire, etc., etc...;* il ne faut pas être non plus de ces dolentes qui n'entretiennent ceux qui vont les voir que de leurs maux ou de leurs insomnies. J'avois aussi un procès au Parlement de Pau contre les habitans de la paroisse de Lascazères que j'habite; ils n'auroient pas certainement plaidé contre moi sans deux notaires, père et fils, nommés Mieussens, qui, pour les mettre dans leur dépendance et leur attraper de fortes sommes, leur ont tourné la tête et les ont engagés à nommer un syndic pour s'opposer à mon dénombrement. Ils ne m'ont certainement pas épouvanté, au contraire, j'ai eu sur eux bien des droits que je ne leur avois pas demandés d'abord et que je n'aurois pas découverts, s'ils ne m'avoient pas fait plaider. Un homme de mon métier n'aime pas les procès, et c'est encore là une des raisons qui faisoient que je m'ennuyois à Pau.

Dès que je me vis privé d'emplois et d'appointemens donnés par le Roi, je tâchai de m'en procurer moi-même, je me nommai surintendant de mes bâtimens et jardins, contrôleur-général de tous mes revenus et gouverneur de mes enfants. Je trouvai que ces trois charges, si elles ne m'honoroient point, ne me déshonoroient pas non plus et, en supputant ce que trois hommes m'auroient coûté pour les remplir, je compris que je remplaçois assez les appointemens que je recevois de S. M. C. C'est ainsi que j'ai vécu et que je vis encore depuis que je ne suis plus au service d'un monarque; mes vues sont remplies, mes jardins sont devenus beaux, j'ai planté tous les arbres qui y sont et, quoique l'on dise

---

¹ Magdeleine Colbert, fille de Charles Colbert du Terron, marquis de Bourbonne, conseiller d'État, et de Magdeleine Hennequin, avait épousé, en 1670, Pierre, marquis de Gassion, président à mortier au Parlement de Navarre et conseiller d'État.

très mal à propos que l'on ne plante que pour ses enfans, il y a longtems que j'ai le plaisir de voir ma maison remplie des fruits qu'ils me donnent. J'ai défriché des terreins incultes, où j'ai planté il y a sept ans des vignes qui sont magnifiques, je jouirai cette année de la moitié des fruits qu'elles rendront, qui sera considérable ; par un traité que j'ai fait avec des habitans de mes terres, ils doivent travailler et cultiver ces vignes, dont je dois retirer la moitié des fruits sept ans après le complant ; ce qui, j'espère, augmentera mon revenu de mille écus de rente. J'ai fort avancé ma maison, je l'ai augmentée d'une mansarde qui me fait un troisième étage, j'ai bâti tout un pavillon et j'ai élevé l'autre jusqu'au premier accoudoir ; les grêles et les affaires qui me sont survenues ne m'ont permis d'y travailler que peu depuis deux ou trois ans ; quand ce pavillon, qui doit donner trois pièces en trois étages, sera fini, ma maison sera de vingt-une grandes pièces, chacune de seize ou dix-huit pas en long et autant en large, hautes de dix-huit pans. J'ai fait un petit double derrière le corps de logis, qui me donne quatorze bouges, un à chaque chambre, ce qui rend les appartemens commodes. La maison est entre cour et jardin ; la cour devant la maison est très spacieuse, sur les deux côtés il y en a quatre, une pour la volaille et une pour les écuries des chevaux étrangers et des bestiaux de la maison ; du côté opposé, une pour des écuries de douze chevaux et remises de carrosses et une autre qui est une grande aire pour battre le blé, avec une belle terrasse carrée entourée de deux côtés de fossés où j'ai d'excellentes tanches.

Le château est parfaitement situé, au milieu de sept villages à nous, tous en un tenant, de manière que tous les fruits peuvent y être portés et que nous voyons presque tous nos biens, où il ne nous manque rien pour la vie, en vin, pain, volailles de fiefs, gibiers, foin, paille, bois ; il est seulement fâcheux que nous ne puissions pas semer et recueillir de l'or ou de l'argent pour payer le Roi et faire les emplettes d'huile, de bougie, de chandelle, de sel et d'étoffes pour habiller ceux qui composent cette maison qui est aujourd'hui de douze maîtres et vingt-trois domestiques.

J'ai gardé un peintre pendant trois ans, pour peindre un salon, où je reçois la compagnie qui me vient, à côté de la salle à manger. Cette pièce, que j'ai un peu octogonée, en coupant les quatre angles, est disposée comme je vais le dire. Au levant, une grande croisée, et aux deux côtés sont le portrait du Roi qui remplit l'un, et celui de la Reine qui remplit l'autre; au midi, deux croisées et, au milieu, la cheminée, sur laquelle est en grand le portrait du cardinal de Fleuri. Avec trois grandes croisées, j'aurois été comme dans une lanterne; cela m'a fait faire aux deux dernières des décorations, avec des armoires et des tables en menuiserie, qui ne laissent qu'un petit jour au milieu, qui sont du goût de tout le monde. Au couchant, est un tableau qui occupe tout le côté, où je suis peint avec mes trois fils, et au nord, est un autre grand tableau où ma femme est peinte aussi en grand avec ses sept filles. La porte est à côté, tout le reste du salon et le plafond sont en plâtre fort bien travaillé, tous les cadres et moulures sont dorés, les fenêtres et les angles si gracieusement ménagés, que tout le monde les vient voir par curiosité. Enfin, tous les appartemens sont bien et commodes. Il seroit impertinent d'avoir mis des tableaux de ma famille opposés à ceux du Roi et de la Reine, mais comme j'y suis représenté présentant mes fils, et ma femme ses filles à Leurs Majestés, cela se trouve fort à sa place.

Je n'ai pas été moins heureux dans mon emploi de gouverneur de mes enfans, dont je crois avoir rempli tous les devoirs, aidé par ma femme pour ses filles. Elle a eu encore une fille le 11 octobre 1733[1], un fils le 22 avril 1735[2], et enfin une autre fille le 14 février 1740[3], ce qui fait en tout dix enfans, trois fils et sept filles, je puis dire heureusement nés, tant pour la figure, que pour les sentimens et le caractère. Ils me récompensent bien des soins que je me suis donnés, mais on ne peut être plus malheureux que

---

[1] Élisabeth, religieuse Ursuline à Tarbes.

[2] Jean-François-Anselme Pasquier, comte de Franclieu, entra comme cornette dans le régiment de Bourbon-cavalerie; il atteignit le grade de maréchal de camp et mourut en émigration. C'est lui qui continua la descendance masculine de l'auteur des Mémoires, son neveu, fils de son frère aîné, n'ayant eu que des filles.

[3] Louise-Charles fut admise en 1750 à Saint-Cyr, sur présentation de ses preuves de noblesse (Bibl. nat., cabinet des titres, vol. 307); elle épousa en 1766 M. du Closier.

je ne l'ai été pour un précepteur que j'ai eu pour mon fils aîné. Il étoit fils de fort honnêtes gens, à demi-lieue de chez moi, homme savant et capable mais qui, sous le voile de l'hypocrisie, cachoit la plus vilaine âme qui fût au monde. Cet homme engrossa une femme de chambre de la maison et il ne manqua pas d'indices qu'elle avoit été plusieurs fois dans ce cas et qu'il lui avoit donné des potions pour la tirer d'embarras. La dernière fois ne réussit pas, cette fille sortit de chez moi, mais on sut où elle étoit allée accoucher et toute son intrigue fut découverte. On comprend bien que je me défis de cet homme, mais le plus grand malheur fut qu'occupé de sa belle (qui toutefois ne l'étoit pas), il avoit tellement négligé mon fils aîné, qu'il ne lui avoit appris aucun latin. Dieu merci, il remplace ce qui lui manque de ce côté-là par une lecture faite avec tant d'application, qu'il ne sera pas, j'espère, moins présentable dans le monde ; le latin importe peu, selon moi, à qui ne doit pas être homme d'Église, et j'avance que, vu les personnages dont il faut se servir pour apprendre cette langue, si la connoissance en est d'un petit profit pour les enfans, l'étude leur en est d'ailleurs fort préjudiciable par les hommes qui la dirigent.

Je crois qu'il en seroit tout autrement si nous pouvions tenir nos enfans dans les bons collèges de Paris, mais un père chargé de famille comme moi, comment pourroit-il faire pour élever ses enfans loin de chez lui ? C'est ce qui m'a fait prendre le parti de les tenir tous sous mes yeux ; s'ils ne sont pas de fort grands latinistes, j'espère qu'ils seront moins vicieux qu'un grand nombre de ceux qui ont été dans les collèges de province et que j'ai vus depuis leur retour. Je crois même que mes filles sont mieux auprès de leur mère et de moi que dans les couvens des environs, d'où j'ai vu sortir des demoiselles qui n'y avoient pris que les grands airs du monde. Mon second fils, qui a ce rapport de naissance avec Mgr le Dauphin, dont j'ai parlé, se destine à l'Église, je l'ai tenu trois ans chez un curé pour apprendre le latin, on m'assure qu'il n'y a pas profité. Je l'en ai retiré, voyant qu'il perdoit beaucoup quant à l'éducation et aussi parce que, m'entretenant avec ce curé, un soir que je couchai en passant chez lui, je reconnus que s'il savoit du latin, c'étoit tout ; encore son latin auroit-il dû lui apprendre que les hérétiques sont chrétiens, il me soutint opiniâtrement qu'ils étoient payens; cela m'a déterminé à retirer mon fils, que j'ai chez moi avec un précepteur.

Je vivrois content dans ma campagne, n'étoient les procès dont on y est accablé : on ne peut rien tirer de ses vassaux et emphytéotes sans leur envoyer des exploits dont ils font peu de cas, malgré la Chambre des finances de Navarre, qui nous a adjugé nos droits par un bon arrêt. Quand ils veulent nous résister, ce n'est plus à ce Parlement qu'il faut avoir recours, mais à d'autres tribunaux et en dix endroits éloignés; par conséquent, il est ruineux et même impossible de donner ordre à tout. Cela se pourroit en Espagne, où l'on trouve dans la capitale de chaque province tous les tribunaux dont on peut avoir besoin; cela est bien différent en France; si j'ai affaire à l'Officialité de l'évêque, il faut que j'aille à Tarbe; si à notre Parlement, à Toulouse; si pour les hommages et dénombrement, à Pau; si au Sénéchal, à Lectoure; si au juge royal, à Castelnau[1]; si aux Élus, à Auch; si au Domaine, à Nogaro[2]; si au[x Aides], à Montauban. Il faut des procureurs dans chacun de ces tribunaux, ce qui nous ruine; d'ailleurs, s'ils sont habiles, ils sont chargés d'affaires et on ne peut en jouir; s'ils sont ignorans, ils gâtent tout; si fripons, la partie adverse les gagne; on peut pousser la chose plus loin et dire que la plupart des juges de ces petits tribunaux se laissent gagner aussi : les paysans s'y entendent à merveille et ne vont jamais chez eux que chargés de volailles. J'espère que nous reverrons un jour rechercher tous ces petits juges subalternes, qui font des vexations criantes, comme Louis le Grand le fit faire en 1688 par quatre de ses conseillers d'État et neuf maîtres des requêtes. Que nous serions heureux, si toutes nos affaires étoient jugées par les Parlemens! Il en coûteroit, mais du moins les juges en sont incorruptibles. C'est à cause de leur éloignement, que les

---

[1] Castelnau-Rivière-Basse, chef-lieu de canton de l'arrondissement de Tarbes, avait été de tout temps le siège de la *Cour majour* du pays de Rivière-Basse. Au commencement du XVIIe siècle, lorsque les domaines de Henri IV eurent été réunis définitivement à la Couronne, Castelnau devint le siège d'une judicature royale. Les *Coutumes* de Castelnau-Rivière-Basse ont été publiées par M. Malartic (*Souvenir de la Bigorre*, VIII, 337), d'après les manuscrits de Larcher.

[2] Nogaro, chef-lieu de canton de l'arrondissement de Condom, Gers.

Rois nous ont donné de petites juridictions plus voisines, mais si on mettoit les Parlemens dans un juste arrondissement, ou qu'un certain nombre de conseillers, avec un président, parcourussent dans un tems de l'année les provinces de leur dépendance, nous en serions bien mieux; autrefois les Parlemens étoient ambulans et non sédentaires.

Nous ne sommes pas moins embarrassés quand nous avons affaire à nos Intendans, qui ont tant d'affaires qu'ils ne sont jamais en place. Nous avons aujourd'hui Mr de Sérilly [1], qui est toujours à cheval par voies, par chemins et montagnes; il veut s'en faire un mérite pour arriver aux plus grands emplois, et de ses amis m'ont dit qu'il ne compte pas sur moins que la charge de contrôleur-général des finances. Voici comment ils raisonnent : M^r le chancelier [2] est vieux, dès qu'il manquera, sa charge ne peut être donnée qu'à Mr Joly de Fleury [3], procureur-général, et c'est là qu'il placera Mr de Sérilly, qui est son gendre. J'ai beaucoup fréquenté les Italiens, mais je n'en ai pas connu de plus dissimulé que lui; plus il caresse, plus il est à craindre. Toutes les lettres que j'ai de lui sont amicales, mais je n'ignore pas tout ce qu'il a fait contre moi en arrière; il n'a rien négligé pour faire rentrer au Domaine la terre que j'habite, mais j'espère avoir bonne justice du Roi et de son conseil; je sais qu'il a fermé les yeux pour que les paysans de mes terres fissent des cotises et des levées d'argent pour plaider contre moi. Cela ne leur a point réussi, et le Parlement de Navarre m'a rendu justice. Comme il sait que je suis parent de Mr de Chauvelin, quel bien ne me

[1] Jean-Nicolas Mégret de Sérilly, comte de Chappelaine, fils aîné de François-Nicolas Mégret, grand audiencier de France, et de Marguerite de Beauconsin, fut avocat-général à la Cour des Aides (1726), conseiller à cette même Cour (1733), il fut alors nommé intendant d'Auch (1739 à 1744), puis à Besançon, intendant de l'armée d'Italie en 1748, intendant d'Alsace en 1750, il mourut en 1762. Il avait épousé, en 1726, Louise-Françoise Joly de Fleury, fille aînée du procureur-général, et était le frère aîné du célèbre intendant d'Étigny.

[2] Henri-François d'Aguesseau (1668-1751), chancelier de France de 1717 à 1750.

[3] Guillaume-François Joly de Fleury (1675-1756), avocat-général à la Cour des Aides (1700), avocat-général au Parlement (1705), procureur-général de 1717 à 1746; l'âge et les infirmités l'obligèrent à se retirer, avant d'avoir pu obtenir la charge de chancelier.

disoit-il pas de lui quand le bruit couroit qu'il alloit rentrer en grâce! Alors il cherchoit à me faire plaisir et me demandoit de lui parler de lui, quand je lui écrirois. Ce bruit tomboit-il? Je voyois de la différence dans ses manières. Un jour il dit amicalement à mon fils, devant moi, qu'il étoit inutile de s'attacher aux honnêtes gens, qu'on les retrouvoit toujours dans l'occasion, mais qu'il falloit savoir ménager les fourbes, parce qu'ils pouvoient faire beaucoup de mal. En revenant de Pau à ma campagne, mon fils me dit : « Avez-vous remarqué, mon père, comme ce Mr l'Intendant a voulu nous faire sentir le danger qu'il y auroit à l'offenser? » Je fus enchanté de la pénétration de ce jeune homme.

J'ai eu l'honneur de voir beaucoup Mr de La Roche-Aymon[1], homme d'esprit, notre précédent évêque, aujourd'hui archevêque de Toulouse, et j'étois surtout en grand commerce de lettres avec lui. Nous étions d'une grande liaison et en termes d'amitié. La cure du village que j'habite, et qui est à ma nomination, étant devenue vacante, je lui fis la politesse de ne vouloir y nommer qu'un sujet qu'il me donneroit, il résista longtems, mais enfin il m'en désigna un, à qui je donnai la cure et que je gardai même plus d'un an chez moi, pour lui donner le tems de s'arranger et de se meubler. J'étois bien content d'avoir un homme de si bonne main, d'autant que Mr l'évêque me l'avoit vanté comme ayant beaucoup de goût pour les sciences et pouvant m'être utile pour l'éducation de mes enfans. Je crois qu'il sait le latin et, si c'est là avoir de la science, il en aura donc. J'ai voulu quelquefois m'entretenir avec lui de l'histoire, que je sais un peu, et sur certaines choses que j'avois lues dans Mézerai et qu'il rejetoit bien loin. Un jour que je pris ce livre pour le lui faire voir, il détourna la vue en disant qu'il ne vouloit point voir de livres hérétiques et que je faisois fort mal de les faire lire à mes enfans. Je lui crois

---

[1] Charles-Antoine de La Roche-Aymon, né en 1692, fils de Renaud-Nicolas, comte de La Roche-Aymon, et de Françoise-Geneviève de Baudry, fut en premier lieu vicaire général de Limoges, sacré évêque de Sarepta *in partibus* en 1725, nommé évêque de Tarbes en 1729, archevêque de Toulouse (1740), de Narbonne (1752), archevêque-duc de Reims (1762), cardinal (1771), il eut cette même année la feuille des bénéfices ; ce fut lui qui sacra Louis XVI le 11 juin 1775 ; il mourut en 1777.

beaucoup de zèle et de religion, car il fait de grands sermons tous les dimanches; comme ils sont en gascon que je n'entends point, je m'y ennuie fort, mais ceux qui l'entendent m'assurent qu'ils s'y ennuient autant que moi, les paysans même prétendent qu'il ne fait que répéter dix fois la même chose.

Je n'aurois jamais cru, étant aussi bien que je l'étois avec M[r] de La Roche-Aymon et les égards que j'avois toujours eus pour lui, qu'il prît de la froideur envers moi; il l'a même poussée plus loin et c'est devenu une véritable haine. En voici la cause. Dans une abbaye à demi-lieue d'ici, il y avoit un prieur, nommé M[r] de La Salle[1], homme d'un esprit très délié; je l'attirois chez moi tant que je pouvois, parce qu'il venoit me dérouiller à la campagne. Ce n'étoit pas ce qu'aimoit M[r] de La Roche-Aymon, et il disoit même publiquement qu'il n'avoit pas besoin de prêtre savant et spirituel dans son diocèse, mais de bonnes gens soumis à tout ce qu'on vouloit d'eux. Il ne trouva pas cela dans mon prieur. Il y eut beaucoup d'embarras dans cette abbaye, dont le prélat vouloit anéantir les moines pour faire à son séminaire une rente de leurs revenus. Il n'y avoit plus que deux moines et le sacristain[1], ils donnoient les mains à tout, pourvu qu'on leur fît certaine pension de leur vivant, mais ils vouloient plus que le prélat ne consentoit de céder; de là vint entr'eux une guerre intestine qui fut à la Cour et par conséquent le fâcha beaucoup. Je fis tout ce que je pus pour engager le prieur à se soumettre, lui disant que j'étois

---

[1] Dom Charles-Bruno Paparel de La Salle, religieux bénédictin, fit sa profession à Paris, au collège de Cluny, obtint le 1er août 1727 une place monacale à Larreule, où il fut établi comme prieur le 26 janvier 1728. Il eut à soutenir de nombreux procès contre d'autres religieux de l'abbaye de Larreule (Arch. dép. des Hautes-Pyrénées, H 84), et tous les scandales et désordres qui s'ensuivirent décidèrent l'évêque de Tarbes à réclamer l'extinction de la mense monacale. Dom de La Salle, ayant voulu trop vivement s'opposer aux entreprises de l'évêque, fut obligé de s'enfuir à Rome en 1738. Il avait un frère, premier commis du Conseil d'État.

[2] L'abbaye de Larreule, dont il s'agit ici, comptait au XVIIIe siècle cinq places monacales, dont deux seulement étaient remplies par dom de La Salle, prieur, et dom Pierre Lavant, religieux et sacristain; ils avaient fini, après de longs procès (Arch. dép. des Hautes-Pyrénées, H 84), par obtenir gain de cause contre dom Navères et dom Dufilhol, qui pendant plus de cinq ans avaient usurpé leurs places. Dom de La Salle, régulièrement établi prieur en 1728, n'avait pu obtenir sa réintégration qu'en 1735.

surpris de voir si peu de subordination parmi les ecclésiastiques, que s'il en étoit de même dans le militaire, on ne pourroit rien gouverner. Un jour que le prélat étoit chez moi, en faisant la visite de son diocèse, le prieur y vint; je fis mes efforts pour que l'évêque le vît et l'écoutât, il n'en voulut rien faire et partit en me disant qu'il étoit bien mortifié de m'avoir attiré si mauvaise compagnie chez moi. Il n'ignoroit pas cependant que je le voyois souvent, mais il voulut paroître l'ignorer. Il alla à La Reule[1], continuant sa visite; c'étoit l'abbaye du prieur, je lui conseillai fort de le suivre et de se jeter à ses genoux pour lui demander son amitié, il le fit avec un discours en latin[2]. Le prélat ne put pas le

[1] Larreule, commune du canton de Maubourguet, arrondissement de Tarbes, Hautes-Pyrénées. L'abbaye de Larreule avait été fondée par Otto-Dat, vicomte de Montaner, vers 970, et appartenait à l'ordre de Saint-Benoît. Les évêques de Tarbes finirent par avoir gain de cause, et, le 22 décembre 1746, Me Jean Carponcinx, prêtre de la Doctrine chrétienne, supérieur du Séminaire de Tarbes, prit possession de la maison et de la mense monacale de Larreule, en exécution des brevets de S. M. du 14 mars 1745 et du 18 janvier 1746, qui ordonnèrent l'extinction et suppression des religieux bénédictins mitigés et de leurs places monacales de l'abbaye de Larreule et l'union de leurs revenus au Séminaire de Tarbes. (X. de CARDAILLAC, *Les sculptures de l'abbaye de Larreule*, Tarbes, 1892; d'après un acte de Me Delouyt, notaire à Vic-Bigorre, conservé dans l'étude de Me Lasserre, not. à Maubourguet.) On avait offert à dom Lavant, resté seul religieux après la fuite de dom de La Salle, une rente viagère et annuelle de 700 livres. (Arch. dép. des Hautes-Pyrénées, H 84.) Quant à la mense-abbatiale, un arrêt du conseil du Roi, du 13 février 1778, permit à Valentin de Casamajor de Charritte, conseiller au Parlement de Navarre, qui fut le dernier abbé de Larreule, de faire démolir les anciens bâtiments du monastère « tombés en vétusté et inutiles ». (A. de DUFAU DE MALUQUER et de JAURGAIN, *Armorial de Béarn*, I, 93.)

[2] Mgr de La Roche-Aymon arriva à Larreule le 2 juin 1737, accompagné de ses grands vicaires, les abbés Souville et de Lastic, de l'abbé d'Armaignac, promoteur, et de l'abbé Maurier, son secrétaire; ce dernier a rédigé le procès-verbal de la visite pastorale de son évêque, dont un extrait se trouve aux Arch. dép. des Hautes-Pyrénées, H 82. Dom de La Salle, absent le premier jour, ne parut que le lendemain 3 juin, et ce retard paraît avoir fortement mécontenté Mgr de La Roche-Aymon. Le compte rendu de l'abbé Maurier nous donne de curieux détails sur l'état de délabrement de l'église abbatiale: quand l'évêque et son clergé arrivent au maître-autel et au chœur, « le deuant d'autel est mal-« propre, le marchepied en desordre, il y a deux gradins faits de vieilles plan-« ches cariées, auec quelque reste de peinture effacée, sur lesquels est placé un « crucifix mal figuré et rompu... »; au-dessus de l'autel, « un vieux tableau « dechiré et couuert de taches de chaux, auec un vieux cadre peint en noir et « blanc, malpropre; il y a quatre especes de colonnes en forme de retable, faites « de liteaux de planches auec des peintures malpropres, le tout est si vieux qu'il

mal recevoir, mais on m'a dit qu'il témoigna une sorte d'impatience en l'écoutant. Ils parurent bien pendant quelques jours, mais cela ne dura guère.

Le prieur venoit me voir assez souvent, je le recevois bien, quoique je susse que l'évêque avoit dit publiquement à Tarbe que qui fréquenteroit M^r de La Salle lui feroit plaisir de ne plus aller dans son palais. Un jour que le prieur étoit chez moi, on me donna une lettre pendant le souper; elle étoit d'une dame qui me demandoit 400 livres que je lui devois, mais en des termes si peu usités que j'en marquai du chagrin. Le prieur m'ayant demandé ce que j'avois, je lui donnai à lire cette lettre, qu'il trouva fort extraordinaire et, quoiqu'il m'eût dit qu'il venoit passer trois ou quatre jours chez moi, tout à coup, en nous promenant après le souper, il fit l'étonné en me disant qu'il avoit oublié qu'il avoit le lendemain une affaire indispensable à Tarbe, et fit tant qu'il m'obligea à lui donner des chevaux. Il y fut, et de retour chez moi : « Tenez, me dit-il, voilà 400 livres, envoyez-les sur-le-champ à cette dame qui demande si impoliment. » Je fus, comme on doit le croire, et je suis encore bien sensible à ce procédé. Quelque

« est pret a tomber, et qu'il y auroit meme danger qu'il ne tomba, pour peu
« qu'on le secoua, et est couuert de poussière et d'araignées, ainsi qu'une vieille
« et petite lampe d'étain.... qu'on n'allume jamais. Le sol dud. chœur est en
« partie carrelé, et mal uni, il y a dans led. chœur, pour les religieux, deux vieux
« sieges rompus, renuersés par terre, et soutenus en des endroits par des pierres
« entassées, il y a d'autres sieges de massonnerie, qui vont jusque vis à vis le
« marchepied... couuerts d'ordures et de malpropreté. » Les chapelles latérales
ne sont pas mieux tenues, l'une d'elles « est dediée à saint Melin, on nous a dit
« y auoir des reliques de ce saint, dans une espece de côfre malpropre, couuert
« de poussiere et d'araignées, fait de planches mal unies, et placé au dessus
« dud. autel, sur un vieux pieddestal..... y avons trouué en dedans un crane et
« plusieurs gros ossemens, sans aucun certificat ni aucun autre acte authenti-
« que..... le dedans dud. côfre n'est garni d'aucune etoffe, mais seulement plein
« de poussière et d'araignées.... nous a été encore dit que bien des personnes y
« viennent en déuotion, et que, par une espèce de culte qui paroit tenir de la
« superstition, ils passent neuf fois sous l'autel et sous le côfre où sont ces
« ossemens...., et se frotent auec des linges les parties de leurs corps où ils
« ressentent quelques douleurs, ce qui se fait meme quelquefois auec beaucoup
« d'indecence et d'imodestie par certaines personnes de different sexe..... » Le
reste du monastère présente le même caractère ruiné, les logements des religieux à peu près inhabitables, « le seruice diuin a entierement cessé dans cette
« abbaye, dom Lassalle et dom Lauant n'y habitant point, mais dans la ville de
« Tarbe. »

tems après, il m'écrivit qu'il partoit par une lettre de cachet que Mʳ l'Évêque lui avoit donnée ; le prieur avoit bien consenti à cette lettre, mais il vouloit aller à un autre endroit que celui où il étoit envoyé. Il vint chez moi, avec les chevaux de Mʳ le comte de Barbazan, sénéchal de Bigorre, je lui rendis son argent et je lui prêtai mes chevaux, qui le menèrent à Auch. J'ai su par un tiers, que le prélat en avoit été très piqué et j'ai tâché de lui faire savoir par la même voie les bonnes raisons que j'avois d'être reconnoissant envers le prieur. Nous ne nous en sommes jamais écrit ni parlé, mais je sais qu'il m'en garde encore rancune, et ceux qui le connoissent m'ont assuré qu'il ne me le pardonneroit jamais. De tels sentimens seroient bien mal dans un homme du monde, comment doit-on en penser dans un évêque ? Le prieur, ne voulant point aller où la lettre de cachet lui ordonnoit de se rendre, est resté longtems caché et il est maintenant à Rome.

L'évêque que nous avons aujourd'hui[1] est un homme de bien et qui ne veut point mourir banqueroutier comme les autres, il se tient au séminaire, où il économise pour meubler son palais et y soutenir la dépense qu'il sera obligé d'y faire, quand il l'habitera. Il se tient cependant bien décemment dans son séminaire, il a le cuisinier le plus délicat qu'il y ait dans la province, il fait ordinaire avec un frère à qui il a déjà donné des bénéfices pour plus de douze mille livres et avec un parent qu'il commence aussi à bien pourvoir, il s'est donné une superbe litière et meuble magnifiquement son palais. Il m'a dit que lorsqu'il y seroit établi, il ne tiendroit pas une grande table, mais qu'il se promettoit de faire une chère plus délicate que personne. Tout cela est à sa place, il ne

---

[1] Pierre de Beaupoil de Sainte-Aulaire, fils de François-Antoine, seigneur du Pavillon, et d'Anne du Puy de la Forest, était chanoine de Périgueux quand, en 1741, il fut nommé évêque de Tarbes, où il mourut en 1751. — Son frère Marc-Antoine le suivit à Tarbes, où il devint archidiacre de Rivière-Basse, grand vicaire, prieur de Sainte-Madeleine du Casteret ; abbé de Larreule en 1743, à la mort de Marie-Frédéric Gréen de Saint-Marsault de Chastellaillon, prévôt de l'église métropolitaine d'Auch, il se démit de cette abbaye en 1751 et obtint celle de Tourtoirac en Périgord ; il mourut en 1773. Il eut pour successeur, comme abbé de Larreule, Charles-Denis-Jacques de Beaupoil de Sainte-Aulaire, chanoine de l'église cathédrale de Tarbes, qui, s'étant démis de son canonicat en 1750, obtint le 7 mars 1751 l'abbaye de Larreule et mourut en 1761. (*Souvenir de la Bigorre*, III.)

veut aucune dépense prématurée et pense en cela mieux qu'un de ses confrères, son voisin, avec qui je me promenois un jour dans un jardin, à Bagnères. En sortant de sa table où il nous avoit fait la plus grande chère possible, je vantois son repas et son cuisinier. « J'ai toujours été pauvre, Monsieur, me dit-il, jusqu'à ce que je sois parvenu à mon évêché, mais j'ai toujours fait de la dépense et bonne chère, me fondant sur le proverbe : *Qui chapon mange, chapon lui vient*. Il a réussi à merveille pour moi, j'ai toujours chapon mangé et chapons me sont venus. » — « J'ai fait un peu de même, Monsieur, lui dis-je, mais le proverbe a manqué à mon égard. » — « Continuez, me répondit-il, et vous en verrez la vérité tôt ou tard. »

Ennuyé enfin de mon inaction et fâché de n'avoir pu rentrer au service de France, lorsque l'infant Don Philippe passa avec une armée en Provence et en Dauphiné, pour aller conquérir les États d'Italie appartenant à la Reine d'Espagne, sa mère, j'écrivis à Mr de Campillo, ministre d'Espagne, que j'offrois mes services à LL. MM. CC. pour joindre l'armée de ce prince. Ce ministre me répondit le 7 avril 1742, que le Roi, reconnoissant mon zèle et se souvenant de mes bons services, m'en donnoit des marques en me destinant pour passer dans son armée et que l'on m'avertiroit quand il en seroit tems. Le 2 juillet suivant, il répondit encore à une autre lettre dans laquelle je lui disois que le prince étant en action, je souffrois de ne pas le seconder, puisqu'il m'avoit destiné à le servir, et il me répéta que, lorsqu'il en seroit tems, on m'avertiroit de le joindre, en ajoutant que LL. MM. auroient soin de placer mes enfans des deux sexes. Je crus que mes ordres pour partir ne tarderoient guère, je me mis en grosse dépense pour faire mes équipages et, ne voulant point sortir de France sans sans permission, quoique ce fût pour aller servir le gendre de mon Roi qui le favorisoit en tout, j'écrivis à M^r le cardinal de Fleuri et aux autres ministres, pour en avoir l'agrément. Ils ne me firent aucune réponse et depuis je n'eus plus aucun nouvel avis ni ordre d'Espagne. Seroit-ce que le cardinal, me regardant comme un homme capable de donner des avis pour l'établissement du prince Don Philippe, qui auroit exigé des secours de la France, eût demandé que l'on ne m'employât point? ou bien, qu'offrant mes services à l'Espagne, je paroissois espérer qu'on répareroit le tort que j'y avois éprouvé, en m'élevant à des emplois ? J'ignore le motif du silence que l'on tint à mon égard. Il est certain que j'avois eu M^r le marquis de La Mina à mes ordres, et que Mr de Gage n'avoit sur moi que très peu de tems d'ancienneté de brigadier.

Le bruit avoit couru en Espagne que le Roi avoit jeté les yeux sur moi pour être Inspecteur de l'infanterie de l'infant Don Philippe; cela m'engagea à faire un projet pour former une bonne infanterie et, comme j'étois bien aise de consulter sur ce projet le ministre du prince de l'Europe qui a les meilleures troupes, je le fis présenter par mon fils à M^r le comte d'Argenson[1], qui le prit, en lui disant qu'il le verroit avec plaisir, mais il ne m'en a jamais rien dit. Je désire qu'il y trouve du bon, dont il puisse résulter quelque avantage pour les troupes de France.

Dans le tems que je faisois mes équipages, comptant aller servir dans l'armée de l'infant Don Philippe, j'en avois, comme je l'ai dit, demandé la permission à la Cour de France et j'avois aussi demandé celle de mener avec moi mon fils aîné, alors âgé de dix-huit ans ; il étoit reçu mousquetaire de la 1re compagnie du Roi du 4 octobre 1738, mais, comme il n'étoit que surnuméraire, il n'avoit pas encore joint. Je fus fort surpris, quand j'attendois la permission de le mener avec moi au service de l'infant, de recevoir une lettre de M^r le marquis de Jumilhac[2], capitaine de sa compagnie, qui me mandoit que si j'étois en état et dans l'intention de lever pour mon fils une compagnie de cavalerie ou de dragons, je lui en donnasse promptement avis. Je n'hésitai point, j'acceptai, je fis recruter sur-le-champ et j'avois pour ainsi dire complété cette compagnie dans le mois de mars suivant. Le

---

[1] Pierre-Marc de Voyer de Paulmy, comte d'Argenson (1696-1764), fils de Marc-René, marquis d'Argenson, lieutenant général de police, puis garde des sceaux, fut d'abord conseiller au Parlement, lieutenant général de police au Châtelet de Paris en 1720; son opposition à Law lui fit retirer cette charge, qui lui fut rendue en 1722; conseiller d'État en 1724, directeur de la librairie en 1737, il fut secrétaire d'État de la guerre d'août 1742 à février 1757.

[2] Pierre-Joseph de Chapelle, marquis de Jumilhac (1692-1761), entra au service comme mousquetaire en 1713 et fit toute sa carrière sans quitter ce corps; il devint en 1738 capitaine-lieutenant de la première compagnie, maréchal de camp en 1740, lieutenant général en 1745, gouverneur de Philippeville en 1759.

cardinal mourut dans ces entrefaites, cette levée fut interrompue. J'eus beau écrire, le brevet de mon fils ne vint point et, par les réponses que je reçus de MM^{rs} le cardinal de Tencin, le comte d'Argenson et Orry[1], on ne me mettoit jamais ni dedans ni dehors, et j'ai gardé cette troupe chez moi à mes dépens pendant huit mois et bien nourrie, car il est souvent arrivé que ma femme faisoit enlever les rôtis de notre table pour les porter à la leur. Combien de petits habillemens, chemises, bas, souliers, ne leur a-t-il pas fallu renouveler à chacun jusqu'à trois fois! Enfin, impatienté et ennuyé de cette dépense, je donnai mille écus en lettres de change à mon fils, que j'envoyai à la Cour le 11 juillet 1743, pour y apprendre sa destination. Il arriva heureusement lorsque les ordres venoient d'être donnés pour l'entière levée projetée du tems du cardinal. M^r le comte d'Argenson lui en accorda une, en l'abordant le plus gracieusement du monde, avec l'agrément de nommer les officiers subalternes; c'étoit un secours et j'en trouvai à Bordeaux deux qui m'offrirent deux mille écus pour la lieutenance et la cornette; mais il en arriva autrement.

Lorsque je me trouvois avec cette troupe nombreuse sur les bras, sans en avoir la destination, je proposai à S. A. S. Mgr le comte de Charolois[2], s'il vouloit la prendre pour son régiment de cavalerie de Bourbon, lui disant que mon fils marcheroit comme premier cavalier de cette recrue. Le prince ne me fit point de réponse d'abord, mais lorsqu'il eut la levée pour son régiment de quatre compagnies, il m'écrivit, ainsi qu'à mon neveu le marquis de Crussol[3], colonel-lieutenant de son régiment, qu'il m'en

---

[1] Philibert Orry, comte de Vignory (1689-1747), fils de ce Jean Orry qui avait été ministre en Espagne, fut d'abord officier de cavalerie; nommé intendant de Roussillon (1727), puis de Lille, il devint, en 1730, contrôleur-général des finances, ministre d'État (1736), mais fut remplacé, en 1745, par Machault et ne conserva que la direction générale des bâtiments qu'il avait eue en 1737.

[2] Charles de Bourbon-Condé (1700-1761), fils cadet de Louis III, duc de Bourbon, et de Louise-Françoise, légitimée de France, a laissé un nom tristement fameux par ses désordres.

[3] François-Emmanuel de Crussol d'Uzès, marquis de Crussol de Salle, fils cadet de François de Crussol, comte d'Uzès, et de Magdeleine-Charlotte de Franclieu, né le 2 janvier 1708, fut capitaine dans le régiment de Bourbon-cavalerie en 1723 et devint mestre de camp-lieutenant de ce même régiment par la démission de son frère Montausier, en 1730; brigadier de cavalerie

donnoit une, et cela dans des termes pleins d'une bonté si ordinaire aux grands princes, et si peu connue de ceux qui leur sont inférieurs. De cette manière, mon fils, au lieu d'une compagnie à lever, se trouva en avoir deux ; il accepta de préférence celle du prince, il ne pouvoit mieux faire, d'autant qu'il alloit dans un régiment que commandoit son cousin issu de germain. Cela m'a coûté deux mille écus de plus, parce qu'il a fallu y recevoir les subalternes nommés par le prince, tandis que j'en trouvois deux qui m'offroient la somme que je viens de dire. Mais combien aurois-je acheté plus cher cet avantage et une aussi puissante protection, dont j'espère que ma famille se ressentira toujours. M^r le comte d'Argenson m'écrivit la lettre du monde la plus gracieuse pour m'informer que le Roi avoit accordé à mon fils la grâce d'une compagnie. L'ordre me vint le 27 août 1743 de l'envoyer en quartier à Vic en Bigorre ; M^r de La Mézaudière, commissaire des guerres, résidant à Auch, s'y rendit le 29, j'y étois, il la passa en revue, sans vouloir y comprendre quelques hommes à qui j'avois permis d'aller chez eux et sans vouloir déclarer cette troupe à la paye du Roi que du jour de sa revue. Tous les autres commissaires disent qu'il devoit la passer du jour que l'Ordonnance du Roi accordoit la paye, puisqu'il n'ignoroit pas qu'elle étoit levée depuis huit mois ; mais plus exact serviteur du Roi qu'un autre, il ne l'étendit pas seulement à un jour ni à un seul homme qui ne fût présent. Je ne puis que louer sa grande exactitude, et je laisse aux autres à en penser comme ils voudront.

Mon fils, revenu de la Cour, joignit sa compagnie le 28 septembre et, le 15 novembre, il partit avec elle pour se rendre à Châlons en Champagne, où il arriva le 27 décembre, il y reçut 35 chevaux que le Roi donnoit, il y en avoit de défectueux qu'il troqua en donnant du retour. Je fournis tout le reste, habillement, armement, équipement et tout cela m'a coûté 11,700 livres ; en joignant à cela les enrôlemens, les huit mois que cette troupe a été à mes

en 1740, il concourut en 1744 à la reprise de Wissembourg et des lignes de la Lauter, fut promu maréchal de camp et employé à l'armée de Bavière. Il passa l'hiver à Donawerth et se distingua l'année suivante à Pfaffenhofen (15 avril 1745), lieutenant général en 1748, nommé en 1756 gouverneur de l'Ile et citadelle d'Oleron, il mourut sans alliance à Saint-Maixent, le 8 avril 1761.

dépens, cette compagnie me revient à plus de 22,000 livres ; beaucoup trop pour un gentilhomme comme moi, qui n'avois compté y dépenser que 8,000 livres, comme cela auroit été si elle eût reçu la paye dès sa formation, et que j'eusse pu avoir la somme qui m'avoit été offerte pour la lieutenance et la cornette.

On comprend bien l'embarras où je suis, ayant fait dans une année une aussi forte dépense pour lever la compagnie de mon fils aîné. Cela m'empêche de pouvoir encore rien faire pour les autres. J'ai longtems espéré que j'obtiendrois un bénéfice pour Louis, mon second fils. Le roi Jacques, de qui j'avois reçu de grandes marques de bonté lorsque j'étois à la Corogne, pour m'embarquer avec lui en 1719, m'a extrêmement protégé pour cela et je crois qu'il me continue encore sa bienveillance. J'ai écrit à un de mes bons amis, l'abbé de La Salle, réfugié à Rome, que l'on disoit qu'il falloit avoir dix-huit ans pour obtenir un bénéfice, qu'ainsi mon fils Louis, né le même jour que Mgr le Dauphin, avoit longtems à attendre, que si j'en désirois un pour lui, c'étoit pour pouvoir lui faire faire ses études à Paris, n'étant pas dans le cas de fournir autrement à une telle dépense, puisque je me trouvois chargé de dix enfans dont l'aîné m'avoit tant coûté. Ce bon ami me répondit de lui envoyer au plus vite une lettre pour le roi Jacques, que le cardinal de Tencin n'avoit rien à lui refuser et qu'il le feroit agir pour moi. Je suivis son conseil, je reçus de ce prince la réponse la plus obligeante, dictée par lui-même et signée de sa main ; il me recommanda très fortement au cardinal qui revint à la cour de France et que l'on croyoit devoir être premier ministre. Je crois que s'il avoit eu la feuille des bénéfices, mon fils auroit eu quelque chose, mais le malheur m'en veut toujours. J'ai écrit vingt lettres à cette Eminence, qui a répondu à chacune bien exactement et avec toutes les offres possibles, mais enfin il assure que le Roi s'est tellement fait une loi de ne donner de bénéfice qu'à dix-huit ans, que rien ne peut le faire changer sur cela, et mon fils lui en ayant reparlé à la Cour : « M^{r} votre père, lui répondit-il, veut toujours que la conformité de naissance de M^{r} votre frère avec Mgr le Dauphin soit un privilège pour lui. je vous certifie que, quand Dieu le Père descendroit pour demander cette grâce au Roi, il ne l'obtiendroit pas avant l'âge. » Il faut donc m'en tenir là, et me contenter de mettre cet enfant au collège de Pau et de le nourrir dans une maison avec un précepteur, digne garçon. qui a soin de lui. Cet enfant me paroît assez froid pour le parti de l'Église, et je crois que si je lui proposois d'aller joindre son frère au régiment, il jetteroit bien vite le prétendu froc, car il aime beaucoup les armes noires et blanches et les chevaux.

Je suis redevable de près de trois années d'impositions royales, MM^{rs} les receveurs en agissent avec moi avec toutes sortes de politesses et sans me faire aucun frais, mais comme je sais qu'ils sont pressés eux-même par M^r le contrôleur-général et que je serois fâché qu'ils eussent aucune affaire par rapport à 3,000 livres que je puis leur devoir, j'ai écrit dernièrement à ce ministre, qui est d'ailleurs une de mes anciennes connoissances du tems que j'étois en Espagne, et de deux choses je lui en demande une pour me faciliter les moyens de payer le Roi, ou que l'on prenne mes vins à leur valeur pour les passer à Bayonne où ils peuvent être employés pour les vaisseaux du Roi, ou que devant envoyer de l'argent à l'ambassadeur de France en Espagne, on lui donne à recevoir ma pension qu'on me fait toujours attendre dix-huit mois après son échéance et que le ministre recevroit d'abord, comme je la recevois moi-même quand j'étois en Espagne. Mr Orry ne m'a point fait de réponse et M^r notre Intendant, à qui j'ai fait part de mes démarches près du contrôleur-général, me répond qu'il faut attendre ce que fera le ministre.

J'en suis là, mais ce qu'il y a de sûr, c'est que ce n'est point par dépravation de mœurs que je me trouve dans une position si fâcheuse, mais uniquement pour avoir formé une belle troupe à mon fils pour le service du Roi. Du reste, j'ai tout retranché de chez moi; j'avois des domestiques de tout étage, je n'ai plus qu'un petit laquais de douze ans; s'il me reste deux carrosses et une litière, c'est que je ne trouve point à les vendre et, les ayant, voici comment je m'en sers : quand je veux aller voir mes voisins, j'y vais avec des bœufs ou des chevaux de paysans, ma litière est portée par une jument poulinière aveugle et un mulet de vingt ans qui a, dit-on, un tour de reins. Més filles, qui ne portoient que des habits de soie, ont bien encore ceux qu'elles avoient il y a trois ans, mais depuis elles n'ont que des cotonnades; elles portoient des souliers d'étoffe fait par un cordonnier de femmes, leurs pieds y étoient accoutumés, elles sont réduites aujourd'hui, ainsi que ma femme, à en porter comme moi de cuir et faits par un cordonnier d'hommes de mon village, nullement habile dans sa profession, tandis que les plus petites gens n'ont plus aujourd'hui que des souliers d'une petite peau de mouton teinte en bleu, violet ou noir; enfin, s'il le faut, elles iront traire nos vaches et chercher l'eau à la fontaine comme Rebecca. Ma femme avoit en Espagne trois femmes de chambre, qu'elle voituroit partout; revenue en France, elle s'étoit réduite à deux, ce n'étoit pas trop pour elle et tant d'enfans, mais depuis que je n'ai plus pour domestique qu'un garçon de douze ans, elle a voulu se retrancher aussi, et elle n'a plus qu'une femme de chambre, à la vérité si jolie qu'elle en vaut deux ou trois. Elle a outre cela deux servantes, une petite fille et une gouvernante qui la soulage fort. C'est un phénix dans son espèce, tout ce qu'elle donne est mesuré et compassé, le seul défaut qu'on lui trouve, c'est qu'elle ne donne ce qu'elle a ordre de donner qu'en boudant et rechignant.

Je ne puis dire le plaisir que me fait ce retranchement dans ma dépense de mon domestique et de mes équipages. Combien je me sais gré de m'être borné à l'utile, au commode et au propre, et la petitesse que je trouve aujourd'hui dans ceux qui ne pensent pas comme moi! Au reste, ce n'est pas la pauvreté qui peut faire tomber la noblesse dans le mépris; le cœur françois est noble. L'homme de condition à beau se voir mal vêtu et, pour ainsi dire, déguenillé devant celui qui se mêle de finances et qui, surchargé de dorures et de magnificence, se présente avec un air de confiance, il ne tarde guère à le faire rentrer dans sa sphère, sans sortir de la sienne; et il n'a pas besoin pour cela de lui faire aucune impolitesse (il y auroit même du danger, parce que ces messieurs sont soutenus), mais cette aisance de discours naturelle à un sang noble, peu à peu et sans prendre de l'autorité, sait ramener à leur premier état les hommes vains de cette espèce. Combien en ai-je vu m'aborder avec un air de fierté, et ne se séparer de moi qu'avec un air de soumission! Je sais qu'ils disent que je suis un homme imposant. Si cela est, je rends grâce à Dieu d'avoir écrit sur mon front l'avantage de la naissance qu'il lui a plu de me donner, car personne ne peut dire, je pense, que j'en tire la moindre vanité par mes discours. Et au vrai, je ne suis pas de la côte de saint Louis, mais puisque je tiens depuis longtems un rang distingué dans la noblesse par mes aïeux, et que je ne sais point avoir rien fait de ma vie qui m'en rende indigne, je regarde assez tout ce qui n'est pas prince du sang comme camarade, sans toutefois que je m'excuse ni veuille m'excuser d'une attention, même soumise, à ceux qu'il plaît au Roi de placer dans des postes qui les rendent mes supérieurs.

Mais, il faut en convenir, il est des nobles impertinens. Quelques-uns, par exemple, se permettent de battre des huissiers qui leur portent des contraintes[1]. Quelle faiblesse! Croient-ils donc par là se donner la réputation d'hommes braves? Ce seroit l'acquérir à bon marché contre un pauvre malheureux qui est tout seul quand ils ont bien du monde avec eux. Se serviroit-on de pareils exemples auprès du Roi pour nuire à la noblesse dans son esprit? Seroit-elle assez malheureuse pour ne pas trouver de défenseur? Je le croirois assez, puisque des nobles de cette espèce obtiennent leur grâce. Pour parvenir au dessein formé qu'on a de nuire à la noblesse en général, on laisse de telles fautes impunies,

---

[1] C'est très probablement une allusion aux peu recommandables exploits d'un gentilhomme du pays de Rivière-Basse, proche voisin de M. de Franclieu, le marquis de Giscaro-Labatut. Plusieurs lettres de l'intendant de Sérilly au chancelier contiennent de vives plaintes contre ce descendant dégénéré de l'ancienne maison de Rivière. « Toutes les fois qu'on a voulu proceder à exécution sur ses « biens il en a éludé les effets en opposant l'autorité et la force aux arrets ou « sentences des juges... Le chateau de Labatut est regardé dans le païs comme « une place forte dans un païs ennemy, aucun huissier n'ose plus en approcher, « ils y ont été mal traités toutes les fois qu'ils s'y sont presentés. Il y a dans ce « chateau nombre de domestiques, tous gens de sac et de corde, secondant parfai-« tement les désirs de leur maître. Il s'en sert pour mettre à execution avec « violence les sentences ou arrets qu'il obtient rarement à son avantage, et il « employe la même autorité à empecher l'execution de ceux qui sont fréquem-« ment rendus contre luy. » (Lettre du 23 novembre 1740). Une autre lettre du 29 décembre de la même année se termine par de nouvelles plaintes de l'intendant : « Permettés moy, Mgr, de vous representer que je ne vois point d'apa-« rence que je puisse par mon autorité mettre fin aux vexations de M. de Giscaro... « La voye de la justice distributive ne fait nulle impression sur le s^r de Giscaro ; « il trouve dans son imagination et dans le secours de ses sattelites des ressources « toujours nouvelles pour se soustraire à ses decrets. » (Cf. Bon de BARDIES, *L'Administration de la Gascogne, de la Navarre et du Béarn en 1740*, pp. 138 et suiv.)

afin de l'animer à suivre de honteuses passions et de dégoûter peu à peu le prince de lui laisser quelque distinction dans son royaume. Ah! sire, châtiez et noble et roturier qui manque à son devoir, et plus sévèrement le premier! Mais laissez à la noblesse sa prééminence; c'est elle qui a mis votre royaume dans la haute considération où il est chez les étrangers; c'est elle qui sera toujours prête à le soutenir; c'est elle qui, au mépris de sa vie, défendra votre couronne et vous fera obéir de vos peuples. La majesté du trône n'est grande, qu'autant qu'elle est environnée d'un sang qui se rapproche d'elle, tout fléchit alors, parce que tout est à sa place et que sous un roi digne et juste on s'efforce d'imiter son exemple.

Vieux et menant à la campagne une vie très uniforme, je n'ai aucune matière intéressante à raconter. Je n'ai plus de galanteries et je ne veux rien dire de celles des autres, plus d'exploits militaires, j'écris à tout hasard et mes enfans trouveront, dans mon livre de remarques, les différens projets et les idées de politique qui me sont passés dans la tête. Peut-être un jour, mes fils, si Dieu me laisse vivre, me fourniront-ils ces matériaux : je leur dis d'avance que je ne les épargnerai pas, et je leur conseille de se livrer au bon pour n'avoir pas la honte de voir dans mes écrits des récits qui les fassent rougir. Je me lâcherai d'autant plus là-dessus, que, ces Mémoires n'étant que pour eux, serviront à les corriger, sans dévoiler leurs fautes au public; en attendant, je laisserai courir ma main, quand il me viendra quelque chose en idée.

J'ai eu, il y a quelques jours, la visite d'un franc-maçon, il ne manque point d'esprit et il s'en servit de son mieux pour me persuader de me faire recevoir dans son ordre. Je m'en excusai, en lui disant que je n'entrerois jamais [dans un ordre], dont tout le bon qu'on prétendoit y être devoit être un secret inviolable et où je n'entrevoyois pour les suites que beaucoup de désagrémens. « Nos statuts, me dit-il, Monsieur, sont en tout convenables à des gens d'honneur et n'ont absolument rien contre la religion, le Roi, ni le gouvernement. » — « Je le veux, Monsieur, lui répondis-je, mais, si cela est, pourquoi en faire un mystère? » — « Cela en est le beau, me dit-il, mais entre nous, nous nous secourons tous, nous pourvoyons aux besoins d'un de nos frères qui est embarrassé; s'il est blessé ou fait prisonnier dans une bataille, les frères du parti contraire lui donnent toute sorte de secours. » — « Tout cela, lui répliquai-je, me paroît une précaution inutile. Si je voyage, j'ai pris mes mesures pour ne manquer de rien ; suis-je volé ? je trouverai du secours des honnêtes gens, même de vos francs-maçons, puisque vous dites qu'ils le sont tous; si je suis blessé ou pris, les généraux ennemis auront soin de moi, sans que j'aie besoin d'un particulier qui pourroit bien ne pas penser comme vous le dites ». — « Ah! Monsieur, s'écria-t-il, il est impossible qu'un franc-maçon pense mal dans tout le cours de sa vie. » — « Votre ordre donc, repartis-je, a plus de pouvoir que toutes les religions du monde. Je ne vous citerai que la nôtre, comme la seule véritable : le baptême, la confirmation, les instructions, tout dans la religion nous mène au bien; cependant, combien de gens qui, pendant un tems ont suivi ces belles maximes, et sont devenus fourbes, homicides, adultères, assassins, même parricides, enfin se sont livrés à tous les vices que la religion condamne tant. Me direz-vous qu'un homme qui entre dans votre ordre ne peut plus tomber dans aucun de ces vices? Car, si cela est, ce n'est plus un ordre mais la vraie religion, qui insensiblement fera tomber la nôtre. Obligez-moi, Monsieur, continuai-je, de me dire comment vous parvenez à faire garder un secret inviolable dans vos statuts? J'ai ouï dire à des francs-maçons que celui qui le divulguoit se trouvoit mort le lendemain; est-ce la Divinité qui le tue? ou des émissaires que vous avez pour cela? Convenez que voilà un mal auquel il y a de la prudence à ne pas s'exposer ; je puis m'enivrer et parler, je puis être amoureux et avoir la même faiblesse que Samson eut pour Dalila, et, aussitôt, me voilà mort. » — « Ce sont des contes qu'on vous a faits, me dit-il, trouvez quelque autre raison. » — « Ah! oui, Monsieur, lui répliquai-je, et beaucoup. D'abord on assure que le Pape vous a excommuniés et, pour abréger, il peut vous en arriver autant qu'aux Templiers. Qui vous dira que le Roi ne s'ennuiera pas quelque jour de toutes vos assemblées, qui ne sont aucunement permises ; vous pourriez bien voir un jour toutes vos loges entourées, et passer au fil de l'épée tous ceux qui s'y trouveront. » Cela me parut l'étonner un peu, mais il me dit que cela étoit impossible, parce qu'il y avoit des francs-maçons dans tous les ordres du royaume. « Prenez-y garde, Monsieur, lui dis-je, les Templiers avoient plus que vous des châteaux forts dans toutes les provinces. Le pouvoir des Rois s'étend à tout ce qui leur plaît. » Nous nous en tînmes là, nous changeâmes de conversation et nous n'en fûmes fâchés, je crois, ni l'un ni l'autre.

Pour égayer le sérieux de ces mémoires, je vais citer quelques réparties assez plaisantes de ce pays-ci. Un certain abbé dit à un mari, homme de condition, que sa femme couchoit avec son meunier. Ce mari furieux vouloit aller la tuer, il l'en empêcha en lui découvrant l'énigme : ce gentilhomme faisoit aller son moulin par des valets, et, pour qu'ils ne le volassent point, il étoit la plus grande partie de la journée dans son moulin, de façon que l'on disoit qu'il étoit le meunier. Le public en railloit, et cet abbé lui fit cette plaisanterie, pour lui faire apercevoir le ridicule qu'il se donnoit.

Une dame du voisinage, Mme de Mondégourat[1], perdit une sœur[2], et dans le même temps, un renard lui tua des dindonneaux. Un

[1] Marie-Françoise d'Arricau, fille de noble Alexandre d'Arricau de Saint-Pée, avait épousé, en 1705, son cousin germain, Henri-Hippolyte de Beost, seigneur de Mondégourat, *alias* Mondegorat, l'aîné des dix enfants de noble Jean-Pierre de Beost Mondégourat et de Catherine d'Arricau. (LARCHER, *Glanages*, XII, n° 131.) Le 30 septembre 1739, noble Antoine d'Arricau de Saint-Pée, chevalier de l'ordre de Saint-Louis, ancien lieutenant-colonel du régiment de Bourbonnois, agissait comme héritier de la feue dame de Mondégourat, sa sœur (Reg. de M° Delouyt, not. de Vic-Bigorre, dans l'étude de M° Lasserre, notaire à Maubourguet). A cette époque, Henri-Hippolyte de Beost était déjà mort depuis plusieurs années. — Mondégourat (que l'on trouve aussi écrit Mondegorat, Mondigouret, Mondegoulard) est une section de la commune de Villefranque, canton de Castelnau-Rivière-Basse (Hautes-Pyrénées). La terre de Villefranque appartenait en 1300 au comte de Bigorre; suivant Larcher (*Glanages*, XII), « il y a « apparence que Philippe le Bel en fit don au seigneur de Labatut pour « l'engager à deffendre le païs contre les Anglois, que le seigneur de Labatut « donna le terroir de Mondegorat à Auger de Senlane, aux mêmes fins, sous « l'hommage » ; des Saint-Lane, la seigneurie passa aux La Cassagne et entra par un mariage dans la maison béarnaise de Beost. Henri-Hippolyte de Beost mourut sans enfants. Son frère et successeur, Jean-Henri, ancien capitaine au régiment de Miromesnil (1703), réformé et mis à la suite du régiment de Piémont, ne contracta point d'alliance et Mondégourat passa à leur sœur Marie-Anne, seconde femme de noble Arnaud-Guilhem de Tauzia, sieur de la Bastide. Cette terre resta dans la famille de Tauzia jusqu'au milieu de ce siècle. Actuellement, le château de Mondégourat est la propriété de M. le comte Maurice de Franclieu, ancien officier d'infanterie, descendant de l'auteur des Mémoires.

[2] Il s'agit probablement de Jeanne d'Arricau de Saint-Pée, qui épousa, en septembre 1697, Pierre-Antoine Mauran, seigneur de Talazac, et mourut à Vic-Bigorre, le 3 juillet 1734 (MAURAN, *Sommaire description du comté de Bigorre*, éd. Balencie, Introduction, LI).

officier, son voisin, qui ignoroit cette seconde infortune, voulant lui faire son compliment sur la première, lui dit, en l'abordant, qu'il prenoit bien part à la perte qu'elle avoit faite : « Ah! oui certes, Monsieur, répondit-elle, ce maudit renard m'en a tué trente-deux. »

CHAPITRE II.
1744-1746.

La maison d'un gentilhomme en Gascogne. — Mot plaisant de M. de Sombrun. — Dégoût de la noblesse pauvre pour le service militaire. — Gentilshommes chasseurs, leurs meutes. — Pourquoi l'auteur n'a pas mis son fils aîné au service de l'Espagne. — Prétentions villageoises. — Repas funéraires. — Dernières volontés de l'auteur. — Projets pour la levée de l'arrière-ban. — Opinion de l'auteur sur les perfectionnements des armes à feu. — Zereceda. — Passage de la Dauphine à Mont-de-Marsan. — La duchesse de Brancas. — Conclusion.

En me levant ce matin (20 novembre 1744), je n'étois nullement en goût pour écrire, j'avois donné ordre à mes gens de se préparer pour visiter avec moi mes vergers à fruit, en ôter tout ce qu'il y a de défectueux, pour replanter d'autres en place. On va me trouver ridicule de dire mes gens, après avoir dit que je m'étois restreint à un petit laquais de douze ans, mais je n'ai parlé que de ce qui m'approche, car d'ailleurs j'ai dix valets pour employer à mes idées : un maître Jacques, qui tantôt mon laquais, mon cocher, mon valet de chambre, mon maître d'hôtel, mon homme d'affaires, paroît ce que je veux suivant le monde qui me vient et les promenades que je fais, en prenant l'habillement du rôle qu'il doit représenter. J'ai un cuisinier, qui peut-être ne pourroit pas être renommé tel chez un Évêque ou un Intendant, mais qui cependant n'a aucun autre emploi chez moi. J'ai un chasseur, cuisinier aussi au besoin, qui coupe passablement mes arbres fruitiers. J'ai un palefrenier muletier qui se forme et n'est pas encore fort habile. J'ai deux jardiniers qui se métamorphosent quand il faut lever la dîme ou presser mon vin. J'ai deux bouviers que j'emploie quand ils ne labourent point. J'ai deux marmousets ou marmousettes, enfans de ces susdits domestiques, dont je n'ai aucun besoin, mais qui ont besoin de moi. En y joignant les femmes qui servent ma femme, et mon petit laquais, sauf erreur de calcul, voilà bien seize domestiques qui mangent du pain, sans compter les laveuses, brayeuses, sarcleuses et les ouvriers employés au pressoir et autres ouvrages de force. Ma cuisine n'est jamais sans vingt personnes; je comptois en prendre aujourd'hui dans ce nombre pour planter des arbres où il en manque, mais la pluie ne cesse point et me réduit à reprendre ce livre. Je vais y placer d'abord un mot assez plaisant que deux messieurs m'ont conté d'un gentilhomme de mes voisins, Mr de Sombrun; sa femme est depuis quelques jours à la mort, il va à la chasse, sans doute pour dissiper son chagrin; en revenant, il est altéré et demande à boire; comme on ne lui en porte pas assez promptement, il gronde cinq de ses filles et autant de servantes: on lui crie (je dis crier, parce qu'il est sourd comme un pot) que tout le monde est auprès de sa femme qui se meurt. « Quoi! dit-il, parce que votre mère se meurt, il ne faut pas que je boive! »

Plus je vais vieillissant, plus je sens que je vais aussi me rouillant. Je commence à vivre dans l'indolence, et las de toujours reprendre mes domestiques sans parvenir à les corriger, je crois que je me rangerai à leur mode, puisque je ne puis pas leur persuader la mienne. Aujourd'hui, les petites villes m'ennuient, rien ne me convient plus que la vie champêtre. Cependant, que ceux qui voudroient vivre dans la retraite ne croient pas l'y trouver; on ne peut l'espérer que dans une grande ville, où l'on n'est chez soi que pour les gens qu'on veut voir. Ici, on est accablé de visites et souvent au moment où l'on va se mettre à table, ce qui oblige à avoir toujours un fort ordinaire. Cela ne me dérange guère, moi qui ai toujours une table de douze couverts, je ne l'augmente pas pour six ou huit étrangers qui m'arrivent, j'en suis quitte pour faire passer même nombre de mes enfans à une petite table. J'ai un grand jardin, qui me fournit toujours de cinq à six plats d'entremets par repas, et qui nourrit toute ma maison pendant le carême et les jours maigres; j'ai un grand terrein pour la chasse, plus de onze cents têtes de toutes sortes de volaille de fiefs, de fermes ou de nos métairies, beaucoup de fruit, quelques oranges pour des liqueurs et confitures sèches, beaucoup de vin, si bon que je n'en bois pas d'autre. Ma femme fait faire de grands nourrissages, tue sept ou huit cochons, une quarantaine d'oies, dont les cuisses mises à la graisse plaisent même à Paris.

Un jour que je m'entretenois avec un de mes voisins de l'indolence de quelques gentilshommes qui laissoient trois, quatre et cinq de leurs enfans dans l'inaction chez eux, pendant que notre digne Roi alloit en personne à la guerre, et que je disois que S. M. devroit dégrader de noblesse de tels pères, puisque la noblesse ne devoit se soutenir qu'en continuant la profession des armes, « Mais ils les portent, me répondit-il, ne les voyez-vous pas tous les jours, le fusil sur l'épaule, chassant et ne laissant pas sans gibier le croc de leurs pères ou de leurs oncles. » — « Je le sais, lui dis-je, et leurs crocs sont souvent garnis du mien, car ils chassent continuellement sur mes terres. » — « Il y en a, reprit-il, qui pourroient faire la dépense de soutenir leurs enfans au service, mais il y en a d'autres si pauvres, surtout depuis l'imposition du dixième noble, qu'ils ne sont point en état de donner un bidet, un habit et dix écus à leur fils pour aller joindre leur corps. Les payes des subalternes sont si modiques qu'ils n'en peuvent vivre sans secours de chez eux, et enfin on est rebuté lorsqu'on les voit revenir sans emploi. A l'avant-dernière guerre, un tel, mon voisin et moi, nous vendîmes prés, champs et vignes pour envoyer nos fils prendre des sous-lieutenances, ils furent réformés à la paix et on nous les renvoya. Il n'est ni naturel, ni même possible de les faire recommencer aujourd'hui. Voyez dans quel état vous vous êtes mis vous-même pour mettre votre aîné au service, vous ne vous en relèverez peut-être jamais. » Il m'ajouta qu'il étoit surpris que j'eusse fait prendre le parti des armes à mon fils aîné, qu'il le passeroit pour le cadet, mais que l'aîné, ayant de quoi vivre, il étoit inutile qu'il courût les hasards de la guerre pour chercher la fortune. Je lui citai le Roi, qui alloit aux coups, M[r] le duc de Chartres[1], fils unique du premier et du plus grand prince du monde, et qui étoit assez riche pour n'avoir pas besoin de s'exposer ; je lui rappelai la valeur de notre grand Conty[2], qui alloit au

---

[1] Louis-Philippe de France, duc de Chartres, puis d'Orléans (1725-1785), fils de Philippe, duc d'Orléans, et de Jeanne, princesse de Bade, prit part aux campagnes de 1742, 1743 et 1744.

[2] Louis-François de Bourbon, prince de Conti (1717-1776), généralissime des

plus grand feu comme un simple grenadier, et de tous nos princes du sang ; je passai ensuite aux fils aînés de nos maréchaux de France, de nos ducs et des plus riches maisons de notre noblesse. « Je sais tout cela, me dit-il ; quant à nos princes du sang, ils sont guidés par la gloire et l'honneur ; et pour les autres, les ordres, les gouvernemens de provinces, les grades prématurés sont pour eux de promptes récompenses ; mais nous, gentillâtres de province, nous n'avons rien à espérer pour nos enfans. » — « Pourquoi non, lui dis-je, n'est-ce pas ainsi que les premiers ont commencé, et ne pouvons-nous pas espérer de parvenir aux grades et aux honneurs comme les autres ? N'étois-je pas moi-même dans ces heureux commencemens ? Des incidens m'ont retardé, mon fils sera peut-être plus heureux ; enfin, dans le nombre de ceux qui courent après la fortune, les uns demeurent en chemin, les autres déméritent et quelques-uns parviennent ; il faut espérer qu'on sera du nombre de ceux-ci. Mon fils aîné ne fait que ce qu'il doit faire, si la véritable noblesse vient des armes, c'est par les armes qu'elle doit se soutenir, nous devons pour cela sacrifier nos biens comme nos vies, et c'est pour cela que j'ai fait cette grande dépense qui paroît si déplacée à mes voisins. Que pensez-vous du fils aîné d'un gentilhomme campagnard, qui ne sait que suivre un chien couchant tout le jour, ou quatre bassets après un lièvre, et me parler chien, chasse et gibier ? Comparez ses discours avec ceux que pourra tenir mon fils de retour de ses glorieuses campagnes, et vous verrez qu'insensiblement vous serez de mon avis ». En effet, il n'eut rien à me répondre.

Il faut à la campagne quelque amusement, on ne peut pas toujours lire et écrire ; la promenade, des travaux ordinaires, comme labourer et piocher, n'ont rien qui amuse ; bâtir est fort de mon goût, d'autant que le profit en reste, mais la compagnie de cavalerie que je viens de lever m'empêche de continuer ; le jeu, qui est un divertissement pour beaucoup de mes voisins, n'en est pas un pour ma maison, il n'y entre point de cartes, c'est un goût que je ne veux pas que mes enfans prennent, on sait qu'il a causé la

---

armées de France et d'Espagne en Italie, où il remporta, en 1744, la victoire de Coni, puis dans les Pays-Bas (1746). Il fut ensuite le chef de la correspondance secrète de Louis XV. (Cf. duc de BROGLIE, *Le secret du Roi*.)

ruine de plusieurs familles; le plaisir de la table, quand elle n'est pas portée à une dépense outrée, ni à une sensualité qui mène à la gourmandise, est, selon moi, un plaisir qui fait aussi honneur; l'amusement de la chasse est gracieux, même nécessaire à la campagne, mais il faut savoir le prendre en réglant sa dépense sur son revenu et sa situation. Un gentilhomme à la campagne ne peut guère se passer de trois ou quatre chevaux, cela sert pour la chasse sans faire une grande dépense; deux chiens couchans, six ou huit chiens courans peuvent lui suffire pour s'amuser. Je voudrois qu'avec six, huit ou dix mille livres de rente on s'en tînt là; mais qu'il est difficile de savoir se borner suivant son état! J'ai des voisins et des parens qui ne parlent jamais que de leurs meutes et comme, pour justifier ce mot, il faut avoir au moins vingt-six ou trente chiens, ils n'ont garde de demeurer au-dessous de ce nombre, au contraire, ils le passent souvent. Ils achètent un chien fort cher; pour un autre, ils donneront un beau cheval. J'ose bien me moquer un peu d'eux et surtout de leur jalousie pour la beauté et la bonté de leurs chiens; ils n'en ont aucun dont ils ne sachent contrefaire la manière de crier et entr'eux ils n'ont point d'autre conversation. J'ai beau leur dire que leur équipage de chasse, pour avoir trente chiens, ne mérite pas le nom de meute, qu'il faut encore que tout l'attirail s'en suive, de bons chevaux bien harnachés, qu'il ne manque pas un ardillon, beaucoup de valets, mes raisons ne font pas sur eux le moindre effet et, fussent-ils obérés au point de ne pas savoir où donner de la tête, il faut qu'ils disent ma meute!

Je n'ai encore que beaucoup de bien à dire de mon fils aîné, il est rempli de religion, il ne commence rien sans demander à Dieu son secours, il fréquente souvent les sacremens, il est juste et droit, il est ménager et, sans que je lui aie demandé aucun compte depuis qu'il est à la tête de sa compagnie, parce que je m'en fie entièrement à lui, il m'en a envoyé un où il porte tout l'argent que je lui ai donné et celui qu'il a reçu de ses payes ou fourrages, avec l'emploi détaillé jusqu'à une obole. J'avoue que j'ai eu un grand plaisir de voir sa sagesse et sa bonne conduite. En le louant de cette reddition de comptes, je lui ai dit que je n'en voulois plus, même que je [le] trouvois trop ménager, que le service demandoit aujourd'hui que l'on fît quelque dépense, mais que cependant je lui passois sa retenue cette année, attendu la grande dépense à laquelle m'avoit obligé sa compagnie. Je sais par ses domestiques qu'il est très vertueux et très contenu pour le sexe ; il en a donné beaucoup d'exemples à Paris, et même ici, où une femme de chambre alloit le trouver dans son lit pour tâcher de le provoquer ; il la renvoya bien loin, il est vrai qu'elle étoit laide. Je ne sais s'il en auroit fait autant à celle qui nous reste, et que j'ai dit être fort jolie, mais comme tous les deux sont fort sages, je crois que, l'un n'ayant rien demandé à l'autre, ils s'en seront tenus aux règles de la sagesse.

Mon troisième et dernier fils, âgé de neuf ans et demi, à qui nous donnons [le nom] d'Anselme, parce que c'est le jour qu'il est né et que l'Église fête ce saint, me fournit hier au soir, dans une de nos conversations familières, le sujet de ce chapitre. Les enfans sont plus frappés que les autres des événemens tragiques : il racontoit les maux sinistres qu'il voyoit dans l'histoire de Joseph, il se rappela qu'il y a deux ans, causant avec Mr Dandichon, mon médecin, homme d'esprit et instruit, je lui en citois d'extraordinaires et il me demanda de les lui redire. « Je ne m'en souviens pas, » lui dis-je. — « C'est, mon cher père, me répondit-il, quand des messieurs, après avoir causé ensemble, se dirent en se séparant, les uns : « Adieu, prince sans terre ; » et l'autre : « Adieu, princes sans tête. » Je fus d'abord au fait, et je lui racontai de nouveau que le duc d'Albe, vice-roi de Flandre, avoit mandé les comtes d'Egmont et de Horn, que le prince d'Orange, qui étoit dans Bruxelles, séjour du vice-roi, eut vent de ce qui se passoit et se sauva, qu'il rencontra en chemin les deux premiers à qui il voulut persuader de ne pas se livrer entre les mains du duc d'Albe, qu'ils n'en voulurent rien faire pour ne pas perdre leurs biens qui étoient considérables. Je crus que cet enfant se contenteroit de mon récit, mais il me demanda pourquoi on leur coupa la tête, et pourquoi on la coupoit aux uns, on pendoit les autres, d'autres étoient roués, d'autres brûlés, d'autres écartelés. Il fallut le satisfaire, mais il fallut du tems pour lui expliquer les fautes et les personnes qui encouroient ces divers châtimens, comment on distinguoit les nobles de ceux qui ne l'étoient pas, en coupant le cou à ceux-là, et en pendant ceux-ci. Je lui citai là-dessus des exemples arrivés en France, ainsi que les fautes qui avoient fait perdre la tête à ces deux seigneurs flamands. Je lui dis que, pour aucune raison, un gentilhomme ne devoit prendre les armes pour s'opposer aux volontés de son Roi, que la religion avoit souvent servi pour cela de prétexte, mais que ce prétexte étoit faux, que, tôt ou tard, le parti du Roi prévaloit toujours et qu'alors les Rois châtioient à leur volonté; je lui rapportai sur cela l'exemple de l'amiral de Coligni, je lui dis qu'il ne falloit jamais non plus s'entendre avec les ennemis de son Roi, ni traiter avec eux; et comme les exemples frappent les enfans, je lui citai l'exemple du duc de...... [1]. Enfin je lui dis qu'il ne falloit jamais tirer l'épée contre son Roi, ni tramer contre sa patrie. « Mais, mon cher père, me dit cet enfant, vous avez passé au service d'Espagne. » — « Oui, mon fils, lui dis-je, un gentilhomme qui n'a pas de bien et qui ne peut obtenir dans sa patrie un emploi qui le fasse subsister honorablement, peut s'évertuer et en chercher ailleurs, mais il ne doit pas, de but en blanc, se jeter dans le parti des ennemis de son Roi, comme firent MM^{rs} de Langalerie et de Bonneval », dont il fallut lui conter les histoires. « Pour moi, continuai-je, je ne passai au service d'Espagne, en 1710, qu'avec la permission de Louis le Grand, qui me témoigna m'en savoir gré. Le roi d'Espagne étoit son petit-fils, prince de la maison de Bourbon, je lui ai continué mes services vingt-trois ans, mais toujours avec des permissions réitérées des ministres de Louis XV. J'avoue qu'en 1719 les deux couronnes de France et d'Espagne se firent la guerre et que je restai attaché à celle d'Espagne, mais le Roi nous dit qu'il ne la faisoit que pour assurer la couronne du roi de France, son neveu, et enfin je compris que ce n'étoit qu'un feu de paille, que la France n'allumoit que pour empêcher les puissances maritimes, avec lesquelles elle s'étoit liguée, de prendre à l'Espagne des places qu'elles ne lui rendroient pas, comme le feroit la France. » — « Mais, mon père, » me dit l'une de mes filles aînées, « d'où vient donc qu'il y a dans ce pays-ci des malhonnêtes gens qui font courir le bruit que vous avez déserté

---

[1]. Il s'agit évidemment du connétable de Bourbon.

de France avec votre régiment et que vous n'oseriez aller à Paris? » — « Je sais ces bruits-là, ma fille, lui répondis-je, on m'assure que c'est notre fripon de notaire qui les a répandus; l'objet est trop petit pour que je m'en mette en peine. Si dans le cours de ma vie j'avois fait la moindre chose qui pût déplaire au Roi, penses-tu que je fusse assez imprudent pour venir habiter dans son royaume? N'a-t-il pas ici le même pouvoir qu'à Paris et à la Cour? Il a les bras longs, et si je l'avois offensé je doute que je me crusse en sûreté en Perse, et j'irois jusqu'à la Chine. Il n'y a pas dix jours, continuai-je, qu'un gentilhomme de ce pays, causant avec moi, me donna à entendre que je passois pour être de ceux qui tramèrent en 1719 avec le prince de Cellamare, lorsqu'il étoit ambassadeur d'Espagne à la Cour de France. J'eus toutes les peines du monde à l'en dissuader et il me dit que c'étoit le bruit général de ces provinces. Heureusement, on sait le contraire à la Cour et j'y suis connu comme un homme incapable d'aucune indignité. »

L'heureux naturel et les belles dispositions de cet enfant de neuf ans, dont je viens de parler, m'arrachent des larmes, par l'impossibilité où je me vois de l'envoyer à Paris, pour y profiter des bonnes instructions qu'on y donne. Digne Roi! donnez à votre noblesse de province le moyen d'élever leurs enfans pour votre service : il peut s'établir de bons collèges, l'école de vos mousquetaires, de vos compagnies de cadets et de vos gardes-marine venant ensuite, vous fourniront des pépinières de bons officiers.

Dans tous mes entretiens avec mes enfans, soit sur ce que je leur cite, soit sur ce qu'ils me rendent de leurs lectures, je ne manque point de leur faire remarquer le grand, le beau, l'utile, partout où il se trouve ; de même je leur fais sentir où est le petit, le laid et le vuide. Avec quel plaisir ne vois-je pas combien mon fils de neuf ans saisit en un instant ce qui est bien et, par une petite grimace de la bouche, marque du mépris pour le contraire. Cet enfant est désespéré de n'être pas encore d'âge à aller joindre son frère dans le régiment de Bourbon ; je vois qu'il ne faut point que je tarde à le laisser travailler dans le monde à sa fortune. C'est ce qui m'a fait écrire, il y a deux jours, à M^r le-comte de

Charolois, en le lui offrant pour être page de M^r le prince de Condé[1]; j'aurai un grand plaisir, si ma demande est acceptée, mais j'avoue que j'en aurois encore plus si j'étois chargé de veiller à la conduite de tous les deux. Si nous ressentons de l'amour pour nos princes, l'amour pour nos enfans n'est pas moins fort; le devoir inspire l'un, la nature produit l'autre. Si l'on me voit quelque bonne opinion de moi-même pour élever même un prince et lui inspirer l'amour du grand, et que cette opinion soit mal fondée, il faut s'en prendre à la princesse des Ursins, qui me flattoit que les princes d'Espagne seroient remis à ma conduite. Elle ne s'attendoit pas alors à être renvoyée d'Espagne. Aujourd'hui, père de dix enfans des deux sexes, j'espère, sans leur avoir donné une chiquenaude, les mettre au point d'être supportables dans le monde, dans quelque lieu qu'ils soient obligés de couler leur vie; du moins ne vois-je en eux jusqu'à présent rien qui puisse m'en laisser le moindre doute.

Quoique j'aie quitté l'Espagne, j'y ai conservé des relations et des amis dans les deux sexes. Voici ce qu'une femme de ce pays-là me mande : elle me gronde extrêmement de ce qu'après des services aussi distingués que ceux que j'ai rendus à l'Espagne, je n'ai pas su mieux en profiter pour faire rejaillir les récompenses qui m'étoient si justement dues sur mes enfans, sur l'aîné surtout qui, né en Espagne, peut y jouir des prérogatives de la nation et même passer à de grands gouvernemens dans les Indes. Elle sait me dire à merveille que, si au lieu de faire de si grosses dépenses pour le placer capitaine de cavalerie, je l'avois mis ou cadet dans les gardes du corps, ou enseigne dans les gardes espagnoles, j'aurois eu le plaisir de le voir arriver dans une campagne ou une année au poste d'exempt du premier corps ou de capitaine dans le second, ce qui (l'un ou l'autre) lui donneroit le grade de colonel, que mon fils attendra longtems en France et qu'il n'aura enfin qu'en achetant bien cher un emploi qui le lui donne; que je devois faire tout un autre cas d'un service où l'on ne parvient que par le mérite, par ses services ou ceux de ses pères.

---

[1] Louis-Joseph, prince de Condé (1736-1818), fils de Louis-Henri, duc de Bourbon, premier ministre de Louis XV.

Je ne puis combattre les raisons de cette dame, étant obligé de ménager la Cour d'Espagne, pour conserver une bonne pension qu'elle me donne, et je la laisse penser comme elle voudra, mais, si j'osois, je ne serois pas sans réplique : je lui dirois que j'ai passé vingt-trois ans au service d'Espagne, sans avoir obtenu la récompense des grades qui m'y étoient dus ; que, si j'en ai une bonne pension, je la dois pour mes premiers services à une Reine qui vraisemblablement auroit continué de les récompenser, mais que dès que cette Reine n'a plus été, il n'y a plus eu rien à espérer pour moi ; j'ajouterois qu'un François n'est à son aise que lorsqu'il revient dans sa patrie, que tout le tems qu'il en est dehors est un martyre ; que je n'ai jamais tant souffert que, lorsqu'en 1719, je me vis opposé à mes compatriotes, que je me raisonnois de mon mieux pour dissiper le chagrin que j'en avois et que j'ai été bien aise enfin de me tirer d'un tel embarras en quittant ce service ; je lui dirois de plus que mon fils a un fort joli bien qu'il ne doit pas exposer dans le cas où il surviendroit quelque altercation entre les deux couronnes ; enfin je concluerois que des sujets qui ont le bonheur d'être nés sous le règne d'un digne Roi, surnommé le Bien-Aimé, ne doivent point chercher un autre maître, mais le servir aux dépens de leurs biens et de leurs vies. Heureux ceux qui peuvent se soutenir à son service ! Si j'avois eu les moyens, je ne serois jamais sorti de ma patrie, mais j'aurois fait usage de ma fortune pour acheter un emploi qui m'eût mis à même de parvenir à tout ce qu'un gentilhomme peut prétendre. En un mot, mon fils n'est point dans la position où j'étois, il peut acheter, et mes forces ne s'étoient étendues qu'à un régiment nouveau, pilier de garnison, où j'oubliois mon métier et n'avois nulle occasion de me faire connoître.

C'est aujourd'hui dimanche ; mes filles, qui ont été à Vêpres, se sont fort entretenues de ce que chacune d'elles porte son livre à l'église, tandis qu'une dame de ce village, devenue telle par son mari qui est un homme noble, fait porter son bréviaire par un gros garçon qui est tantôt laquais, tantôt piocheur, tantôt porteur d'eau, tantôt valet de chambre, signalé alors par un couteau de chasse qui lui pend le long de la jambe et s'embarrasse dans son soulier qu'il ne porte que dans ce dernier emploi, car autrement il est toujours en sabots, et enfin femme de chambre de sa maîtresse. Mes filles, dis-je, se sont plaintes à la cuisine depuis notre souper et elles ont reproché à nos domestiques leur impolitesse de leur laisser porter leurs livres à l'église ; mon jardinier, qui est toujours en veste et en sabots, a d'abord choisi une de mes filles à qui il a dit que non seulement il vouloit lui porter son livre mais sa robe ; mon chasseur, âgé de 70 ans, a promis à une des petites de faire pour elle les mêmes fonctions ; mes deux bouviers en ont pris chacun une et mon apprenti muletier une autre, le second jardinier la sienne, et un de mes marmousets la plus petite ; et quoique, si mon calcul est bon, il reste encore mon cuisinier, mon factotum et mon laquais de douze ans sans queue ni livre à porter, sur ce qu'ils ont dit qu'ils rempliroient cet humble devoir envers nous autres hommes, les servantes de la maison s'y sont opposées ; chacune a pris son chacun ; la plus grande et la mieux faite, qui feroit un beau soldat pour une compagnie colonelle, m'a choisi pour me rendre ce service, les autres se sont destinées à mes fils et la gouvernante, qui a toute la confiance de sa maîtresse, s'est consacrée à elle pour ce noble exercice ; tellement que je vois une résolution si grande dans ma maison d'exécuter ce beau projet, que je meurs de peur qu'il ne le soit dimanche prochain. Ce qui anime le plus mes filles à y tenir, c'est que la nièce de notre curé, fille d'un paysan de la montagne, qui est venue ici en sabots, se donne aujourd'hui les airs de faire porter son livre à l'église par le valet de son très cher oncle, et que la femme de notre jeune notaire fait aussi porter le sien, à la vérité ce n'est encore que par une servante, mais mieux mise que la mère et la grand'mère dudit notaire, que nous avons vues aller aux foires et marchés, portant des corbeilles sur la tête, pour vendre et non pour acheter. Je ne sais si, pendant la huitaine, je pourrai éteindre ce grand feu que je vois dans mes jeunes gens ; je vais me coucher, et j'espère des secours que j'ai toujours eus de mon chevet, qu'il me fournira encore cette fois quelque expédient pour empêcher que l'on ne démontre si ouvertement le ridicule de trois personnages de cette importance. Je crois que ce pourroit être un scandale, car mes filles veulent que leurs pages soient en veste et en sabots. A l'exemple de Scarron qui lisoit ses ouvrages à sa servante, je viens de lire cet article à notre jolie femme de chambre; et de ce que, parlant de tout ce qu'il y a chez moi de maîtres et de domestiques, je la laisse de côté, elle veut aussi nous porter un livre et, en vérité, eu égard aux autres, elle seroit d'étoffe à se faire porter le sien. A peine ai-je été au lit, que mes filles sont venues ouvrir les rideaux de mon lit, en me présentant celle qui est destinée à me fournir des livres pieux à l'église, elle avoit sur la tête une Vie des Saints en un grand in-folio aussi épais que large. J'ai eu la complaisance d'en rire un peu avec elles, mais je leur ai dit qu'elles commençoient trop tôt leur carnaval. Puisque je suis obligé de retrancher de leur parure, si aimée de la jeunesse, il faut bien que je les laisse d'ailleurs se réjouir un peu.

Ma femme, accompagnée d'une de ses filles, vient de partir pour aller à la cérémonie d'un bout de mois, c'est-à-dire d'un service pour un de ses cousins germains. Je ne puis m'empêcher de dire que la coutume de ces campagnes, nullement en usage dans les villes, est bien triste et bien fatigante pour tous ceux qui, comme parens, amis ou voisins doivent s'y rendre, et encore plus pour les affligés qui, malgré leur douleur, qui se renouvelle chaque fois que l'on fait ces cérémonies, doivent faire grande et bonne chère à trente et quarante personnes, sans compter les domestiques. Les parens ou amis cherchent à consoler, mais les dix ou douze prêtres qui s'y trouvent veulent profiter du bon repas en se réjouissant. On fait tant de bruit qu'on ne s'entend pas, on y parle des nouvelles et de rien moins que de ce qu'on devroit y dire. La coutume étoit de ne point donner de dessert à ces sortes de repas, les prêtres s'en sont expliqués, et ils ont dit que si on ne leur en servoit pas, ils n'y viendroient plus. Je passe que l'on se mette en mouvement quand il est question d'un enterrement, mais ce n'est pas cela dans ce pays-ci, on s'assemble cinq fois pour un même défunt, l'enterrement, le service du lendemain, un neuvain au bout de la semaine, le bout du mois et le bout de l'an. Les moindres paysans en font autant et se ruinent pour cela.

Dans ce moment, ayant deux cousins germains et Mme de Sombrun, amie de la maison, qui sont morts depuis peu, nous sommes, ma femme et moi, par un très mauvais tems d'hiver, toujours par voies et par chemins pour remplir ces devoirs inévitables, et comme j'ai dit plus haut que je n'ai plus de chevaux de carrosse et que ma litière est fort mal attelée, nous nous y faisons traîner par nos bœufs ; outre cette ennuyeuse lenteur, cela dérange extrêmement nos labours. On va ici dans des chars couverts de draps sur des cerceaux, ou bien presque toutes les femmes vont à cheval à califourchon, et l'on se moque de moi de ce que je ne veux pas que mes filles suivent cette mode. Je décharge ma mauvaise humeur dans ces sortes de repas, en y faisant voir tout le ridicule que j'y trouve, par les nouveaux chagrins que l'on va causer aux parens du défunt; je prétends qu'il seroit mieux de distribuer de l'argent à des prêtres ou à des couvens pour dire des messes. On me répond que le public s'en scandaliseroit; il leur semble que leurs morts n'iroient pas aussi sûrement en paradis. Que n'ai-je pas éprouvé à la mort de ma mère et de ma fille aînée ! Quel renouvellement de douleur quand, après le repas, le prêtre à la meilleure poitrine, renforcée par beaucoup de vin, se mit à entonner avec emphase un *Requiem æternam*.

Je prie ma femme et mes enfans d'abolir absolument cette coutume de chez eux ; vraisemblablement ce ne sera pas à moi à le faire. Je suis le plus vieux de la maison, et je déclare, sans que j'aie besoin de le répéter ailleurs (et pour cela je signerai cet article), que je ne veux être enterré, quand il plaira à Dieu de m'appeler, qu'avec six cierges et le curé tout seul, sans inviter de cortège. Cela fait, je demande que l'on fasse dire cent messes, pour obtenir de Dieu la grâce de m'admettre dans le séjour des bienheureux ; car je suis persuadé que les bonnes œuvres que nous envoyons devant nous, en nous privant de toutes nos commodités, sont celles qui doivent plaire au Seigneur, et non celles dont nous chargeons nos héritiers, que nous incommodons lorsque nous n'avons pas eu le courage de nous priver pendant cette vie des moindres choses. Je n'ai jamais pu comprendre d'où peut provenir ce faste que l'on voit dans des gens mourans, et celui de leurs héritiers pour de grands cortèges et des enterremens distingués. Mon père a bien mieux pensé, il est mort à Brie-Comte-Robert, où nous avons nos sépultures dans la plus belle place de l'église, cependant il a voulu y être enterré dans le cimetière, et cela pour être à côté de sa sœur, appelée Magdeleine[1], qui avoit voulu y être enterrée aussi. C'étoit une fille de Dieu ; je puis parler ainsi, on ne pouvoit empêcher le peuple d'aller prier et l'invoquer sur son tombeau, pour implorer son intercession auprès du Seigneur. Je ne dirai pas trop, en disant qu'elle est morte en odeur de sainteté. D'après ce principe, j'avancerai que, moins il y a de faste et d'ostentation dans ce moment, et même dans tout le cours de notre vie, plus nous sommes en état de paroître devant Dieu pour lui rendre compte. Nous devons aussi surtout n'avoir point fait de tort à notre prochain ; on trouvera dans mes anciens livres de comptes ce dont je puis être redevable, il ne me sert de rien de les ouvrir. Ma ressource à l'égard des personnes à qui je dois, est ce qui m'est redu du roi d'Espagne et j'en dois avoir de beaux restes pour mes enfans; je suis toujours dans l'espérance; si je n'en obtiens rien de ce règne, ni de mon vivant, je ne désespère pas que mes enfans n'en obtiennent le paiement dans des tems plus heureux. Ils trouveront, j'espère, dans le prince des Asturies[2], qui doit régner un jour, les mêmes bontés dont la gracieuse Reine, sa mère, m'honoroit; il n'ignorera pas le sincère attachement que j'avois pour elle, et si ce grand prince a égard à mes justes prétentions, alors je somme mon héritier, que je nomme celui de mes garçons par l'âge, et après eux, mes filles, suivant leur âge aussi, les premiers-nés avant les derniers, de satisfaire à ce que je puis devoir et de profiter du reste, suivant l'ordre établi dans cette province. Ceci est ma dernière volonté, au défaut d'autre disposition. Lascazères, le 13 décembre 1744. LE Mis DE FRANCLIEU.

15 décembre 1744. — Je reçois une lettre de mon fils du camp de............[3] en Bavière, il me dit que l'on a toujours poussé les ennemis et qu'on leur a enlevé le poste de Burghausen, où ils

---

[1] Magdeleine Pasquier de Franclieu, née le 4 octobre 1630, morte sans alliance le 2 juillet 1696.

[2] Ferdinand, infant d'Espagne, fils de Philippe V et de Marie-Louise de Savoie, né le 23 septembre 1713, déclaré grand prieur de Castille et Léon en 1716, reconnu héritier présomptif de la couronne et proclamé prince des Asturies en 1724, devint roi d'Espagne, sous le nom de Ferdinand VI, le 9 juillet 1746; il mourut en 1759.

[3] En blanc dans le manuscrit.

ont perdu quatorze cents hommes ; il ajoute que les troupes commencent à prendre des quartiers d'hiver, il quitte la Bavière, où la curiosité seule l'a mené pour voir quelque chose; que son cousin, le marquis de Crussol, reste, mais que lui le lendemain, 26 novembre, se retire avec la brigade du régiment Dauphin qui repasse en France, aux ordres du comte de Lussan[1], maréchal de camp. Le bruit court, dit-il, dans l'armée, que la noblesse polonoise veut prendre les armes contre nous; dans ce cas, je crois que nous pourrions lui opposer la nôtre, elle ne nous feroit pas grand mal. Le fâcheux est que la noblesse polonoise est riche, bien montée, bien armée et apparemment subordonnée ; on doit en juger ainsi, puisqu'elle a fait deux fois lever le siège de Vienne aux Turcs. Nous pourrions citer bien des traits de la nôtre, mais ils seroient d'un tems auquel celui d'aujourd'hui ne ressemble plus; elle est pauvre, ne monte que des bidets, n'a que d'anciennes armes de toutes sortes de calibre, si vaine avec cela, que chacun voudroit être maître. Voyons cependant si, au besoin, le Roi ne pourroit pas en tirer un service brillant et prompt; elle est pauvre, il faut la faire voyager par étapes, comme les gendarmes de S. M.; leurs chevaux ne sont pas convenables, il n'y a que démonter les curés, archidiacres, moines, abbés, enfin pour éviter de nommer en remontant, tout le clergé. Que font-ils de tant de magnifiques chevaux et de mulets? Tout l'État doit servir le Roi, on ne leur demande que leurs bêtes et d'ailleurs on les laisse jouir de toutes les autres douceurs de la vie, comme des coqs en pâte. Quant aux armes, je crois qu'il faudroit leur en donner, ou, du moins, que l'artillerie fût pourvue de balles de différent calibre. La subordination sera aussi facile à établir, il faut mettre à leur tête des militaires en grades élevés, des chefs au choix du Roi et non au leur, avec ordre du Roi de leur obéir comme à lui-même. J'ose avancer que cette troupe, un peu manœuvrée dans

---

[1] Charles-Claude-Joachim d'Audibert, comte de Lussan (1698-1761), premier gentilhomme de la Chambre du comte de Charolois, fut mousquetaire en 1714, capitaine au régiment de Dragons-Languedoc en 1718, il mena sa compagnie en Espagne pendant la guerre de 1719, colonel du régiment de la Sarre en 1734, brigadier en 1740; il alla en 1743 joindre l'armée de Bavière, fut nommé maréchal de camp (1744), et chargé en décembre de ramener en France quatre régiments de cette armée; il devint lieutenant général en 1748.

les marches, feroit voir à toute l'Europe que la noblesse françoise ne le cède en rien à la polonoise.

24 décembre 1744. — J'ai lu dans le journal historique du mois de novembre que l'on attendoit nos troupes dans les défilés du Tirol, avec des machines de guerre de nouvelle invention, qui détruiroient beaucoup de monde à la fois. Cela me rappelle qu'un jour, le marquis de Castellar, pour lors secrétaire de la Guerre en Espagne, fit venir chez lui tout ce que nous étions à Madrid d'officiers généraux, brigadiers et colonels. « Voilà, Messieurs, nous dit-il, un colonel suédois » (il portoit un grand sabre) « qui nous apporte un fusil d'une nouvelle invention, qui tire vingt coups en moins de tems que ceux dont nous nous servons n'en tirent quatre. J'en ai fait faire l'épreuve à Ceuta sur les Maures, et on m'en atteste la vérité. » Tout le monde s'écria, d'une commune voix, que c'étoit une excellente invention et qu'on ne pouvoit trop récompenser celui qui l'avoit portée en Espagne; chacun dit en particulier son sentiment, et Zereceda[1], brave homme, maréchal de camp alors et grand officier de cavalerie, le loua avec des expressions plus fortes que les autres. Moi, j'écoutois sans ouvrir la bouche; Mʳ de Castellar le remarqua, il m'adressa la parole et me dit : « Monsieur, vous ne dites rien. » — « Une approbation générale, Monsieur, lui répondis-je, n'a pas besoin d'être renforcée par la mienne et je n'ai jamais aimé à me contraindre. » — « Je dois, repartit-il, rendre compte au Roi des avis de chacun; ainsi, dites le vôtre. » — « Vous le voulez, Monsieur, lui dis-je, eh bien ! le mien est que les Rois trouveront tant de machines pour écraser les troupes les uns des autres, qu'ils ne trouveront plus d'hommes qui veuillent suivre la profession des armes. Dites-moi, Monsieur, continuai-je, l'invention infernale de la poudre à canon n'est-elle pas toute contraire

---

[1] Don Juan de Zereceda, brillant officier de cavalerie, dont le maréchal de Berwick, qui l'eut sous ses ordres, parle avec les plus grands éloges : « C'était le « meilleur partisan qui fût peut-être en Europe, fort entreprenant, mais fort « sage ; il avait de plus un talent merveilleux pour la connaissance du pays et « pour les marches et autres mouvements de guerre : je lui trouvai tant de « bon sens, tant de capacité et tant de vues pour notre métier, que je le consul-« tais en tout, et que souvent je me suis repenti de ne pas avoir suivi ses con-« seils. » (*Mém. de Berwick*, éd. cit., 250.)

au noble métier de la guerre? Un petit marmiton derrière une haie abat d'un coup de fusil l'homme le plus valeureux de l'armée; et pour cela, on se sert aujourd'hui de toute espèce d'hommes. Autrefois, que l'on combattoit de la lance ou de l'arme blanche, on n'admettoit que de preux chevaliers qui se battoient par vertu, par adresse et par force. Mais enfin, ajoutai-je, quand nous aurons cette nouvelle invention, ne sera-t-elle que pour nous? et ces armes seront-elles avec tant d'art et de secret, que nos ennemis ne puissent en avoir de semblables le lendemain? cela est impossible. » Alors Zereceda, qui m'avoit écouté avec attention, s'écria avec un *voto a Christo!* que *el marques tenia razon*, qu'il n'avoit pas d'abord fait attention à ce que je venois de dire, mais que le Roi n'avoit rien de mieux à faire que de faire enterrer le seigneur suédois avec ses inventions. Castellar ne dit rien, le Suédois me regarda, nous nous séparâmes tous; j'attendis dehors pour voir s'il auroit quelque chose à me dire, il n'en fit rien, et depuis nous n'avons plus ouï parler de lui ni de sa nouvelle fabrique.

Ma femme avoit lié à Valence une amitié étroite avec Mme la princesse de Campoflorido qui en étoit vice-Reine, et avec Mlle sa fille, mariée depuis avec M^r le marquis de Castel-dos-Rios[1]. La première, ambassadrice d'Espagne en France, vint avec ses enfans au-devant de Mme la Dauphine[2]; en allant, elle écrivit à ma femme que, passant si près de nous, elle seroit certainement venue nous voir, si elle en avoit eu le tems, mais que ne l'ayant point, elle espéroit que ma femme lui donneroit le plaisir de l'embrasser à son retour par Mont-de-Marsan; qu'elle y comptoit d'autant plus, qu'elle seroit sans doute charmée de voir la plus aimable princesse du monde. Je décidai d'abord que ma femme iroit à Mont-de-

---

[1] Dona Dorothea Reggio épousa N. de Semmenat, marquis de Castel-dos-Rios, grand d'Espagne, maréchal des camps et armées du Roi, fils de l'ambassadeur d'Espagne en France à la mort du roi Charles II. Dona Dorothea était veuve en 1754.

[2] Marie-Thérèse, infante d'Espagne, née le 11 juin 1726, fille de Philippe V et d'Élisabeth Farnèse, épousa par procuration, le 18 décembre 1744, le Dauphin, petit-fils de Louis XV; la remise de la Dauphine eut lieu le 13 janvier 1745 et elle arriva à Versailles le 22 février (Voy. dans le *Journal de Luynes*, VI, 328, les anecdotes sur le voyage de la Dauphine). Elle mourut le 22 juillet 1746.

Marsan avec quatre de ses enfans, elle s'opiniâtra beaucoup pour que je fusse de la partie; je n'en voulois rien faire, disant que j'étois un vieux sédentaire qui ne voulois plus aller, enfin je cédai par la réflexion de mon chevet à ses importunités, mais avec la condition que nous mènerions les neuf enfans que nous avions avec nous, l'aîné étant à l'armée de Bavière. Je menai donc deux garçons et sept filles. Je n'ai point d'expressions assez fortes pour donner l'idée des caresses et des amitiés que ces deux dames nous firent; s'il y a dans le monde des cœurs aussi bons, on n'en sauroit trouver de meilleurs. Elle prévint Mme la Dauphine et Mme la duchesse de Brancas [1] pour nous présenter à elles; nous le fûmes tous dans sa chambre, ce qui n'étoit arrivé à personne. Je lui dis: « Madame, j'ai servi vingt-trois ans le Roi, votre auguste père, j'ai reçu treize blessures à son service, il me donne une pension de 300 pistoles d'or, il me rappelle pour aller servir le seigneur infant don Philippe, quand, souverain, il formera ses troupes, et me promet d'avoir soin de toute cette nombreuse famille que j'ai l'honneur de vous présenter. » Cette grande princesse, qui a l'abord le plus gracieux et l'air le plus doux en même tems que majestueux, me répondit: « Je sais tout cela, Monsieur, et je serai bien aise de vous faire plaisir. » Au sortir de sa chambre, Mme de Brancas me demanda si j'étois le Franclieu, oncle des marquis de Montausier [2] et de Crussol: « Moi-même, Madame, » lui dis-je. « Eh! que ne dites-vous donc, » me répliqua-t-elle en me mettant la main sur le bras, « A présent que vous venez d'être présenté à Mme la Dauphine, envoyez-moi à la Cour un état de vos services et un autre de ce que vous prétendez pour vos enfans, je les lui remettrai et je les appuierai de toutes mes forces. » — « J'attendrai, Madame, lui dis-je, que vous soyiez arrivée au moins depuis

---

[1] Marie-Angélique Frémyn de Moras, fille d'un président à mortier au Parlement de Metz, née en 1676, épousa en 1709 Louis-Antoine de Brancas, duc de Villars, puis de Brancas. Nommée en 1744 première dame d'honneur de Mme la Dauphine, elle conserva ses fonctions jusqu'en 1762 et mourut en 1763. Elle a laissé de piquants *Mémoires*, plusieurs fois réimprimés, dont une récente édition a été donnée par M. Asse (Paris, Jouaust, 1890).

[2] Louis-François-Charles de Crussol d'Uzès (23 août 1706-1769), fils aîné du comte d'Uzès et de Charlotte de Franclieu, mestre de camp-lieutenant du régiment de Bourbon-cavalerie en 1719, démissionnaire en 1730.

quinze jours, car vous serez bien occupée. » — « Ce ne sera pas mal fait, » me répondit-elle. Le lendemain, Mme la Dauphine, montée dans son carrosse, fit appeler ma fille aînée, qu'elle avoit vue au bas de l'escalier; deux exempts furent la chercher, lui donnèrent la main, et Mme de Brancas la fit monter sur le marche-pied du carrosse et lui parla longtems en lui tenant la main, et pendant tout ce tems-là Mme la Dauphine la regarda avec beaucoup de complaisance. On comprend bien que je n'ai pas manqué d'envoyer mes placets pour cette princesse à Mme de Brancas, et d'écrire à Mme la princesse de Campoflorido et à toutes mes protections à la Cour, j'en attends la réussite. Mon voyage m'a coûté, nous étions quarante-deux bouches; nous partîmes de chez moi le 15 janvier et nous n'y rentrâmes que le 24. Cette présentation a donné bien de la jalousie à beaucoup de gens de ce pays-ci.

J'attendois de ce voyage quelque heureuse issue, mais je n'ai eu aucune réponse. Je prends mon parti, consolé par ce que nous dit La Bruyère que, quand on a fait tout ce qu'on a pu pour réussir à quelque prétention, sans y parvenir, il y a encore une ressource, qui est de ne plus rien faire[1].

---

[1] Ici s'arrête le manuscrit des *Mémoires*. L'auteur, probablement malade, cessa dès lors d'écrire ses impressions de chaque jour, et, un an après le voyage de Mont-de-Marsan, il mourait dans son château de Lascazères, le 16 février 1746. (Voyez *Appendice III*.)

FIN DES MÉMOIRES.

APPENDICE.

I.

*Acte de mariage du marquis de Franclieu
avec Mademoiselle de Busca* (1).

L'an mille sept cens vingt et le troisieme iour du mois de nouembre, ie soussigné ay donné la benediction nuptiale a messire Charles-Pierre-Laurents-Jacques Paquier, marquis de Franclieu, colonel d'un regiment valon et brigadier des armées de sa Magesté Catholique, natif de Brincontrobert, prouince de la Brie, et de demoiselle Louise de Busca de Lascazères, apres auoir proclamé un ban sans qu'il mait esté decouuert auqun empechement entre les parties et obtenû la dispence de Mrs les grands vicaires de Tarbe des deux bans, les parties s'y estant disposées par les sacremens de penitence et d'eucharestie qu'elles ont receu; la ceremonie a esté fait en presence des parents de Mlle de Busca, soussignés, de Mr Urbain de Nogues, capitaine reformé au regiment de Champagne, habitant a Hechac, et de Mr Jean Lasies, encien lieutenent du regiment de Luxembourg en Espagne, habitant du Houga, de Bernad Laborie, valet de chambre dud. sgr de Franclieu et de Jean Vignau, valet de chambre de Mr de Hagedet qui ont signé auec les parties et moy; non led. Vignau pour ne sçauoir.

Charles Pasquier, Mis de FRANCLIEU. — L. de BUSCA. — F. de HAGEDET. — L. de HAGEDET. — De ST-LANNE. — M. de SOMBRUN. — HAGEDET DE BUSCA. — De PERRON. — LASIES. — NOGUES. — LABORIE. — BORDES, curé de Lascazères.

(Arch. mun. de Lascazères, Registres paroissiaux.)

(1) L'acte de mariage est précédé, sur le registre paroissial de l'église de Lascazères, de quatre déclarations affirmant que M. de Franclieu passe pour ne pas avoir auparavant contracté mariage. Les signataires de ces attestations sont M. le chevalier de Lussy, de Maubourguet, M. Clarac d'Hugues, de Pujo, M. Jean Lasies, du Houga, tous trois anciens lieutenants au régiment wallon de Luxembourg dont M. de Franclieu était colonel, et M. Duvence, capitaine réformé au même régiment. Les trois premiers noms appartiennent à notre région et montrent que, même avant son mariage, M. de Franclieu avait de fréquentes relations avec le pays où il devait finir ses jours.

II.

Exposé des motifs pour lesquels le marquis de Franclieu quitte le service d'Espagne (1).

SEÑOR,

El Marquès de Franclieu à los pies de V. M. dize : Que à instancias de el Duque de Alba passò à servir en las Reales Tropas el año de 1710, con el permisso de el difunto Rey Christianissimo, quien con benigno semblante ofreciò le tendria cuenta de los servicios, que hiziesse à V. M.

Señor, Son veinte y dos años los mas floridos de su juventud, que hasta oy ha empleado sirviendo à V. M. en sus Tropas, con la esperanza de el premio correspondiente, à la Real benignidad, mayormente siendo Estrangero. No pueden ocultarse las peligrosas funciones, en que se ha hallado, de que son calificado testimonio treze mortales heridas, que tiene repartidas por su Cuerpo, de las quales ha quedado estropeado de las dos manos, que son otras tantas bocas, per donde habla, y acuerda à V. M., sus servicios, de que remite la Relacion adjunta, firmada de su mano, para que con este recuerdo, movida la Real piedad, se le conceda lo que en ella pide.

A principios de el año 1719, logrò la singular honra de hallarse V. M. muy satisfecho de sus servicios y meritos, como lo participò el Cardenal Ministro de su Real orden al Rey Jacobo, quando passò el Suplicante à la Coruña, para seguir à este Principe, con expressiones muy relevantes, que su modestia no permite expressar, y V. M. se accordarà de essa misma Campaña, que hizo en el año 1719, que parece digna de especial consideracion.

En todas las espediciones, que han hecho las Tropas de V. M. desde entonces hasta aora ha solicitado con el Ministro de la guerra el ser comprehendido, y empleado en ellas, y en la ultima de Africa à reyterado las mismas instancias, como tambien el que se pusiesse en la Real consideracion de V. M. su antiguedad de Coronel, (que es desde el dia 3 de Marzo del año 1706, y la de Brigadier desde 30 de Enero de 1719,) y no aviendo tenido la honra de ser comprehendido en la ultima promocion, representò tercera vez al Ministro en carta de 8 de Julio de este año, suplicando se pusiesse en la alta, y piadosa consideracion de V. M. que en la referida promocion avia promovidos al grado de Mariscales de Campo onze Brigadieres mas modernos, que el Supplicante, con la circunstancia, que quatro de los que eran mas antiguos Brigadieres eran tambien mas modernos Coroneles, y no aviendo logrado respuesta de su humilde representacion, ni conseguido por premio de sus fatigas ser promovido, como los demàs al

(1) Voyez *Mémoires*, page 210.

grado, que segun su antiguedad le corresponde, sobre aver servido à V. M. el Suplicante con tanto desinteres, que su amor, y zelo le han obligado à mantenerse ocho anos con el Govierno de Fraga, y la estrechez que ocasiona su corto Sueldo, entendiendo que en esto hazia el Real agrado, y voluntad de V. M. la qual explicada en la dicha promocion, muy favorable para muchos, y menos propicia para el Suplicante, le occasiona el sumo dolor de entender, que sus servicios, no son yà de el gusto, y acceptacion de V. M.

En cuya atencion, con el mayor sentimiento suyo, suplica à V. M. (como lo haze rendidamente) le conceda licencia para retirarse à su Casa, merced que espera de la grandeza de V. M.

(Archives du château de Lascazères, imprimé.)

III.

Acte de décès du marquis de Franclieu.

L'an 1746 et 16eme jour du mois de fevrier, mourut dans le chateau de Lascazères messire Charles-Antoine (1) marquis de Franclieu et brigadier des armées du Roy, muni des sacremens et âgé d'environ 66 ans, et le lendemain dud. jour il fut enterré dans le sanctuaire de l'Eglise dud. Lascazères, sepulture de ses ancêtres, comme Patron de lad. Eglise avec la pompe et honneurs funèbres pour tel cas prescrites; la cérémonie en fut faite par moy curé soussigné, à ce présens et temoins François Fortassin, marguillier de lad. eglise, et Jean Bellocq, m^e d'école dud. Lascazères, qui ont signé le présent acte avec moy comme suit.

BELLOCQ, FORTASSIN, BERARD, curé.

(Arch. mun. de Lascazères, Reg. par.)

IV.

Lettres patentes d'union des terres et seigneuries de Lascasères, Agedet, Soublecause, Barbasan, Héchat, Caussade et Stirac et érection desd. terres en marquisat sous le nom de Franclieu, en faveur de Jean-Baptiste-Magdelaine-Isidore-Charles-Laurent de Pasquier de Franclieu.

LOUIS, PAR LA GRACE DE DIEU, ROY DE FRANCE ET DE NAVARRE, à tous presens et à venir, SALUT.

Parmi les titres d'honneur et de distinction que nous sommes dans l'usage d'accorder, à l'exemple des Rois nos predecesseurs, pour

---

(1) L'on remarquera ce prénom d'Antoine, qui paraît ici pour la première fois; il n'est pourtant pas douteux que l'acte de décès ne soit bien celui de Jacques-Laurent-Pierre-Charles, auteur des *Mémoires*.

recompenser les services et les qualités eminentes de nós sujets, il n'en est point qui soit plus flateur et plus digne d'exciter l'emulation que les erections des Terres en Titre de dignité, qui deviennent héréditaires dans la descendance masculine de celui qui les obtient. C'est ce qui nous engage à n'accorder ordinairement ces sortes de graces, qu'à ceux qui joignent à une noblesse ancienne et illustrée une longue suitte de services et des qualités personnelles, qui puissent servir d'exemple à ceux qui voudront aspirer aux mêmes recompenses. Tous ces motifs se trouvent reunis dans la personne de notre cher et bien-amé Jean-Baptiste-Magdelaine-Isidore-Charles-Laurent de Pasquier de Franclieu, capitaine de cavalerie, chevalier de l'ordre royal et militaire de Saint-Louis. Nous sommes informés que la noblesse de la famille de Pasquier de Franclieu, originaire de l'Isle-de-France, trop ancienne pour qu'on puisse en indiquer l'origine, étoit incontestable dès le quinzieme siecle. Charles Pasquier de Franclieu, seigneur de Vilaines, étoit homme d'arme dans la compagnie du Roy François Premier. Pierre Pasquier, son fils, servit en la meme qualité dans les ordonnances de Sa Majesté et dans la compagnie d'Anne de Montmorency, dans laquelle il devint Enseigne, il devint encore gentilhomme du Duc d'Alençon, frere du Roy Henry III. Son fils, Pierre Pasquier de Franclieu, second du nom, seigneur de Vilaines, eut une des places des cent gentilhommes de la Maison du Roy Henry III : on voit par la lettre de ce prince, du xx May 1580, que cette place luy fut accordée, pour recompenser le Pere de ses services, de son zele et de son attachement pour la personne de Sa Majesté, pour en raprocher le fils et pour le mettre dans le cas de le servir de bien en mieux. Pierre Pasquier de Franclieu, troisieme du nom, fils du précédent, consacra ses premieres années au service militaire; Antoine de Pasquier son frere, mourut à l'armée, capitaine d'infanterie. Pierre troisieme mit de bonne heure ses deux enfans au service. L'aîné Pierre-Charles Pasquier de Franclieu fut major du Regiment de Broglie et ensuitte lieutenant colonel du même Regiment, d'où il fut tiré pour avoir le commandement de Charleroy menacé d'un siege. Cette place fut effectivement assiegée en 1672 par le Prince d'Orange. Pierre-Charles Pasquier de Franclieu soutint le siege avec beaucoup d'intelligence et de valeur, il fit une si bonne défense, qu'il donna le tems au Sr de Montal, Gouverneur de la place, d'y porter un secours considerable, qui fit lever le siege. Le Roy Louis XIV, notre très honoré Seigneur et bisayeul, pour recompenser le Sr de Franclieu de ses services, luy conféra le grade de Marechal de ses camps et armées et le Gouvernement de Dinant. Pierre-Charles Pasquier de Franclieu mourut de la suite de ses blessures; il en avoit reçu dix-huit en differentes actions, où il s'etoit trouvé. François-Michel Pasquier de Franclieu, S^r des Bergeries et de Lavau, second fils de Pierre III fut successivement Major du Regiment de Broglie apres son frere, chevalier de l'ordre royal et militaire de Saint-Louis, Maréchal de Bataille, Lieutenant pour

Sa Majesté au Gouvernement de Condé et Brigadier de ses armées, il eut un fils nommé Charles Pasquier de Franclieu, capitaine au Regiment de Piémont, qui fut tué au siege de Namur le unze juin 1692. Jacques-Laurent-Pierre-Charles de Pasquier de Franclieu, fils de Pierre-Charles, marechal de camp, et Pere de l'Exposant, commença de servir en qualité d'Enseigne de la colonelle dans le Regiment de Solre ; il emporta l'epée à la main, à la tête d'un piquet de soixante caporaux la Bastia en Italie défendue par six cents hommes, ce qui luy valut un regiment d'infanterie qui a porté son nom et qui luy fut accordé le trois mars 1706. Il se distingua à la tête de son Regiment, dans la campagne de la meme année, étant du corps qui défendoit les lignes le long du Rhin qu'il commanda en chef pendant plusieurs jours ; en 1707 il passa avec son Regiment en Flandre, fut jetté dans Condé menacé de siege, où son oncle commandoit : il en sortit ensuite avec son Regiment et plusieurs Piquets pour assieger Saint-Guillain aux ordres du S^r d'Albergotty : il forma l'attaque particulière sur la chaussée qui va de cette place à Condé, détermina par ses mouvemens et reçut la capitulation dans le tems qu'il avoit reçu l'ordre de se replier. En 1710, le Roy d'Espagne, Philippe V, l'ayant nommé son ayde de camp, il passa à son service, avec l'agrement du Roy Louis XIV qui luy permit de vendre son Regiment, et luy fit l'honneur de luy dire qu'il luy tiendroit compte de tous les services qu'il rendroit au Roy son petit fils. Le Sr de Franclieu eut un Regiment en Espagne et fut fait ensuite Brigadier des Armées du Roy. Il obtint en recompense de ses services une commanderie de l'ordre de Saint-Jacques et le Gouvernement de Fraga. Le grand nombre de blessures qu'il avoit reçues notamment a la bataille de Villaviciosa le dix octobre 1710 le determinerent à se retirer dans les terres de Louise de Busca sa femme. L'Exposant a d'abord eté mousquetaire de notre Garde dans la premiere compagnie et ensuite capitaine de cavalerie au Regiment de Bourbon, il s'est trouvé à plusieurs batailles et autres actions. Il a eu l'avantage de sauver un convoy qu'il escortoit et qui fut attaqué le seize octobre 1746 par trois cents hussards ennemis sans qu'ils pussent l'entamer. Nous sommes pareillement informés que la Maison de Busca, à laquelle l'Exposant apartient par sa mere et dont la noblesse est connue depuis le sixieme *(sic)* siecle, a produit dans tous les tems des hommes qui se sont distingués dans le service, notamment Jean de Busca, Baron de Montcorneil, qui a commandé la noblesse de Gascogne : Et comme l'Exposant possede les terres et seigneuries de Lascaseres, Agedet, Soublecause, Barbasan, Héchat, Caussade et Stirac en Rivière-Basse, mouvantes et relevantes de nous à cause de notre Comté d'Armagnac, qui produisent environ douze mille livres de Rentes et qui par consequent sont susceptibles d'un titre de dignité, il nous a très humblement fait suplier d'unir et incorporer lesd. terres en un seul corps de fief, pour la Justice y être administrée par les memes officiers dans un seul et meme auditoire; de les ériger en titre et dignité de Marquisat, sous le nom de Franclieu et de luy accorder nos lettres sur ce necessaires. A CES CAUSES, voulant favorablement traiter led. Jean-Baptiste-Magdelaine-Isidore-Charles-Laurent de Pasquier de Franclieu, luy donner des marques de la satisfaction que nous avons de ses services et de ceux de ses ancêtres et exciter ses enfans et descendans à meriter de plus en plus notre protection Royale et notre bienveillance par leurs vertus et par leurs services. Par ces considerations et autres à ce mouvans, de notre Grâce speciale, pleine puissance et autorité Royale, Nous avons joint, uni et incorporé, joignons, unissons et incorporons par ces presentes signées de notre main lesd. Terres et Seigneuries de Lascaseres, Agedet, Soublecause, Barbasan, Hechat, Caussade et Stirac, leurs circonstances et dependances, pour le tout ne faire et composer à l'avenir qu'une seule et meme terre et seigneurie, une seule et memes grace, pouvoir et autorité que dessus, créées, erigées et élevées ; créons, erigeons et elevons en Titre, nom, preeminence et dignité de Marquisat de Franclieu, pour etre à l'avenir tenues et possedées aud. nom, Titre et dignité par led. Pasquier de Franclieu, ses enfans posterité et descendans mâles nés et à naître en legitime mariage ; voulons qu'ils jouissent de lad. terre aud. titre de Marquisat, avec tous les rangs, droits, honneurs, preeminences et prerogatives appartenant à la dignité de Marquis ; Voulons et nous Plaît qu'ils puissent desormais se dire, nommer et qualifier marquis de Franclieu en toutes assemblées, lieux, actes et occasions, soit de noblesse, ban et arriere ban et par tout ailleurs où besoin sera, tant en jugement que de hors, et porter sur leurs armes (1) et Blasons les marques qui appartiennent à lad. qualité de marquis et qu'ils jouissent pleinement, paisiblement et perpetuellement de tous lesd. honneurs, droits de justice et de jurisdiction, prerogatives, preeminences et autorités en fait de guerre, assemblées d'Etats, de noblesse et autres avantages et privileges dont jouissent et doivent jouir les autres marquis de notre Royaume, encore qu'ils ne soient icy particulierement exprimés ; que tous vassaux, arriere vassaux, justiciers et autres tenans noblement ou en roture des biens mouvans et dependans dud. Marquisat, reconnoissent led. Sr de Pasquier de Franclieu pour Marquis de Franclieu et luy fassent leur foy et hommage, fournissent leurs aveux et dénombremens, passent leur déclaration le cas y echéant, sous les titre et qualité de Marquis de Franclieu ; et que les officiers exerçant la justice dud. Marquisat de Franclieu intitulent leurs sentences, jugemens et autres actes aud. nom, titre et qualité de Marquis de Franclieu, sans toute fois que ces presentes puissent faire aucun changement ni mutation de ressort

---

(1) Armes de la famille Pasquier de Franclieu : *D'azur au chevron d'or, accompagné en chef de deux têtes de Maures, de sable, tortillées d'argent et en pointe de 3 fleurs, appelées paquerettes, d'or, terrassées de même.*

et de mouvances de seigneurs particuliers, ni aucunement prejudicier à leurs droits et sans que pour raison de la presente erection, led. Marquis de Franclieu ses enfans et descendans soient tenus envers nous, ni leurs vassaux et tenanciers envers eux à autres et plus grands droits et devoirs que ceux dont ils sont actuellement tenus, sans pareillement rien innover aux droits et devoirs qui peuvent être dus à d'autres qu'à nous si aucuns y a, auxquels droits et devoirs nous entendons que ces presentes ne puissent aucunement prejudicier; à la charge que led. Sr Marquis de Franclieu, ses enfans et posterité. seigneurs et propriétaires dud. Marquisat de Franclieu releveront de nous, à une seule foy et hommage, et de nous païer et aux Rois nos successeurs les droits ordinaires et accoûtumés, si aucuns sont dus, pour raison de lad. dignité de Marquis, et sans que lesd. Terres et Seigneuries de Lascaseres, Agedet, Soublecause, Barbasan, Hechat, Caussade et Stirac, leurs circonstances et dependances, puissent etre sujettes à réunion à notre couronne, pour quelque cause et sous quelques pretextes que ce soit, nonobstant tous Edits, Declarations, Ordonnances et Reglemens sur ce intervenus, notamment l'Edit du mois de juillet mil cinq cent soixante six, et ceux des années mil cinq cent soixante dix neuf, mil cinq cent quatre vingt un, mil cinq cent quatre vingt deux et autres Ordonnances au sujet de l'erection des Marquisats et Comtés, auxquels nous avons derogé et derogeons par ces presentes pour ce regard seulement. Voulons qu'a defaut d'hoirs mâles lesd. Terres et Seigneuries demeurent en tel et semblable etat qu'elles etoient avant lesd. erections. Voulons qu'à l'avenir la Justice (1) desd. Terres soit exercée, tant au civil qu'au criminel et autres matieres dont la connoissance apartient aux juges des Seigneurs, conformément aux ordonnances, Edits et Reglemens, par les Officiers qui seront à cet effet etablis par led. Sr Pasquier, marquis de Franclieu, lesquels tiendront leurs audiences une fois chaque semaine et plus souvent si besoin est dans le lieu de Lascaseres et dans l'auditoire à ce destiné; ce faisant, ordonnons, voulons et Nous plaît que les habitans, vassaux et justiciables desd. Terres, Seigneuries et Marquisats, circonstances et dependances, ne puissent à l'avenir se pourvoir en premiere instance qu'en lad. Justice et par devant lesd. officiers, a peine de nullité des procedures et dud. Jugement et de mille livres d'amende, sauf l'appel quand le cas y echera par devant nos Juges qui en doivent connoitre. Permettons en outre aud. Sr Pasquier de Franclieu, ses successeurs et ayans cause, Seigneurs desd. Terres, Seigneuries et Marquisat d'etablir pour l'exercice de lad. Justice, les Juge, Procureur fiscal, Greffier, Procureurs postulans, huissiers, gardes et autres officiers necessaires, lesquels seront reçus et intallés conformément à l'Edit du mois de mars mil six cent quatre vingt treize et jouiront des memes

---

(1) Toutes les pièces concernant la justice seigneuriale de Lascazères sont conservées aux Archives départementales des Hautes-Pyrénées, et non encore classées.

honneurs, prerogatives et fonctions dont jouissent les autres officiers des Justices des Marquisats. Voulons meme que dans le cas d'extinction dud. Titre de marquisat, la reunion desd. Justices continue d'avoir lieu et qu'elles soient exercées dans un seul et meme siege par les officiers à ce nommés. Sy DONNONS en MANDEMENS a nos amés et feaux Conseillers les gens tenans notre Cour de Parlement a Toulouse, notre Chambre des comptes, cour des aydes et finances de Navarre à Pau, et a tous autres nos officiers et justiciers qu'il appartiendra, que ces presentes ils ayent a faire enregistrer et de leur contenu jouir et user led. Sr de Franclieu, ses enfans et posterité, proprietaires dud. Marquisat, pleinement, paisiblement et perpetuellement, cessant et faisant cesser tous troubles et empechemens, et nonobstant tous Edits, Declarations, Ordonnances, arrêts et Reglemens à ce contraires, auxquels et aux derogatoires y contenues, nous avons derogé et derogeons autant que besoin est par ces presentes, pour ce regard seulement et sans tirer à consequence sauf toutefois notre Droit et l'autruy en tout; CAR TEL est notre plaisir. Et afin que ce soit chose ferme et stable a toujours, nous avons fait mettre notre scel à ces presentes. Donné à Compiegne, au mois de juillet. L'an de grace mil sept cent soixante sept et de notre regne le cinquante deuxieme.

LOUIS.

Par le Roy?

PHELYPEAUX.

En marge du dernier f°, recto : Insinué au bureau de Castelnau Riviere Basse, le 5e Juin 1768. Reçu pour le principal du droit d'insinuation cent livres et pour des 6 ^{d} pr l. 30 l. — Revenant a cent trente livres.

BACARERE.

Au verso du dernier f° : Les presentes Lettres pattantes ont été registrées es Registres de la Cour du Parlement de Toulouse en consequence de son arret du trois septembre mil sept cents soixante sept par nous greffier soussigné.

CARRIÈRE.

Enregistrées aux Registres du Parlement Chambre des Comptes aides et finance de Navarre sceant a Pau par moy Greffier soussigné en execution de l'arrêt de ce jour. Pau le 11 X^{bre} 1775.

LACADÉ.

(Arch. du chât. de Lascazères, original sur parchemin.)

V.

Lettres de relief de surannation sur lettres patentes d'union des terres et seigneuries de Lascaseres et dependances et erection desd. terres en marquisat sous le nom de Franclieu en faveur du Sr de Pasquier de Franclieu.

LOUIS, PAR LA GRACE DE DIEU, ROY DE FRANCE ET DE NAVARRE à Nos amés et féaux conseillers les gens tenant notre Cour de Parlem^t, Chambre des Comptes aydes et fin^{ces} de Navarre à Pau, SALUT. Notre cher et bien amé Jean-Baptiste-Madelaine-Isidore-Charles-Laurent de Pasquier Mis de Franclieu, ancien capitaine de cavalerie, chev^{er} de l'ordre royal et militaire de St Loüis nous à fait exposer que par des Lettres patentes données à Compiègne au mois de juillet 1767, adressées tant au Parlem^t de Toulouse, qu'à la Chambre des Comptes aydes et fin^{ces} de Navarre à Pau, le feu Roy notre très honnoré Seig^r et ayeul à joint, uni, et incorporé les Terres et Seigneuries de Lascaseres, Agadet, Soublecause, Darbasan, Gichot, Caussade et Stirat, leurs circonst^{ces} et depend^{ces}; et les a créées, erigées et elevées en Titre, nom, prééminence et dignité de Marquisat de Franclieu pour être à l'avenir tenues et possédées aud. nom, titre et dignité par l'Exposant, ses enfans, postérité et descendans mâles nés et à naître en légitime mariage, qu'en conséq^{ce} l'Exposant s'est empressé de poursuivre l'Enregistrem^t desd. lettres au Parlem^t de Toulouze et elles ont été enreg^{rées} le 3 7bre suivant, qu'il se disposoit pareillem^t à en poursuivre l'enregistrem^t devant vous, mais qu'il a eté arrêté par les contestâons qui luy ont été suscitées sur la proprieté patrimoniale de la Terre et Seigneurie de Lascaseres, chef lieu du Marquisat de Franclieu dont la revente a été ordonnée par un arrêt de notre Con^{el} d'Etat du 24 aoust 1768, sous prétexte qu'elle appartenoit à Notre Domaine, qu'il a formé opposition à cet arrêt, et que l'instance n'a été jugée que par un arrêt du 30 may d^{er} qui l'a gardé et maintenu dans la proprieté patrimoniale de le Terre et Seigneurie de Lascaseres, en sorte qu'il n'a plus rien à craindre sur la pleine et entiere exécution des lettres patentes du mois de juillet 1767, mais comme il a interet à les faire enregistrer en notre d. Chambre des Comptes aydes et fin^{ces} de Navarre à Pau, il craint qu'elle ne fasse quelque difficulté, attendu que la datte d'icelles se surannée. Pourquoy il a recours à nos lettres de relief de lad. surannation qu'il nous a très humblem^t fait supplier de vouloir bien luy accorder. A CES CAUSES voulant favorablement traiter led. Sr Exposant Nous vous mandons et enjoignons par ces présentes signées de nôtre main que vous ayez à proceder à l'enregistrem^t de nosd. lettres patentes cy dessus dittes en datte du mois de juillet mil sept cent soixante sept düement enregistrées en nôtre Cour de Parlement de Toulouze le trois septembre suivant cy attachées sous le contrescel de notre chancellerie et du contenu en icelles faire jouir et user led. Sr Exposant pleinement et paisiblement. Nonobstant et sans vous arrêter à la surannation de leur date laquelle neus ne voulons nuire ny prejudicier aucunement aud. Sr Exposant et dont nous l'avons de nôtre grace specialle pleine puissance et autorité royale relevé et relevons par cesd. presentes et ce nonobstant tous Edits, declarations, arrêts et règlemens à ce contraire. Car tel est notre plaisir. Données à Versailles, le vingt unième jour de juin, l'an de grace mil sept cent soixante quinze et de Notre Règne le deux^e.

LOUIS.

Par le Roy ?
PHELYPEAUX.

Au dos : Enregistrées aux Registres du Parlement, Chambre des comptes aides et finances de Navarre sceant à Pau par moy Greffier soussigné en execution de larret de ce jour. Pau le 11 X^{bre} 1775.

LACADÉ.

(Archives du château de Lascazères, original sur parchemin.)

VI.

Généalogie de la famille de Busca (1).

La famille de Busca, à laquelle appartenait Marie-Thérèse-Louise de Busca, qui devait devenir Mme de Franclieu, était originaire de l'Armagnac. Les notes que M. l'abbé de Carsalade du Pont a recueillies, et qu'il nous a si gracieusement autorisé à employer pour ce travail, nous ont permis de tenter d'établir une généalogie, malheureusement incomplète, de cette maison de Busca, aujourd'hui disparue. Ce nom de Busca est assez commun dans la Gascogne, c'est ainsi que nous trouvons en 1351 un « Geraldus de Busca », qui figure dans un syndicat des habitants de Lectoure établi pour fixer les limites de la juridiction, il a même joué un rôle important dans cette affaire ; un autre « Geraldus de Busca » se rencontre dans un acte collectif des habitants de Lectoure, du 20 août 1487. (*Archives de la ville de Lectoure*, pub. par P. Druilhet, Auch, 1885 ; pp. 108 et 111.) Mais le premier que nous puissions avec quelque certitude rattacher à nos Busca, est :

I. Jean BUSCA ou DU BUSCA. Il ne nous est du reste connu que par ses enfants, et eut au moins trois fils et deux filles :

---

(1) La famille de Busca portait : *De gueules à la bande d'or*. (MONLEZUN, *Histoire de la Gascogne*, VI, 639.)

1. Guy, qui suit;
2. Jean de Busca, épouse en 1554 noble Marie de Bats, fille de Pierre de Bats, seigneur de Bats, et de Jeanne de Manas de Dufort, sa seconde femme, suivant contrat passé devant M⁰ Jean Gignan, notaire à Lupiac. (Étude de M⁰ Astruc, notaire à Vic-Fezensac);
3. Pierre, épouse Marie Despania (Arch. dép. du Gers. Reg. des insinuations de Lectoure, 30 février 1621);
4. Marguerite, épouse le sieur de Ponsan (id.);
5. N..., épouse Guy Salabert, de Bassoues. (D'après un acte du 2 octobre 1579, devant M⁰ Sahuc, notaire à Auch. Étude de M⁰ Embazaygues, notaire à Auch.)

II. GUY, qualifié en 1558 de bachelier en droit (Reg. du sén. d'Armagnac), en 1579 de bourgeois de la ville de Bassoues (Acte de 1579, devant M⁰ Sahuc, précité). Il acheta la seigneurie de Peyrusse-Grande. Il avait épousé, le 19 octobre 1556, Antoinette de Mérens et mourut, le 25 avril 1591, dans sa soixante-dixième année. (Larcher, *Glanages*, XVI.) Il eut deux fils :

1. Jean-François, qui suit;
2. Jean, tige de la branche de Moncorneil, que nous rapporterons ci-après.

III. Jean-François DE BUSCA, qualifié de seigneur de Saint-Jean d'Angles, de Rambos, etc., épousa, par contrat du 19 décembre 1598, demoiselle Antoinette de Montesquiou, dont :

1. Pierre, qui suit;
2. Jean, seigneur de Rambos, Lezian, le Couloumé,... assiste en 1637 au mariage de son frère Pierre;
3. Anne de Busca épouse, le 27 octobre 1616, noble Arnaud de Lafitte, seigneur de Belloc, fils de noble Jean de Lafitte, seigneur de Belloc, et de demoiselle Géraude de Baudéan. (Archives de M. le comte de Lafitte de Montagut, au château de Monpardiac.)

IV. Noble Pierre DE BUSCA, qualifié en 1616 de conseiller du Roi au Parlement de Toulouse (acte précité), épousa : 1° par contrat du 20 septembre 1637, par-devant M⁰ Penauque, notaire à Lembeye (original, archives du château de Lascazères), demoiselle Suzanne de Lalanne, fille et héritière de noble Simon de Lalanne, seigneur de Hagedet, Lascazères, Soublecause, Héchac, etc...; 2° demoiselle Louise du Barry, fille de noble Adrien du Barry, seigneur de Bière, conseiller du Roi, et de Jeanne de Saint-Vic (20 février 1656. Registre des insinuations du sénéchal d'Auch). Il eut du premier lit :

Simon, qui suit.

et du second :

1. Jean;
2. Guy;

3. Antoine, né le 21 février 1673, baptisé le 1er mars de la même année (Reg. par. de Saint-Orens d'Auch, Arch. dép. du Gers). C'est probablement un de ces trois garçons qui, devenu capitaine de grenadiers, fut rencontré en Italie par M. de Franclieu. Aucun ne paraît avoir laissé de postérité.

V. Noble Simon DE BUSCA, seigneur de Lascazères, Hagedet, etc., épousa le 5 novembre 1665, par-devant Me Martel, notaire à Ladevèze, demoiselle Françoise-Aymée DE RIVIÈRE-LABATUT. (Arch. du château de Lascazères.) Il fonda, le 25 août 1703, par-devant Miucens, notaire, la prébende dite de Saint-Simon, dans l'église de Lascazères, et était mort en 1709 lorsque son fils fit spiritualiser cette fondation. (LARCHER, *Pouillé du diocèse de Tarbes*, publié dans le *Souvenir de la Bigorre*, III, 255). Il eut comme enfants :

1. JEAN, qui suit ;
2. LOUISE, qui épousa en 1694 Jean DE CROTTE, seigneur de Perron (Généalogie ms. de la maison de Crotte de Perron).

VI. Jean DE BUSCA, dit le baron de Lascazères, seigneur de Lascazères, Hagedet, etc., né le 5 décembre 1669, fut lieutenant dans le régiment de Condé ; il fut maintenu dans sa noblesse par jugement du 20 décembre 1698 (LARCHER, *Glanages*, tome XVI). Il avait épousé Philippine DUPLAA, dont il eut :

1. JEAN-SIMON, nommé indifféremment M. de Lascazères ou M. de Hagedet, mort sans alliance, à Paris, en 1723, laissant sa sœur héritière des terres de Lascazères, Hagedet, etc. ;
2. MARIE-THÉRÈSE-LOUISE, marquise de Franclieu ;
3. FRANÇOISE, qui épousa, en 1728, son cousin germain Simon DE CROTTE, seigneur de Perron.

Branche de Moncorneil. — III. Jean DE BUSCA, fils cadet de Guy et d'Antoinette DE MÉRENS, est qualifié d'habitant de Peyrusse, dans l'acte par lequel, en 1599, il achète la place de Moncorneil à Françoise, à Hélène et à Marguerite DE LABARTHE, sœurs et héritières de Jean DE LABARTHE, baron de Moncorneil (LARCHER, *Glanages*, II, n° 95). Il avait épousé, le 31 juillet 1588, par-devant Me Dupuy, notaire à Vic-Fezensac, dlle Anne DE BATZ. Leur fils :

IV. Guy DE BUSCA, baron de Moncorneil, épousa dlle Hilaire DE PARDAILLAN ; il était âgé de 74 ans en 1663, lors de l'émancipation de son fils BLAISE. Il eut entre autres enfants :

1. JEAN-CHARLES, qui suit ;
2. BLAISE, émancipé par son père, le 13 août 1663, par acte devant Me Dastugue, notaire à Simorre, ne paraît pas avoir laissé d'enfants de son mariage avec dlle Marguerite DE MAIGNAN DE MONTÉGUT ;
3. FÉLIX, seigneur de Lanabère, était âgé de 27 ans en 1664. Il fit donation de ses biens, le 25 mai 1679, à son frère JEAN-CHARLES,

baron de Moncorneil; en cas de prédécès la donation allait à Joseph Reignard, fils de Jean-Charles (Reg. des ins. du sén. d'Auch).

V. Jean-Charles DE BUSCA, baron de Moncorneil et de Peyrusse, épousa, par contrat du 8 février 1651, demoiselle Françoise DU BOUZET DE ROQUÉPINE; il était émancipé par son père, le 4 juin 1664, étant alors âgé de 38 ans. (Reg. des ins.) Il eut comme enfants :

1. JOSEPH REIGNARD, mentionné dans la donation de 1679, et mort probablement jeune;
2. HILAIRE DE BUSCA, qui épousa, en 1682, noble Jacques D'ASTORG, comte d'Aubarède, à qui elle apporta, à la mort de ses parents, tous les biens de la branche des Busca-Moncorneil (SAINT-ALLAIS, *Nobiliaire universel de France*, IV, art. d'Astorg). Son petit-fils, « haut et puissant seigneur, messire Louis d'Astorg, « comte d'Aubarède, seigneur de Barbazan, vicomte de Nébouzan, « baron de Lezeffros, de Peyrusse, Montagut, etc., marquis de « Roquépine, brigadier des armées du Roi, son colonel-lieutenant « dans son régiment de Royal-comtois, chevalier de l'ordre de « Saint-Louis », agissait en 1752 comme procureur fondé de sa parente Louise DE BUSCA, marquise de Franclieu, pour le mariage de Jean-Baptiste, fils aîné de l'auteur des *Mémoires*, avec Marie-Jeanne-Étienne DE RUNEL. (Arch. du château de Lascazères, inv. des titres.)

Cette généalogie que, comme nous l'avons dit plus haut, nous avons établie principalement sur les copies de documents originaux prises par M. l'abbé de Carsalade du Pont, ne concorde pas toujours exactement avec les pièces produites en 1698 par Simon de Busca, seigneur de Lascazères, et Jean, sieur d'Estirac, son fils, pour le jugement de maintenue de noblesse. D'après Larcher (*Glanages*, XVI), ces pièces furent les suivantes :

1° Extrait baptistaire duement légalisé de Guy de Busca, fils de noble Pierre DE BUSCA, sieur de Guillane, et de demoiselle Douce DE BATZ, du 22 janvier 1522. — Contrat dudit Guy, qualifié de noble et homme d'armes de la compagnie de M^r le duc de Nemours, avec demoiselle Andrée DE MARRENX, passé par-devant notaire, le 19 octobre 1556. — Extrait mortuaire dudit Guy, qualifié de messire, du 28 avril 1591.

2° Contrat de mariage de Jean DE BUSCA, qualifié noble, avec d^{lle} Anne DE BATZ, par lequel il paraît que ledit Jean était fils dudit Guy, ledit contrat passé devant Dupuy, notaire de Vic-Fezensac, le dernier juillet 1588. — Contrat de mariage de Jean-François DE BUSCA, qualifié noble, écuyer, sieur de la Salle, avec demoiselle Antoinette DE MONTESQUIEU (Montesquiou), devant Me Fourcade, notaire, le 19 décembre 1598, par lequel il paraît que Jean-François est frère du précédent.

Le reste est conforme à la généalogie établie par nous ; il n'est pas impossible que les BUSCA, devenus à la fin du XVIIe siècle des seigneurs riches et apparentés aux plus anciennes familles du pays, aient cherché à dissimuler une origine roturière et à donner par des actes, admis avec complaisance par l'intendant, un plus grand lustre à leur noblesse d'assez fraîche date.

TABLE ANALYTIQUE

A

ABADIE (Mme d'), protestante, veut convertir l'auteur, 86.
ADONCOURT (Guillaume-Dominique d'), commandant à Bayonne, 169, 175.
AGUERO (Don Thomas), archevêque de Saragosse; 205, note.
AGUESSEAU (Le chancelier d'); 222, note.
AGUILAR (Don Inigo, comte d'), réorganise l'armée espagnole, 75, 76. — Distribue des secours aux blessés de Villaviciosa, 83. — L'auteur va le voir dans sa retraite, 186.
Aierbé, village d'Aragon, 197.
Alagon, 72, 73.
ALBE (Fernand de Tolède, duc d'), vice-roi des Pays-Bas, 245.
ALBE (Antonio-Martin Alvarez de Tolède, duc d'), ambassadeur d'Espagne, propose à l'auteur de passer au service de l'Espagne, 60, 61.
ALBE (Isabelle Ponce de Leon, duchesse d'), femme du précédent, 60, 61.
ALBERGOTTI (Zenobe-Philippe, comte d'), lieutenant-général français; assiège et prend Saint-Ghislain, 52, 53.
ALBERONI (Le cardinal), négocie le mariage de Philippe V avec Élisabeth Farnèse, 114, 115. — Fait renvoyer Mme des Ursins, 115, 116. — Veut obliger l'auteur à entrer dans les Gardes wallonnes, 124, 126. — Le fait nommer brigadier et inspecteur-général de l'infanterie du roi Jacques III, 138, 139, 144. — Le charge de couvrir l'armée espagnole, 147. — Trompé par les renseignements de ses agents, 149. — Ses rapports variables avec l'auteur, 150, 151, 152, 153.
ALBIGNI (M. d'), commandant la citadelle de Pampelune, 176.
ALEXANDRE (François), premier commis du bureau de la guerre; son arrogance vis-à-vis des officiers; démêlés avec l'auteur, 215, 216.
Alhambra (L'), 182.
Alicante, 131, 133, 134, 135, 176, 177, 179, 188.
Almunejar, 181, 182.
AMEZAGA (M. d'), chargé de reconduire en France Mme des Ursins, 114.
AMIENS (Louis-Auguste d'Albert, vidame d'), depuis maréchal de Chaulnes, traverse la Suisse avec l'auteur, 44.
Andalousie, 179. — (Chevaux d'), 68.
ANGERVILLIERS (Bouyn d'), secrétaire d'État de la guerre, 214.
ANGLADE (M. l'), chirurgien, soigne l'auteur blessé à Villaviciosa, 82.
Aragon (L'), 119, 197, 210.

Aranjuez, 174.
ARBUS (Mme d'), 92.
Arbusias, 102, 103, 105, 106, 124.
ARGENSON (Marc-René de Voyer d'), secrétaire d'État de la guerre, 229, 230, 231.
ARSAN (Gaspard), premier officier de la garde-robe de Philippe V, 62, 70.
ASTURIES (Ferdinand, prince des), second fils de Philippe V, 253.
ASTURIES (Louis, prince des), fils aîné de Philippe V, 74, 83 ; son mariage, 173. — *Voir* Louis Ier.
Ath, 54.
Auch, 221, 227, 231.
Ayerbe. — *Voir* Aierbé.

B

Badajoz, 124, 126, 128, 129.
Bagnères-de-Bigorre, 85, 86, 92, 93, 97, 135, 164, 165, 166, 228.
BAI (Alexandre Maître, marquis de), capitaine-général des armées d'Espagne ; est vaincu à Saragosse, 68, 69, 70, 71, 72, 73.
Balaguier, Balaguer, 64.
Bara, 181.
BARBAZAN (Jean-Augustin de Mua, baron de), sénéchal de Bigorre, 203, 227.
Barcelone, 124, 168, 193. — (Siège de — en 1697) ; 8, 9, 10, 12. — (Siège de — en 1714) ; 102, 103, 104, 105, 106, 107, 108.
Barège, Barèges, 83, 84, 86, 91, 92, 94, 97, 98, 116, 135.
Bastia (La). — *Voir* La Bastia.
Bayonne, 93, 169, 175, 233.
BEAUFORT (César de Vendôme, duc de), 3.
BEAUPOIL-SAINTE-AULAIRE (Pierre de), évêque de Tarbes, 227, note.
BEAUPOIL-SAINTE-AULAIRE (Marc-Antoine de), abbé de Larreule, 227, note.
BEAUPOIL-SAINTE-AULAIRE (Jacques), chanoine de Tarbes, puis abbé de Larreule, 227, note.
BEDMAR. — *Voir* Moya.
Béford, Belfort, 20.
BELBÈZE (Marie-Isabeau de Péguilhan, dite Mlle de), 92.
Benavari, 119, 153, 155.
BENAVENTE (Le comte de), grand d'Espagne ; reçoit de l'auteur une leçon de politesse, 132.
Benavente, 140, 141.
Berdous, Berdoues (abbaye de), 198.
Bergamasc (le), 43.
BERGEICK (Don Juan de Bœckove de), Mme des Ursins l'empêche de devenir premier ministre d'Espagne, 112, 113.
BERGERIE (François-Michel de Franclieu des Bergeries, ou de), oncle de l'auteur, lieutenant de Roi à Condé, 7, 13, 51, 54, 55, 56.
BERGERIE (Charles de), fils du précédent, tué au siège de Namur ; 13, note.
BERGERIE (Magdeleine-Charlotte de Franclieu de). — *Voir* Uzès (la comtesse d').
BERWICK (James Fitz-James, maréchal-duc de), est envoyé au secours de Girone, 95. — S'empare de Barcelone, 105, 106, 107, 108. — Commande l'armée française dans la guerre de 1719, 147, 148, 150, 159. — Permet à l'auteur de mener le chevalier de Perron en Espagne, 169.
BESONS (Jacques Bazin de), maréchal de France, 61.
BETT, capitaine wallon ; sa famille, 56, 57.
BEVENLOO (Le régiment de), est culbuté à Villaviciosa, 78.
BILEZ (Le baron de), officier au régiment wallon de Luxembourg, 117, 118, 129.
Binche, 3.
BIRKENFELD (Le prince de), commande une brigade en 1697 au siège de Barcelone, 9.
Biscaye (La), 94, 169.

Bologne, 31, 32, 39.
BONAC [BONNAC] (Jean-Louis d'Usson, marquis de), 30, 31.
BONAS (Antoine de Pardaillan-Gondrin, marquis de), maréchal de camp, puis lieutenant général français; commande les troupes françaises en Aragon pendant la campagne de 1719, 153, 154, 155, 156, 159, 203.
BONNEVAL (Alexandre, comte de), est à Paris le compagnon de plaisirs de l'auteur, 17. — Abandonne le service de la France, 38, 39, 246.
Bordeaux, 93, 136, 230.
BORDES (Philippe de Batsalle d'Espoey des), gentilhomme béarnais, lieutenant général des armées du Roi, 6.
BOSSU (Le comte de), 6.
BOUFFLERS (Le maréchal-duc de), rend un mauvais service à l'auteur, 51, 52, 58.
BOUGIE (M. de), achète le régiment de l'auteur, 59.
Bouillon, 4.
BOURBON-CAVALERIE (Le régiment de), le fils de l'auteur y obtient une compagnie, 230, 247.
BOURGOGNE (Marie-Adélaïde de Savoie, duchesse de), 61, 62.
BRABANT (Le régiment wallon de), 103.
BRANCAS (Marie-Angélique Frémyn de Moras, duchesse de Villars-), présente l'auteur et sa famille à la Dauphine, 257, 258.
BRANCAS (Louis-Henri de), comte de Forcalquier, marquis de Cereste, maréchal de France, 94.
BRETEUIL (François-Victor Le Tonnelier, marquis de), secrétaire d'État de la guerre, 216.
Brie-Comte-Robert, 4, 57, note, 252.
Brihuega (Prise de), 76, 77, 78.
BROGLIE (Le régiment de), à Candie, 3.
Brouage, 12.
Bruxelles, 245.
Buel, Bueil, 214.

Burghausen, 253.
BUSCA, capitaine de grenadiers, 26.
BUSCA (Mlle de), italienne, 27.
BUSCA (1) (Jean de), seigneur de Lascazères et de Hagedet, etc., accorde la main de sa sœur à l'auteur, 166. — Accompagne sa sœur en Espagne, 175. — Sa mort, 196.
BUSCA (Marie-Thérèse-Louise de), marquise de Franclieu. — *Voir* Franclieu.

C

Cadix, 142, 145.
CAMBOUT (Guillaume de), évêque de Tarbes; accueil gracieux qu'il fait à l'auteur, 200, 201.
CAMOCK (M. de), chef d'escadre espagnol, se lie avec l'auteur qui est parrain de son fils, 189. — Intrigue contre le prétendant Jacques III et est emprisonné, 189.
CAMPILLO (Don José), ministre espagnol, 228.
CAMPOFLORIDO (Don Luis Riggio, prince de), vice-roi de Valence, 176, 178.
CAMPOFLORIDO (Dona Catarina Gravina, princesse de), femme du précédent; témoigne une vive amitié pour Mme de Franclieu, 176, 194. — Va à Mont-de-Marsan au devant de l'infante Marie-Thérèse, 256, 258.
CANDEL (N. Ferrero Fiesque, comte de), aide de camp de Philippe V, 74.
Candie, 3.
Canfranc, Camfranc, 168, 197.
CANO (M. de), brigadier des armées d'Espagne, est chargé de conduire un détachement en Catalogne, 102. — Est battu par les miquelets à Arbusias, 102, 103, 104.
CANOSA, gouverneur de Reggio pour le duc de Modène, 22.

---

(1) Nous avons donné en Appendice un essai de généalogie de la famille de Busca, branches de Lascazères et de Moncornell.

CANOSA, fils du précédent, tente de faire assassiner l'auteur, 22, 23.

CARAFFE [CARAFFA] (Don Tiberio), lieutenant général espagnol, 177. — Périt dans une inondation à Madrid, 191.

CARAVAGE (La princesse de), 28.

Caravaja (La commanderie de), de l'ordre de Saint-Jacques, 96.

Carcassonne, 100.

Cardone, 104.

CARLOS (L'infant don), fils de Philippe V et d'Élisabeth Farnèse, 211.

Carthagène, 170, 171, 172, 173, 174, 175.

CASAFUERTE (Le marquis de), capitaine général de l'Aragon, 119.

Casal, 24, 26.

Casatejada, Casatexada, 75.

Cassan, Cassano, 43.

Castel-Ciudad, assiégée et prise en 1720 par l'auteur, 156, 157, 158, 159, 160.

CASTEL-DOS-RIOS (Dona Dorothée Riggio, marquise de), fille du prince de Campoflorido, 176, 177, 256.

CASTELLAR (Don Baltazar Patinho, marquis de), empêche l'auteur de lever un régiment pour Philippe V, 65, 66. — Visite les blessés de Villaviciosa, 83. — Devient ministre de la guerre, 170. — Sa malveillance pour l'auteur, 173, 174, 175. — Il lui donne pourtant le gouvernement de Fraga, 191. — Il est ambassadeur en France, 214. — 255, 256.

Castelléon, place forte de la vallée d'Aran. — Voir Castillon.

Castelnau-Rivière-Basse, 221.

CASTILLE (Le régiment de), 80.

Castillon, 92, 93, note.

Catalan (le vaisseau le), 142.

Catalogne, 8, 83, 99, 109, 124, 193.

CATINAT (Nicolas), maréchal de France; perd le commandement de l'armée d'Italie, 20, 21.

CAYLUS (Le chevalier, depuis duc de), 136.

CELLAMARE (Don Antonio del Giudice, prince de), ambassadeur d'Espagne en France, 162, 247.

Ceuta, 168, 170, 189, 255.

Châlons, 231.

CHAMILLARD (Michel de), 13. — L'auteur lui envoie le récit de la prise de la Bastia, 35. — Ses bontés pour l'auteur, 49. — Il lui promet une pension, 57. — Il le soutient contre un commis du bureau de la guerre, 215, 216.

CHAMILLARD (La famille), 2.

Champagne, 231.

CHARLEMAGNE, 84.

Charleroi, 3.

CHARLES XII, roi de Suède; vaincu à Pultawa, 59. — Se prépare à soutenir Jacques III, mais meurt, 145.

CHAROLOIS (Charles de Bourbon-Condé, comte de), offre une compagnie dans son régiment au fils de l'auteur, 230. — L'auteur lui propose son troisième fils comme page du prince de Condé, 248.

CHARTRES (Louis-Philippe d'Orléans, duc de), 242.

CHAULNES (Le maréchal de). — Voir Amiens.

CHAUVEAU (Magdeleine), épouse Pierre Pasquier de Franclieu, 2.

CHAUVELIN (Germain), ministre de Louis XV, 207, 208, 214, 222.

CHAUVELIN (La famille), 2.

CHAVEMBOURG (Le régiment de), donné à l'auteur par Philippe V, 77.

Chiari (Combat de), 20.

CICILLE (Le comte de), brigadier, mort lieutenant général des armées d'Espagne, 162, 163.

Ciudad-Rodrigo, 129.

CLARIS, capitaine au régiment wallon de Luxembourg, 117.

COLIGNY (L'amiral de), 246.

Col-Rouge (Le), poste près de Girone, 95.

COLMENERO (Don Francisco), grand-maître de l'artillerie du Milanais, 30.

COMBEFORT, colonel espagnol, 66.

COMERFORT, brigadier des armées d'Es-

pagne; est mis sous les ordres de l'auteur, 147.
Concilla, 83.
CONDÉ (Louis-Joseph, prince de), 248.
Condé-sur-Escaut, 7, 13, 51, 52, 53, 54, 55, 56, 57.
CONTI (L.-F. de Bourbon, prince de), 242.
Corogne (La), 141, 146, 193, 232.
Crema, 43.
Crémone, 22.
CRÈVECŒUR (Louis Ferrero Fiesque, marquis de), plus tard prince de Masseran; accueille l'auteur avec affection à son arrivée en Espagne, 64, 65, 70. — Suit la Cour fuyant Madrid, 74, 75.
CROIX (Le chevalier de), lieutenant général des armées d'Espagne, 113, 114.
CROY (Philippe-Alexandre de Croy-Solre, comte de), colonel du régiment de Solre, devient l'ami de l'auteur, 14, 23, 25, 62, 63, 126.
CROY (Albert-François, chevalier de), frère du précédent, 25.
CRUSSOL (François-Emmanuel de Crussol d'Uzès, marquis de), neveu de l'auteur, 230, 254, 257.

DEMARÉ, lieutenant au régiment de Solre, 11.
DESESSARTS, major du régiment wallon de Luxembourg, 136, 175.
DEWENDRE (Marie-Thérèse), mère de l'auteur. — *Voir* Franclieu.
DIACHY (Le prince), fils du prince de Campoflorido; capitaine au régiment de Parme, 194.
Dinant, 3, 4, 5.
DISTOURIS, lieutenant général espagnol, 126.
DONNER, capitaine au régiment wallon de Luxembourg, 90.
DUBREUIL, chirurgien du régiment de Luxembourg, 181.
DUCHÉ, capitaine aux gardes wallonnes, 187.
DURANT (Don Miguel), marquis de Tolosa, secrétaire d'État de la guerre en Espagne; passe en revue le régiment de Luxembourg, 131, 133. — Se brouille avec l'auteur à propos de son brevet de brigadier, 151, 152, 163. — Mauvais procédés au moment du mariage de M. de Franclieu, 168.
DURAS (La famille de), 2.

D

DALLOUYSE, lieutenant du Roi à Saragosse; l'auteur se lie avec sa fille, 208, 209.
DANDICHON, médecin et ami de l'auteur, 245.
DAPONTEZ, lieutenant général espagnol, 119.
DAUPHIN (Monseigneur le). — *Voir* Louis.
DAUPHIN (Le régiment), 254.
DAUPHINE (Mme la). — *Voir* Marie-Thérèse.
Dauphiné (Le), 47, 214, 228.
DELISLE, capitaine au régiment de Solre, 39.

E

Ebre (L'), 69.
EGMONT (Lamoral, comte d'), exécuté à Bruxelles par ordre du duc d'Albe, 245.
ELBEUF (Thomas de Lorraine, prince d'), prend l'auteur en amitié, 28. — Est tué dans un engagement en Italie, 29.
Elché, 133, 134.
ELISABETH FARNÈSE, princesse de Parme et reine d'Espagne; son mariage avec Philippe V, 111. — Elle renvoie Mme des Ursins, 114, 115. — Son caractère, 115, 150. — L'auteur se plaint à elle de n'avoir pas eu d'avancement, 162, 163. — Éloge

qu'elle fait de Mme de Franclieu, 190. — Se retire avec le Roi son mari à Saint-Ildefonse, 192.

Els (Le baron d'), gouverneur de Castelléon, 92, 93, note.

Elvas, 129.

Escurial (L'), 73, 190.

Esquille (Jean d'), président au Parlement de Navarre, 86.

Esterre (Anne-Auguste de Montmorency-Robecque, comte d'), 25. — Se trouve à la prise de la Bastia, 35. — Joue gros jeu à l'armée d'Italie, 39.

Estramadure (L'), 73, 75, 124, 126.

Eugène (Eugène de Savoie-Carignan, dit le prince), manque de prendre Crémone, 22. — Commande les Impériaux à Cassano et à Crema, 43.

F

Fastet, commissaire des guerres, fait prisonnier à Castel-Ciudad, 160.

Fenouil [Fenoyl] (Catherine Palluau, marquise de), épouse du premier président au Parlement de Navarre, 85, 87.

Féret [Ferrette], colonel de hussards; passe à l'armée d'Espagne pour la trahir, 148, 149. — Est démasqué par l'auteur et emprisonné à Pampelune, 149, 150.

Ferrand (Anne-Bellinzani, présidente), son salon, 15, 16.

Ferrare, 32.

Fienne (M.-F., marquis de), lieutenant général français, 89.

Figuières, 89, 90, 91.

Finisterre (Le cap), 142, 145 note.

Flandre (La), 51, 66, 78, 112, 113, 245. — (Linge de), 40.

Fleuri (Le cardinal de), 219, 228.

Florès, lieutenant au régiment wallon de Luxembourg, 129.

Fontarabie (Siège de), 147, 149, 150, 154, 159.

Fourni (La comtesse de), italienne, 36.

Fortuna (Les bains de), 170. — Leur description, 179, 180.

Fraga 191, 192, 193, 194, 195, 197. — (Couvents de), 193, 194, 195.

Fraguier (L'abbé Claude), membre de l'Académie Française, devient le directeur intellectuel de l'auteur, 15, 16. — Se retrouve avec lui aux eaux de Barèges, 98. — Sa visite à Garaison, 99, 100.

France (Mesdames de), filles de Louis XV, 205, 208.

Franclieu (Pierre II Pasquier de), sieur de Villaines; bisaïeul de l'auteur, 2, note.

Franclieu (Pierre III Pasquier de), grand-père de l'auteur, 2, note.

Franclieu (Charles-Pierre de Pasquier de), père de l'auteur; sa carrière militaire, 3. — Louvois veut lui faire épouser une maîtresse de Louis XIV, 3. — Il épouse Mlle de Wandre, 4. — Disparition mystérieuse, 4. — Il revient retrouver sa famille, 6. — Fait l'éducation de son fils, 7. — Le même à Paris, 13. — Sa mort, 57. — Il est enterré à Brie-Comte-Robert, 253.

Franclieu (Marie-Thérèse de Wandre, dame de), mère de l'auteur; son mariage, 4. — Elle veut faire embrasser l'état ecclésiastique à son fils, 5. — Elle se remarie avec M. de La Balme; sa mort, 214.

Franclieu (Magdeleine de), tante de l'auteur; morte à Brie-Comte-Robert, en odeur de sainteté, 253.

Franclieu (Marie-Thérèse-Louise de Busca, marquise de), femme de l'auteur; fait la connaissance de l'auteur à Bagnères-de-Bigorre, 164, 165, 166. — Son mariage, 167, 168. — Va rejoindre l'auteur en Espagne, 175, 176. — Fêtes de Valence, 177, 178. — Naissance d'une fille aînée, 179. — Le miracle des bains de Fortuna, 180. — Accident de voyage, 181. — Installation à Madrid, 187. — Elle obtient pour son mari le gouvernement de Fraga, 190. —

Naissance de son fils aîné, 193. — Elle quitte l'Espagne avec son mari et ses enfants, 197. — Mort de sa fille aînée, 213. — Elle est obligée de réduire son train de maison, 234. — Elle est présentée à Mont-de-Marsan à la Dauphine, 257.

FRANCLIEU (Jean-Baptiste, marquis de Franclieu), fils aîné de l'auteur; sa naissance, 193. — Son éducation, 220. — Son père lève pour lui une compagnie de cavalerie, 229, 230, 231. — Sa sagesse, 244. — Nouvelles qu'il envoie de Bavière, 253.

FRANCLIEU DES BERGERIES. — *Voir* Bergerie.

FRANGUIÈRE (M. de), colonel français, 46.

G

GABARET (Le marquis de), 74.
GAGE (M. de), général espagnol, 229.
Galice (La), 142. — (Jambon de), 148.
Garaison, 99.
GASSION (Pierre-Armand, marquis de), lieutenant général des armées du Roi; est chargé de faire sortir l'auteur de France, 203.
GASSION (Magdeleine Colbert du Terron, femme du président de), ses qualités, 217.
Gave de Pau (Le), 208.
Gibraltar, 159.
Girone, 94, 95, 96, note, 100, 102.
GIVRI (Alexandre-Thomas, bailli de), jette un secours dans Mons, 51.
GOMICOURT (Le marquis de), 80.
GOMICOURT (Le chevalier de), capitaine de cavalerie, 130.
GONZALÈS (Mme de), 176.
GRAFFETON (M. de), lieutenant général des armées d'Espagne; se rend avec l'auteur à l'armée du roi Jacques III, 140, 141, 142. — Dirige les poursuites contre les Miquelets en Navarre, 153, 154, 155.
GRAVINA (Le marquis de), colonel du régiment de Parme; l'auteur lui reproche sa dureté à l'égard de ses soldats, 194.
Grenade, 182, 183, 184, 185.
GRIGNI (Mlle de), demoiselle d'honneur de la reine Marie-Louise, 74.
Guadalaxara, 82, 83, 98, 111.
Guadarama, 131, 139.
GUERCHI (Louis de Régnier, marquis de), lieutenant général français, remplace Popoli dans la direction du siège de Barcelone, 104, 105.
Guienne (La), 93.
GUISCARD (Louis de), comte de La Bourlie, lieutenant général français, 5.
Guissenhem, 47, 49.

H

HAMELIN (Nicolas), fermier général, épouse une demoiselle de Franclieu, 13.
HAUTEFORT (Le comte de), lieutenant général français; inspecte les cantonnements commandés par l'auteur, 48, 49.
HAVRÉ (Charles-Joseph de Croy, duc d'), lieutenant général espagnol et colonel des gardes wallonnes; accueille avec grande amitié l'auteur en Espagne, 63, 64, 65, 66. — L'empêche de se décourager, 66, 67. — Est tué à la bataille de Saragosse, 70, 71.
HAVRÉ (Joseph de Croy, duc d'), frère du précédent, colonel des gardes wallonnes, 74. — Le Roi lui donne de l'argent pour Franclieu blessé à Villaviciosa, 82, 98. — Donne la démission de son régiment des gardes, 125, 126.
HAVRÉ (Marie-Anne-Césarine Lanti, duchesse d'), femme du précédent; intimité de l'auteur avec elle, 94. — Devient la favorite de la reine Marie-Louise, 97, 98.
HEERE (Claude-Denis de), procure un cheval normand à l'auteur, 18.

HEERE (La famille de), 2.
HERCOLANI (La princesse), 32.
HERSENT. — *Voir* Arsan.
Hojarcom, 148, 149.
HOLBAK (Le Père), aumônier du régiment wallon de Luxembourg, 91.
HORN [HORNES] (Philippe de Montmorency-Nivelles, comte de), décapité sous Philippe II, 245.
Hostalrich. — *Voir* Ostalric.

I

Ill (L'), 47.
Isle-de-France (L'), 2.
Ivrée. — *Voir* Yvrée.

J

Jacca, *Jaca*, 113, 114, 116, 168, 170, 197.
JACQUES III, prétendant à la couronne d'Angleterre ; l'auteur va le joindre à la Corogne pour l'expédition de 1719, 142, 144, 146. — Il continue à protéger l'auteur, 189, 190, 232.
JOLY DE FLEURY, procureur général au Parlement de Paris, 222.
JUMILHAC (Pierre-Joseph Chapelle, marquis de), capitaine-lieutenant des mousquetaires ; propose à l'auteur de lever une compagnie de cavalerie pour son fils aîné, 229.
Jurançon, 208.

K

KÉNARD, capitaine au régiment wallon de Luxembourg, 129.
KERKOVE (M. de), colonel d'un régiment wallon, 113.
KONIGSEC [KŒNIGSEGG] (Le comte et la comtesse de), ambassadeurs de l'Empereur ; sont reçus à Fraga par Mme de Franclieu, 197.

L

LABALME, major du régiment de Franclieu, 57.
LA BALME DE RICHÉ (Jean-Baptiste de), épouse la mère de M. de Franclieu, 214.
La Bastia (Le poste de), en Italie ; attaqué et pris par l'auteur, 33, 36, 42, 46.
LABATUT (Le marquis de Giscaro de), 235, note.
Labatut (Le château de), 235, note.
La Corogne. — *Voir* Corogne (La).
Ladesma (Bains de), leur description, 130, 131.
LA FEUILLADE (Marie-Thérèse Chamillart, duchesse de), parente de l'auteur ; ses relations amicales avec lui, 49, 215, 216.
LA GRANGE (M. de), capitaine au régiment wallon de Brabant, 103, 104, 130.
LA LONDE (Le régiment de), est acheté par l'auteur, 46, note.
LA MÉZAUDIÈRE, commissaire des guerres ; passe en revue la compagnie du fils de l'auteur à Vic-Bigorre, 231.
LA MINA (Le marquis de), général espagnol, 105, 229.
LA MIRANDOLE (François-Marie Pic, prince de), 191.
LA MIRANDOLE (Marie-Thérèse Spinola, princesse de), femme du précédent ; noyée dans une inondation à Madrid, 191.
LAMOTHE (Charles, comte de), marquis de Houdancourt, lieutenant général français, 31.
Lampourdan (Le), 89.
LANGALERIE (Philippe de Gentils, marquis de), lieutenant général français ; passe au service de l'Empereur, 39, 246.

L'ANGLADE. — *Voir* Anglade (L'),
Languedoc (Le), 98.
LANSAROT (Le marquis de), colonel espagnol, 68.
LANTI (Le prince Alexandre), neveu de Mme des Ursins, commande l'escorte qui accompagne cette dame en revenant des eaux de Bagnères-de-Bigorre, 92.
LA PROUTIÈRE (Famille de), 2.
LA RAMÉE, grenadier du régiment de Luxembourg, 154.
LARBOUST (Gabrielle de Noé, vicomtesse de). — *Voir* Arbus.
La Reule, Larreule (Abbaye de), 224, note, 225.
LA ROCHE (Claude-Étienne de), premier valet de chambre de Philippe V, 167.
LA ROCHE-AYMON (Charles-Antoine), évêque de Tarbes, ses démêlés avec les religieux de Larreule, 223.
LA SALLE (Dom Claude-Bruno Paparel de), prieur de Larreule; grand ami de l'auteur, 224. — Ses démêlés avec l'évêque de Tarbes l'obligent à s'enfuir à Rome, 226, 227, 232.
Lascazères (1), 167, 168, 169, 197, 202, 204, 208, 213, 214, 217, 253.
LA TRÉMOILLE. — *Voir* Trimouille (La).
LAUTREC (François de Gélas de Voisins, comte de), brigadier de dragons, 25.
LAVERRE (Alexandre-Gabriel de Hénin-Liétard, marquis de), donne la démission de sa charge de major des Gardes wallonnes, 125.
Le Brouage. — *Voir* Brouage (Le).
LE CLERC, chirurgien militaire à Saragosse; est empoisonné, 122.
Lectoure, 221.
LEEDE (Jean-François de Bett, marquis de), capitaine général des armées d'Espagne; commande une expédition contre les Maures, 168. — Vient inspecter le régiment de l'auteur, 170. — Ajoute foi aux accusations calomnieuses portées contre lui, 174. — L'auteur se raccommode avec lui, 175.
LEEDE (La maison de), 56.
LEGENDRE, chirurgien de Philippe V; soigne les blessures de l'auteur, 94.
LE GENDRE DE LORMOY, intendant de Montauban; sa querelle avec un officier, 199, 200.
Lembeye, 201, 203.
LE PELLETIER. — *Voir* Pelletier (Le).
Lerida, 63, 64, 67, 69.
LESDIGUIÈRES (François, duc de), brigadier des armées du Roi, 23.
LESVILLE [LESSEVILLE] (Charles-Louis-Nicolas Le Clerc de), intendant d'Auch, 198, 199, 200.
LESVILLE (Mme de), femme du précédent, 198, 199, 200.
LE TELLIER. — *Voir* Tellier (Le).
LEVIL (M. de), 39.
LEZ (Le baron de), gouverneur de Castelléon. — *Voir* Els.
Liége, 3, 5, 113.
Lierce, 89.
LIRIA (François Fitz-James, duc de), 191.
Lisaca, 147.
Livourne, 185.
LIVRY (Le marquis de), 2.
LIVRY (Marie-Magdeleine Robert, marquise de), femme du précédent, 2. — *Voir* Robert.
LONS (Angélique de Miossens-Samsons, marquise de), 86.
LONS (Marie de Saint-Macary, marquise de). — *Voir* Saint-Macary.
LOUIS XIV, roi de France, 51, 57, 58, 59, 61, 97, 221, 246.
LOUIS XV, roi de France, 214, 219, 228, 230, 231, 232, 233, 242, 246.
LOUIS Ier, roi d'Espagne, 192. — *Voir* Asturies (Prince des).
LOUIS, dauphin de France, fils de Louis XV, 207, 220, 232.
LOUVIGNY (Le régiment de), à Villaviciosa, 78, 79.
LOUVOIS (Michel Le Tellier, marquis

---

(1) Une note sur Lascazères se trouve dans l'Introduction.

de), veut marier le père de l'auteur, 3, 4.

Lussan (Joachim d'Audibert, comte de), 254.

Luxembourg (Le régiment de), accordé à l'auteur. — *Voir* Chavembourg.

M

Macanaz. — *Voir* Majanas.

Madrid, 63, 66, 67, 68, 69, 73, 74, 76, 78, 90, 94, 98, 108, 111, 113, 123, 124, 125, 128, 129, 133, 136, 138, 139, 161, 162, 164, 169, 170, 184, 185, 187, 188, 189, 190, 191, 192, 196, 197, 207, 255.

Mahoni (Le marquis de), lieutenant général des armées d'Espagne ; fait emporter l'auteur blessé à Villaviciosa, 81, 82.

Maine (Le duc du), fils naturel de Louis XIV, 50.

Majanas (Don Rafael Melchor), procureur fiscal du conseil de Castille ; ses projets et sa disgrâce, 112.

Major (Le Pont-), près Girone. — *Voir* Pont-Major (Le).

Malplaquet, 25, 51.

Mantoue (Charles IV de Gonzague, duc de) ; sa poltronnerie au siège de Verrue, 24. — Vend la noblesse à un hôtelier de Casal, 27.

Mantoue, 40.

Marcillac (Henri de Cruzy, comte de), est blessé en Italie, 29. — Retrouve l'auteur en Espagne, 190.

Maréchal (George lord Keith, dit Mylord), apporte des ordres à l'auteur, 141.

Marie-Louise de Savoie, reine d'Espagne, 61, 63. — Accorde à l'auteur un brevet d'aide de camp du Roi, 66, 67, 68. — L'auteur lui annonce la perte de la bataille de Saragosse, 73. — Elle quitte Madrid, 73 74, 75. — Elle donne cent pistoles d'or à l'auteur, 83. — Elle lui fait avoir une pension, 95, 96. — Son intimité avec l'auteur, 97, 98, 249.

Marie-Thérèse, infante d'Espagne, vient en France pour épouser le Dauphin, fils de Louis XV. — Elle reçoit à Mont-de-Marsan l'auteur et sa famille, 256, 257, 258.

Marine (Le régiment de la Vieille-), 23.

Marsan, officier au régiment wallon de Luxembourg, 172.

Martorelles, Martorell, 106.

Masseran (Le prince de). — *Voir* Crévecœur.

Mean (Jean-Frédéric, baron de), grand doyen de l'église cathédrale de Liége, veut faire entrer l'auteur dans les ordres, 5.

Mérode (Charles Florent, comte de), lieutenant-colonel des Gardes wallonnes ; se retire en France, 125.

Messine, 121.

Meudon, 50.

Mezaudière (La). — *Voir* La Mezaudière.

Mezerai, 223.

Mieussens (MM.), notaires royaux à Lascazères, 217.

Milan, 27, 28, 30.

Milanois (Le), 22.

Mina (Le marquis de la). — *Voir* La Mina.

Mirande, 198.

Mirandole (La). — *Voir* La Mirandole.

Mirarcassar (Le vicomte de), 75.

Mirebel (Le marquis de), officier général espagnol, 68, 70.

Modène (Renaud d'Este, duc de), 22, 36.

Modène, 36.

Moïse, 180.

Mondegourat (Jeanne d'Arricau de Saint-Pée, dame de Beost), 238.

Monein (Françoise de Gassion, marquise de), 86.

Monein (Magdeleine-Marguerite de), fille de la précédente, plus tard marquise d'Esclignac, 86.

Monréal (Le marquis de). — *Voir* Mirarcassar.

MONREVEL (Nicolas-Auguste de La Baume-), maréchal de France, gouverneur de Guyenne, 93.
Mons, 51, 52, 58.
MONTAL (Charles de Montsaulnin, comte de), lieutenant général français, 3.
Montauban, 199, 221.
MONTAUSIER (Louis-François-Charles de Crussol d'Uzès, marquis de), 257.
MONTAUSIER (La maison de), 14.
Mont-de-Marsan, 256.
MONTEMAR (Le comte de), nommé capitaine général de Catalogne, passe à Fraga, 193.
MONTI (Giambatista), reçoit l'auteur à Bologne, 31, note.
MONTI (Antoine, marquis de), aide de camp du duc de Vendôme, frère du précédent, 31.
MONTMORENCY (Christian-Louis de Montmorency-Luxembourg, dit le maréchal de), 23.
MONTOLIEU (Le chevalier de), capitaine aux Gardes wallonnes; tué à l'assaut de Barcelone, 107.
MONTPENSIER (Louise-Élisabeth d'Orléans, dite Mademoiselle de), épouse le prince des Asturies, depuis Louis Ier, 173.
MORA (Mlle de), italienne, veut épouser l'auteur et meurt empoisonnée par son oncle, 27.
MORANGÉ (M. de), colonel français; punition de son inconstance, 40.
MOULINNEUF (M. de), lieutenant de Roi à Dinant, 5.
MOYA (Le marquis de), commande un régiment à Villaviciosa, 80, 81.
MURCÉ [MURÇAY] (Philippe Le Vallois de Villette, comte de), lieutenant général français, 40.

N

Namur, 5, 13.
Naples, 211. — (Chevaux de), 28.
NAVAILLES (Famille de), 2.
NAVARRE (Le régiment de), 46, 154.
Navarre (La), 146, 147, 163, 169, 203.
Navarre (La Chambre des finances de), 221, 222.
NOAILLES (Anne-Jules, maréchal-duc de), 102.
NOAILLES (Adrien-Maurice, duc de), fils du précédent; empêche que l'auteur ne soit promu brigadier après Villaviciosa, 83.
NOÉ (Marc-Roger, marquis de), 92.
Nogaro, 221.
NOGUÈS (Claire-Angélique Du Plaa, dame de), veut empêcher le mariage de l'auteur avec Mlle de Busca, 165.
NOLAN (M. de), 62.
Normandie (La), 214.

O

Oglio (L'), rivière d'Italie, 21.
Oran, 189.
ORANGE (Guillaume Ier de Nassau, prince d'), dit *le Taciturne*, 245.
ORANGE (Guillaume III de Nassau, prince d'), roi d'Angleterre, 3.
ORLÉANS (Philippe, duc d'), dit *le Régent*; 15, 59, 173.
ORMOND (James Butler, duc d'), est désigné pour diriger l'expédition du prétendant Jacques III, 142, 144, 164. — Conserve des relations d'amitié avec l'auteur, 189, 190.
ORRY (Jean), ministre français en Espagne; fait travailler l'auteur avec lui, 111, 112, 113. — Lui complète son régiment, 113. — Sa disgrâce, 116.
ORRY (Philibert), comte de Vignory, contrôleur général des finances, 112, 230, 233.
Orthez, 87, 88.
OSSUNA (François, VIme duc d'), capitaine des gardes du corps de Philippe V, 69, 70.
OSSUNA (N., VIIme duc d'), frère du précédent, 185, 191.

Ostalric, 99, 100, 102, 104.
OSTENDE (Le régiment wallon d'), 102.
Oyarcon, Oyarzun. — *Voir* Hojarcom.

P

Pampelune, 63, 84, 150, 162, 169, 170, 176.
Pardo (Le), 138.
Paris, 13, 14, 15, 38, 42, 44, 46, 49, 50, 51, 55, 57, 71, 100, 126, 185, 220, 232, 242, 245, 247.
PARME (La princesse de). — *Voir* Élisabeth Farnèse.
PARME (Le régiment de), 194.
Parme, 211.
PATÉ, général de l'Empereur, 34.
PATINO (Don José), intendant de l'armée d'Espagne, 152. — Discussions et brouille avec l'auteur, 155, 160. — Il feint de se rapprocher de lui, 161, 163. — Ses derniers démêlés avec l'auteur obligent celui-ci à démissionner, 209, 211. — Il poursuit l'auteur de sa haine, 215.
Pau, 84, 85, 86, 87, 88, 89, 98, 135, 136, 137, 164, 166, 203, 208, 211, 216, 217, 221, 223, 233. — (Couvent de Sainte-Ursule à), 213.
PELLETIER (Famille Le), 2.
PERALTA, médecin espagnol ; accusé de judaïser, 185.
PERRON (Simon de Crotte, seigneur de), accompagne Mme de Franclieu, sa parente, en Espagne, 175.
PERRON (Le chevalier de) ; l'auteur le mène avec lui en Espagne, 169, 170. — Il obtient une sous-lieutenance dans le régiment de Luxembourg, 171.
PEZUELA (Le marquis de). — *Voir* La Mina.
PHILIPPE V, roi d'Espagne : 12, 60, 61, 62, 63, 64, 65, 66, 67, 68, 69, 70, 71, 72, 73, 74, 75, 76, 77, 78, 80, 81, 82, 83, 91, 92, 93, 94, 95, 96, 97, 111, 112, 113, 114, 115, 116, 126, 139,

144, 146, 147, 148, 149, 150, 151, 152, 153, 154, 155, 162, 163, 170, 190, 191, 192, 209, 210, 228, 229, 246, 253, 257.
PHILIPPE (Don), infant d'Espagne, fils de Philippe V et d'Élisabeth Farnèse, 105. — L'auteur lui offre ses services, 228, 229.
Philisbourg, Philippsbourg, 6.
Piémont (Le), 38.
PIGNATELLI (Le marquis de), 121, 124, 127.
Pina, 69.
PIO (Don Francisco Pio de Savoya, dit le prince), capitaine général des armées d'Espagne ; refuse de faire payer des contributions pour indemniser l'auteur, 124. — Commande en 1719 l'armée espagnole en Navarre et Aragon, 148, 149, 150, 152, 155, 156, 157, 158, 159, 160, 161. — Noyé dans une inondation à Madrid, 192.
PIOMBINO (Le prince de), aide de camp de Philippe V, 76.
Pô (Le), fleuve d'Italie, 25, 32.
POLOMAGNO, gouverneur d'Hostalrich, 101.
Pont-Major, Pont-Mayor (Le), près de Girone, 95, 96, note.
POPOLI (Salvaing Cantelni, duc de), capitaine général des armées d'Espagne ; commande l'armée qui assiège Barcelone, 102. — Son incapacité ; il est rappelé, 104.
PORTAS (Marie), épouse le grand-père de l'auteur, 2.
POSALVENO, lieutenant général espagnol, 158.
PRACOMTAL (Armand de Pracomtal, dit le marquis de), lieutenant général français ; félicite l'auteur laissé à l'arrière-garde, 21.
PREICHAC [PRÉCHAC] (Clément de Montesquiou-), abbé de Berdoues, 201.
Provence (La), 168, 228.
Pultawa, 60.

R

Rambron (M. de), maréchal de camp français; est assiégé par l'auteur dans Castel-Ciudad, 156, 157, 158, 159. — Il est obligé de rendre la place, 160.

Raousset (Charles de), lieutenant de Roi à Vieux-Brisach. — *Voir* Trahousset.

Rebecca, 234.

Reggio, 22, 35, 36.

Reinach [Reignac] (Louis de Barberin, comte de), gouverneur de Vieux-Brisach, 46.

Reine-Cavalerie (Le régiment de la), régiment espagnol, 64.

Reine-Infanterie (Le régiment de la), régiment français, 201.

Rémond, directeur intellectuel et compagnon de débauches de l'auteur, 15, 16, 17.

Reule (La). — *Voir* La Reule ou Larreule.

Rhin (Le), 47.

Ribagorce (La), 119.

Riggio (M. de), capitaine de vaisseau espagnol, 178.

Riperda (Le duc de), ministre espagnol; curieuses conversations avec l'auteur, 195, 196.

Risbourg (Philippe de Melun, marquis de), capitaine général de la Galice; son caractère, 142, 144. — Nommé gouverneur de la Catalogne, il passe à Fraga, 192, 193.

Robecque (Charles de Montmorency, prince de), est nommé colonel des Gardes wallonnes, 125, 126. — Propose à l'auteur d'y entrer, 126.

Robecque (Isabelle-Alexandrine de Croy-Solre, princesse de), femme du précédent, 125, 126, 190.

Robecque (Anne-Auguste de Montmorency, prince de). — *Voir* Esterre.

Robert (Louis), président en la Chambre des Comptes, 2, 17, 18.

Robert (Anne Maudet, femme du président), donne une de ses robes à l'auteur pour en faire un harnais, 17, 18.

Robert (Les demoiselles), filles des précédents, 2, 18.

Robert (M.), conseiller au Parlement, 13.

Roche (M. de la). — *Voir* La Roche.

Roche-Aymon (M. de la). — *Voir* La Roche-Aymon.

Rohan (Jean-Baptiste de), comte du Pouldne; réfugié en Espagne après la conspiration de Cellamare, 188.

Rome, 31, 32, 178, 227, 232.

Roquette (M. de), gentilhomme de Bordeaux; capitaine au service de l'Espagne, 136.

Roses, Rosas, 8.

Roussillon (Le régiment de), 12.

Roussillon (Le), 8, 12.

S

Saint-Amand-les-Eaux, 55.

Saint-Arroman (M. de), médecin et subdélégué de Mirande; a une affaire avec un officier de grenadiers, 198.

Sainte-Aldegonde (N. Marnix de), colonel, tué à Villaviciosa, 78.

Sainte-Aldegonde (Le régiment de), 78.

Sainte-Aulaire. — *Voir* Beaupoil Sainte-Aulaire.

Sainte-Claire (Le bastion), à Barcelone, 10, 107.

Sainte-Radegonde (Le couvent de), en Italie, 29.

Saint-Frémond (Jean-François Ravend de), lieutenant général français; commande l'attaque de la Bastia, 33. — Son caractère; il se montre fort injuste pour l'auteur, 35, 36, 39, 40, 42.

Saint-Guillain, Saint-Ghislain; l'auteur contribue à la reprise de cette place, 52, 53.

Saint-Ildefonse (Le château de), 192.
SAINT-MACARY (Marie de), plus tard marquise de Lons ; ses aventures avec l'auteur, 84, 85, 87.
SAINT-PIERRE (Marguerite-Marie Colbert de Croissy, duchesse de), 190.
Saint-Sébastien, 159, 181.
SAMSONS (Le comte de Miossens-), 86.
San-Estevan, 147.
Saragosse, 63, 68, 69, 70, 73, 83, 84, 108, 109, 121, 124, 135, 136, 139, 161, 164, 173, 175, 192, 195, 205, 207, 208, 209, 210, 213. — (Bataille de), 69, 70, 71, 72, 73.
Saria, village près de Barcelone, 9.
SAVOIE (Victor-Amédée II, duc de), commande l'armée franco-espagnole en Italie, 20, 21. — Il est convaincu de trahison ; désarmement de ses troupes, 22. — Il ne peut empêcher la prise de Verrue, 25, 26, 44.
SAVOIE (Marie-Louise-Gabrielle de). — *Voir* Marie-Louise, reine d'Espagne.
Savoie (La), 9, 22, 105.
SAYVÉ (Pierre-Félix de La Croix de Chevrières, chevalier de). — *Voir* Sève.
SCALA (M.), bourgeois de Benavari ; sert de guide à un détachement dirigé contre les miquelets ; sa fuite précipitée, 119, 120, 121.
SCARRON, 250.
SCOTTI (Annibale, marquis), résident de Parme à Madrid, 211.
Segra (La), rivière d'Espagne, 67.
SÉRILLY (Jean-Nicolas Mégret de), intendant d'Auch ; ses ambitions et son caractère, 222, 223.
SÈVE (Le chevalier de), colonel au service de l'Espagne, 154, noté, 174.
Seu d'Urgel (La), 159.
SÉZANNE (L.-F. d'Harcourt, comte de), lieutenant général français, 37.
Sicile, 136.
Sierra Morena (La), 185.
SILVA (La marquise de), italienne, 22, 40.
SOLRE (Philippe de Croy, comte de), lieutenant général français ; donne une place d'enseigne dans son régiment à l'auteur, 7. — Lui donne la lieutenance de la compagnie colonelle, 17. — Arrête la colère du ministre Voysin, 59, 60.
SOLRE (Anne-Marie-Françoise de Bournonville, comtesse de), femme du précédent, 126.
SOLRE (Le régiment de), 8, 9.
SOMBRUN (Louis de Monet, seigneur de), l'auteur fait retirer ses fils du service, 201, 202. — Mot plaisant qui lui est attribué, 241.
SOMBRUN (Gabrielle de Médrano, dame de), femme du précédent ; 201, note, 251.
Soncino, village d'Italie, 41.
SPINOLA (Don Lucas), capitaine général de l'Aragon, 192, 210.
STAHRENBERG. — *Voir* Staremberg.
STANHOPE (James), général anglais ; fait prisonnier dans Brihuega, 76, 77, 78.
STAREMBERG (Guidobaldo, comte de), général des troupes de l'empereur ; refuse le combat à l'armée espagnole devant Saragosse, 64. — Attend des renforts pour livrer bataille, 67. — Est vaincu à Villaviciosa, 76, 78, 81, 83. — Est obligé de lever le blocus de Girone, 94, 95.
STETTEIN (Le baron de), espion d'Alberoni, 148, note, 149.
STORF, colonel d'un régiment wallon, 113.
Strasbourg, 6, 47, 49.
SURCO (La marquise del), *senora de honor* d'Élisabeth Farnèse, 190.
SUZON, femme de chambre de Mme de Franclieu, 179.

T

Tamarite, 116, 117, 118.
Tarbe, *Tarbes*, 167, 200, 221, 226.
TELLIER (Famille le), 2.
TENCIN (Le cardinal de), protège l'auteur, 146, 230, 232.
Ter (Le), rivière d'Espagne, 95.

THIARD (Le comte de), compagnon de plaisirs de l'auteur, 17.

THOUY (Antoine-Baltazar de Longecombe, marquis de), capitaine général des armées d'Espagne; se distingue à Brihuega, où il est blessé, 76, 77, 78. — Envoie son chirurgien à l'auteur après Villaviciosa, 82. — Part avec l'auteur pour les eaux de Barèges, 84, 85. — Séjour à Bagnères et à Pau, 86, 87. — Commande un camp destiné à couvrir Berwick qui assiège Barcelone, 105, 106, 107, 108.

TILLI (Albert T'Serclaës de). — *Voir* Tzerclaës.

Tirol, Tyrol (Le), 255.

TOLOSE (Le marquis de). — *Voir* Durant (Don Miguel).

Torico, 82.

Toulouse, 100, 221, 223.

TOURNEMIRE (Henri de), commandant à Reggio, 23.

TOUSE (La comtesse), italienne, 30.

TRAHOUSSET, lieutenant de Roi à Vieux Brisach, 46.

Tremp, 153, 155.

TRIMOUILLE (Charles-Louis, duc de la), 61.

TROTTI (Mme), italienne, 30.

Tudele, 73.

Turin, 17.

TZERCLAES (Albert T'Serclaës de Tilly, prince de T'Serclaës ou), capitaine général des armées d'Espagne; commande en 1710 l'armée de Philippe V, 64. — Refuse de faire payer des contributions dues à l'auteur, 124.

U

Urago, village d'Italie, 20, 21.

Urdax, village de Navarre, 175, 176.

Urdos, village des Basses-Pyrénées, 197.

Urgel. — *Voir* Seu d'Urgel (La).

URSINS (Anne-Marie de La Trémoille, princesse des); l'auteur reçoit des lettres de recommandation pour elle, 61, 62. — Elle le reçoit avec bienveillance, 67, 72, 73. — Fait la police de la Cour, 74, 75. — Veut faire nommer l'auteur brigadier, 83, 90. — Va prendre les eaux à Bagnères-de-Bigorre, 91, 92. — Épisodes de son retour, 93, 94, 97. — Soupçonne la conduite de l'auteur, 98. — Empêche M. de Bergheick de devenir premier ministre, 112, 113. — Est renvoyée d'Espagne, 114, 115. — Avait pensé à nommer l'auteur sous-gouverneur des infants, 248.

UZÈS (François de Crussol, comte d'), épouse une d^{lle} de Franclieu, 13, 14. — Concourt à la prise de la Bastia, 35.

UZÈS (Charlotte de Franclieu, comtesse d'), femme du précédent; donne des conseils à l'auteur pour son entrée dans le monde, 13, 14, 15, 16. — S'occupe de lui faire acheter un régiment, 42, 46. — Le décide à passer en Espagne, 59, 60. — Sa mort, 98.

V

Valence, 170, 175, 176, 177, 179, 256.

Valladolid, 73, 75.

VALOUZE (Hyacinthe Boutin, marquis de), majordome et aide de camp de Philippe V; essaye vainement d'arrêter les fuyards de Saragosse, 72.

VAUDEMONT (Charles-Henri de Lorraine, prince de), vice-roi du Milanais pour Philippe V, 28, 29, 30.

VAUDEMONT (Anne-Élisabeth de Lorraine-Elbeuf, princesse de), 29.

VENDÔME (Louis-Joseph, duc de), assiège et prend Barcelone, 8, 9. — Vient prendre le commandement de l'armée d'Italie, 22. — Assiège et prend Verrue, 24, 25, 26, 31, 33. — Sa bonté pour le comte de Bonneval, 38. — Il veut obtenir son pardon, 39. — Il demande un régiment pour l'auteur, 42. — Victoire de Cassano, 43. — Il prend le commandement de l'armée de Philippe V ; Villaviciosa, 75, 76, 77, 78. —. Il veut nommer l'auteur brigadier, 83, 126, 152.

Venise, 31, 32, 191.

VERBOON (M. de), ingénieur au service de Philippe V ; vient visiter l'attaque de Castel-Ciudad, 159, 160.

Versailles, 14, 216.

Verüe, Verrue, 24, 25, 26, 105.

Vic-Bigorre, 203, 231.

Vich, 102.

VIEILLE-MARINE (Régiment de la). — *Voir* Marine.

Vienne, en Autriche, 195, 254.

Vieux-Brisach, 46.

VIGNOT (Le marquis de), 22.

Villafranca, village d'Espagne, 195.

VILLARS (Louis-Hector, duc de Villars), maréchal de France ; commande l'armée du Rhin, 46. — Sa jalousie conjugale, 47. — Ses bons rapports avec l'auteur, 48, 49. — Est blessé à Malplaquet, 51.

VILLARS (Angélique Roques de Varangeville, maréchale duchesse de) ; l'auteur veut lui donner une fête à Strasbourg, 47.

VILLARS, capitaine de dragons, 80, 81.

Villaviciosa (Bataille de), 68, 80, note.

VILLEROI (Le maréchal de), remplace Catinat en Italie, 21. — Est fait prisonnier dans Crémone, 22.

VOISIN (Daniel), secrétaire d'État de la Guerre ; refuse une pension à l'auteur, 57. — L'autorise à vendre son régiment, 58, 59. — Sa rancune, 62, 215.

W

WANDRE (Marie-Thérèse de). — *Voir* Dewendre et Franclieu.

WILMOT (Mme de), 181.

X

Xalon (Le), rivière d'Aragon, 72.

Y

YACCI (Don Michel Riggio, prince d'). — *Voir* Diachy.

Ygualada, 105, 106.

Yvrée, Ivrée, 38.

Z

Zamora, 130.

ZERECEDA (Don Juan de), chef de partisans, 255, 256.

TABLE DES MATIÈRES

                                                                           Pages.

INTRODUCTION 1

PREMIÈRE PARTIE (1680-1710).

CHAPITRE Ier. — Origine de la famille Pasquier de Franclieu. — Naissance de l'auteur des *Mémoires*. — Son éducation. — Il est nommé enseigne dans le régiment de Solre. — Siège de Barcelone. — Premières aventures. — Le Brouage. — L'auteur va passer un congé à Paris. — Sa cousine. — La présidente Ferrand, Rémond et l'abbé Fraguier. — Préparatifs de campagne. — Le président Robert 1

CHAPITRE II (1700-1705). — M. de Franclieu à l'armée d'Italie. — Passage de l'Oglio. — Désarmement des troupes du duc de Savoie. — M. de Tournemire, gouverneur de Reggio. — Le duc de Mantoue au siège de Verrue. — Siège de Verrue. — Les anoblissements en Italie. — Mlles de Busca et de Mora. — La Cour du prince de Vaudemont, à Milan. — L'auteur va à Bologne. — Couvents italiens. — Affaire de la Bastia. — Séjour et aventures à Modène. — Bonneval et Langalerie. — Le jeu à l'armée d'Italie. — M. de Franclieu obtient l'agrément d'acheter un régiment 20

CHAPITRE III (1705-1710). — L'auteur rentre en France en passant par la Suisse. — Singularités des mœurs suisses. — L'auteur a un régiment d'infanterie. — La maréchale de Villars. — Défense des lignes du Rhin. — Aventures à Versailles. — Le régiment de Franclieu est mis en garnison dans Condé. — Attaque et prise de Saint-Ghislain. — Une dame d'Ath. — Bal désagréablement interrompu. — Mort du père de l'auteur. — Voysin supprime la pension qu'avait son père. — M. de Franclieu vend son régiment. — Il se décide à passer en Espagne 44

DEUXIÈME PARTIE. — Espagne.

CHAPITRE Ier (1710-1711). — M. de Franclieu va trouver à Saragosse le roi Philippe V. — Il obtient la permission de lever un régiment français. — M. de Castellar l'en empêche. — Le duc d'Havré. — La reine d'Espagne et Mme des Ursins. — M. de Franclieu est nommé aide de camp du Roi. — Bataille de Saragosse et mort du duc d'Havré. — La Cour d'Espagne à l'Escurial. — Rentrée de Philippe V à Madrid. — Prise de

Brihuega. — Bataille de Villaviciosa. — L'auteur est grièvement blessé. — Il reçoit de la Reine de l'argent pour aller à Barèges. — Le marquis de Thouy. — Pau. — M. et M{ʟʟᵉ} de Saint-Macary. — Les eaux de Barèges et de Bagnères. — Jalousie de M. de Fenouil. — Imprudences de M{ʟʟᵉ} de Saint-Macary 63

CHAPITRE II (1711-1714). — Retour dans le Lampourdan. — Vie de garnison. — L'aumônier du régiment. — L'auteur revient à Barèges et à Bagnères. — Retour avec la princesse des Ursins. — L'auteur reçoit une pension de trois cents pistoles. — La reine Marie-Louise, la duchesse d'Havré et M. de Franclieu. — Nouveau séjour à Barèges. — L'abbé Fraguier à Garaison. — Retour à Ostalric. — Un détachement espagnol est détruit par les miquelets dans les défilés d'Arbusias. — M. de Franclieu sauve à grand'peine une partie des troupes. — Siège de Barcelone. — Le chevalier de Montolieu. — Une hôtesse compatissante . . . . , ... 89

CHAPITRE III (1714-1718). — Orry, Macanaz et Bergeick. — Le chevalier de Croix. — Départ de M{ᵐᵉ} des Ursins. — Alberoni et la reine Élisabeth Farnèse. — Séjour à Tamarite, divertissements. — Une sorcière. — Poursuite des miquelets dans la Ribagorce. — Le marquis de Pignatelli. — Désagréable aventure à Saragosse. — M. de Franclieu refuse d'entrer dans les gardes wallonnes. — Un bal chez l'auteur, à Badajoz. — Beau trait de M. de Franclieu à l'égard d'une religieuse espagnole. — Dressage de six chevaux par un nègre. — Officiers et soldats portugais. — Les bains de Ladesma. — Le comte de Benavente. — Les jurats d'Elché et M. de Franclieu. — Nouveau trait de générosité de l'auteur. — Séjour en France 111

CHAPITRE IV (1719-1720). — M. de Franclieu est appelé à Madrid. — Il est promu brigadier d'infanterie. — Mission secrète. — M. de Graffeton. — Mylord Maréchal. — Une maison galicienne. — M. de Franclieu destiné à servir comme inspecteur général de l'infanterie dans l'expédition entreprise contre l'Angleterre. — Le roi Jacques et le duc d'Ormond. — Échec de l'expédition. — L'auteur va rejoindre l'armée espagnole en Navarre. — Féret, colonel de hussards. — Violente dispute avec le ministre don Miguel Durant. — Alberoni à l'armée. — Discussion avec Patinho, M. de Franclieu veut donner sa démission. — Siège et prise de Castel-Ciudad. — L'auteur se plaint à la Reine de n'avoir pas été promu maréchal de camp. — Il se rapproche de don Miguel Durant 138

CHAPITRE V (1720-1723). — Nouveau séjour à Bagnères-de-Bigorre. — Le cuisinier du duc d'Ormond. — M{ʟʟᵉ} de Busca-Lascazères. — M{ᵐᵉ} de Noguès. — Mariage de l'auteur. — Quarantaine à Camfranc. — Voleurs de grand chemin. — Une religieuse désespérée. — Soldat passé par les armes pour vol d'un havre-sac. — Divertissement à l'occasion du mariage du prince des Asturies. — M. de Franclieu dénoncé à la Cour. Le Marquis de Leede. — M{ᵐᵉ} de Franclieu vient rejoindre son mari en Espagne. — La princesse de Campoflorido. — Bals et divertissements à Valence et à Alicante. — Bains de Fortuna. — Le miracle de Moïse. — Grave accident. — L'Alhambra. — La Fête-Dieu à Grenade. — Un auto-da-fé. — Peralta. — Un voyage périlleux 164

TABLE DES MATIÈRES. 291

Chapitre VI (1723-1732). — Installation à Madrid. — Générosité des Espagnols. — M. de Camock. — Le comte de Marcillac. — La Reine et Mme de Franclieu. — M. de Franclieu est nommé gouverneur de Fraga. — Orage du 22 septembre 1723. — Abdication de Philippe V. — Le marquis de Risbourg passe à Fraga. — Naissance du fils aîné de l'auteur. — Fête de la Madeleine à Fraga. — Sermons d'un moine espagnol. — Ripperda. — Mort de M. de Busca. — M. et Mme de Franclieu vont à Lascazères. — M. de Lesseville, intendant d'Auch. — M. de Saint-Arroman. — L'intendant Le Gendre. — M. de Cambout, évêque de Tarbes. — M. de Franclieu fait libérer du service les deux fils de M. de Sombrun. — Il est invité à sortir de France et n'obtient pas sans peine la permission d'y rentrer. — L'archevêque de Saragosse. — Naissance du second fils de l'auteur. — M. Dallouyse. — M. de Franclieu demande son congé définitif à la Cour d'Espagne. 187

TROISIÈME PARTIE. — Lascazères.

Chapitre Ier (1732-1743). — Mort de la fille aînée et de la mère de l'auteur. — Il offre vainement ses services à la Cour de France. — M. Alexandre, premier commis du bureau de la guerre. — Les conversations de province. — La présidente de Gassion. — Description du château de Lascazères. — Éducation du fils aîné de l'auteur. — Un coquin de précepteur. — Collèges de province. — Procès et frais de justice. — M. de Sérilly, intendant d'Auch. — M. de La Roche-Aymon, évêque de Tarbes. — Sermons gascons du curé de Lascazères. — Dom de La Salle, prieur de Larreule. — Ses dissensions avec l'évêque; il est obligé de se retirer à Rome. — M. de Sainte-Aulaire, évêque de Tarbes. — L'auteur offre ses services à l'infant don Philippe. — Il prépare ses équipages. — Il lève une compagnie de cavalerie pour son fils aîné. — Embarras financiers. — Un gentilhomme franc-maçon. — Mme de Mondégourat. 213

Chapitre II (1743-1746). — La maison d'un gentilhomme en Gascogne. — Mot plaisant de M. de Sombrun. — Dégoût de la noblesse pauvre pour le service militaire. — Gentilshommes chasseurs, leurs meutes. — Pourquoi l'auteur n'a pas mis son fils aîné au service de l'Espagne. — Prétentions villageoises. — Les repas funéraires. — Dernières volontés de l'auteur. — Projet pour la levée de l'arrière-ban. — Opinion de l'auteur sur le perfectionnement des armes à feu. — Zereceda. — Passage de la Dauphine à Mont-de-Marsan. — La duchesse de Brancas. — Conclusion. 240

APPENDICE.

I. — Acte de mariage du marquis de Franclieu avec Mlle de Busca. . . . 259
II. — Exposé des motifs pour lesquels M. de Franclieu a quitté le service d'Espagne. 260
III. — Acte de décès du marquis de Franclieu. 261
IV. — Lettres patentes d'union des terres et seigneuries de Lascazères, Agedet, Soublecause, Barbasan, Héchat, Caussade et Stirac; et érection desdites terres en marquisat sous le nom de Franclieu. 261

V. — Lettres de relief de surannation sur lettres patentes d'union des terres et seigneuries de Lascazères et dépendances et érection desd. terres en marquisat sous le nom de Franclieu en faveur du sr de Pasquier de Franclieu.................. 267
VI. — Généalogie de la famille de Busca..... 268
TABLE ANALYTIQUE 273

FIN.

www.ingramcontent.com/pod-product-compliance
Lightning Source LLC
Chambersburg PA
CBHW071302160426
43196CB00009B/1390